JN252356

日本人の哲学

4

自然の哲学／技術の哲学／人生の哲学

鷲田小彌太

言視舎

総序

本書の目論見を箇条書きにすれば、以下のようになる。

1.「日本人の哲学」を書く。端的には日本人の哲学史である。抱負多き主題である。見方（存在論）、考え方（認識論）、生き方（人生論）の三位一体的展開をめざす。狭義の「哲学」、すなわち学問としての哲学、あるいは主として認識論としての哲学が論究の外においてきた人生論に光を与える。

したがって、学問としての哲学の構成とも、主として大学の哲学研究者を主体とした従来の哲学史とは、そのとりあげる人物や作品からして大いに異なる。

2.「時代区分」は便宜上のものである。哲学＝思考の時代区分は、政治史と異なる。哲学史は、哲学著作をもつ思考者の列伝にしくはない、というのが著者の考えである。第1部で、日本の主要な哲学者列伝を示す。各時代の代表的哲学モデル・哲学者像の提示である。

3.「過去」を取り扱う。とりわけ哲学者を彼が生きた時代のなかに位置づけて書くことを第一としたい。現在の地点に立って過去を裁断するような手法はとらない。

同時に、本書はあくまでも「現在」と「未来」のために書かれる。すでに日本人の血肉となっている、あるいはそうなるべく予定されている、とみなしうる過去の歴史遺産に視線を集中させたい。

4．願うのは「哲学」のイメージを変えることだ。哲学とは「知を愛する」を本義とする。「知」にさまざまある。森羅万象、魑魅魍魎までを含む。哲学を原理（だけを取り扱う）思考だという、やせ細った哲学像から、きっぱりと足を洗いたい。

したがって哲学専門研究者にだけわかる叙述法、術語を避ける。ものを考えようとするほどの人なら、誰でも理解でき、利用できる思考の具体例を提示したい。

5．論述の中心におくのは、思考者の哲学である。「思考者」とは、哲学徒、いうところの哲学研究者、哲学・学のエキスパートではない。むしろ、哲学の専門研究者は、最終巻で取り上げられるにすぎない。

6．構成は第2部「文芸の哲学」、第3部「政治の哲学」、以下、「経済の哲学」、「歴史の哲学」、「自然の哲学」、「技術の哲学」、「人生の哲学」、「雑知の哲学」、「大学の哲学」と続く全10部）である。

ただしよくある「哲学講座」と銘打ったシリーズ、「文芸」の哲学的叙述（いわゆる「哲学」的主題をあつかった文芸作品）等を提示し論じることが本意ではない。「哲学は文芸である」「哲学は政治である」等々といいたいのだ。文芸、政治、等々を内部受胎しない哲学なぞは、「知」の名に値しない。これが著者の立場である。（なお、最終第5巻は、第9部「大学の哲学」、第10部「雑知の哲学」と変更した。内容上の変更はない。）

目次

日本人の哲学4——第6部　自然の哲学

日本人の哲学4——第7部 技術の哲学

日本人の哲学4——第8部　人生の哲学

第2章　自伝《マイ・オウン・ライフ》ベスト5　428

第6部

自然の哲学

序 ベスト・モデル——今西錦司

わたしは、本書『日本人の哲学』全10部を書く上で、つねにメイン・モデルを意識してたてた(suppose)。そのベスト・モデル、著者と著作とはつぎのようである。

1「哲学者列伝」では、吉本隆明と『日本書紀』である。
2「文芸の哲学」では、司馬遼太郎と小西甚一『日本文藝史』、
3「政治の哲学」では、伊藤博文と『大日本帝国憲法』、
4「経済の哲学」では、トヨタ・ウェイと岩井克人『資本主義を語る』、
5「歴史の哲学」では、司馬遼太郎と岡田英弘『日本史の誕生』、
9「大学の哲学」では、田中美知太郎と田中『プラトン』、
10「雑知の哲学」では、吉本隆明と吉本『重層的な非決定へ』である。

では、4部＝本書の
6「自然の哲学」では、誰と誰の作品か？　今西錦司と今西他『人類の誕生』、

7「技術の哲学」では、吉本隆明と古川俊之『機械仕掛けのホモ・サピエンス』、

8「人生の哲学」では、福沢諭吉と福沢『学問のすゝめ』である。

とはいっても、以上はわたしの知的・教養的体験に根ざしているのであって、あくまでもわたし（鷲田）の「導きの糸」（経験則）であり、その普遍妥当性を主張したいのではない。

第6部「自然の哲学」のベストモデル、今西錦司から話をはじめよう。

なぜ、今西錦司は「自然の哲学」のベストモデルなのか？　今西の学説、「棲み分け」論からはじまる『生物の世界』（一九四一）から、暫定的総括（中仕切り）ともいうべき『人類の誕生』（一九六八）等をへて、『主体性の進化論』（一九八〇）に至る、生物的自然の著作（書かれたもの）が、人間の「五感」を鮮明かつ包括的に刺激するからだ、とまずいおう。理由を要約する。

1　今西が向き合う自然は、その「個体識別と長期観察」によって、人間とその社会が、科学と哲学が、長いあいだ直接向きあい、触れ、観察し、比較・分析してきた全「自然」の存在と歴史を、最もいきいきとかつ鮮やかに映し出す（ように感じる）からだ。いうならば今西は、経験哲学と経験科学の接合領域を歩み、書くのだ。

わたしたちが「自然」という場合、それは今西が対象とする「自然」、生物的自然と同じではない。主たる対象は、かつても現在も、「物理的自然」である。しかし、今西の主対象領域は、原生の姿をとどめた、しかもわたしたちのなかにいまなお脈打ってやまない、最も自然らしい自然、「生命」が躍動する自然、しかもその中核にあるのがわたしたちに最も近い「人間の自然」である。

2　しかも、今西は、その自然に、人間の「五体」（the body）と「五感」（the senses）をもって立ち向かう。フィールドワーク（field work）を通してだ。「野外調査」、何だ、こどもの夏休みの課題（homework）に通じる素朴なワークじゃないか、と思われるかもしれない。それに、今西は、ときに登山も、探検も辞さないではなく、登山と探検に始まり終わる、長期観察あるいは「走破」調査というような形をとる。したがって前人未踏の世界に分け入る冒険（expedition）の一種である。とはいえフィールドワークとは、一九世紀に始まった近代科学の一分野なのだ。

一見すれば、今西も、彼の同伴者や追従者たちも、特殊な体験と知の持ち主には見えない。ひたすら登山好き、探検好き、フィールドワーク好きに見えるだけだ。フィールドノートと望遠鏡を片手に、足でかせぐ活動家に見える。

だから、どんな「秘境」に分け入ろうと、今西グループが切り拓いた自然と社会は、だれもが、おのれ一人の知力で立ち向かうことが可能な未踏の学的世界に思える。そこにこそ、まさに自然の一部としての人間世界の扉が開かれているように感じるのはわたしばかりではないだろう。

3　しかもかれらの叙述が「サルにもわかるよう」な簡明かつセンシブルな文章でできあがっている。読ませる（attractive）のだ。立派な文学である。今西だけでなく、その学統、中尾佐助・梅棹忠夫・伊谷純一郎等々は、広い意味の「詩人」である。

なぜか？　彼らは手と足でフィールドワークをするだけではない。人類の知的遺産である書物（文献 literature）の世界をフィールドワークするからだ。五体とはもちろん頭もはいる。

4　哲学は、きわめて抽象化すれば、「自己意識」の知である。「自己」とは「人間」である。抽象知の人間ではない。今西錦司、中尾、梅棹、伊谷純一郎、等々が切り拓いた世界は、「人間とは何か？」を知ろうとする、きわめてオーソドックスな「人間学」(anthropology＝人類学）なのだ。

その学的手法《アート》がどんなに「純知の哲学」から遠い、具体かつ科学的なものに思えても、「哲学」と太い血管でつながっている。否、逆に、哲学は、むしろ二〇世紀に本格始動した「人類学《にんげん》」(anthropology）に「寄生」することで、その「余命」を保っている、かの観さえする。今西グループが切り拓いた「人間」研究の血管を流れる哲学＝人間の学を汲み取りたい。それが、「日本人の哲学」を記し留めたいわたしの望みと強くつながっている。

5　だが、今西自然学の最大の魅力は何か？　他でもない、生涯、アマチュア精神を持ち続けたことにある。重要なことは二つに大別できる。

一に、専門を持ち続け、極めることだ。今西の場合、「棲み分け理論」(昆虫研究に端を発し、生物界を貫く社会＝進化原理）である。

二に、あらゆる分野、雑知にまで足を踏み入れ、踏破を試み、レポートを出し、試行錯誤を恐れずに「総括」しよう、全体像を予見しようという、旺盛かつ偉大な（allmighty）アマチュア精神である。これこそ、プラトン以来、哲学が求めてきた精神ではないだろうか？　雑知の哲学の神髄だ。

（1）自然科学と歴史学

厳密な科学とは、自然科学のことである。とりわけ物理学（physics＝physical science）である。社会科学や人文科学とは「比喩」表現であり、社会（の）学、歴史（の）学である。これが一九六〇年代までのパラダイム（トーマス・クーン『科学革命の構造』一九六二　一九七〇年の改版では disciplinary matrix ＝専門図式に変わる）であった。

だが、本シリーズでたびたび述べてきたように、「科学」も厳密を期せば、最新の物理学を含め、「仮説」を含む。含まざるをえない。スピノザがいったように、「真理は一つ。」は、「虚構」であり、比喩的な表現である。「真理」とはどこまで行っても、人間にとっては、相対的・限定的なのだ。なぜか？

世界は、極大と極小とにかかわらず、関係性の総体である。関係性は無限の連鎖にある。つまりは、その解析と説明に終わり（究極的解答）はない。重要なのは、どの準位（lebel）の関係性で「世界」をつかむのか、その方法（分度＝diagraph）は何なのか、という限定をつけたとき、はじめて個別「科学」が成立するからだ。科学とは個別科学の「総称」に他ならない。物理学も、諸個別部門を含む、一個別科学であることに変わりはない。

ところで、今西については、第3巻5「歴史の哲学」で、今西錦司「生物の世界＝生態史観」にかんしてつぎのように記した。多少敷衍する。

(1)進歩史観のもっとも壮大な体系がヘーゲル哲学である。ヘーゲルの進歩史観は、生物の進化論（ダーウィン）と社会の進化論（ハーバート・スペンサー）という形を取って、明治維新の「文明開化」論に、第二次世界大戦後に支配的となったマルクス主義唯物史観に受け継がれた。その進化

論の特徴は、

1　進化とは、単純・低級なものから、複雑・高級なものへの段階的発展である。

2　生物の進化は「適者生存」と「個体変異」によって生じる。

3　生物進化論は人間を最高段階とする人間中心主義であり、社会進化論は、きわめて簡略化していえば、

①文明＝歴史の終点（目標 end）を近代西欧、その始点を古代ギリシアとし、その成長発展をあとづける。

②前ギリシアや非西欧を、発展のない諸地域とし、それらを西欧をモデルへと「文明化」してはじめて発展が可能になる、という西欧中心主義的発展史観である。マルクス流の唯物史観もこの発展史観を受け継いだ。

今西は「棲み分け」論によって、このダーウィンの進化論を「はじめて」批判した一人だ。そして西欧中心主義的な発展史観を批判したのが、構造主義人類学のレヴィ＝ストロースとほぼ踵を接するようにして、別な観点から、より簡明に、「文明の生態史観」を展開した梅棹忠夫である。ともに世界標準の達成といっていい。

⑵今西の「棲み分け」論とはどのようなものか。

1　今西は、渓流に住む各種カゲロウの比較観察によって、ダーウィンの適者生存による自然淘汰（自然選択）の進化論（より進化したものによって、より進化しないものが除かれてゆく）は見

られず、同種のものが、異なる環境に移ってゆくと、異なった種類になって、たがいに棲み分けているという事実にもとづいて、棲み分け理論を提起し、これを一般化する。

2　今西は、生物間の競争や「生物の進化」を否定するのではない。ラマルクの用・不用説やダーウィンの適者生存説を進化論から省くことを主張したのだ。

競争と同時に共存がある生態学《エコロジー》にもとづいて、「棲み分け」を含む進化論を主張する。『主体性の進化論』（中公新書　一九八〇）がその解答だ。

3　今西の進化論はどのような特徴をもつのか。

今西は、人類の起源（開始）を決定する最も重要なポイントを「直立二足歩行」（と「家族形成」）におく。（『人類の誕生』　一九六八）

どうして人間は二足で立ちあがったのか。有用さとか環境への適応などでは説明できない。しいていうなら、「人間の赤ん坊（個体）が立つべくして立つように」、「人間（種）は立つべくして立った」と書く。この「なるべくしてなる」論とは、一見、「科学」的証明とは無縁な、なんとも歯切れが悪い臆見（直感）に、今西の「主体性の進化論」とは「主体」のない混沌きわまりない変化論に思える。

4　だが、「原因」（起源や系譜）はわからないが、「結果」から観察・類推すれば、その「種」は変化《チェンジ》（進化）する主体的（自生的）「何か」をもっていたと考えざるをえない、ということである。

たとえば今西もいうように、人間がなぜ言葉をもったのかはわからない。もはや実証不能だ。しかし、言葉は「前人間」が「人間」になる決定的原因（＝主体性）であった、という類推は明らかだ、ということができる（だろう）。

5　今西生態論の特徴は、変移の過程ではなく、観察可能な変移の過程や結果、その結果の持続（つまり遷移　succession）を重要視する。同種間の競争で排除された部分が、環境の違う他所に移ることで別種として生きて、ともに相手の生存域を侵さずに共棲してゆくことができるというものだ。

もし適者生存による自然淘汰が進化論の原理（法則）ならば、強者だけが生き残ることができるということとなり、現実の生物世界の事実（現在の結果）とあわないことになる。今西の進化論こそ、まことに「理にかなった議論」だということができる（のではあるまいか）。

(3)生物的自然の学とは歴史＝社会学で、生態学ではない。

以上の結果を踏まえて、「物理的自然をしばらくおくとすれば、生物的自然はすべて社会現象としてとりあげられるのものではないか」、したがって、自然は生態学（ecology＝自然科学）ではなく、社会学の対象である。なぜか？

『生物の世界』（一九四一）で記したように、生物的自然には「秩序」が、それ自身にそなわった「構造」がある。三段構えの構造で、種個体、種社会、生物全体社会がその単位だ。

各単位は、全体と部分という関係で結ばれる。その後の観察・研究の結果はこうだ。（ただし類推＝仮説だ。）

種個体と種社会は（生物のできるはじまりにおいて）同時に成立したものである。変わるときが来たら種社会も種個体もいっせいに変わる。生物的自然の学は、科学ではなく、自然「学」という理由だ。

かくして今西は最後の著述の一つ『自然学の提唱』（一九八四）で、いう。「進化は歴史学であり、科学の対象ではない。」

これが今西生物学、自然学の「結論」である。科学（専門学）の領域で研鑽を積んでいると思ってきたものたち、今西の直弟子たちをさえ唖然とさせた結論だ。「棲み分け」論と「主体的進化論」、これが今西が提唱し、たどり着いた結論で、その自然学、進化＝歴史学のエレメンタリ（elementary）である。重要かつ微妙なのは、「歴史学」とは厳密な意味で「科学」ではない、という前提に立ったことだ。

（２）科学と哲学

一九六〇年代、わたし（たち）はあいかわらず「西欧モデル」に注視の目を注いでいた。マルクス主義では「重層的決定」と「認識論的切断」（ルイ・アルチュセール『マルクスのために』『資本論を読む』一九六五）であり、科学史からビジネス界にまでその影響が及んだ「パラダイムシフト」（トーマス・クーン『科学革命の構造』一九六二）に代表される。問題の中心にあったのは、「科学の革命」は、「哲学」（認識論＝科学者が共通に用いている範疇（基本概念））の革命を必要とする、というきわめて刺激的なものだ。

「認識論的切断」論や「パラダイムシフト」論は、一見すれば、新しい世界観《ものみかた》が、科学の革命を先導するという主張である。だが、ことはそれほど単純ではなかった。

というのも、アルチュセールが述べたように、数学（ピタゴラス学派）をモデルにプラトン哲学が成立した。「イデアが真実在である」というプラトンの「観念」論は、数学を科学（一般＝普遍科学）とするかぎり難攻不落である。

このプラトンのイデア論をのり超えたのが、ガリレイやニュートンの物理学（phyisics＝「万有引力の法則」）である。この物理学をモデルにデカルトから始まる近代哲学の幕が切って落とされた。この近代哲学を歴史・社会科学にまで押し広げようとしたのがヘーゲルの自然と人間の進化論であり、オーギュスト・コントの社会動学である。進化論のハーバート・スペンサー（『進歩について』一九五二）やダーウィン（『種の起源』一八五九）に引き継がれてゆく。

しかし、物理学を普遍＝必然科学とするかぎり、人間や生物の歴史・社会の「法則」は、特殊＝蓋然である。デービッド・ヒュームのいうように、因果関係（原因結果の法則）はどんなに反復を重ねても、必然ではなく、偶然（例外）が生じる（かも知れない）。単純化すれば、「軒から落ちる雨だれは、これまでかならず地面に落下」した。

数学やニュートンの物理学は、普遍的なのか。そんなことはない。そもそも物理的世界の関係性は「重層的」だ。それをすべて同一の時間と空間という「仮定」（枠組み）のもとで、すなわち単層あるいは複層関係という「仮定」（supposition, postulate, hypothesis）のもとで考察するのだ。ここで科学は、いかなる厳密さを装っても、「仮定」（仮説）の部分を含む。否、壮大な「仮説」

の上にのっかっているのだ。

しかし、いったん目を日本に転じてみると、途方もないことが進行していた。日本サル学による「パラダイムシフト」であった。

個体識別や長期間の観察や調査からえられたデータの積み重ねによる「仮説」を、ふたたび観察と調査という「検証」をへて実証する、フィールドワークを主体とする今西たちが切り拓いたサル学は、新学説を切り拓いた。だが、何度も自分たちが打ち建てた（と思えた）「仮説」を廃棄しなければならない「反証」の事実が出来し、自己否定の事態に追い込まれてのことだ。でも、くじけなかった。「試行錯誤」は科学の世界では普通である。

今西グループは、一九五二年、幸《こう》島つづいて高崎山のサルの餌づけで、個体識別が可能になった結果、サル社会は、閉鎖系で、オスのボスザルが支配する階層的社会（＝群れは中心部と、ボスの統率に従う周辺部からなる「同心円二重構造」をもつ）である、ということを「実証」した。その最初の成果が、伊谷純一郎『高崎山のサル』（一九五四）である。伊谷は二六年生まれだから、まだ二〇代の学生上がりである。

しかし、サル社会の調査・研究が進むにしたがって、サル、とくに最も人間に近いチンパンジー社会には、ボスなどいない。一見して、秩序も集団的結束もない、というような事例が（伊谷等のアフリカ研究によって）明らかになってくる。じゃあ、ニホンザルはどうなのか？

今西グループ（今西＝ゼロ世代）第一世代の代表格である河合隼雄（一九二六〜二〇〇七）著『ニホンザルの生態』（一九六九）は、ニホンザル研究の「総括」といっていい。ところが、同じ書名で、同じ今西グループ第二世代の伊沢紘生（一九三九〜）が一書をものした。一九八二年にだ。白山（石川県）で、餌づけしない3群と餌づけした1群の長期観察（一〇年）でえた成果である。

伊沢の研究は、まさに「パラダイムシフト」とよぶに相応しい内容を含む。

ニホンザルの群れにはボス支配はない。そもそもボスなどいない。それが閉鎖社会と見えるのは、一つは高崎山のような「狭い地域」をフィールド対象としたからだ。二つにサルは他群との接触を避けるように生きているからだ。だが、けっして接触しないのではない。三つに、ときに接触しても、抗争的関係にはならず、慎重に棲み分けている。

伊沢が得た結論は、今西たちが日本やアフリカのフィールドワークで確証しえたと思えた「定説」を見事に覆すものであった。日本サル学は世界の最先端を行っていた、という自負心が一挙に吹っ飛んだのではなかったろうか？　とりわけリーダーの今西にとって、これほどのダメージはなかったろう。

だが科学の研究、とりわけ社会科学（＝社会学や歴史学）の研究は、「パラダイムシフト」を常に強いられる。新解明は、「誤謬」とその「訂正」から生まれる、というべきだろう。

もっとも伊沢は、今西はなぜ「棲み分け」論を提唱しながら、サル学だけは競争の論理の上に組み立ててしまったのか、と疑問を呈する。同時に、今西が、後半生期に、サル学の成果をいっさい捨て（たような形で）、動物社会の進化論を、棲み分け理論で行なっていることに、注意を喚起している。とても、興味深い意見だ。

(3) カゲロウに帰ってゆく

伊沢の「疑問」を、もっとストレートに語る論者がいる。

(1)今西のセオリー・ソースはカゲロウだ。

〈生態学と社会学は目的も方法論もまったく異なる学問なのである。安易にくっつけてすむものではない。

私は霊長類を対象とした社会学をやった。種社会の社会構造とその進化の解明が私の最大の目的であった。〉(「私の履歴書」一九九二)

これは今西の言葉ではない。ほかでもない、今西の「直弟子」(第一世代)であり、日本サル学のフィールドワークをはじめて実地に担当し、その「成果」を最初に著述し、また進化論では今西と激しく対立した、伊谷純一郎その人の言なのだ。その伊谷が書く。

〈ダーウィンと同様に、今西先生も実に幅広く進化にかかわりのありそうな現象に着目してこられた。初期の生物社会学の基礎をなしたカゲロウ類や、日本アルプス垂直分布の各植生帯を構成する指標植物は言うに及ばない。その後の海外での多くの探検行に際しても、多彩な動植物に接してこられた〔中略〕……だが、先生ご自身によるインテンシブ〔徹底的〕な調査は、都井岬のウマの第四回の調査時、一九五〇年で終わっているのである。〔中略〕〔その後の調査は〕いずれも断片的で挿話的で、一番大事なセオリーのソースとなると、やはりカ

ゲロウに帰ってゆくのである。〉(『今西錦司全集』第11巻「解題」一九九三)
1　今西の自然=社会=歴史学は、カゲロウにはじまり、カゲロウに帰ってゆく、と伊谷は断じる。
2　この伊谷発言の裏にあるのは、今西による人間と近接するサルの調査・研究は、自分の手と足でかせいだものはほとんどなく、挿話的で、今西の本領分ではない、だ。
その主著『人類の誕生』(一九六八)は、今西錦司の単著という形をとっているが、そのフィールドワークによる実証部分のほとんどは、池田次郎(人骨学)・河合雅雄(日本サル学)・伊谷純一郎(霊長類学)が著述したものであった。だから、文庫本化(一九八九)に当たり、四人の共著となった。三人は、今西の最有力な後継者たちだ。その「文庫本あとがき」で、その記述が、〈二十年間という歳月のあいだに蓄積された新しい資料によって、今日ではもはや通用しなくなっているのではないかということだったのだが、人類の社会進化の骨組みは微動だにしていなかった。もちろんその後、チンパンジーの集団は父系であることが明らかにされたし、その集団の大人の性比が一対一でないことの謎も、やがて解かれようとしている。また新しい化石人類学の発見は、当時考えられていた人類の系譜に修正を余儀なくした。しかし、こういった知識は、新しく出版された数々の書物によって補っていただければよい。〉
と伊谷が書く。淡々とした調子でだ。
だが「補正」は、パラダイムシフトを伴わなければすまないのではないだろうか？　この点で、伊谷は、河合が担当した「サル社会に原籍を求めて」の章は、伊沢(一九八二)の書によって、丸ごと訂正を迫られるたちのもので、その一端の責を伊沢も負う、と単純明快に記していない。残念だ。

(2)「科学」は諸科学として存在する。進化論は「科学」として成立する。

さらに三つだけ伊谷の「解題」（今西錦司全集11）から「コメント」を引こう。

1　今西は『ダーウィン論』（一九七七）前後から、〈セオリーの世界で自らの直感と洞察とを研ぎ澄まそうとしておられた〉。〈先生のセオリーは、どこまで現在の学究の実際の指針になりうるか否かということよりも、いまは読み切れないにしても、どこまでも予言としての力をもっているかということの方に、私には関心があるのである。〉（最後の部分、分明ではない。「先生の関心があったように、私には思われるのである。」か？）

2　〈今西先生がカゲロウの種の社会の把握を通じて提出された縮尺度論が、棲み分け論や同位構造論の基礎をなしていることは、『生物社会の論理』のなかに明快に説かれている。われわれにとって自然は一つしかない。ところでその自然を、どの梯尺〔縮尺〕とどの梯尺で捉えるのかという、今西理論の白眉ともいってよい部分である。足で歩くときは大梯尺、自動車で走るときは小梯尺というように、……。〉だが、〈先生の定規には、個体以下の目盛りは刻まれていなかったのだが、私はそれをフィールドスタディーの独立性の主張と受けとっている〉

今西は、分子生物学には関心を示さなかった。むしろ分子に縮尺《スケール・ダウン》すると、生物的自然（の三重構造）を「捉える」ことは、難しくなるとした。そのために、フィールドスタディーの重要性（独立性）を強調する。同時に生物世界の全体像が、むしろ、見えなくなる（と伊谷はいいたいのか？）。

3 〈今西先生のホーリスティック・ヴュー（自然全体をつかもうという観点）には一つの欠陥がある。進化における自己完結性という現象を、忠実に比較すれば読みとることのできる進化の姿であり、おのずから見られる法則の一つだとし、それは生物界に普遍的な並行進化の根底にある法則であるとされながら、時間あるいは歴史に対しては、縮尺度論のような解析の手段を提示しておられないのである。それがあまりにも有名になった合理的説明を脱却した「変わるべくして変わる」という言葉になっているのだと思う。〉

伊谷は今西の衣鉢を継ぎながらも、「予言」者ではなく、あくまでも「合理的説明」（科学＝認識）者の立場を堅持しようとする。いわゆる「哲学」ではなく、科学に寄り添おうとする。しかし、わたしには、二人の距離は、いわれているように、乖離しているとは思えない。

事実、伊谷もルソーの『不平等起源論』の問題意識を借りて、「自然状態」と「社会状態」をつなぐ「環」（合理的説明）を見いだそうとする。（「人間平等起源論」『自然社会の人類学——アフリカに生きる』一九八六所収）

だが、歴史変化にどれほど「合理的説明」が可能であったとしても、それはあくまで「過去」の「可能態」の基本筋である（しかすぎない）。「基本」とはいえ、無数の連鎖の「いくつか」の抽出だ。その基本筋を「一般」（原理）とみなすのが歴史科学である。だがその変化は、過去期には「なるべくしてなった」（必然＝偶然）、とりわけ現在と未来期には「なるべくしてなる」（予測＝予言）とするほかない。

といっても「予言」と「予断」とは違う。もちろん、予言は、過去・現在・未来にかかわらず、観察・調査・類推を断念することではない。むしろ「一寸先は闇」（だが「一〇年先は予測可能」）だから、〈類推は仮説であるが、それを支持する事例を集積するうちに仮説は実証されるだろう。〉（「わたしの履歴書」『サル・ヒト・アフリカ　わたしの履歴書』一九九一所収）、と伊谷がいうように、事実の反復・集積を求めて経験科学の研究を加速させることが必要なので、その逆ではない。

だからこそ、今西の「なるべくしてなる」論は、今西もいうように「宿命」論ではない。むしろ「主体性」論、ヘーゲル的にいえば「内在的超出」論なのだ。カゲロウ研究でそうしたように、長期の徹底した観察・調査による検証をこそ要求する。

今西も伊谷も、古くて新しい知的領域の先駆者、言葉の本当の意味での社会＝自然の哲学者だ、とわたしは断言できる。（なお、伊谷については、第1章　第2節（1）を参照されたい。）

＊今西錦司　1902・1・6〜92・6・15　京都西陣生まれ。三高、京大（農学部）卒、48年講師（有給）、50年京大人文研講師、59年同教授（社会人類学）、62年同理学部教授（兼任　自然人類学）。代表作は、『生物の世界』（1941）『生物社会の論理』（1949）『人類の誕生』（1968）『ダーウィン論』（1977）『主体性の進化論』（1980）『自然学の提唱』（1984）　生まれながらの「ボス」で、大小さまざまなパーティを創って、日本と世界の各地を探検・調査した。とりわけ登山と探検を終生止むことなく実行した。西田学派、東洋史グループと並んで、京都学派の一翼を担った。

〔斎藤清明『今西錦司――自然を求めて』（1989）　本田靖春『評伝　今西錦司』（1992）　立花隆『サル学の現在』（1991）

第1章　生物

まず、私事的経緯を書く。

わたしは、かつてマルクス学徒であった。その学を清算するとき、マルクス哲学の「可能性の中心」を明らかにすることに全力を注いだ。

わたしは、マルクス思想（その原型＝論理はすべてヘーゲルにある）の基本論理をつぎのようなものとみなしている。人間（とその社会）は何か、を解く「鍵」となるものに焦点を絞る。

1　人間とは社会的諸関係の総和だ。——その哲学の根本概念は、吉本隆明や廣松渉が最重要視した、「関係の絶対性」である。

2　資本主義とは、人間の手から離れた機械制工業《インダストリ》のシステムだ。——だが、これは産業資本主義＝生産中心主義社会のことだ。資本主義は、岩井克人が主張するように、人間の発生とともに古い。マルクスの視界には、吉本隆明が論じた消費資本主義はなかった。

3　人間は「言語」とともに古い（意識と言語とは同年齢だ）。——だが、マルクスは言語を解明しなかった。正確には、出来なかった。ソシュールが行なった、と丸山圭三郎は記す。

わたしは、このマルクスの可能性を、「人間＝自然」を解明する中心点とみなし、すでに、『日本人の哲学』の各部で取りあげ、論じてきた。ここで、再論を含め、一括して述べてみよう。

第1節　生物1＝人間　その意味論

人間（社会）の「無意識」解明に最初の鍬を入れたのは、フロイト（一八五六〜一九三九）だ、とはよくいわれる。しかし、「無意識」を人間論の主題においたのは、スピノザ（一六三二〜七七）であり、マルクス（一八一八〜八三）もその一人だ。ただしマルクスは、資本主義の本性が無意識であり、したがってコントロール不能だとみなして、その解消こそ必要（必然）であるとして、合理的に制御可能な社会（＝社会・共産主義社会）を構築しようとした。

だが「無意識」とは何か？　減退あるいは解消が可能なのか？　否だ。

無意識とは「自然」である。人間（とその社会）の本性（自然）は無意識なのだ。しかも人間の無意識は、原始や未開社会においては強力だが、現代や文明社会では減少し、弱化する、というようなものではない。比喩的にいえば、人間の無意識は過去も、現在も、（おそらく）近未来も、過剰になっていきこそすれ、減退することはない（だろう）。「人間の自然」（human nature）こそ、人間論の要諦《キイ・ポイント》なのである。

（1）生命の意味論——過剰な生命——多田富雄

戦後に生まれ、急速に進化した分子生物学の主流＝DNA決定論＝人間は「分子機械」だという流れのなかで、多田富雄は、免疫系の研究を通して、人間は「分子機械」以上のものだという、生命の存在様式「超システム」論を展開する。これは、人間の古くて新しい規定とつながる刺激的な試みにちがいない。

(1) DNAは創造主か?

1　一九五三年に発表された、ジェームス・ワトソンとフランシス・クリックによるDNAの「二重ラセン構造モデル」は、その後三〇年ほどの間に生命にかんする考えを一変させた。まず、ウィルス、細菌、植物、昆虫、人間を含む動物などあらゆる生き物は、DNAあるいはその変型であるRNAを、生命の基本設計図、すなわち遺伝子としてもっていること、そして生物というものに共通な増えるという属性〔基本性質〕、すなわち自己複製能力が、DNAの二重らせん構造を通して見事に説明できることがわかった。

しかも、DNAの二重ラセン構造の構成成分は、人でも大腸菌でもミミズでもエノコロ草でも同じだから、その点では、人間という存在を特殊化することはできない。事実、その後の技術の発展によって、「人間の遺伝子を動物に入れて働かせたり、人間の遺伝子の産物を大腸菌に作らせたりすることは容易になったのである。」(『生命の意味論』一九九七)

2　一方、人間の子どもは人間で、カエルの子はカエルという「種」の個別性も、DNAの構造のなかに書き込まれている。蛙の存在、人間の存在は、DNAによって決定されたものである。だから、DNAの暗号を比較することによって、生物の進化、種と種のあいだの関係、さらにはその存在意義までを理解できるかもしれない。

それぞれの生物の持っている特性、足を六本もっているとか、二本足で歩くとか、毛が生えているとか、毒を持っているとか、そうしたさまざまな性質もDNAによって決められている。本能も、敵意も、友情も、DNAの構造の表れである。そして、人間を取りまく多様な動植物が織りなす生物環境も、基本的にはDNA構造の多様性で説明されるのである。(同右)

こういって、多田は、今世紀、「失墜した神」に代わって現れたもっとも偉大な思想は、「造物主DNA」という思想ではないか？　と反問する。このDNA決定論とでもいうべき生命思想は、今西の進化論にまったくなかった視点である。

こう、ひとまずいうことができるが、早計に結論づけることはできない。というのも、DNAの構造解明によって、今西の「主体性の進化論」＝「なるべくしてなる論」の「主体」がついに発見された、というべきではないだろうか。

3　しかもDNAは、リン酸と糖でできた長い鎖に、四種類の塩基、アデニン(A)、チミン(T)、グアニン(G)、シトシン(C)が結合した化学物質である。ATGCの四記号で、細菌から人間のような複雑な生命体まですべて規定(類化)できるのだ。

かくして、生命は、DNA物質から生まれ、DNAによって決定される。生物は、遺伝子が作りだした「生存機械」(リチャード・ドーキンス)にすぎない。こういわれかねない。だが多田は、反問する。なぜか？

(2)「学生」はなぜ猥雑(vulgarity)を好むのか？

一九七〇年代、地価高騰もあって、いくつかの大学が都心から郊外に移転した。わたしは、この移転が失敗する、と予感した。なぜか？

なぜ、学生は、キャンパスを郊外に移した設備も環境もいい大学で勉強＝学問になじまず、その周辺に下宿せず、わざわざ一目散にキャンパスを離れ、都心に戻って生活するのか？

人工的なシステムは、それがどれほど合目的で機能的でも、いきいきとした活動を生み出す環境としてはふさわしくない。活発な生命力の持ち主である学生（若者）にフィットしない。生命活動の旺盛な都会に学生が回帰するのは、理の当然だ、と。ただし生命活動に乏しかったキャンパスも、三〇年余という時間を閲すれば、生動的になるケースはある。十分にある。

このわたしの反問に、多田富雄の二つの著作、『生命の意味論』と『免疫の意味論』（一九九三）を引証すると、とても納得のゆく回答をえることができる。多田の本は、著者の議論を自分たちの議論のために、丸ごと「引証」「利用」するのにはとても便利な本である。しかし、咀嚼するとなると、とてもやっかいだ。

一つは、著者が扱う生命科学の遺伝子や免疫分野が、急速に高成長している新分野、最先端分野であるばかりか、人類が長い間タブー視し、遠ざけようとしてきた問題を次々にクリアーしていく（ように見える）からだ。

二つは、これまで哲学や心理学が対象としてきた、「人間とは何か？」「生命とは何か？」などに見られた、抽象的で回りくどい議論とは異なって、著者の議論があまりに実在的かつシャープで、説得的だからだ。眉に唾をしたくなるほどにである。そのため、鵜呑みにできない奥行きの深い問題の所在をつい見逃してしまう。ともあれ、著者の言を聞こう。

(3)「超システム」

生命の基本的設計図は、DNAの二重ラセン構造上に書き込まれている。では、人間のDNA総体がもつ三十数億文字といわれている情報を解明すれば、人間は解明できるのか。できない。例えば、全く同じ遺伝子構造をもつ一卵性双生児が、同じ遺伝的な影響の強い病気にかかるとはかぎらないからだ。したがって、「自己複製」してゆく遺伝的な決定から離れた、別な自己生成系があるのだと、よりトータルに生命を見てゆく観点が必要になる。

免疫系は、個体の中にはりめぐらされた防衛網である。細菌やウイルスのような「自己」ならざるものが侵入した場合、それらを「非自己」として排除する閉鎖システムだ。ところが、例えば、人間のDNA総体がもつタンパク質を指定できる遺伝子の数が十万個程度なのに、「非自己」由来の物質（抗原）に対応する免疫細胞の受容体は、億単位の異なった構造をもつ受容体タンパク質である。これは、受容体タンパク質の大部分が、抗原との対応の中で、後天的に作り出されたことを語る。（抗体を作るB細胞で、受精卵では離れていた遺伝子の断片がつながりあって、受精卵にはなかった新しい遺伝子の単位が作り出されている、ということを発見したのが利根川進（一九三九〜）で、「抗体の多様性生成の遺伝的原理」が一九八七年ノーベル医学生理学賞を受賞した。）

つまり、免疫系は、「非自己」を排除するだけでなく、取り入れ、それらと同調し、「自己」を外に向かって開き、「自己」を維持しながら拡大してゆくシステムである。（脳も同じような開放形成回路をもつシステムである。)

あらゆる可能性を秘めた「なにものでもないもの」から、完結したすべてを備えた存在を生成してゆく(さらに、生成したシステムをのり超えてゆく)システムを、生命の多様な存在様式を可能にする、「超《スーパー》システム」と多田はいう。とてもいい命名に思える。

多田は、伝染病、死、性、言語、老化、都市、文化現象、等の今日的で興味あるテーマを「超システム」によって新たに読み直してゆく。つまりは、「人間とは何か」に多様な視角から答えようとするのだ。

生命活動を、目的をもたない過程、多様な要素や関係を創出しながら拡大(崩壊を含む)してゆく過程だとみなし、人間個体と社会の総体を過剰な「生命活動」としてとらえる、多田に、わたしも強く同調したい。この点では、今西とも同じではないだろうか? 今西「主体性の進化論」は、主体=「創造主=DNA」ではなく、「非主体」が「主体」をのりこえてゆく「超システム」論である(と思える)。

(4)資本主義は「超システム」だ
たとえば、合理的に設計された建築や都市、さらには社会主義システムがどんなにすばらしい理念(目的)をもっていようと、人間にとって快適でない(住み心地がよくない)、人間の生命活動に適応不全なシステムである。その存在が持続すると、ついには人間に過大な「災厄」をかならずもたらすことになる。

対して、資本主義は融通無碍（flexible）だ。「無意識」である。『日本人の哲学3』4「経済の哲学」で援用した岩井克人を引こう。

資本主義とは、資本の無限の増殖を目的とし、「利潤」を永続的に追求してゆく経済活動の総称だ。古典派経済学、マルクス経済学、新古典派経済学は、ともに長期的に均衡する一般利潤率を想定し、利潤率を生涯賃金説、搾取説、時間選好説によって説明してきた。

だが商業資本主義においては共同体と共同体とのあいだの価値体系の差異、産業資本主義においては労働の生産性と実質賃金率とのあいだの差異、そして現代的な資本主義においては、企業と企業とのあいだの生産技術や製品仕様や通信ネットワークの差異によって利潤が生み出される。いずれのばあいも、単一の価値体系の成立をはばむ何らかの意味での不均衡が利潤を生みだす源泉になっている。とくに、高度情報社会とかポスト産業資本主義とかよばれている現代の資本主義とは、個別資本のあいだの不均衡によって利潤が生みだされ、それが資本主義そのもののダイナミズムを生みだし、さらにそれが個別資本のあいだの不均衡を生みだしてゆくという長期不均衡システムとして理解しなくてはならない。（『資本主義を語る』一九八七）

資本主義は、一見して、猥雑で、無秩序で差別的で、したがって過酷に思える。だが「交換」と「流通」を基本活動とし、無秩序で無慈悲だからこそ、人間の生命活動にフィットしており、乗り超え不能なのだ。逆にいうと、資本主義は常に「自己」をのり超えてゆく「超システム」である、というのがわたしの見解だ。多田の「超システム」論は、わたしの社会主義批判論などをも勇気づける。

と同時に、生物学的生命観は、やはり、「有」から「有」を生み出す「超システム」論であり、物質的・限定的にすぎるのではあるまいか。つまり、「無」から「有」を生む「超システム」論というには大げさすぎるということだ。

言語や社会システムを含む、人間の過剰で複線的な欲望システム（これこそ本物の超システムだ）を説明する、補完的役割にとどまる、というのがわたしの考えだ。

＊多田富雄　1934・3・31〜2010・4・21　茨城結城市生まれ。千葉大（医）卒、同大教授、77年東大教授、95年東京理科大生命科学研究所。『免疫の意味論』（1993）『生命の意味論』（1997）『生命をめぐる対話』（1999）『免疫学個人授業』（1997）『多田富雄の世界』（2011）

（2）交換の意味論――過剰な生産と消費

マルクスを直接学んだわけでもないのに、後智恵にすぎないが、幼童期からすでにマルクス主義的に考えていた。わたしだけだろうか？　そんなことはない、と思える。

階級観「支配者（権力）は絶対悪だ。」ゆえに、村長や教師や警官、坊主には絶対なりたくない。

労働観「働かざる者、食うべからず。」ゆえに、不在地主や門閥はなくなって当然だ。

人間観「人は生まれながら《ネーチア》にして平等だ。」ゆえに、自分の力（だけ）に依拠して生きるようにしよう。

子供心にこう感じ、思えたから、村長・不在地主・家父長制家族《ファミリ》という「生まれ」（旧体制）から決別したい、と思えた。わたしも、だれもがたどったように、一〇代の全部を、「合法的家出」のために費やした理由だ。（もちろん、後知恵もはいっている。）

二〇代、本格的にマルクスを学び、微力にすぎないが、実践するようになって、マルクスの思考や実践が、崇高な「理念」を基礎においているというのではなく、大衆の「常識」に、したがって人間の「自然」に根ざしたものだ、と感じ、かつ思えるようになっていった。ただし、「マルクスは克服不能だ」と考えた吉本隆明やわたしと、マルクスとのちがいは、マルクスが人間（大衆）の自然などというものをまったく信じていなかったことだ。

すでに『日本人の哲学』（全5巻）の各所でくりかえし述べてきたので、その参照をまつとして、ここでは、「消費」を中心概念において、断定的《カテゴーリッシュ》に述べるにとどめよう。

(1)消費のための生産——交換の優位性

1　「人間は生産と再生産によって集団ならびに個体を維持してきた。生産には二種ある。一つは「もの」の生産、生産活動だ。二つは「人間」の生産、生殖活動だ。ともに共同活動である。共同関係・幻想と対関係・幻想が不可避であった。

2　だが、生産と再生産は、常に、消費（食べる・共同と対関係の維持）がその「目的」として不可避に存在する。「消費するために、生産するのである。」

3　生産せずに消費することは可能か？　一時的には可能だ。しかし、成員のほとんどが生産せず、子を産み・育てなければ、その成員集団も個々の成員も、急激にか緩やかにの別はあれども、死滅に向かって進む。

(2)資本主義の生産――商売の優位性

1　交換（exchange）は「富」（wealth）を増やさない。富の移動にすぎない。したがって、むしろ富（価値）を減らす。商業（commerce）や交易（trade）は「非生産」活動だ。その非生産に「富」（rich）を、生産に「貧困」（poor）をもたらす。したがって、なくてもいい。あるいは、ないほうがいい。なくすべきだ。

2　だが、「価値」（value）＝「利潤」（profit）は「交換」から、正確には「差異」から生まれる。岩井克人の定言を再録しよう。

〈商業資本主義においては共同体と共同体とのあいだの価値体系の差異、産業資本主義においては労働の生産性と実質賃金率とのあいだの差異、そして現代的な資本主義においては、企業と企業とのあいだの生産技術や製品仕様や通信ネットワークの差異によって利潤が生み出され〉る。〈いずれのばあいも、単一の価値体系の成立をはばむ何らかの意味での不均衡が利潤を生みだす源泉になっている〉。〈とくに、高度情報社会とかポスト産業資本主義とかよばれている現代の資本主義とは、個別資本のあいだの不均衡によって利潤が生みだされ、それが資本主義そのもののダイナミズムを生みだし、さらにそれが個別資本のあいだの不均衡を生みだしてゆくという長期不均衡システムとして理解しなくてはならない〉（『資本主義を語る』一九八七）。

3　「利潤」ではない。「使用価値」が問題なのだ。こういうかも知れない。だが、まさに「必要」としているところ・ひとに、「もの」を移す《トレードする》からこそ、「価値」が、したがって「利潤」が生まれるのだ。その逆ではない。

以上は、商業社会や資本社会に共通のものではなく、人間社会全般に通じることだ。

(3)消費の資本

1　高度《ポスト》＝超資本社会は、文字通り、「生産」よりも「消費」を中心に「商品」＝「財」(goods) として交換する段階に達した社会である。社会と人間の生存に必需なもの (the necessities [necessaries] of life) の消費よりも、必需か否かに関係ないものを、旧段階の観念では「浪費《ムダ》」とみなされたものを消費の、したがって生産の中核におかざるをえなくなる。

2　まさに、非生産活動と見なされてきたサービス活動が、政治経済文化活動の中核に躍り出る。同時に、この社会は必需ではない、したがっていつでも・どこでも消費を控えても、少しもかまわない、「浪費」のサービス活動を展開せざるをえなくなる。基本的には、デフレ循環に入り込んだ社会である。

3　もっとも困難なのは、(1)で述べた「働かざる者、食うべからず。」等が、通用しなくなった社会だということだ。大衆の無意識＝自然と思えたものが、生産・生殖活動をせずとも、「消費」に与ることが可能になったということだ。かつては生産が「義務」とみなされていたのに、「消費」が権利とみなされるようになった。NEET《ニート》は、若者に特有なことではなくなった。結婚や出産も無関与＝個人の自由＝権利になった。

先進国が、過剰な消費＝浪費中心の政経システムと文化・モラルに入り込んだだけではない。中進国も、後進国も、先進国のシステムとモラルを大衆の無意識として受容し、それを権利化しつつある。

(3) コトバの意味論――過剰な欲望

今西グループが明らかにしたように、人間は、直立歩行、言語、家族をえることで、人間になった。この三要素は、人間に特有な本性（nature）である。とりわけ重要なのは「言語《コトバ》」を操る能力である。言語能力は、人間だけに特有な「本質」である。

コトバは9「大学の哲学」、第1章　第1節（4）「丸山圭三郎」に即して述べた。ここでも断定的に、「交換」よりもさらに断定的に述べるにとどめる。

(1)コトバは「自然」だ

1　コトバ（ラング）は「無意識」である。個々の意識から独立した体制《システム》である。「はじめにコトバがあった。」のであって、コトバは「つくられた」のではない。

2　コトバは、まずは個々のコトバとして存在する。「民族語」であり「国語」である。日本語は、無から生まれたわけではないが、いかなる系譜にも属さない、得意な国語＝孤立語とみなされる。日本人《ジャパニーズ》とは日本語《ジャパニーズ》のことだ。

3　シンガポールは「人工国家」といわれる。「英語」を国語とした。だが英語は「自然」である。シンガポール国民の「無意識」（生まれつき＝by nature）になったということだ。

⑵コトバは個人表現《パロール》だ

コトバは、情報（information）伝達のたんなる道具《メディア》ではない。個々の人間の能力の中核にある。コトバは、システムを無視できず、システムに従うが、個人の能力の全表出にかかわる。

1　人間《コトバ》は、現前にあるものを通じて、自己表出する。

2　人間《コトバ》は自己表出を通じて、世界を獲得するほかない。

3　人間《コトバ》は、世界（他者）の表出を媒介して、自己を再表出する。

このかぎりのない繰り返しのなかに、人間（自然）は人間であること（営み）を確証せざるをえない。

⑶コトバは真の「創造者」だ

いま・ここにないもの、いまだかつて・どこにもなかったものを喚起できるのは、コトバをおいて他にない。コトバは、あたかも「無から有を生む」創造者である。

1　過剰（過小）な欲望も、過剰（過小）な消費も、本源的には、コトバが生み出すものである。政治経済文化生活のすべてにわたって、コトバが主役を演じる。

2　過剰（過小）な欲望や過剰（過小）な消費をコントロールできるのは、コトバの力だ。

エッ、コトバを信じないから、コトバの支配に無縁だって?!　そういうものこそ、単純明快なコトバ、例えば「鬼畜米英」を鵜呑みにするのだ。

おれはコトバを自在に操ることができる。だからコトバの支配に絡みとられない、などといえる人は、能天気だ。そういう人ほど、コトバで自縄自縛に陥る。
3 「コトバは無力だ。実行がすべてだ。」というのは、コトバの術策《トリック》だ。「コトバがすべてで、実行は一部だ。」ということを隠すためにそうする。じゃあ、コトバは全能者か。まったくそんなことはない。
コトバは表現である（にしかすぎない）。人間の本性はコトバである。その本性はコトバの網でつながっている。だが、コトバ（だけ）でできあがっているのではない。

第2節　生物2――進化論

今西錦司の生物学＝進化論と、生命科学＝分子生物学とは、同じ生物学とはいっても、両極端の、まったく接点をもたない分野と思えないだろうか。事実、一方は種と社会のフィールドワークが主体で、一方はＤＮＡ構造解明の無機質な実験室が活動主体である。

だがそんなことはない。ともに「生物」＝生命体を対象とするのだ。それにフィールドが違うだけで、ともにフィールドワークに違いはない。そういう問題意識を持って、以下の二節をたどってみよう。

(1)　霊長類――伊谷純一郎

日本サル学を切り拓いたのは、一に今西錦司（ゼロ世代）であり、二に伊谷純一郎、河合雅雄（第一世代）である。もっとも大きな成果を上げたのは、衆目の一致するところ、伊谷である。

(1)サル――ゴリラとチンパンジー

伊谷は、一九四八年、京大理学部（動物生態学講座）に入学する。そこですぐ、今西錦司（非常勤講師）に帯同し、都井岬（宮崎県最南端）のウマ（半野生）を皮切りに、幸島《こうじま》（宮崎県）・高崎山（大分県）をはじめとする日本各地のニホンザル（野生）を観察調査（フィールドワーク）し、

	ニホンザル	ゴリラ	チンパンジー	最初の人類	未開狩猟採取民
澱粉食	△	●	○	○	○
昆虫食	○	●	○	○	○
肉食	△	●	○	○	○
オープンランドへの進出と適応	●	●	◎	○	○
狩猟行動	●	●	△	○	○
彩食に関係した道具使用	●	●	○	○	○
武器に関係した道具使用	●	●	△	○	○
道具の製作	●	●	△	○	○
物乞い行動	●	●	○	○	○
分配行動	●	●	△	○	○
有節言語	●	●	●	●	○
火の使用	●	●	●	●	○
直立二足歩行	●	●	●	◎	○
経済的分業	●	●	●	○	○
バンド	●	●	◎*	○	○
家族	●	●	●	◎	○
地域社会	●	△	○	○	○
部族	●	●	●	●	○

ヒト化に関係をもつ行動と社会的特徴の比較　＊プレバンドを指す　●保有していない　○保有している　△萌芽的に保有している　◎各段階においてとくに重要な要素（『人類の誕生』より）

一九五八年には日本で最初のアフリカ調査（チンパンジーとゴリラ、原住民）に乗り出す主要スタッフとなった。日本サル学を先導した文字通りパイオニアの一人なのだ。

これら二〇年にわたるフィールド・ワークの成果＝総括が今西錦司『人類の誕生』（一九六八）としてまとめられ、「世界の歴史」（河出書房　全25＋1巻〔ただし25巻梅棹忠夫著は出なかった〕）の劈頭を飾った。大衆的かつ純研究書である。

『人類の誕生』の原稿執筆者の一人とされた伊谷は、「人類社会の黎明」章「あとひと息で人間につながる」節で、一表を示し、書く。

〈表は、霊長類の進化の過程で重要と考えられる行動や社会的特性について、ニホンザル、ゴリラ、チンパンジー、最初の人類、現代の未開狩猟採取民のあいだの比較を試みたものだ。

表にあげた一八の項目は、たがいに関連しあったものも少なくないが、未開狩猟採取民の社会は、そのすべての要素をもった社会だと考えることができる。それに対して、ニホンザルは、食性の点だけが雑食性の傾向をもつが、他の要素はいっさいもっていない。ゴリラは、地域社会の形成という点だけに萌芽を認めることができるが、あとはすべて黒だ。ゴリラにくらべて、チンパンジーがいかに人間化への道に踏みこんでいるかは、この表が明白に物語っている。〉

この表から、読み取ることができるのは、

1　一八の要素中、有節言語、火の使用、部族の形成は、最初の人類になかっただろう。

2　チンパンジーと最初の人類の基本要素の違いは、直立二足歩行と家族である。

3　チンパンジーにあった萌芽要素《プレ》（狩猟行動、武器使用、道具製作、分配行動）が、最初の人類では、生活様式＝制度や習慣になっている。

一見、小学校で夏休みの野外課題に提出する図と思えるこの一枚の表こそ、今西＝伊谷グループが、サルから「あとひと息」で人間になる（進化する）と類推した、フィールドワーク二〇年の結晶である。すばらしい。ため息が出る。

(2)アフリカ——未開狩猟採集民

霊長類研究の最終対象は、ヒトである。「サルを解く鍵は人間にある。」(マルクス)と同時に「人間を解く鍵はサルにある。」これが今西や伊谷が霊長類研究で掲げた標語だ。

ここで「未開」(狩猟採集民)といわれるが、原始人のことではない。現代人=現存するヒトだ。伊谷は一九五八年はじめてアフリカ(「人類の故郷」)に入る。サルだけでなく、サル(チンパンジー)ともっとも近接したヒト(未開狩猟採取民)の調査を続けるためだ。このフィールドワークも、サルからヒトへの「進化」過程を確証・類推する大目的をもっている。

調査対象は、アフリカ大陸の植生と湿乾・高低地の違いにそって、見事なモザイク模様を見せる。山地林帯=ゴリラと狩猟採取民バトゥア(ピグミー)、疎開林地帯=チンパンジーと焼畑農耕民=トングウェ、熱帯雨林帯=狩猟採集民ムブティ(ピグミー)、サバンナ・半砂漠帯=牧畜民トゥルカナである。この調査の一総括が、伊谷『アフリカ紀行』(一九八四)だ。その結語である。

1 狩猟採集という生活様式は、わずか一万年前まで、全人類の生活様式であった。

2 トングウェ、ムブティ、トゥルカナは、人種を別にし、生業を異にする。共通なのは、自然埋没型の生活様式を維持していることだ。そのなかでも、トゥルカナは人間の生活の場として極限的な環境にあった。

3 トゥルカナは、一見、自然を顧慮しない、あまりにも牧畜一辺倒におもえる。しかし、調査の結果、ヤギ、ヒツジ、ロバの他に、ウシ、ラクダを入手して、それらに大きく依存するようになったのは、たかだか二〜三世紀前のことにすぎない。トゥルカナは、数百年前、生きるためにはなんでもする、狩猟採集・農耕・牧畜の混合、「万屋的生き方」を基本としていた。森（ゴリラ）→サバンナ（チンパンジー）→サバンナの極（トゥルカナ）という進化の筋道をたどれるのではないだろうか？

4　ケニア北西部に住むトゥルカナ族は、人口一三万人余、各集落は基本的に父系血縁体からなる。伊谷たち（長期滞在調査は太田至）が、調査に入った「集落」は、三つの家系＝血族集団（計六〇人余）で、同じサークル（囲い）のなかで生活している親集落と、家畜別に移動する五集落からなっていた。

一九七九年後半、この地を見舞った大旱魃（自然災害）は、家畜数を大幅に奪い、八〇年には家畜は二集落に併合され、八二年には、ウシが略奪され、家畜も人も一集落にまとめられた。この集落が牧畜で生きる基盤を失ったことを意味する。（伊谷『大旱魃—トゥルカナ日記』一九八二、太田至「トゥルカナ族の互酬性」（伊谷・田中二郎編著『自然社会の人類学』一九八六　所収））

5　トゥルカナを、伊谷が何よりも重視するのは、チンパンジーの「オープン・ランド」社会との「近接」に注目するからだ。それが(3)の主題とつながる。

ここで重要なのは、「家族」は、「集落＝家族集団」の下位集団であり、集落が集まって地域社会を形成する。このような重層構造はサルたちには見られない。

(3)ヒト——「人間平等起源論」

今西進化論と伊谷進化論の根本的相違は何か？　人間は「単婚」（一夫一婦制）を「終点」（完成

い違いに思える。
=洗練型）とする今西と、単婚を「端緒」（祖=素朴型）とする伊谷か、の違いである。相いれな

これには、二人の社会（構造の進化）観の違いが根底にある。

今西は、構造（全体）の変化があって、（同時に）個体が変わるという、社会ホーリズムに立つ。対して、伊谷は、社会構造の発展過程は、単独行動者が、他者を受け入れて「共存」してゆく過程だ、とのべる。これが「ペア」型のはじまりで、「単婚」だ。わたしには、穏当な考えと思われる。

（一九六〇年代、わたしが大学に入った最初の社会学の授業で、森東吾教授は、マルクス主義は革命理論で、社会学は経験科学=行動主義である。その違いは、前者は革命〔全体から部分の変化〕を、後者は改良〔部分から全体への変化〕をめざす、と述べた。）一見して、今西と伊谷の違いは、革命理論と経験科学の違いに似ている。だが、そうではないのだ。

ともに、社会構造の形成と変化=進化を重視し、その社会構造の根本的変化は、「いつ、どう変わるのか」ということにある。今西は「全部的に」（変わるべくして変わる=理由は検証できない）、伊谷は「個々に」（基本的単位集団 basic social unit の変化）という点に力点をおく。

私見では、ともに間違ってはいない。今西は社会構造の「革命」論を、伊谷は構造革命の「過程」論（なにが・いつ・どのように進化=変化するのか）、に力点をおくからだ。二つは、ともに社会変動（進化）論にとって必要不可欠である。ただしこれだけでは不正確だ。

伊谷は、今西の社会構造（ならびに個体）の根本変化（構造革命）を継受する。ただし、その構造変化の起因とそのプロセスを内在化させようとする。その所産=総括が、ルソーの「不平等起源

論」の問題意識を転用し、「平等起源論」を論究する、『自然社会の人類学』（一九八六）所収の論稿だ。

伊谷は、ルソーとともに、人類社会の初期段階に想定される平等主義は、「条件的平等性」にもとづくものであるという。ルソーいうところの自然的・社会的不平等を、伊谷がいう「先験的不平等」を基盤にした「平等性」である、とする。

〈ニホンザルの優位劣位関係についての長年にわたる精細な分析は、この不平等性がどのようにして築き上げられたのかという機構をわれわれに明確に示してくれる。その堅牢な構造は、一にかかって母系的社会に根ざしているのである。

不平等原則による共存の達成というのは、劣位者の自制によって成り立っている。……劣位者が自制することによって優位者とのあいだのいさかいが避けられ、両者の共存が保証されるのである。〉〈私が先験的不平等と呼んだこの不平等も、霊長類の進化の過程で作られたものであり、それは母系的構造に深く根ざしたものだということである。〉

「先験的不平等」で重要なのは、「劣位者の自制」である。

対してチンパンジー（父系的構造）に見られる（またトゥルカナで日常的に経験した）、「分配行動」（乞う、乞われる）は、優劣関係の現れではない。社会習慣＝制度になったもので、「条件的平等」と呼ぶべきものである。

この分配関係（互酬性）を、伊谷は、霊長類の進化過程に見いだし、言葉をもった人間が、この条件的平等を順次拡大することで、新しい社会構造をつくってきた、と類推する。社会の構造変化は、ペア型の原初的平等社会→先験的不平等社会→条件的平等社会という進化を踏むのだ。ルソーが見ていたのは、条件的平等社会のところだけである、と。

伊谷こそ、日本サル学の伝統を引き継ぎ、今西進化論をフィールドワークのなかで実証しようとした、経験科学（行動社会学）の実践者である、というべきだろう。

＊伊谷純一郎　1926・5・9〜2001・8・19　鳥取市生まれで京都育ち。鳥取高、京大をへて、51年日本モンキーセンター研究員、62年京大理学部助教授（自然人類学）、81年教授（人類進化論）、86京大アフリカ地域研究センター所長（初代）　主著『高崎山のサル』（1954）『チンパンジーの原野』（1977）『大旱魃　トゥルカナ日記』（1982）『霊長類社会の進化』（1987）『サル・ヒト・アフリカ　私の履歴書』（1991）『伊谷純一郎著作集』全6〔立花隆『サル学の現在』（1991）〕

＊丘浅治郎──進化論

〈サル類はたいがい数十匹または数百匹が集まって一団体となり、各団体には必ず一匹の大将があって、すべてのものは絶対的にその命令に服従している。サル類の産する地方ではこのような団体が数多く並び住んで、あるいは他種の動物の攻撃を防いだり、あるいは同種類の他の団体と戦ったりして日を暮らしているのである。〉（「猿の群れから共和国まで」一九二四）

丘浅次郎のサル社会の縮図＝一般図であり、さらにいえばサルが「進化」した人間原始社会のもっともビビッドな「祖型」である。

丘は、日本に進化論を持ちこんだ最初の人ではない。だが、丘がダーウィン流の進化論、生物は「適者生存」（survival of the fittest）による「自然淘汰」（natural selection）によって「進化」するという学説を、はじめてきちんと紹介した最初の人である、といってまちがいない。その主著『進化論講話』（一九〇四）や『生物学講話』（一九一六）は、「文明開化」＝社会と個体の進化理論として、急激に、広く日本人に浸透した。

今西錦司に「丘浅次郎の進化論」（一九六八　丘浅次郎著作集Ⅳ「解説」）がある。今西は、旧制高校期、すでに大学で昆虫をやるという決心をもった。だが広く生物一般にかんする知識を吸収するため、今西の書架には、丘の主著二冊や『最新遺伝論』（一九一九）も並んでいた。ただし今西は概論・教科書風の書物から「なんらかの影響をうけた、とは考えられない」と記す。

この「解説」を書いたとき、今西は、すでに「棲み分け」論を立て、ダーウィン流の進化論に対立していた。だから、「人類滅亡論」では丘と同じ立場をとる、と指摘しつつ、今西＝「直進進化説」か、丘＝「自然淘汰説」か、で対立を際立たせる。

生物世界は生存闘争に終始する社会である。生物集団（種）は適者生存によって自然淘汰を進め、もはや種に自然淘汰がなくなると、進化は停止し、種は停滞、退化、衰滅する。これが丘の「進化」（evolution）論の構図であり、人類の未来図でもある。だが、丘では、進化＝退化となる。自然淘汰によって生物の集団と個体は進化する、という進化論の否定になる。こう今西は断じる。

これは、個体進化と社会進化の区別がつかず、どこまでも個体進化の立場を貫こうとしていることに起因する、と今西はいう。丘にかんするかぎりはその通りである。だが、霊長類進化のプロセスを可能な限り追跡した結果、たとえば、ゴリラ↓サル↓未開狩猟採集民の調査研究を媒介して、はじめていえることだ。

かつて今西（たち）もまた、サル社会は、ボス支配の「階級」社会で、「閉鎖」社会である、という通弊に長いあいだ染まっていた。ダーウィン＝丘流の進化論の虜になっていた、といっていい。これでは、一方で、今西が、すでにカゲロウ調査研究で「棲み分け論」を提唱していたとはいえ、他方で、かつて丘進化論に何の影響も受けなかった、といえるかどうか。いえまい。

ここで、長いあいだ今西進化論の影響を受けてきた、わたし（鷲田＝哲学者）の立場を振り回してみたい。

①「二足歩行」は「立つべくして立つ」、

②「家族」はペア婚である。「一夫一婦」をとった人種だけが、現在の人種になった、つまり、人間の生産（生殖）と再生産は、「家族」でおこなわれてきたのだ。

③「はじめにコトバありき。」コトバだけが、いまここにないもの・いまだかつて・どこにもなかったものを喚起する真の創造者である。

二足直立歩行、家族（ペア婚）、コトバ、これが「人間」成立の三大要因である。

ただしいうまでもないが、非人間から人間への進化は「連続」であり「飛躍」である。伊谷が語るように、「構造―非構造―構造の弁証法」である。これこそヘーゲル弁証法の生命線（パラダイム）であり、アルチュセールがマルクス「資本論」に読み込んだ構造的転換であり、ソシュール（一七四〇〜九九）に始まる構造主義言語論であり、一九六〇年代に主流となる構造―脱構造主義と同じ流れにある。

最新理論をことあげしようというのではない。古くて新しい問題、「非連続の連続」の問題だといいたいのだ。

＊丘浅次郎　１８６８・11・18〜１９４４・５・２　静岡生まれ。大阪英語を出て、82年東大予備門入学、89年東大理科（選科）卒、91〜94ドイツ留学（ライプチヒ大）、97〜１９２９年東京高等師範教授（生物学）　著作集（全６）『丘浅次郎集』（近代日本思想体系９）『科学の思想Ⅱ』（現代日本思想体系26）『進化論講話』（講談社学術文庫）『生物学的人生観』（講談社学術文庫）

（２）植物——中尾佐助

もう少し今西錦司『人類の誕生』（一九六八）にこだわりたい。正確には、こだわらざるをえない。この本は、今西の単著として出版された。だが、のちに今西錦司全集（第２巻　一九七四）は、最後の三章、「農耕はじまる」「牧畜はじまる」「文明への序曲」だけを収録する。今西錦司全集は、（第２巻解題を書いた梅棹忠夫が記すように、）今西の「自選著作集」である。つまり今西は、『人類の誕生』を、単著ではなく、かつて「もとになる原稿」の作成者とした、池田次郎（人骨）、河合雅雄（ニホンザルとゴリラ）、伊谷純一郎（チンパンジーと未開人）を共著者と認知したのだ。

しかし、問題は残る。二つある。

一、「農耕はじまる」は、内容上、今西が『人類の誕生』の短い「あとがき」で、池田他の原稿作成者三人のあとに、「適切な助言」者として名を列記した中尾佐助（大阪府大教授）『栽培植物と農耕の起源』（一九六六）に（ほとんど全面的に）依拠しているだけではない。中尾著を、「農耕発生の多源説を体系化し、これを四つの独立に発生した農耕文化として提出した。この本は英訳でもすれば、日本人が世界に誇りうる名著の一つになることであろう。」と絶賛しているのだ。

二、ところが同じように「適切な助言」者として名をあげた梅棹忠夫（京大助教授）を、「牧畜はじまる」で、梅棹の「幼獣捕獲説は賛成しかねる」と批判するのだ。梅棹はカチーンときた（にちがいない）。なぜか？（＊今西＝梅棹「遊牧論」で述べよう。）

(1)栽培植物

冒頭で、中尾『栽培植物と農耕の起源』は、「文化」（culture）の原義を問い、「耕す」（cultivate）で、「地を耕して作物を育てること」だと記す。「農耕」こそ、人類史を貫く文化の原初的かつ中核的存在である、というわけだ。中尾の言葉でいえば、「人類はかつて猿であった時代から毎日食べ続けてきて、原子力を利用するようになった現代までやってきた。」ということになる。

一九世紀、ヘーゲルの「弟子」で、「人間とはその食べるところのものである。」と喝破した、ドイツの唯物論哲学者フォイエルバッハ（一七七五〜一八三三）は、農耕の人類史的意味をほとんど解することはなかった。それもそのはず、中尾が記すように、ダーウィンでさえ、その著『家畜および栽培植物の変異』（一八八三）で、ムギの起源問題に関心を示したが、その核心に触れることなく終わったのだ。

中尾の本論は、イネやムギの野生種から栽培種への「変化」（進化）、「栽培植物」の「原種」いかんからはじまる。これは、サルからヒトへの変化（進化）を解明する根本問題の一つでもある。

驚くべきことに、「栽培植物」の起源とその伝播は、基本的に、バナナ・イモ、クズ・チャ、雑穀・マメ、ムギ・エンドウの四系統に分類できる、という。この主食論が、なぜに、驚くべきことなのか？

一、農耕の起源は、牧畜も含めて、近東（オリエント＝チグリス、ユーフラテス流域）であり、同時に文明の発祥地である。これが西欧文化・知識を支配した「常識」であった。西欧中心主義歴史観である。

二、だがつい最近のことだ。まず一九五二年、アメリカのカール・サウアーが人類最初の農業を近東から東南アジアに移すという説を展開する。これに対して、一九五九年、G・P・マードックが世界の農業の四大起源、西アフリカ（ニゼル川上流）＝雑穀、近東＝ムギ類、東南アジア＝イモ類（人類最古の農業）、新大陸、という新説を述べた。だが、詳しく説明していない。

中尾の四（起源・伝播）系統説には、大きな特徴がある。

一つは、「作物」（何を栽培するか）を中心に、栽培法（農業技術）、作物の加工、食法の過程（生産物を胃の中に入れてしまうまで）を考慮に入れる。

二つは、かなり異質なものが集まって相互にからみあう一つのかたまりとして、農業に関連した要素だけを取り出し「農耕文化複合《コンプレックス》」という概念で、この四系列を基本・種別化することだ。

(2)農耕文化基本複合の四系列

中尾が、ブータン・ヒマラヤ、東南アジア、アフリカ等のフィールドワークからえた結論＝説明は、マードックのものに近い。すなわち、四系列（と種栽培植物）は、①根栽農耕文化（バナナ・イモ・サトウキビ）、②照葉樹林文化（クズ・チャ・柑橘）、③サバンナ農耕文化（雑穀・マメ・ゴマ）、④地中海農耕文化（ムギ・エンドウ・ビート）であり、別に、新大陸農耕文化（ジャガイモ・トウモロコシ）を立てる。

①で特に重要な栽培植物はバナナとイモで、その原産地は、熱帯雨林地帯のマレーシアだ。バナナから農業ははじまった（といえる）。

②は東南アジアの熱帯雨林地帯の北方にある、カシ類を主力とする温帯性の森林地帯で、インド北部から日本（東北・北海道を除く）へと北東に細長く伸びる山岳地帯である。

③は疎林草原地帯である。「アフリカの草原は天然の雑穀畑」で、「農業のみで、ほとんど完全に人類の栄養を補給することができる」といわれる。（デンプン＝雑穀・タンパク＝マメ・脂肪質＝ゴマをバランスよく摂取できるというわけだ。）

④は、二〇世紀初頭まで、農耕文化の基本型とみなされてきた。だがむしろ、他の系統に比べて特殊である。主栽培植物のコムギ等が、冬作物であることだ。さらに、地中海農耕文化は、ウシ、ヒツジ、ヤギ、ウマ、ロバ等を、見事なまでに家畜化したことだ。

ところで、本書で「一〇億人の主食となるコメ」が、「イネのはじまり」で独立に取りあげられる。

わたしたち（日本人）の常識では、東南アジアを原産・主産地とするいまや世界の主食が米である。だが、本書がいうように、アフリカ・サバンナの禾本科《かほん》（＝イネ科）がその周辺の湿地帯に広がって、食用となっていった。それが、東南アジアのモンスーン地帯にどのような経緯で伝播してきたのか、は本書でも、現在（二〇一六年現在）でも、わかっていない。しかも、イネは雑穀の一種で、他の雑穀からイネを基本複合としてはっきり区別する理由は見いだせないのだ。「つまり〝稲作文化〟などという、日本からインドまでに広がる複合は存在しない。そこにあるのは、根栽文化複合の影響を受けたサバンナ文化複合である。」

ただし『人類の誕生』（今西）は、中尾が「砂漠地帯」を（不毛地帯とみなして）視野にいれないのに対し、「砂漠オアシス地帯」を特定し、そこで潅漑農耕がはじまったとする。ただしサバンナ農耕と異なるところがある。一つは、サバンナ農耕のはじまりが播種と除草であったのに対し、砂漠オアシス農耕では（播種も除草も不要な）潅漑からはじまったことと、前者が夏作物で、後者が冬作物であったことだ。（砂漠オアシス農耕から、地中海農耕が胎生するような予感を抱かせるが、明記はしていない。）

そして、中尾はのちに（たとえば『現代文明ふたつの源流』一九七八で）、コムギ＝潅漑農耕に、「砂漠オアシス」と「大河の洪水地」とに別成立する二型があるとして、今西説を暗黙のうちに受け入れている。著作権をめぐるプライオリティ問題で、もっと大きくいえば、「パラダイムシフト」に関して、フィールドワークを主体とする研究の「長所」、誤りに固執しない利点が、ここに示される。

(3)現代文明の二つの源流

中尾は、京大卒業直後、今西のボナペ諸島調査(一九四一)に同行しただけでなく、内モンゴルの西北研究所(一九四四〜)でも梅棹とともに、今西にもっとも強くそして最後まで付き従っている。この中尾が、今西、そして梅棹とともに、アマチュア精神を貴重とし、雑談ふうに書くことを旨としていた。

〈ここに書いたことは、私の探検、旅行における知的生活のゴミ集めをしたその結果である。そうしたときの私のゆき方は、わたし自身の五感と手と足とで、無理せずに集まってきた情報が、総ての出発点である。書物からの情報で出発したのではない。書物はわたしにとって、五感と手と足の延長線上にあるというわけである。〉(『現代文明ふたつの源流』一九七八)

中尾佐助の「はじめ」にある言葉だが、今西の学的精神と同じものだ。中尾は、年代が違うが、今西や梅棹とともに、商家の出で、登山、探検好きでも共通していた。その「学(?)風」もよく似ている。

中尾は、『栽培植物と農耕の起源』(一九六六)で、農耕(アグリ・カルチア)の起源、つまりは文化の起源を「栽培植物の発生と伝播」で説明してみせる。実にあざやかな仕事だ。そして「文化」(カルチア)が「文明」になり、「現代文明」の源流になるのだ。

現代文明の二源流こそ、地中海農耕文化=硬葉樹林文化↓近東・メソポタミヤ文明、照葉樹林文化↓東アジア(チャイナ・東南アジア・日本)文明である。硬葉樹林も照葉樹林も、ともにドングリを付けるカシ類を主力とする。

本書で最も重要なのは、コメがアジア文明ひいては日本文化（文明）の、ムギが西欧文明の起源と結びついているという、日本の通説をはんなりと、しかし木っ端みじんに打ち砕いていることだ。中尾の先生は、北大（農）出身で「ムギ博士」といわれた京大農学部の木原均（一八九三〜一九八六）である。今西のさらに先輩だ。中尾は木原の薫陶を受けながら、木原説（たとえば、ムギの起源やイネの起源）に訂正を迫る。これこそ子弟関係のよき例の一つだ。（今西とその学統の基本関係でもある。）

人類の起源を問うということと、樹林文化とがどのように関係あるのかは、世界の樹林帯を探検調査しないと「実感」（五感）できない。中尾は、学生時代、カラフトや興安嶺を、卒業後、モンゴル等東北アジアを経巡ったが、日本との違和感しか湧かなかった。だが、戦後、東南アジアを巡り、五二年マナスル登山調査でヒマラヤ南部・ブータンにはいって、今西とともに、そこが日本と「連続」している実感をえる。インド北部からチャイナの山岳部をへて日本へと至る東アジア半月弧で、のちに「照葉樹林文化」という基本概念（ターム）を提起した。

この地帯は、だが、コメ文化ではない。チャイナ文明の発祥地（中華＝黄河流域）はムギ（冬）文化だ（火野葦平『麦と兵隊』一九三八）。これを、中尾は、チグリス・ユーフラテス両大河に囲まれた半月弧を源流とする地中海文明圏と対比する。この両文明の源流対比は、照葉樹林の終端部の日本（東北・北海道を除く）が、照葉樹林文化と東南アジアの根栽農耕文化の混合であることを明示している。

それに、中尾が明示した重要点は、地中海のムギ農耕文化がコメ農耕文化より、はるかに生産性の高い文化であることだ。もちろん、チャイナのようなコムギ単作地帯がある。しかし、牧畜を組み込み、果樹、根菜、野菜を組み込んだムギ農耕は、マルティ・カルチア（複作）で、コメ・ムギ単作よりも、総合で生産性がはるかに高いことだ。

中尾の書いたものを読んでいると、学知と雑知が見事に融合した、「知的生活のゴミ集め」となっている。今西、梅棹、伊谷、中尾等に共通する、ワークの楽しさだ。「好きでこそ学問」の神髄だろう。

＊中尾佐助　１９１６・８・16〜93・11・20　愛知豊川生まれ。八高、41年京大（農・生物）卒、49年浪速大（大阪府大）講師、52年マナスル登攀隊、58年ブータン入国。61年大阪府大教授。『秘境ブータン』（１９５９）『栽培植物と農耕の起源』（１９６６）『ニジェールからナイルへ　農業起源の旅』（１９６９）『栽培植物の世界』（１９７６）『現代文明ふたつの源流　照葉樹林文化・硬葉樹林文化』（１９７８）著作集（全６）

＊今西＝梅棹——「遊牧論」

今西に『遊牧論そのほか』（一九四八）がある。戦前のモンゴルにおけるフィールドワークの成果をまとめたものだ。

①牧畜の起源には、狩猟生活から発展（派生）した説と、農耕生活から派生した説がある。モン

ゴル（内陸アジア乾燥地帯）では狩猟起源説に分がある。

②動物の群れがまずある。その群れの移動に、人間（の群れ）が連動し、寄生し、動物と人間のあいだに「共生」関係が成り立つ。「遊牧」の本質だ。

この遊牧論の二基本点は、今西＝梅棹説ともいうべきものだが、今西が先に単独で「主張」し、「発表」したので、今西説とみなされた。しかも、『人類の誕生』の「牧畜はじまる」では、梅棹の遊牧論は「幼獣捕獲説」に矮小化された感がある。梅棹が、のちに『狩猟と遊牧の世界』（一九七六）で示したように、「遊牧論」の原型を示したのが、先達の今西ではなく、自分であったという学的自負心がある。しかも梅棹の「遊牧論」は、「文明の生態史観」の基底部分にかかわっている。

ただし「遊牧論」は、プライオリティの問題ではない。今西＝梅棹論であるということを、今西も認め、梅棹も諒とした。これはこれで終わりということだ。だが、今西のために、一つだけ弁じたい。

今西『人類の誕生』（一九六八）の「農耕はじまる」の章は、ほとんど中尾の四大農耕文化（複合）という新説を拝借している。今西の学者としての特長の一つは、フィールドワークの諸研究を、「総括」（generalize）する能力である。どんな調査でも、必ず報告書を書く、書かせるという今西の特性とからまっている。この特性を最も多く受け継いでいるのが梅棹だといっていい。それで、いささか誇大に物言いする。

ヘーゲルは近代哲学の集大成＝総括（一般化）であるといわれる。その内実は、ドイツ観念論哲学（カント・フィヒテ・シェリング）の「総括」にかぎらない。フランス社会主義（とくにルソーの社会契約論）とイギリス経済学（とくにスミスの資本主義論）を見事に総括したのであった。エッ、ドイツ観念論哲学＋フランス社会主義＋イギリス資本主義を批判的に「総括」したのがマルクスじゃないか、という反論があるだろう。だが、マルクスはヘーゲルの「肩」に乗っかった（だけなのだ）。このヘーゲル（→マルクス）の「現代的総括」を試みようとしたのが、わが廣松渉である。『日本人の哲学5』9「大学の哲学」で述べた。

生物世界、とりわけ人類進化論の分野でこの総括をはかったのが、今西錦司であるということに、異論をはさむものはいまい。今西が『人類の誕生』で、池田（人骨）・河合（ニホンザル・ゴリラ）・伊谷（チンパンジー）を原稿下書き者、中尾・梅棹等を「助言者」として取り扱ったのは、よくよく見れば、総合作者＝総括者の立場に自分をおいたからだ。プライオリティを主張したいがためではなかった。

著述の世界には、ダーウィンとウォーレス、マルクスとエンゲルス、柳田国男と折口信夫のような、プライオリティをめぐるかなり微妙な問題がある。しかし、今西と梅棹、今西と伊谷のあいだには、文字に表すことのできない関係はなかった、と見るべきではないだろうか？　実際、梅棹や伊谷だけでなく、中尾も、今西を偉大な師＝先達者としている。率直に、批判し合う関係にある。今西の「自然学」の提唱に梅棹は不満を持つようだが、じゃあ、梅棹は「科学」（専門）の道を行ったのか。フィールドワークを基本に、自然世界を文学する（＝書く）楽しみを伝えたのではなかったか。

（３）生命と非生命とのはざま──福岡伸一

デカルト的機械論を脱する。そのためには、人間機械論を極限まで追い詰め、パラダイム・シフトを敢行する。このシフトはいかにして可能か？　分子生物学の世界で活動・研究しながら、分子生物学（だけ）では「生命」は解き明かせない、「生命体＝生物」の定義にはパラダイムシフトが必要だ、と説くのが、福岡伸一である。福岡は、今西錦司が避けて通った分子生物学の分野で、今西の自然学＝進化論に通底するエッセイ形式の自然の「学」＝「文学」、すなわち哲学を展開する。

ただしいそいで訂正しておかなければならないが、デカルト主義《カルテジアン》とは心身二元論であり、人間機械論に一元化するのは、乱暴というより、あまりにも雑な哲学史知見である。デカルトの有名なフレーズは、「われ考える、〔ゆえに〕、われ在り。」なのだ。

福岡伸一、一九五九年、東京生まれ。まずそのストーリーテラーぶりに感嘆する。だれにでもわかる「明晰判明」（デカルト clear and distinct）な表現を駆使する。今西グループに通じる才能（talent）だ。

今西は「サルと人間とのあいだ」、サルから人間への進化（変化）を解明しようとする。福岡は、「非生命と生命のあいだ」、非生物から生物への変化（進化）を解明しようとする。二人は、同じように、「あいだ」をぎりぎりのところまで追いつめる。だが、時間は不可逆である。「同じ川に二度はいることはできない。」（ヘラクレイトス）、「覆水盆に返らず。」（呂尚＝太公望）、「流れる水はもとの水にあらず。」（鴨長明）である。時間の「壁」（＝とめることはできない）があるのだ。

今西はチンパンジーからヒトへは、「なるべくしてなる。」と書く（＝「規定する」）。というか、そうするほかなかった。福岡はどう述べるか。「動的平衡」で、概念的には、「なるべくしてなる」と同意である。今西の場合、焦点は「チンパンジーとヒト」の「接点」だった。「反復（＝再現）不能」な過程（時間）が解明をはばむ。だが、分子生物学に身をおく福岡は、生物と無生物との「中間」に「ウイルス」を見る。ウイルスは、かつても存在したし、いまも存在する。チンパンジーからヒトへの進化過程にあった「存在」（somebody）とは違い、再見可能なのだ。では、問題はより明瞭になったのか？　そんなことはない。

(1)ＤＮＡの世紀――ウイルスは生物か？

ウイルスは単細胞生物よりずっと小さい。ウイルスを「見る」ことができるようになったのは、一九三〇年代で、電子顕微鏡が開発されてからだ。細菌学の創始者コッホはもちろん野口英世も、ウイルスを知ることはなかった。このウイルス、日常でよくよく聞く名だが、生物学者たちの「生物」という概念に一大転換《パラダイムシフト》を迫る存在である。なぜか？　ウイルスとは、

①非細胞性で細胞質（構造）などもたない。基本的にはタンパク質と核酸とからなる粒子である。

②他の生物は細胞内にＤＮＡとＲＮＡ両方の核酸が存在するが、ウイルスは基本的にどちらか片方だけしかない。

③他のほとんどの生物の細胞は2n（2倍体）で、指数関数的に増殖するのに対し、ウイルスは一段階増殖する（コピーがコピーを作る）。

④単独では増殖できない。他の細胞に寄生したときのみ増殖できる。
⑤自分自身でエネルギーを生産しない。宿主細胞のつくるエネルギーを利用する。（『動的平衡』二〇〇九）

細胞は生物の基本的な構成単位である。動物も植物も、およそ生物はすべて、細胞の活動によって「生きている」。細胞を形成しないということは代謝をしないこと、「無生物」を意味する。この意味で、ウイルスは単一分子＝無生物である。だが、「生物」の定義＝「自己複製する能力」（DNAもしくはRNA）をもつ。（『生物と無生物のあいだ』二〇〇七）ウイルスこそ生物と無生物の「中間」なのか？　ついに「失われた環《ミッシングリング》」は見いだされたのか？

否だ。ウイルスの「発見」は、「生物」あるいは「生命」のこれまでの定義＝「自己複製能力」に変更を迫ることを意味するからだ。福岡はこの難問をどのように突破するのか？

⑵動的状態——ルドルフ・シェーンハイマー

福岡のヒストリー・テラーぶりの一端である。

〈ニホンが太平洋戦争にまさに突入せんとしていた頃（一九三三年）、ユダヤ人科学者シェーンハイマー（一八九八〜一九四一）はナチス・ドイツから逃れて米国に亡命した。英語はあまり得意ではなかったが、どうにかニューヨークのコロンビア大学に研究者としての職を得た。

彼は、当時ちょうど手に入れることができたアイソトープ（同位体）を使って、アミノ酸に標識をつけた。そして、これをマウスに三日間食べさせてみた。アイソトープ標識は分子の行方をトレースするのに好都合な目印になるのである。

アミノ酸はマウスの体内で燃やされてエネルギーとなり、燃えカスは呼吸や尿となって速やかに排泄されるだろうと彼は予想した。結果は予想を鮮やかに裏切っていた。

標識アミノ酸は瞬く間にマウスの全身に散らばり、その半分以上が、脳、筋肉、消化管、肝臓、脾臓、血液などありとあらゆる臓器や組織を構成するタンパク質の一部となっていたのである。そして、三日の間、マウスの体重は増えていなかった。

これはいったい何を意味しているのか。マウスの身体を構成しているタンパク質は、三日間のうちに、食事由来のアミノ酸に置き換えられ、その分、身体を構成していたタンパク質は捨てられていたことである。

標識アミノ酸は、ちょうどインクを川に垂らしたように、「流れ」の存在とその速さを目に見えるものにしてくれたのである。つまり、私たちの生命を構成している分子は、プラモデルのような静的なパーツではなく、例外なく絶え間ない分解と再構成のダイナミズムのなかにあるという画期的な大発見がこのときなされていたのである。〉(『動的平衡』)

生物を構成している分子は、すべて高速で分解され、食物として摂取した分子と置き換えられる。身体のあらゆる組織や細胞の中身はつねに作り変えられ、更新され続けている。だから、わたしたちの身体は分子的な実体としては、数ヵ月前の自分とはまったく別ものになっている。環境はわたしたちの外部ではなく、常にわたしたちの身体を通り抜けているのだ。いや「通り抜ける」という表現も正確ではない。身体は分子の「入れ物」ではない。「通り過ぎつつある」分子が、一時的に形作っているに過ぎないからだ。ここにあるのは「流れ」そのものでしかない。この流れ自体が「生きている」ということで、これをシェーンハイマーは「動的状態」(dynamic state)と呼んだ。

これは「二十世紀最大の科学的発見」と呼ぶことができる、と福岡が書く。分子レベルの解像度(resolution)を維持しながら、機械的生命観に対してコペルニクス的回転《パラダイム・シフト》をもたらす仕事である、と。だが、直後、遺伝物質=核酸(一九四四年、エイブリー)や、複製メカニズムを内包する二重ラセン構造(一九五三年、ワトソンとクリック)の発見と続く、分子生物学時代の幕が切って落とされる。生物=分子機械論の大潮流が生まれたのだ。そして、シェーンハイマーは、一九四一年、自死する。

(3)動的平衡のシステム

福岡は、シェーンハイマーの分子生物学上の成果を再評価し、その生命概念=「動的状態」を拡張して、「動的平衡」(dynamic equilibrium)と読み替える。

〈環境にあるすべての分子は、私たち生命体のなかを通り抜け、また環境へと戻る大循環のなかにあり、どの局面をとっても、そこには動的平衡を保ったネットワークが存在すると考えられるからである。

動的平衡にあるネットワークの一部を切り取って他の部分と入れ替えたり、局所的な加速を行うことは、一見、効率を高めているように見えて、結局は動的平衡に負荷を与え、流れを乱すことに帰結する。〉

福岡は、「動的平衡」としての生命を機械論的に操作する営為の不可能性を訴え、遺伝子組み換え技術や臓器移植、とりわけES細胞を使った延命医療などに、消極的意見を披瀝し、警鐘を発する。動的平衡システムの錯乱因子であるとしてだ。

二つのことで、共感したい。

一、実体論的機械論に対し、関係論的システム論である。二、たんなるホーリズムではなく、分子（粒子）次元まで還元可能とする「科学」の信奉者である。この二つのことは矛盾しない。

だが「動的平衡」という概念にとらわれ（すぎ）ると、構造＝非構造（主義）であることを無視し、第七部「技術の哲学」で見るように、分子工学と分子生物学の相関システムで組みあげられる、人間機械論の「効果」（effect）や「進化」を軽視することに終わらないだろうか？

＊福岡伸一　1959・9・29〜　東京生まれ　1982年京大（農・食品工学）卒、87年同大学院了、88（〜91）年ロックフェラー大、ハーバード大ポストドク・フェロー、91年京大講師、94年同助教授、04年青山学院教授（生命科学）『もう牛を食べても安心か』（2004）『生物と無生物のあいだ』（2007）『動的平衡』（2009）『動的平衡2』（2011）『やわらかな生命』（2013）

第3節　生物誌

ファーブルの『昆虫記』（全10　一八九八～一九一〇）は〈Entomological Souvenirs〉＝昆虫回想記で、「昆虫誌」である。今西「自然学」の提唱は、くだいていえば、「自然誌」（natural history＝自然記＝博物学）の「再建」だ、とわたしは受けとっている。伊谷も、中尾も、その他のすぐれたフィールドワーカーたちは、みな「自然科学」（natural sciences）を、仲間内の識者だけでなく、多くの人に伝える「メディア」として、ストーリ＝「自然誌」（natural history）を残している。自然理解の重要かつ不可分な分野だ。「哲学」はこの分野＝自然誌にしっかり足をおいて、はじめて生きた哲学の名に値するものになるといっていい、というのがわたしの考えだ。

『日本人の哲学』シリーズ全10部が特段に強調してきたように、歴史（ヒストリ）は、「書かれたもの」＝「史」＝「記録」であり、his-story（「回想記」）であり、もちろん「文学」（＝文字で書かれたもの）＝「誌」である。生物学は生物の歴史であり、生物誌である。

ファーブル『昆虫記』は、読み物であり、昆虫学の「入口」である。同時に、昆虫学（entomology＝昆虫・論理＝学）では表現できない領域を含む、昆虫誌、博物学の世界である。つまりは「出口」でもあるのだ。哲学は、つねにこの入口と出口を視野に入れて論じる必要がある。日本の昆虫・野生動物・植物記の一端を紹介しよう。

(1)『日本昆虫記』——大町文衛

(1)昆虫嫌い

私事を書く。虫、特に「昆虫」(節足動物門昆虫類)は苦手だ。はっきりいって、嫌いだ。「同居」はもとより採集、観察、標本化なんてまっぴらだ。なぜか。「虫たち」との出会いが悪かった。そんなわたしだって、学童期までは、昆虫少年の「後衛」だったのである。

1　一九六〇年、志望校を見事落ちた浪人時代のことだ。はじめて関西に住んだ。下宿先は京都の一乗寺、竹藪に覆われた一画の家で、近くに武田製薬の薬菜園があった。二階の四畳半である。夜中、ムカデ(節足動物門唇脚類で昆虫ではない)に襲われた。なんだ、と思う人もいるが、優に一五センチはあるかと思われた。まさに「怪獣」だ。札幌の僻村生まれで、ゲジゲジはいるが、ムカデは「文字の世界」のものだ。まるで未体験である。

頭がもぞもぞする。何の気なしに手で払った。冷たい硬質のものに当たる。闇の中だ。!?、?!である。生来の臆病者だ。あわてて電灯を点けた。まさに図説通りの巨大ムカデががさごそと畳の縁を越えてゆく。噛まれなかったが、ぞっとするより、驚愕した。

2　二年目の浪人時代、予備校が斡旋してくれた下宿は、戦災にあわずに残った大阪福島区鷺洲のボロ長屋で、近くに塩野義製薬があった。毎夜、スモッグが立ちこめる。入居してすぐ、名のみ知る「南京虫」(トコジラミ)に襲われた。もちろん未経験だ。気づいたときは、すでに血を吸ってぷんぷんに膨れている。五ミリをはるかに超える巨体になっている。腕にはっきりと「歯形」が残り、すぐに真っ赤に腫れた。かゆい。日を経る毎に赤から青そして黒に変わる巨大アザが、ようよう消え、腕が原型に戻るまで、一月あまりかかった。そのご、南京虫のかさこそと移動する音で、夜中、眠れなくなった。

かくしてわたしの虫アレルギ（つづいて草や光アレルギ）がはじまった。

3　虫害のさまざまは、大阪（ナンキンムシ）、大阪の池田（ハマダラ蚊、ゴキブリ）、伊賀の上野（ムカデ）等でいやというほど実体験した。四〇代のはじめ、郷里北海道に戻って、虫からようやく解放されたと思った。さにあらず、実家でダニ（アレルギ）に襲われ、二年後、家を破却し、「無人」の過疎地に転居した。身の丈を越える草に囲まれた、超絶景の場所だ。だがここそ野生の「楽園」というか「魔界」であった。即刻、虫たちの闖入《ちんにゅう》を万全に防ぐ策を講じる必要があった。

だがそれは不可能事で、過去三〇数年間で最大の侵入者は、暖房を入れる期間だけ突如登場し居続ける、カメムシ（イネに寄生）の大群だ。臭いだけならまだ我慢できる。採っても潰してもわいてくる怪虫で、「同居」がずっと続いている。否、夫婦二人だけの生活になってからは、むしろ占拠された観がある。

4　わたしは「蟲惑」という言葉を知っている。虫たちの魅力は多様かつ尋常ではない。しかし虫の観察や採集は、学生時代以降、文字の世界に封印した。たとえば、北杜夫『どくとるマンボウ昆虫記』（一九六一）である。北のあこがれた幻の蝶、中米コスタリカのブルーモルフォはさながら昆虫の「女王」だろう。この蝶が飛ぶのを見たさに、映画「天国の青い蝶」（二〇〇四年）を映画館まで出向いて観た。とはいえ夜中、光を求め、窓（強化）ガラスにがんがんぶち当たってくる巨大ガの大群と「同種」（鱗翅類《りんし》）で、わたしにとっては「魔女」、猛毒をまき散らす獰猛な飛行体にちがいないのである。大小にかかわらず、青虫を見つけしだい、たたき・ふみ殺す。

でもだ。この「過疎地」にいても、実家に戻っても、どんなに防御態勢を固めようと、昆虫と「絶縁」することはできない。それに、わたしはナチュラリストを気取って生きている。わたしの好きな「考える（『われ考える、ゆえに、われあり』の）人」、生物学の今西錦司や解剖学の養老孟（『私の脳はなぜ虫が好きか？』〔二〇〇五〕を凝縮すれば、「わたしは考える、ゆえに、わたしは虫だ。」になる）は、昆虫ではじまり、昆虫で終わっている。わたしでさえいっぱしのファーブル『昆虫記』を愛読する。愛＝フィロ、読＝解＝知＝ソフィだ。

そんなわたしにとって二種の「日本昆虫記」がある。

(2)今村昌平『にっぽん昆虫記』（一九六三）

わたしがいちばん多く映画を観たのは京大阪での浪人期であった。その二年間、五本だて3番館（封切館、準封切館、その他＝3番館）で、えんえんと見続けた。二〇〇〇本をくだらない。まずいことに、大阪では、食堂と貸本屋と映画館が、筋向かいに同在していた。食でストマックを、活字でブレインを、映像でセンスを満たすのか、の三択に迫られる。何せ、財布の中身は決まっている。他になにがなくても、映画は丸一日、夢中で時を過ごせた。優先選択肢は、圧倒的に時代劇＝チャンバラ映画だ。時に新作の現代劇を観ることがなかったわけではない。

今村昌平監督（一九二六〜二〇〇六）『にっぽん昆虫記』（一九六一）は封切館で観た。同監督の

『豚と軍艦』は、三本だての2番館で観たのではなかったろうか。ともにくそリアリズムというか、正真正銘の自然主義で、人間の自然（＝本性＝野性）とりわけ「性性《セクシャリティ》」を丸ごと肯定し、解き放そうとする。日本の代表的監督、溝口健二、黒澤明、小津安二郎たち巨匠の「リアリズム」などとは、まったく異質な作風である。

主人公の左幸子や春川ますみは、「昆虫」の蚕《おかいこ》（鱗翅類）であり、蝶や蛾に変態《メタモルファーゼ》していき、近親相姦《インセスト》・人肉食《カニバリズム》・殺人という、人間が超えてはならない三大禁忌《タブー》をやすやすとのり超えてゆく。地上で最強の生き物＝昆虫、さながらカマキリ（雌）であった。

現在、地球上で、最多で最強、優雅で醜悪、複雑で単純、精妙で粗雑、定形で無定形《アモールファス》等、生物特有のありとあらゆる性質と機能と形態をもつ生きものが、昆虫だろう。しかも、このものは、金属や機械に近似しているものが多い。ま、生き物の「王」、正確には「女王」といっていいだろう。だからだ。今村描く人間たちは、昆虫がモデルなのだ。何だ、昆虫に過ぎないか、ではなく、人間は昆虫の擬態《ミメーシス》にすぎない（ように思える）のだ。人間もさまざまに化粧し、着替え、変容する。だが昆虫擬態の足下にも及ばない。

(3) 大町文衛『日本昆虫記』（一九四一）

ファーブル『昆虫記』を模しての『日本昆虫記』である。といっても、新聞連載ものだ。文字通りのライフワーク、終生をかけて綴った『昆虫記』（全10巻）の足下にも及ばない小冊である。これは大町もよく承知している。だが小なりとはいえ「日本昆虫記」である。文庫本化され、『全集日本動物誌』（全30巻）にも収録された。

大町文衛は、東京生まれで、東大（農・昆虫）に進み、三重大教授をながく務め、退官後、三重短大の学長（第二代）になった、「コオロギ博士」として知られている。父は、評論・随筆家の大町桂月で、息子も『蟲・人・自然』（一九四二）をはじめとする虫をめぐる随筆を書いた。

大町が学長を務めた三重短大は、わたしが一九七五年にはじめて定職をえた二部制の公立短大で、『日本昆虫記』を読むきっかけを与えたのは、元学長の著作であったことだ。

1　擬人化

〈私は昆虫の雄を考えるたびに、いつもその悲惨な運命を憐れまずにはいられないのである。〉〈その第一はコオロギの仲間である。鳴けるのは雄だけであるが、この昆虫界きっての音楽家たちも、雌の前ではまったく奴隷のような憐れな存在となってしまう。彼らが雌を前にして妙音を奏で、身体をすり寄せるようにして切ない愛情を訴えるさまは、話にきく南欧の若者が、恋人の窓の下でセレナーデを奏でるのも、かくやと思われるが、雌の御意に召さねば一瞥の愛顧も与えられないのである。〉〈これらの虫の一番《つがい》を小さな容器に入れて観察すると、まことに虫とは思えぬくらいいじらしい場面を見せられる。そして数日の後にはたいてい雄が食われて、その残骸が箱の中に散らかっているのを見るのである。恋は文字通りに命懸けなのである。〉（「虫の父」）

映画『にほん昆虫記』は、いってみれば、人間の擬虫化である。人間本性がますます生動する。『日本昆虫記』は虫の擬人化だ。虫がヒューマニストに、お行儀よくなる。ま、ファーブルとつながる、人間愛、虫愛のストーリだ。

2　害虫、益虫

害といい、益というが、もちろん人間本位《ヒューマニズム》を基準としてだ。虫本位では、害も益もすべて虫益中心で、当然（natural）なのだ。カメムシが「臭い」のは私益にすぎない。

だが、さすがに虫博士だ。わたしにとって、昆虫は、「百害あって一利なし。」といいたいほどの存在である。譲歩して、害9に対して益1である。『日本昆虫記』の構成は、「害虫」8節、益虫9節の割合で、バランスがとれている。

3　どんな著作も、時代の色＝条件から免れることはできない。本書は、戦時拡大下で書かれた。一つは、食糧事情の悪化がある。イナゴやハチの子のような「食べられる虫」にも一節を与えている。いま一つは、台湾、朝鮮、千島、南樺太が日本領土で、満州、それに中国の一部が、日本の軍事統治下にあった。この「外地」の昆虫が、「日本昆虫記」の視野に入っている。本書の特色である。

4　本書「跋」で、『日本昆虫記』はファーブル『昆虫記』と「似ても似つかないものができあがってしまった。私はただ昆虫とはどんなものであるかを、朧げながらでも説明したいと思っただけであった。」と書く。しかしファーブルは、「フランス」昆虫記とも、「南フランス」昆虫記とも書いていない。大町の『日本昆虫記』のユニークさだといっていいだろう。

＊大町文衛　1898・1・25～1973・1・10　東京千駄木生まれ。17年旧一高、21年東大（農）卒、24年徳川生物学研究所員、33年三重高等農林（三重大）教授。58年パリ大客員教授。『虫・人・自然』

（1941）『日本昆虫記』（1941）『生物学往来』（1978）

⑷カゲロウから自然学へ

1　今西錦司は昆虫少年であった。大学は農学部の生物学（昆虫）を専攻し、渓流に棲むカゲロウの生態を観察・分類する研究・著述（「棲み分け論」）を続け、一九三九年に理学博士をもらった。昆虫学者としてのスタートだ。

2　だが今西の仕事は、昆虫はもとより、生物に限ることはできなかった。学際的研究だけでなく、今西の真骨頂は、登山を中核とする「探検」（つねに「本」を携帯する）であったというべきだろう。そのなかで、今西は「日本サル学」を先導し、フィールドワークを通じて、サルから人間への進化を跡づける学的研究に進んでいった。その成果は伊谷純一郎やゴリラ学の山極寿一（京大学長　一九五二〜）らに受け継がれている。もっともこの流れは、グローバルスタンダードになったが、『全集日本動物誌』（全30）を一瞥しても明らかなように、日本生物学界全体から見れば、「傍流」あるいは「支流」に過ぎないが。

3　今西の著作は、特定の学術論文を除けば（正確には、含めて）、フィールドノートのまとめ、いってみれば調査報告、エッセイや講演録の合本である。もちろん、これを、価値を低めるためにいうのではない。むしろ逆だ。

今西錦司全集（全10＋3）というが、広い意味のエッセイ集である。後期の代表著作である『自然学の提唱』（一九八四）や『自然学の展開』（一九八七）は、正真正銘のエッセイ集で、かつまっとうな「自然誌」の見本である。今西の言葉に直せば、今西昆虫・動物・植物社会学＝進化論の「出口」（結論）である。

(2)『植物記』――牧野富太郎

「植物誌」といえば、「コムギ博士」（性染色体発見）の木原均（『植物の世界』一九七八）も、第1章　第2節で述べた木原の弟子で「照葉樹林文化論」の中尾佐助も、たぐいまれな「自然誌」(natural history＝博物学）作家であり、探検家、登山家、つまりはフィールドワーカーであった。

ただし、植物採集《フィールドワーク》による「自然誌」といえば、牧野富太郎『植物記』（一九四三〈ちくま学芸文庫〉）をただちに思い起こす。牧野『日本植物志』（第一巻第一集「図編」一八八八）を志していらいの「精華」(essence）である。

もっとも細密な図版入りの『日本植物誌《フローラ・ヤポニカ》』発刊を志し、はじめて刊行したのは、第一巻（一八四一第一分冊〈一八三五〉）に終わったものの、フィリップ・フランツ・フォン・シーボルト（一七九六～一八六六）である。牧野もこの書（シーボルトの意志を継いで一八七〇年までに全40冊として刊行された）の「精図」を見ている。

(1)「世界的発見」

牧野は「日本植物学の父」といわれる。独学で植物研究の道に入り、採集と分類と著述に生涯の過半を費やした。牧野による命名は二五〇〇種以上（新種一〇〇〇、新変種一五〇〇）、新種発見は六〇〇種余りとされる。この二つだけでも破天荒だ。

牧野自身が「世界的発見の数々」というなかで、『自叙伝』（一九五三）に特記している二種のうちの一種、

〈天城山の寄生植物と土佐の「やまとぐさ」

明治十六年に、時の東京大学御用掛で、植物学教室に勤務していた大久保三郎氏が、当時大学で発行していた「文芸志林」に、伊豆天城山で珍しい寄生植物を発見した、この種類は、多分ラフレッシア科のものであろうと発表されたが、私がその前後に郷里の土佐で見つけていたツチトリモチ属の一種の標品を大学に送ってみると、はたして私の考え通り同属のものであったので、バラノホラ・ジャポニカ・マキノという学名で発表した。

同じく十六年に矢田部博士発見のヒナノシャクジョウを土佐の故郷で採集し、露国のマキシモヴィッチ氏に送り学名を得たこともあった。明治十七年に私ははじめてヤマトグサを土佐で採集したが、その翌年に渡辺という人がその花を送ってくれたので、私は大学の大久保君と共に研究し学名を附し発表した。これによってはじめて日本にヤマトグサ科という新しい科名を見るに至った。この属のものは世界に於てただ三種、すなわち欧洲に一、支那に一、わが国に一という珍草である。〉

ちなみに、ヤマトグサの学名は、Theligonum japonicum Okubo《オオクボ》 et《と》 Makino《マキノ》である。ヤマトグサ科は1属3種のみの、日本を代表する珍しいものだ（日本大百科全書）。

(2)『万葉集』新考

武田久吉(一八八三〜一九七二)『民俗と生物』(一九四八)も明記するように、牧野「万葉スガノミの新考」(一九四二)は、「万葉学者はもちろん、植物の名称に興味を有する誰彼に多大の感銘を与える一文である。……」つまりは、「スガノミ」が何(植物)なのかがわからなければ、万葉集の歌意は伝わらない、ということだ。『植物記』(一九四三)収録文、

〈万葉集スガノミの新考

『万葉集』の巻の七に

真鳥《まとり》住む卯名手の神社《もり》の菅《すが》のみを衣《きぬ》に書き付け服《き》せむ児(女)もがも

という歌がある。

古くより今日に至るまで何れの万葉学者も皆この菅の実をヤマスゲであると解し、そのヤマスゲはすなわち漢名麦門冬《バクモントウ》のヤマスゲを指したものである。すなわちこの麦門冬をヤマスゲと称することは古く深江輔仁の『本草和名』ならびに僧昌住の『新撰字鏡』にそう出ており、また源順の『倭名類聚鈔』にも同じくそうある。かくこの麦門冬をヤマスゲといったのは極めて古い昔の名であるが、しかしこの名は疾くに廃れて今はこれをジャノヒゲあるいはリュウノヒゲあるいはジョウガヒゲあるいはジイノヒゲあるいはタツノヒゲなどと呼んでいる。

……この歌の意は、菅という一種の植物が卯名手(奈良県大和の国高市郡金橋村雲梯《うなて》)の神社の杜に生えていて、その熟した実を採って衣布に書き付け、すなわち摺り付けて色を着け、その染めた衣を着せてやる女があればよい、どうかどこかにあって欲しいものダというのであるから、その

スガの実はどうしても染料になるものでなければならない事は誰が考えても直ぐ分る事であろう。古名ヤマスゲ今名リュウノヒゲの実がもし染料になるものならばまずはそれでもその意味が通ぜんことは無いとしても、実際この麦門冬の実（実は裸出せる種子である）は絶対に染料にはならぬものダ。ゆえに昔よりそれで物を染めたタメシが無い。……しかしそれを染料に使うのだと強て机上で空想するのは独り万葉学者のみである。畢竟それは同学者が充分に植物に通じないから起る病弊であるといえる。……〉である。

牧野は、ついでと称し、ヤマスゲ＝麦門冬について、世の誤用を生んだのは、小野蘭山（一七二九～一八一〇）『本草綱目啓蒙』の「僻説」、麦門冬に二種すなわち、小葉麦門冬＝リュウノヒゲ一名ジャノヒゲ、大葉麦門冬＝古名ヤマスゲ一名ヤブラン一名ムギメシバナ一名コウガイソウを配したことに起因するとした。さらに、おそらくとしながら、『万葉集』には麦門冬のヤマスゲは関係が無く、集中に山菅《ヤマスゲ》とあるのは多くは本当のスゲ属のあるものを指しているのではないか、〈ヤブランに至っては全然万葉歌の何れにも無関係で、この品は断然同集より追い斥けらるべきものである。〉という。

牧野には、「万葉集」に関して、同趣の「新考」が少なくない。これを博覧強記というか、いらぬお節介というか、意見が分かれるだろう。わたしなら、牧野が自己誇示を多少抑えて、釘を刺すようにして「訂正」をうながせばこと足りたのではないだろうか、といいたい。ま、それができない、しないのが牧野流（＝癖）だったが。

牧野は、二〇歳前後、郷里土佐の佐川ではじめて小野蘭山『本草綱目啓蒙』（写本）に出会い、一部を写したが、すぐ重訂本を購入し、(おそらく図譜を含め)よくよく勉強している。そのうえで、蘭山の「僻説」を指摘する。蘭山はシーボルトに「日本のリンネ」といわれたほどの学者で、牧野は「明治の蘭山」とでもいうべき人だったのだ。

(3)「図」

「机上」(in books)で多くを学ぼうとするもの(わたしもその一人)にとって、たとえば宮崎安定『農学全書』がとりわけ有益なのは、その過半とまではいわないが、「農事図」や「植物図」にある。一見、素朴だが、一目瞭然、「あ、そうか。」と、農業(アグリ・カルチア)の要所をつかむことができるのだ。

牧野は、『日本植物志』を出版するとき、「図編」からはじめた。描図技術を薬籠中のものとしていた牧野は、彼を最初に引き上げてくれた矢田部東大教授と、「日本植物誌」刊行で先陣争いを演じた。もっとも得意なパート(図編)の刊行からはじめ、つねに矢田部に先行できた理由だろう。矢田部良吉(一八五一~一八九九)『日本植物図解』(一八九一年八月第一冊第一号/一八九二年三月第一冊第二号/一八九三年一〇月第一冊第三号)と『日本植物編 第一冊』(一九〇〇年一二月)は、牧野に後塵を拝した。

「図譜」は重要かつ貴重である。動植物研究に限らない。研究成果の是非をはかる点で、写真よりはるかによくわかる。これは、牧野にかぎらない。「図譜」は「自然誌」の生命源といっていい。牧野は、「私の考えでは図のほうが文章より早わかりがすると思ったので、図編の方を先に出版した」(『自叙伝』)と述べている。はやくから、蘭山等の「図編」から学んで、その技術を自家薬籠中のものにしていた自信が、こういわせているのだ。

たしかに、一九世紀後半、写真はまだ普及していなかった。「図」は手書き(freehand drawing)が主流であった。二〇世紀になれば、写真技術が普及する。しかし、手近にある「図鑑」を手にしても、コンピュータによるグラフィックが普及した二一世紀の現在でも、手書きの「図」が、動植物全般について、視覚だけでなく人間の覚知(perception)全般によくよく反応する。わかりやすいのだ。牧野「植物記」の成功の大きな因だろう。

ちなみに武田久吉『民俗と植物』(講談社学術文庫)を見るといい。「原本」にはない「写真」が挿入されている。もうひとつピントと来ないのだ。

わが家にも、わずかだが各種「図鑑」やDVDがある。周辺はキノコの宝庫である(あった)。たとえば、毒キノコかどうかは、「写真」だと、判然としないのだ。これは植物、とりわけ樹木の場合に当てはまる。

とはいえ、牧野の植物記は、自然誌分類学の域を出ていない。遺伝学や生態学の知見に欠ける。牧野植物記の限界だ。

＊牧野富太郎　1862・4・24〜1957・1・18　高知佐川生まれ　独学、1893年東大助手、1900年『大日本植物誌』第一集刊行、1912(〜39)年東大講師、1927年理学博士、51年文化功労者、57年文化勲章。『日本植物図鑑』(1925)『日本植物記』(1943)『植物一日一題』

（1998）『牧野富太郎自叙伝』（1956）

（3）『日本野生動物記』——小原秀雄

『動物記』といえばすぐにシートン（アーネスト・トンプソン　一八六〇〜一九四六）を思い起こす。ただしわたしは読んでいない。白土三平『シートン動物記』1・2の「灰色熊の伝記」を読んだにすぎない。

シートンに、『野生動物』（Wild Animals I Have Known）という書名のヒット作はある。だが『動物記』という本はない。日本では無名のシートン（ナチュラリストで作家・挿絵画家）作品を邦訳・出版するとき、ファーブル『昆虫記』にならって、『動物記』（全6　一九三七〜三八）としたのだ。これが爆発的に売れる引き金となった。

シートン『動物記』は、いわゆる「英雄物語」（hero-story）＝ノンフィクションで、戸川幸夫（一九一二〜二〇〇四）の「動物文学」と同系列の作品だ。これを否定的にいうのではない。伊谷純一郎の『高崎山のサル』は、英雄物語ではなかったが、広義では、ノンフィクションであり、むしろサル学がノンフィクションにもなりえている、といっていいのだ。すぐれた自然誌（natural history）の出現だった。

何度もいうように、「誌」（history）おなじく「志」とは、アリストテレスに『自然誌』があるように、「記」であり、「史」である。「物語」であり、総じて（文字で）「書かれたもの」、「文学」あるいは「文芸」だ。

日本で『シートン動物記』は、類似作品を含めて、ながく、各種「動物記」発刊の牽引役を果たしてきたことを忘れたくない。

(1)『日本動物記』

1　シーボルト（一七九六～一八六六）は、長崎に滞在中（一八二三～一八二九）に採集した膨大な動物標本や川原慶賀など絵師に描かせた「原色」美麗細密な下絵をもとに、（『日本植物誌』とともに）『日本動物誌』刊行を目し、ライデン博物館三人の研究者が制作した（全5部　一八三三～五〇）。日本の動物について欧文で記載された最初の文献である。だが本書は、『日本植物誌』が文庫化されているのに対し、一部（鳥類）が邦訳されているものの、邦訳普及版がまだ刊行されていない。（現在、原書をデジタルライブラリーで読む＝見ることはできる。）

2　『日本動物記』といえば、ずばり今西錦司（編）全四巻がある。

第一巻（今西錦司「都井岬のウマ」河合雅雄「飼いウサギ」）（一九五五）

第二巻（伊谷純一郎「高崎山のサル」（一九五四）

第三巻（伊谷純一郎・徳田喜三郎「幸島のサル」）（一九五八）

第四巻（川村俊蔵「奈良公園のシカ」徳田喜三郎「動物園のサル」）（一九五七）

で、「日本サル学」黎明期のフィールドワークの成果、「自然誌」のすばらしい集成であり、三〇歳前後の河合・伊谷・川村・徳田がデビューを飾った著作集でもある。発刊案内で、今西は述べる。シートン『動物記』と同じ名を冠した。シートンは「文学」を書いた。われわれは文学よりも

「科学」を求める。ここに公表したのは、フィールド・ノートに書き続けた「観察記録」そのものであり、われわれの（研究者個人の）生活記録に通じる、「科学にして文学」なのだ。ひいては、やがてわれわれの手によって書き下ろされるべき、日本生態学のための、道つくりなのである、と。

では、科学＝生態学の集大成はなったのか？ 少なくとも、今西は、「出口」としての「自然誌《ナチュラル・ヒストリ》」（＝「自然学《ナチュラル・フィロソフィ》」）を提唱した。動物記から、動物社会（科ー）学をへて、動物記へというプロセスをたどった。

3 この途上で、今西・河合・伊谷・川村たちは、『全集日本動物誌』（全30巻 一九八二〜八四）に、前記の川村同作品を除いて、アフリカでの研究成果を踏まえたより水準の高い作品を収録している。全集は日本の動物自然誌の総結集（？）を目指したものだろう。

ただしこの全集、本文、解題、月報だけからなり、帯に、キャッチコピー「日本人の感性が綴った動物ドキュメント」と、「監修・今西錦司・戸川幸夫・中西悟堂」があるだけだ。網羅的な全集発刊の今日的意義や、編集事情等に関する文は一字もない。面妖だが、日本動物誌を「網羅」するとなると、こういう形をとるしかなかったのだろうか？

(2)『日本野生動物記』

1 小原秀雄の動物学は「独学」である。

2 小原に『日本の野生動物』（挿絵・田中豊美 一九七七）がある。専門用ではない。野生動物をその「生活から見たガイドブック」だといわれる。一動物四頁（描画一頁）のコンパクトな記述だが、これはこれで立派な動物学者による日本「動物記」＝自然誌になりえている。このガイドブックのベースが、小原の主著ともいうべき『日本野生動物記』（一九七二）・続（同年）である。学術専門誌『科学』（岩波書店　一九三一〜）に対し、自然誌的内容をより多く含む『自然』（中央公論社　一九四六〜八四）に連載された。あくまでも自然誌（＝博物学）的実態研究を重視しつつ、博物学（natural history）に特有な「羅列的思考」の弊害を免れよう、というところに特徴がある。だから、日本の野生哺乳類を世界のなかに位置づけること、今西グループと同じように、自然の生態系のなかで種と種の関係、さらには種と個体の関係を明らかにしようとすることにこだわっている。これは、簡単なようでなかなか難しい課題だ。なぜか？

今西錦司のグループは、ニホンザルやニホンジカ、あるいはアフリカのゴリラやチンパンジーというように、思いっきり種を限定し、その種の社会システムを長期の「個体観察」によって明らかにしようと、長く困難なフィールドワークを続けた。それでも、試行錯誤と自己否定の連続があった。分明したことと不明のままに残ったことの割合でいえば、後者がはるかに多い、というのが実情だろう。

小原の著述は一九七〇年前後のものだ。生物学界もパラダイムシフトをまぬがれえなかった時期だ。本書も、事実や報告を確認はするが、「結論」に至らずで、おおくは「……だろう。」という叙述で終わっている。

3　たとえば「タヌキ」だ。『日本の野生動物』では、世界では珍しい、だが日本中にいる「イヌ科」の、したがって人間と親しい「珍獣」に焦点をおいて紹介されている。

『日本野性動物記』では、①タヌキは英名で通常アライグマイヌ（raccoon dog）である。アライグマはアライグマ科だ。タヌキはアナグマ（イタチ科）と混同される。②同科でないのに、一見、外部形態が類似する（と思われる）のは、生態（生活様式 way of life）が類似しているからだ。たとえば巣穴をもつ。だが食性は異なる。③「狸汁」は美味だ。アナグマ汁のことで、タヌキは臭くて人間の食に向かない。④タヌキの「天敵」はオオカミや野イヌだ。そのオオカミが絶滅した。等々、じつに（わたしにとって）有益な知識だ。

　わたしは、原生林（もどき）の残る「過疎（丘陵）地」に三〇年余棲んでいる。昆虫の襲撃とともに、警戒しなければならなかったのは野生動物の闖入である。キツネ（エキノコックス）、アライグマ、イタチ、モグラ、ネズミ、リス、野ネコ、野イヌである。すべて「獣」だ。ときにシカ、ウサギが闖入することがある。ヒグマ（？）はまだない。この予防のために、まず草を刈る。植樹しない。ドアをつねに解放しない。タヌキにはまだお目にかかっていない。これらの「獣」に対抗することもあって、犬を飼った。そのうちの一頭がセントバーナードで、成犬になると、山菜採りの人たちに、その足跡でクマと間違われ、放し飼いはできなくなった。

　なお、この本にはアライグマは主役で登場しない。外来種で、ＴＶの人気アニメ「あらいぐまラスカル」のブームで、ペットとなったが、捨てられ、野生化したものだ。イヌをもひるますほどの猛獣で、木に登り、わたしの近隣周辺の農作物を荒らし回っている害獣の一つになっている。『日本野生動物記』は生態学的日本自然誌の典型である。日常生活で出会っているのに、よくよくわかっていない動物が、いかにたくさんいることか。

（3）『境界線の動物誌』

今西の進化論は、「分子生物学」の成果を丸ごとたなあげした。伊谷はそんな今西を座視できず、今西進化論を「補強」した。しかし、小原は、さらに複雑だ。

小原に、切羽詰まった調子の著作がある。『現代思想』に連載したエッセイ集で、「随想」から「論」へと歩みを進めようという問題意識をもった、一種の「哲学」宣言である『境界線としての動物誌』（一九七七）だ。

1　いまや動物学（科学）は、化学と物理に基礎をおき、数式化に力点をおいた考え方、とりわけ実験室を主舞台とする分子生物学に収斂しつつある。野生動物の観察に基づく自然史や、科学と哲学の間にある理論生物学は、非科学＝哲学＝観念論で、アマチュア業とみなされる。結果、生物科学は、野生動物の実態に無関心、無知という座視できない状態に陥っている。

2　こういう変則あるいは閉塞状態を突破するには、三つの方向が必要だ。一、構造的物質的（生理的）解明、二、生物界における生活上の働き（生態的）解明、三、発生遺伝的進化的（個体発生か系統発生か）解明である。一をもって、二と三を無視する方向は、生物学の自殺行為だ。

3　この方向は、人間と動物との「境界線」（＝連続と非連続）を生物学の重要なテーマとすることにつながる。すぐれた生物学の先達が中心に掲げたテーマだ。ポルトマン、シャルダン、ハックスリー、今西錦司が目指したところだ。

小原は、分子生物学を否定するのではない。三つは「境界線」でつながっている。人間（種社会）を「頂点」とする生物界をトータルに解明するためには、「未開」（未解）に鍬を入れる「仮説」（哲学）と、その「実証」が必要である。まさに、今西が目指した方向だろう。同時に、今西が、分子生物学的方向を無視した弊害をも注記しなければならない。もっとも、いうは易く、おこなうは難し、というのは、とくに生物学界にかぎらないが。

＊小原秀雄　１９２７・７・２～　東京弦巻（新桜町）生まれ。20年東京市立三中卒、21年国立科学博物館助手、69年女子栄養大教授。はやくから自然動物保護に尽力。『動物社会記』（１９６１）『日本野生動物記』『続日本野生動物記』（１９７２）『境界線の動物誌』（１９７７）自伝『ぼくは野生動物の弁護人』（１９９６）その他、著・訳書多数。

第2章　地球

日本の生物学は、一九六〇年代、世界の生物学（とりわけ人類学）のパラダイムシフトときびすを接して進み、ときには人間（今西錦司、伊谷純一郎）や植物（木原均、中尾佐助）の「進化」＝「歴史」論では、世界の先導役を果たした。哲学の「勝利」《パラダイム》でもあった。

同じことは地球学でもおこった。一九六〇年代後半、地震の〔原因〕説明でもおなじみの、プレートテクトニクス（tectonics　地質構造論）がパラダイムシフトとして登場し、一世風靡した。

プレートテクトニクスは、地球科学の研究史上、革命的な事件であり、科学革命の質のレベルはコペルニクス的転回に匹敵する（上田誠也『新しい地球観』一九七一）ともいわれた。しかしきわめて単純明快（＝幾何学的）でかつ個別「変動」（地震等）の説明等に「有効」と思えるこの理論には、学的には自明とも思える、二つの難点があった。

一、プレートテクトニクスは、半径六四〇〇キロメータの地球の表層（固定表面と上部マントル部分）の変動（主として物質の水平移動）を説明できるにすぎない。

二、そのプレートの変動はいかにして生まれるかのメカニズムは、不明だ。したがって、プレート論を修正しかつ包括する、地球の三層構造（プレート・マントル・核）の変動と地球の全歴史を解明する理論〔仮説〕、プルームテクトニクス論が提唱され、研究・実証の途についた。一九九〇年代、日本の地球学者によってだ。その先頭を走ったのが、丸山茂徳（一九四九〜）である。この人、型破りに思える。

序節　地球変動の原理——丸山茂徳

丸山茂徳・磯崎行雄『生命と地球の歴史』（岩波新書　一九九八）は小さな本だ。しかし地球四六億年の歴史＝発生・進化〔・死滅〕過程のストーリ・エキスがぎっしり詰まっている。最新の地球観＝プルームテクトニクスを目指す丸山の言、「科学とは仮説を作る能力である。」や、よしだ。丸山の問題意識《プロブレマティーク》（＝哲学観）の中心に直進してみよう。

日本サル学（今西）は、「個体識別」という技術を開発《イノベート》した。プルームテクトニクスに、深尾良夫らが開発した地震波トモグラフィー（断層撮影技術）がある。人体（body）のトモグラフィーのように、地球（body）過半の構造と変動を解明可能にする技術だ。

（1）プルームテクトニクス

プルームテクトニクスは、いうならば「新＝脱」構造主義である。

構造主義哲学を、構造とそのメカニズム（mechanism　機械運動）の解明をめざす、とだけ理解すると、静態論（構造宿命論）に陥る。構造主義哲学の神髄は、その祖ヘーゲルがそうであったように、あるいはソシュールの構造言語論のように、脱《ポスト》構造主義でもある。構造の動態論《ダイナミズム》（dynamism）なのだ。成立した構造は、変動し、変容し、変態（別な構造体＝関係性に変化）する。構造は、弁証法的過程をたどるほかない。万物は流転する。誕生し、進化し、終焉する過程だ。構造主義が力説するのは、不変な構造の析出にとどまるのではない。構成体を貫く構造解明と、その構造の変態動学＝変革の理論をめざすのだ。

　プレートテクトニクスとプルームテクトニクスの関係も、メカニズム（一元論）とダイナミズム（多元論）の関係に置くと、よくわかる。

　一九七〇年代に地球学の革命理論とみなされたプレートテクトニクスをパラダイムシフトするには、プレート構造論を思い切って否定的に論じる姿勢をとる必要、革命論者になる必然がある。丸山が、まさにそうしたのだ。しかし、これだけでは不十分だ。

　地球の内部構造は、それぞれ異質な、プレート（岩板）、マントル（上部マントル・下部マントル）、核（外殻・内核）の三層をなす。その対立しつつ浸透する（なんというステレオタイプな表現か?!）運動解明の役割は、プレート構造論とプルーム（巨大なキノコ状をした物質《マントル》、とりわけ下部マントルの流れ）構造論、さらには核の構造論（いまだ不明な）が分けもっている。

　ただし決定的なのは、南太平洋とアフリカの下にある、「スーパーホットプルーム」（約三千キロメータのマントル上昇流）とアジアの下にある「スーパーコールドプルーム」（下降流）だ。この三つの超大プルームの上昇・下降運動は、下部マントルを中心に活動するが、表層のプレートテクトニクスや中心核のテクトニクスに大きな影響を与える。つまりは、プルームテクトニクス抜きに、地球の変動を解明できない、ということができる。（さらにいえば、地球の表面には海洋と大気圏が広がり、その境に生物圏がある。エコ－ロジイ〔eco-logy　生態・学〕というからには、地球の皮膚＝生物圏に対象を限定するだけでなく、地球「全部体」（body）を対象にするというべきだろう。否、太陽系を想定する必要がある。)

(2) 地球史は太陽史、ひいては宇宙史を解く鍵だ

丸山の本を読んでいると、何ともいえない興奮に駆られる。「どきどき」(共鳴)してしまうのだ。今西や伊谷、あるいは中尾の本を読んでいたときの興奮につながる。わたし(鷲田)の「なか」に流れ込み、息づいている「原始生」(anima =「息」)のいぶきを感じるからだ。たとえば、冒頭近く、「太陽系誕生」の項だ。

〈太陽から約一億五〇〇〇万キロメートルのところ(地球付近の距離)では、直径約一〇キロメートルの微惑星ができ、これらがさらに衝突と合体をくりかえしてしだいに大きくなり、やがて地球サイズに成長する。衝突して合体するそのエネルギーが熱に変わり、地球の温度はしだいに高くなる。そうすると微惑星のなかに含まれていた二酸化炭素、水、窒素などのガスの成分が蒸発して、これが「原始大気」になる。

地球型惑星(水・金・火星)は、星雲ガスがなくなった後で成長したという考えと、惑星が成長した後でガスがなくなったという考えがある。地球ができるころには水素やヘリウムがなくなったと考える人が多い。〉

地球型惑星はすべて、中心から二分の一半径が金属、外側二分の一半径が岩石(プレート〔岩盤〕とマグマ〔岩漿〕)をもつ。対して木星から外側の木星型惑星(土星、天王星、海王星、冥王星)は、中心に小さな岩石核をもち、まわりを水素が取り囲んでいる。

これらのことは、米ロの衛星探索機やハッブル宇宙望遠鏡等によってわかった事実をもとにつなぎ合わせた新知見だ。この知見から推察できるのは、木星型惑星は、まだ水素（ほか）がなくならない状態にある、ということだ（ろう）。木星の知見は、地球発生時の知見につながる、というわけだ。

無知を承知でいうが、わたしは、地球が太陽から分離して生まれた、というイメージをもってきた。親星＝太陽は爆発を続ける「裸」の熱核融合体であり、その爆発によって撥ねとんだ一部が「原子地球」で、分離、冷却し、しっかりと「岩石」で包み込まれた「原子炉」になった、というイメージである。（この地球誕生のまったく異なるイメージが、どこかでつながってほしい、とわたしはただ願うだけだ。）

ちなみにいうが、世界を変動するシステムとしてつかむ丸山にとっては、銀河も宇宙システムの一部で、銀河系として存在する。したがって、「現」宇宙システムは「無限」ではなく、空間も時間も計測（予測）可能ということになる。

それはともかく、太陽系としてみると、地球史四五・五億年は、太陽史とほとんどタイム・ラグはないことになる。地球は、太陽という「恒星」の分離体ではない。「太陽系《ソーラー・システム》は銀河の渦巻きから伸びた腕の一部にあり、銀河の縁に位置している。太陽系は約三〇〇〇万年の周期で、銀河系の赤道面をやや上下にゆれながら〔二～三億年周期で〕公転している。」

「太陽」も、四六億年前に生まれた太陽系（システム）の一部として存在している。四五・五億年前にはじまった「地球」も、最初から現在の「地球サイズ」になったわけではないが、その生成過程のはじめから、太陽系の一部である。

地球を太陽系としてみる視点からは、地球を内部構造から見る視点のほかに、地球外部から、とりわけ「月」との関係で見る必要がある。地球生成の秘密は月にある。月探検は、広い意味で、未知への旅だが、地球の、人間の自己認識の一環である。

(3) 地球史は生命史である

太陽と地球の誕生に、親と子ほどのタイムラグはない。地球史と生命史にも同じような関係が成り立つ。プルームテクトニクスは、地球史解明の理論だけでなく、生命史、人類史解明の一理論でもある。

地球生物(細胞=代謝機能と自己複製能力をもつ存在)にかんする最古の情報は、グリーンランド産の「化学化石」である。一九八〇年代、丸山たち研究グループ(東工大等)も、西オーストラリアでチャート(堆積岩)中に、三五億年前のバクテリア化石を発見する。

初期生命発生期は三八億年以前だ(ろう)。原始(=冥王期)地球は、頻繁な隕石との衝突・爆発が続き、マグマオーシャン(月のクレーターはこの痕跡)が形成され、生命が安定的に存続できる条件はなかった。少なくとも、原生生物の祖先につながる生命体が出現したのは、おそらく「地球表層部の環境が安定した約四〇億年前頃であったにちがいない。」

では、このバクテリアの生存条件とはいかなるものだったのか?

西オーストラリア・ノースポールのチャートは、「三五億年前頃の中央海嶺で、それも熱水活動が活発な場に堆積されたと想定される。」したがって、生命の発生は、従来想像されてきた「浅海」とは正反対の環境を指さしているのだ。

私事を書く。二一世紀にはいってのことだ。TVで、深海探索機が火山活動（熱水噴出孔）を撮しだす。この超高温、高濃度の塩分と卑金属を中心とする深海の物質環境に、生命体（バクテリア？）が、その周辺にこのバクテリアを餌とする生物体が各種存在する、と解説した。太陽エネルギーに依存する地表や浅海の生態系とは異なる環境体系である。丸山の本をすでに読んでいたので、特段に驚くことはなかったが、感嘆した。太古代（四〇～二七億年前）の生物史の一環を垣間見たような感がしたからだ。

地球史で酸素が発生したのが二七億年前、多細胞生物出現が一〇億年前、酸素が急増したのが五・五億年前で、硬骨格生物の出現とほぼ同じだ。オゾン層が誕生したのと生物上陸が同じで、四・五億年前である。恐竜台頭・絶滅も、ほ乳類発生・人類誕生も、すべて地球の変動史と関係がある。

この地球は、四五・五億年の変動史を大づかみにみると、多少のでこぼこはあるが、火の玉から冷却し続けてきたのだ。この傾向は現在も変わらない。（最初の一〇〇〇年で、一〇〇〇℃から一三〇℃まで急冷化したという試算もある。）だから、現在の地球は、〈『氷河期』の「間氷期」〉にあたる、と丸山は断じ、「地球温暖化」論批判を展開する。『今ここに迫る「地球寒冷化」人類の危機』等（二〇〇九）を書く必然である。
＊丸山茂徳　１９４９・12・24～　徳島県阿南市生まれ。富岡西高卒、72年徳島大（教育）卒、金沢大院

（修士）をへて77年に名大院（地球科学）、80年名大理学博士。81年富山大助手。81～90年米スタンフォード大研究員兼任。89年東大助教授、93年東京工大教授（地球惑星）等、経歴多彩。磯崎行雄共著『生命と地球の歴史』（１９９８）、熊澤峰夫共編著『プルームテクトニクスと全地球史解読』（２００２）年。『今そこに迫る「地球寒冷化」人類の危機』（２００９）

第1節『プルームテクトニクスと全地球史解明』

プルームテクトニクスによる「全地球史解読」という、壮大というか、誇大というべきか、共同研究（文科省科学研究費重点領域研究）がはじまったのは、一九九五年（四年計画）だ。この研究プランは、一八八九年の「地球多圏間相互作用研究」、さらにはそれ以前の「縞縞学研究会」につながり、この流れを作ってきた中心が、共同研究の代表者、熊澤峰夫（一九三四〜）だ。この共同研究から生まれた「論文」（『科学』掲載）の合本が、大冊『プルームテクトニクスと全地球史解読』（二〇〇二）で、熊澤と丸山が編者になっている。本書の焦点を紹介しよう。

（1）「全地球史解読計画とはなにか？」——熊澤峰夫

熊澤は、大局的地球史の解読のために、パラダイムシフトが必然であった理由を要約する。（熊澤は、「プレートテクトニクス撲滅」を叫ぶほどにラディカル《キちがい》だといわれる。しかし、これはより包括的な「思考《パラダイムシフト》」を提唱する人間にとって、必要な資質だろう。）

1　科学の発展は分野ごとで著しく異なる。物理学の発展を分析し、導き出されたパラダイム説（クーン）や研究プログラム説（ラカトシュ）では〔でさえ〕、地球科学の進展は一律的に理解できない。〔しかも〕地球には「唯一性」という「個性」がある。その個性は、たった一回しか起こらなかった出来事（＝歴史）であり、反復実験による検証という方法が成り立たない。対象の研究方法が「物理学」と同じであろうはずがない。

このような事情は、一方で、物理学を科学のモデルとみなされたなかで、地学（旧来の地質学中心）は科学ではない、という侮蔑と自嘲を生んだ。他方、最先端の宇宙観や生命観で見られるように、「科学」観も、大きく変わってきた。

そこに「固体の地球を対象とする分野」でプレートテクトニクスという考え方があらわれ、「科学革命」だといわれた。
2　プレートテクトニクスの成功の鍵は、地表を複数の剛体の板《プレート》の動きという、視覚的にわかりやすい「スキーム」（図式）にはめて、最近2億年程度に限ってではあるが、これまでに知られていた地球の大局的変動や構造を「もっともらしく」説明して見せたという点にある。「その説明では、力学系としての必然性や定量的評価の具体的な説明を回避して（できないから無理をしないで）地球上の多数の現象の相互関係だけを定性的に示しただけなので、ダイナミックスとではなく、テクトニクスとよばれ」、科学革命の一端とみなされた。
〔もっとも〕この流れのなかから、地球「内部構造」を観測的に解明する研究と方法、内部物質の性質を実験的に解明する高度高圧技術等や、岩石などの分析技術の進歩、数値計算手法の拡大などが開発されてゆく。これらのいわば技術開発とリンクして、テクトニクスをダイナミックにもっていこうとする思考が生まれた。二つの要因が結びつく。
一、宇宙物理学の進展と米ソ冷戦状態が駆動した宇宙時代のはじまり等を契機にして、研究者集団の関心が地球外に向いた。

二、地球を生物までを含む一つのシステムとして理解しようという動きだ。その実利的(practical)な側面が「環境問題」で、根本に、人類の生存の危機問題がある。地球の科学は、それにたずさわる研究者は、生物、ひいては人間の生存に深く関わっている、という問題意識である。

3　では「全地球史」とはいかなるものか? 地球史を七大事件で画期し、表示する。

1)冥王代(四六億年前)　微惑星の追突付加で、地球(基本的な表層構造)と月の形成(地球上に全く記録が残っていない＝未知＝冥王)

2)太古代(四〇億年前)　プレートテクトニクスの開始、原始海洋・生命誕生と大陸の誕生

3)＊　(二七億年前)　強い地球磁場の誕生＝酸素発生型光合成生物の浅海進出(＊名前はまだついていない)

4)原生代(一九億年前)　初の超大陸の成立

5)顕生代(六億年前)　生物の多細胞化・大型化↓(四・五億年前)オゾン層誕生＝生物上陸＝海水のマントルへの注入開始、太平洋スーパープルーム誕生と硬骨格生物出現(一〇〜六億年前)↓(二・五億年前)　酸欠と生物の大絶滅

6)未来代(五〇〇〇万年前)　人類の誕生と科学の始まり

〔以上の説明部分は簡略で、丸山(『生命と地球の歴史』)の解説を加味している。〕

この論稿で、熊澤は、とてもおもしろいいいかたをする。(今西や福岡伸一とつながる発言だ。)「科学するとは『われわれがわかった気になりそうな動的な状態にいることだ』とわたしには思える。わかり方やわかるということ自体が、普遍性からは遠く、カオス的進化の歴史的産物としてである。

きてしまった人の脳の機能に依存することであり、いちじるしい個別性をもつのだと考えられるからである。」共感できるのではないだろうか。

「では、脳が支える知性の源流は何であろうか。」と熊澤は問うが、それはここでの直接「主題」ではない。

＊熊澤峰夫　1934〜　金沢生まれ。56年名大（理）卒、61年名大院（地球科学）了。名大助手、助教授を経て、東大（地球物理）教授。名大（地球惑星）教授。全地球史解読プロジェクト代表。　立花隆『サイレンス・ミレニアム』（1999）

(2) プルームテクトニクス

プルームテクトニクスは、熊澤も示唆しているように、プレートテクトニクスを「否定」するものではない。否むしろ、地殻変動《テクトニクス》の重大要因とみなす。つまりは「包摂」するのだ。これは、プルームテクトニクスを主張する、丸山により強くある。（思うに、熊澤と丸山の関係は、今西と伊谷の関係に似ている。）

(1)およそ四〇億年前の地球は、超高温のマグマオーシャンが冷却し、大陸（プレート）ができ、生命が生まれる。プレートテクトニクスの「開始」だ。このプレート変動は、現在も岩板（左右）や上部マグマ（対流）運動因となっている。プレートの内部や上面に沿って地震が起こるのはその現れだ。ただし地震は六七〇キロメータより深いところでは起こらない。

(2)では上部マントルに沈み込んだプレート（＝スラブ）はどうなるか。深部（六七〇㎞）に滞留（一〇〇〇℃）する。さらに巨大化して滞留しきれなくなったスラブは、下部マントルの深部、核の真上（二九〇〇㎞）に堆積（四〇〇〇℃）する。これがスーパー・プルームとなる。約二億年前、突然、巨大化したスーパープルームが上昇し、アフリカ大陸を引き裂くように、地表に出現した。このプルームの上・下運動が、全地球内部運動（対流・上下）の主変因である。

以上は、丸山茂徳・深尾良夫・大林政行「プリュームテクトニクス」のつまみ食い（以下）ていどの摘要だ。

(3)ただし、丸山は、最新刊『地球を読み解く』（放送大学大学院文化研究科のテキスト　二〇一六）では、プレートテクトニクスをより包括的に扱っている。なぜか。

冥王代（記録が残っていない）の地球の表層環境変化をテーマに、高温・気体の海が冷えて（三七四℃）、液体（水）海洋が生まれ、原始大陸が生まれ、四四億年前、プレート運動が開始したとするからだ。地球の発生から今日まで、プレートテクトニクスがつねに地球内部変動の主役であった、とする（かのような）表現をするのだ。

実際、プレートテクトニクス（だけ）で地球内部の三層（ないしは四層）構造を一元的に読み解くことはできない。だが、プルームテクトニクスは、事実的にも、論理的にも、プレートテクトニクスの結果生まれるのだ。現在もこの因果関係は変わっていない。ましてや、プルームテクトニクスはプレートテクトニクスと対立するものでも、それを否定するものでもない。二つは、循環・相関関係にある。

⑷さらに、全地球史（進化）解明できわめて重要なのは、地球外の物体との関係、月や太陽系さらには宇宙システムとの関係だけではなく、生物との関係である。

超高温海・無酸素条件で発生した原始生物（バクテリア）は、四〇億年前の化石としてではなく、深海に現存するからである。無機物→有機⇓生物への進化（変化）が、地球の変化と「共進」するというだけでは不十分だろう。地球生物が地球に反作用し、重要な変化をもたらす歴史は、まだほとんど解明されていない、といっていい。（わたしは、生命体の存在しない地球は、はたして「地球」なのか、という根本問いをもっている。）

（3）日本列島の起源、進化、未来──磯崎行雄

日本の地学は、かつて惨憺たるものだった。しかし、日本地学は、自己革新の契機をもっていた。なぜか？　二つある。連動している。

一、プレートテクトニクスを受容し、プルームテクトニクスを創出したからだ。

二、日本が先進諸国のなかで最たる地震多発国であったからだ。

それもそのはず、地球表面は一〇枚程度のプレートで覆われているが、日本周辺には、大陸プ

レート二枚（ユーラシア、北米）と海洋プレート二枚（太平洋、フィリピン）が独自に運動し、千島－日本海溝、小笠原－マリアナ海溝、南海－琉球海溝という三筋のはっきりとしたプレート沈み込み「境界」を見ることができたからだ。日本で、プレートテクトニクスが急速に受容された理由である。また日本列島の形成が、スーパープルームテクトニクスに端を発しているからだ。日本列島形成論が、地球を特徴付ける大陸の成長過程の理解に、大きく貢献できる理由でもある。

磯崎行雄の論稿「日本列島の起源、進化、そして未来」は述べる。

(1)日本列島は、約七億年前に分裂した超大陸ロディニアに起源する。ロディニアは、約七億年前にスーパープルームの上昇によって分裂したとき、隣接していた北米やオーストラリア地塊から分離・独立した大陸片だ。約二・五億年前、中朝地塊と揚子地塊周辺の大陸地殻や大陸棚と衝突・合体し、アジアのなかにとりこまれた。（朝鮮半島や日本に点在する高度変成岩はその一部だ。）

(2)太平洋側からの海洋プレート沈み込みに支配されて、大陸縁が成長する基本システムは、二〇〇〇年前、背孤海盆として日本海を出現・拡大させ、陸孤を大陸から独立させ、島孤を生んだ。ほぼ現在の日本列島が形成される。

また海溝に近い島孤地殻で、ほぼ水平な（古）中央構造線の活動（＝短縮）が起こり、約一〇〇キロメータ以上離れて形成された火山孤と海溝の産物が隣接し、「対の変成帯」ができた。現在、琉球列島の大陸側海域も沖縄トラフ（trough　細長い海谷）で拡大しつつある。また日本列島とは独立していた伊豆・小笠原孤が、本州孤へ衝突・付加し、伊豆半島周辺部で対曲構造やフォッサマグナ（大地溝）をつくった。さらにフィリピン海プレートの斜め沈み込みは、中央構造線に沿う横ずれ断層を発達させた。

いずれも、現在なお日本列島は「激しく」、だがプレートテクトニクスでは微小変動している。

(3)そして、未来予測はもっと激しい。

日本列島を、現在の環太平洋のプレート相対運動のなかにおくと、約五〇〇〇万年後、オーストラリアがアジアに衝突・合体し、さらに二億年後には、北アメリカ大陸もアジアに衝突・合体し、超大陸アメイジアが形成される。こうして約九億年におよぶ超海洋太平洋の歴史が終焉を迎え、やがてスーパープルームの活動によって分裂する。そのとき、地球の反対側で大きく拡大していた大西洋は、構造反転して、収縮しはじめる。

大ざっぱな日本列島の歴史だが、約七〇〇〇万年の（にすぎない）歴史である。地球の生成から終焉までの歴史は、丸山によれば、およそあと太陽系が五〇億年程度で「消滅」すると予測される。いずれにしろ地球の歴史はすでに過半を超えたといえる。比較すると、日本列島の歴史は短い。だが、長い。まだまだ長い。

＊磯崎行雄　1955〜　滋賀生まれ　78年大阪市大（理）卒、同大学院（博士）中退、山口大助手、東工大助教授、東大教養学部助教授・教授。　共著『生命と地球の歴史』（1998）

第2節　生態

エコシステムとはよくいわれる。自然に優しい省エネシステムと解される。だが、ソーラーシステムは、第一義では「太陽系」のことなのだ。地球システムは、太陽系の、太陽系は銀河系の、銀河系は宇宙（系）のサブシステムである。同時に、地球システムは、その内部を占めるさまざまなサブシステムの総体（システム）なのだ。

エコシステムを扱う思考は、総じて〈生物と環境との関係を研究する学問。生態学。エコ。〔狭義では、人間と自然環境・社会環境との関係を研究し、自然環境の保護を図ることを指す〕〉（新明解国語辞典）と解される。だが「生態」の学は、今西錦司が提唱する「自然学」よりさらに「広い」、といっていい。もちろん、人間も、人間の社会も歴史も「自然」である。

すぐれた自然の哲学は、今西錦司（『人類の誕生』）、中尾佐助（『栽培植物と農耕の起源』）、多田富雄（『生命の意味論』）、丸山茂徳（『生命と地球の歴史』）たちで見たように、例外なく、生態学思考《エコロジー》だ。その思考を一言でいえば、多相関《マルチインターリレイション》システム論であり、「不均衡動学」（岩井克人）であり、「関係の絶対性」あるいは「重層的非決定」（吉本隆明）である。

いかなる「自然」も、孤立無援に存在しているわけではない。多様・無数な関係性のなかにある。したがってどのような存在も、究極に「わかる」（わかり切る）ことはできない。「真理は一つ。」などと、単純にはいえない。だからこそ、理解とは「人間が解る＝割る」こと、一定《ある》の「枠組み《システム》」

を設定（仮定）することによって、解ることなのだ。もちろんその人間も「自然」である。

ここでは、いささかユニークな、したがって一見場違いに思えるような言説を取り上げ、生態の哲学に接近してみたい。

（1）『イワナの謎を追う』――石城謙吉

釣りは、幼童期のわたしの唯一の野外趣味（？）だったのではなかったろうか。ガキ大将を気取っていたが、唯一ひとりで楽しむことのできる遊びだった。もちろん竿は手製（ただの根曲がり竹）だ。この遊びの何分の一かの痕跡が、井伏鱒二の『川釣り』や開高健の『オーパ！』を愛読するようになった理由に残った。だが、二〇数年ぶりに郷里に戻って手にした『イワナの謎を追う』は、もうこれ以上ないと思えるほどすてきな、知的興奮を誘う自然誌であった。

著者の石城は、動物生態学専攻（北大助教授）とあったが、わたしにとっては未知の人で、驚かされたのは、まずその文章のみごとさだった。「文学」になっているのだ。冒頭近くだ。

〈イワナは、谷川の奥に生息する特異な魚としての印象が古くから日本人の心に強く焼きついており、だから、イワナ、という名を聞いただけで、人はみな、迷うことなく山岳と渓谷の世界に思いを馳せる。

ところが、こんどは逆に、渓谷の魚といった場合に出てくるのがイワナの名前だけかというと、じつはそうではない。もうひとつ〝ヤマメ〟という名前がイワナと一緒に出てくる。つまり、日本の山地渓流には、イワナやヤマメという、どちらも有名な二つの魚がいるのである。〉

石城は、周知の「事実」確認からはじめる。新刊直後、感動と共感を含めて、わたしはこんな文章を、『北方文芸』（八四年一〇月号）で書評した。（三〇年余前である。叙述が生硬だ。恥ずかしい。ちなみに〔1〕〜〔3〕の番号を打った。）

〈経験的な事実の確認の堆積から生まれた生活識とでもよぶべきものを、堅実な長時間かけたフィールド・ワークをベースに、十分に論理的でしかもいくぶん人を納得させる術、いってみれば物語性の趣をもつ仕方で与えられると、「いいな」という一語がもれ出る。なによりも、そこには自分たちの経験識のなかに軽い風通しの道を与え、世界をみる驚きの持続的な眼をはぐくむからである。「かしこくなった」、という神に感謝したい気持もおのずと湧くからである。

内山節は、社会哲学的な視野でイワナやヤマメをとりまく自然と人間の静かなドラマを語ってみせた。『山里の釣りから』（一九八〇）でだ。内山には、自分以外の眼、足、頭……を信じたくないというかたくなな性格、正確にはアナーキーな批判精神があって、そこが魅力のひとつともなっている。しかし、どこか喰い足りないところがある。細部にかんする探索が、どこまでも「哲学」的であることにとどまっているからだ。示せばこういうところだ。

「岩魚も山女も陸封型のサケの一種である」

「しかし、なぜかはよくわからないが彼らの一部は一時海に戻るのである。」

「私のよく行く釣りの宿の主人の話しによれば、山女はすこぶる階級的な生活をしているそうである。」

内山は、ヤマメやイワナそれ自体を語ることよりも、それを素材としながら山村の生活の考察をすることに主眼をおいている。だから、イワナとはどのようなものか、陸封といいながらなぜにその一部が海に戻るのか、ヤマメの階級社会はどのようなものか、等の経験識を超えでる疑問解明にむかわないのは、ごく自然だといえば、そのとおりである。しかし、内山の眼がどこまでもイワナを慈しむという趣を持っておりながら、右のような疑問解明に実質的にむかわないまでも、その疑問を持続する心の具合は保持されている、というようにはみられえないのである。(この点、内山の専門領域のことにかんしてもみうけられ、私にとって残念な事に属する。)

石城謙吉『イワナの謎を追う』(一九八四)は、北海道に住む二型のイワナを徹底的に調べあげることを通じて、この北国の自然に生きる魚たちの世界にわけいり、そこでくりひろげられている「野性のドラマ」の一端なりを垣間見ようとする、大抱負をもつ。しかし、よい「科学」的書物がそうであるように、こわばった大口上はない。おだやかな筆致によって事実はほぐされていく。しかも「物語」に欠けるところがない。そしてなによりも細部が活き活きとしている。よくあるように、自分の新発見を赤字を抱くように大事にし、その一点にだけ光をあてるようにしてすすむという狭さもない。広い学問世界との交渉・対決が、表現としておもてだつことはないが、十二分に読みとれるのである。

〔1　棲み分け〕著者は、イワナとヤマメの比較から論をはじめ、イワナの二型を学説史にわけいって区分する。おだやかな筆致といった、しかし、その科学精神がなだらかだといわんがためでない。「たして二で割る中間に身を置く『中道』というものが歴史を前進させたためしがない」などという命題を、やんわりと置くのである。

標津《しべつ》を中心とした河川をしらみつぶしに釣り歩いて、赤い斑点と白い斑点のイワナの採集分布を造り、河川の構造、水温等にとって、その生棲地域の比較区分を確認する。しかし著者のまさに「科学」的とよびうる態度は、自分が採集した調査結果を零にしかねないような論点、疑問点にそれずにすすみ出ていくことである。河川形態でいえば赤い斑点が山地渓流、白い斑点が低湿地域にすみ場所をわけている。ここから、今西錦司のいう、近縁種は自然界ではたがいにすみわけているという、「すみわけ」説にもとづいて、二型のイワナは「近縁な別種」と結論することも可能である。しかし、著者は、「異質な環境が生み出した同種内の変異」という可能性をも検討するのである。

〔2　生殖隔離〕異種たるの客観的基準は何か、これを明らかにしてはじめて、この二型の、異種・同種の弁別が可能になる。異種間には交雑を防ぐさまざまな形での生殖隔離がある。著者は、未見の、イワナの二型の稚魚を河川にさがし求め、生殖の実態を観察する。その結論は驚くに足るものだ。

繁殖は、白い斑点（アメマス）では降海型の雌によって、赤い斑点（オショロコマ）では河川型の雌によって担われている。両者は生殖隔離された、別種なのである。

オショロコマは日本では北海道にしか住まない。ところが知床半島では降海型のオショロコマが観察される。しかも、分布図をより拡大してみると、アメマスは、日本海の北側とオホーツク海の周辺地域に住んでいる、いわば「東洋のイワナ」である。これに対して、オショロコマは太平洋の北部一帯、カリフォルニア北部からアラスカ、カムチャッカ、樺太、北海道にいたる広大な地域に住み、その多くは盛んに降海生活をしているのである。この事態をどう説明するのか。イワナ＝渓流魚＝陸封型は事実において訂正をせまられているだけでなく、その主流はなお降海型なのである。〔3　種間競争〕著者は実験水そうで、オショロコマ、アメマス、ヤマメを同種で、あるいは混在させて、観察する。同種集団の場合でも、混生集団の場合でも、しばしの喧嘩があり、一定の秩序が生まれる。つまり「階級社会」が形成される。首位に立つのがアメマスの一匹であった。この「階級社会」の力関係をつぶさに観察して、著者は、室内観察を自然の現象の解釈のために安直に役立てることの危険をいましめ、そして、北海道にはアメマスとオショロコマが混生する湖沼が皆無である事実に助けられながら、大胆な仮説をたてるのである。それは「すみわけ」説の正否にもかかわるものだ。

すみわけ現象を、近縁種が共存の手段としてすみわけ場所を分けあった結果とみる（今西）か、それとも排除と圧迫の結果分かれた結果とみるか、という問である。

柴田篤弘は、今西の「すみわけ」説は、ダーウィンの「生存競争」説と両立しうる、端的には、前者は後者に含まれると指摘した。（『今西進化論批判試論』一九八一）石城は、すみわけ現象をアメマスによるオショロコマの圧迫・排除の結果として説明する。その実証のために、豊平川〔石狩川の支流で札幌を流れる〕上流の山奥の、アメマスが遡上不能な魚止めの滝によじりのぼり、赤い斑点のオショロコマを発見する。

石城は、最後に、いくぶんロマンティックな筆致で、オショロコマがアメマスにくらべて古いタイプのイワナであり、この新勢力によって旧勢力が圧迫されている、最後の牙型であるオショロコマの生棲地を描く。〔さらに〕もはや挽回不能な戦にのぞむ、最後の残党の姿を知床の降海型オショロコマの一群にたくして、挽歌をかなでるのである。

もとより、この小冊子にも欠点はある。内山節と相補する欠点である。しかし、一冊の書物に、二つも三つも宝石がはめこまれていたら、暇がつぶれてしまいますよ、本当に。〉（拙著『書物の快楽』一九九三　所収）

石城は、北大（農）を出て高校教師になり、標津でイワナに出会い、二年後、北大大学院に戻り、五〇歳、北大助教授（苫小牧地方演習林長）時に、この本を出した。動物生態学個人研究の成果だ。中尾佐助は、世界の樹林に思いをはせ、森林は「すでに・そこにある」のではない、「カルチア」（カルティベイトするもの）であり、人間の手で「創成」するほかない、といった。石城は、森林を人間との共生の場として再生＝創生する、生態学を総体として共同研究し、「都市林創造」を立案・実施する。

＊石城《いしがき》謙吉　1934〜　長野諏訪市生まれ。61年北大（農）卒。69年同大学院博士課程（動物生態学）了。71年北大地方演習林（助教授・教授）、96年本部演習林勤務。『イワナの謎を追う』（1984）『森はよみがえる』（1994）『森林と人間』（2008）

(2)「稲作一元論」批判——網野善彦

人間の歴史や社会の論理には、いうまでもなく、生態論的観点が不可欠だ。『日本人の哲学3』、5「歴史の哲学」に登場する、梅棹忠夫の「文明の生態史観」がその典型だ。梅棹忠夫著作集（全22＋1）は社会・歴史論のヒントの山である。しかしここでは別様の文献（literature）を取り上げよう。

わたしは北海道でも有数な米作地帯に生まれた。だが、現在、水田は一枚もない。札幌に編入され、一九七〇年代、住宅地と商業地中心の副都心（新札幌）になったからだ。それでも、かつて、米作と畑作・酪農は半々だった。畑作から米作へ、そして畑作へという変遷は、三〇年余住む現在の町でも同じだ。これは日本のどこでも見られる風景だろう。

本部第1章第2節で述べたように、中尾は、コメがアジア文明ひいては日本文化（文明）の、ムギが西欧文明の起源と結びついているという、日本の「通説」を木っ端みじんに打ち砕いた。ただし、チャイナ文明の発祥地とされる黄河流域に、「照葉樹林」は全く残ってなく、数千年の間、ほとんどが二毛作で、冬は「全部がコムギに埋め尽くされる。」という。圧倒的にムギ文化（カルチア＝農耕）だが、モノカルチア（単一文化＝麦作）一元論ではない。同じように、日本はコメ「文化」（＝稲「作」）といわれる。だが「稲作一元論」で割り切ることはできない。

「稲作一元論」の典型は、反「減反」論である。米減反政策は、どんな理由があろうとも許せない。「コメ文化」の否定につながるからだ。「日本人の心」のよりどころ《ルーツ》を否定し、日本人の否定である。

作家井上ひさしたちが大合唱した「虚言」である。これは日本人の敗戦とそれを招いた民族的劣勢の原因は、腹一杯の「米食」にある。「パン食で頭がよくなる!」という「占領軍」(?)が流した虚言の裏返しである。

(1)モノカルチア=単作農業論のいかがわしさ

1　日本は島国である。生態学的にいっても、孤絶しているのではない。海に囲まれ、海で他域・国とつながり、海に生きてきた。また列島の大部分が山であり、山に生きてきた。はじめから採集・狩猟社会であったのだ。

また、中尾が述べるように、日本の農耕文化は、インド北部からチャイナ北部へとのびる「照葉樹林文化」と、マレー半島の東西から東北へとのびる「根栽農耕文化」との集結・終点である。つまり、日本列島は、水稲栽培とともに(よりも)畑地栽培がさかんであった(多かった)のだ。江戸初期の『農業全書』はもとより、コメ・ムギ・イモ等々は、明治期以前、北海道を除く日本列島なら、どこでも栽培されてきたのである。

2　網野善彦が述べるように、〈古代・中世・近世を通じて、支配者は基本的に水田を賦課基準としてきた〉ので、稲作、米食を「日本民族の本質に関わるものとし、古代以来、水田を基盤とした単一国家が日本列島に長期にわたって存在したごとき『虚像』を作り出して続けてきたといってよい。」(『日本論の視座』一九九〇)(思うに、敗戦後は、国家がコメ自作農と農協を特別待遇し、稲作一元論を強化した。)

3　だが同時に、日本における「米」の優越的地位は、支配政策と結びついたとはいえ、外国の「塩」（ソルト∧サラリー）、「羊」（資本 capital ∧家畜の頭、ひいては頭数 caput）等と同じように、財（goods）の中心として、市場の交換＝交易で「通貨」（価値の尺度）として通用したからだ。「日本水稲一元論」は虚言だが、「日本水稲文化論」はたんなる虚構ではない。

総じて、多元性の総体に統一性（unity）や同一性（Identity）を求めるのは、少しも誤りではない。否むしろ、統一性や同一性を求めない多元論は、「あれもありこれもある」という、いかなる決定も下すことがない、たんなる羅列主義に陥る。

ただし、統一性や単一性は、無限、永遠ではない。有限だ。かならず、始まりがあり、終わりがある。「稲作日本」も「日本国家」もそうだ。

(2)単一民族・国家論のいかがわしさ

1　網野善彦は断じる。「日本列島は単一民族国家ではない。」と。「正しい！」とわたしも断じる。

同時に、「単一民族国家」はどこにも存在しない、と断じる。

人間社会を離れてみても同じだ。たとえば、ガラパゴス島であれ、たとえ絶海の孤島であれ、在来種以外の生物はかならず存在する。そもそも、原初ガラパゴス島由来の在来種などというものが存在するのだろうか？

中国人とはチャイニーズのことで、漢民族のことではない。そもそも漢民族というのは、どこのどの民族を指すのか？　「漢」（Han）は、秦を滅亡させた高祖劉邦が建てた帝国だ。それも約四〇〇年、三世紀の初めに滅ぶ。もはや漢民族は「消滅」したのではないのか？　じゃあ、漢民族を名乗るのは、わたしが源氏の末裔と名乗るのと同じように、虚言なのか？

2　わたしの曾祖父は、新田義貞が戦死した越前坂井「黒丸」（城）出身である。万に一つ、源氏の末裔だという可能性は残っている（のではなかろうか）。紀元前六〜五世紀の人、孔子の後裔がチャイナに二〇〇〇万人以上現存する、といわれるチャイナのことだ。「白髪三千丈」の類いと思える。

現在のチャイニーズに、「漢帝国人」由来の人はどれほどいるのだろうか？　はっきりしているのは、秦も漢も、隋も唐も、さらには、明も清も、中華民国（the Republic of China）も中華人民共和国（the People's Republic of China）も、漢民族一元ではまったくない。漢民族多数でもなく、漢民族中心ですらない。つねに多元的多民族国家であった、というところだろう。この多民族性が、むしろチャイニーズの強さ、有利さといっていい。どの「民族」がトップになっても、同化と異化をくり返すことができたからだ。ハイブリットである。生態順応性に富むというべきだろう。

3　七世紀末、日本「国家」が創建される以前、日本列島は複数の部族群であり、あるいは多元的国家であった、といわれる。日本建国以降も、権力に「服《まつろ》わぬ」部族はいた。

網野は、「単一民族・国家論」は北海道・東北北部で独自な社会を形成したアイヌや沖縄諸島の琉球王国の成立と発展を切り落とした、重大な偏見である。「日本国」の支配領域とされる日本列島主要部においても、北九州あるいは、東北・関東に成立した「別個に国家を形成する動きがあり、実際、そこには複数の国家が成立したとみてもよい事態のあったことも」見落とす「常識」である、という。この通りである。

同時に「日本」は七世紀末に建国されたというのは、動かしがたい事実である。日本単一民族・国家論はいかがわしい。同時に日本国家は七世紀にできたのだ。この二つは、網野が考えるように、矛盾しない。日本列島は、多様性のなかから、統一性（システム＝体制）を形成し、同一性（アイデンティティ）を保持してきたのだ。

(3)日本国のアイデンティティ

1　アメリカ（合衆国）とアメリカ人のアイデンティティとは何か？「星条旗」と「国籍」である。ほかにない。日本国と日本人のアイデンティティとは何か？「日の丸」（国旗）と「国籍」に還元できない。なによりも、日本国成立（＝初代天皇即位）以来存続してきた「皇室伝統」である。

網野がなによりも目するのは、この長いあいだ、およそ一四〇〇年近い長きにわたって「進化」してきた「皇室伝統」を認識しつつ、否定することぬきに、日本国と日本人の「自立」はありえない、である。

2　「天皇」をエンペラー（「皇帝」）と訳し、「天皇制」を造語したのは、スターリン（統治下のコミンテルン＝世界共産党）テーゼである。網野は、共産主義者だが、天皇をエンペラーに還元し、天皇専制を打ち倒し、民主・共和あるいは共産権力を樹立する、というロシア革命方式をとらない。

ましてや、社会主義権力が実現すれば、天皇制は自然消滅する、などとはみなさない。「天皇制」ははるかに根強いものだと認める。(「天皇制」という造語を別にすれば、網野の見解は、他の反天皇制論者のなかで、最も優れている。)

3　網野は、なによりもまず、日本人の民族意識(共同の無意識)にながく根づいてきた「天皇制」のアイデンティティを掘り崩さなければならないとする。そのために「単一民族で形成された単一国家」論を否定しようとする。結局、日本「国家」のない社会を遠望する。この意味で、網野こそ、言葉の本当の意味で、遠く原始共同体に思いを馳せ、共産主義世界共同体、人類共同体を遠望しているといっていい。

だが「現在」の日本国と日本人を、根本的に否定しさることができるだろうか? できるとして可能だろうか? 可能だとしてその鍵が「皇室伝統」の否定とリンクするだろうか? 問いを追いつめてゆくと、そのラディカルな思考が、個人的な性格つまりアナーキーな性向につながってゆく、と見えるのは、わたしにとってだけだろうか? 網野が、日本国も日本人も、否定さるべき存在である、と見なしていないから、なおのことこの疑念は強くなる。

4　一四〇〇年間を経て「進化」した「皇室伝統」は、福沢諭吉「帝室は政治社外のものなり」(「皇室論」一八八五)に要約できる。天皇は、日本の政治・文化・生活の複合システムの統合原理=象徴である。わたしは、このアイデンティティは、他のどの国にもない、独創的でかつ貴重な本性だと考える。

天皇は、明治憲法下でも日本国憲法下でも、国家統一と国民統合の「象徴」である。歴代天皇のなかには、独断的な事績を残した天皇もいる。後醍醐のように「親政」をもくろみ、政治・社会混乱を招いた愚政、アナクロニズムも存在する。だが、総じて、統合象徴力は存続した。日本にとっては幸運であった。

事実、日本国家はわずかの期間を除いて、天皇専制国家ではなかった。近代日本は、敗戦以前も以降も、立憲君主国、天皇を戴く民主政体である。皇室伝統が日本国と日本人のアイデンティティになりえたし、なり続けた「帰結」である。

＊網野善彦　１９２８・１・22～２００４・２・27〔『日本人の哲学３』（５「歴史の哲学」）で既述した。〕山梨笛吹市生まれ。47年旧制東京高卒、50年東大・国史科卒、日本常民文化研究所へ。55年から高校教師、66年『中世荘園の様相』、67年名大助教授、80年神奈川大教授。『日本中世の非農業民と天皇』（１９８４）『日本論の視座――列島の社会と国家』（１９９０）『日本社会の歴史』（１９９７）

（３）地球温暖化論批判――丸山茂徳

「環境」論は生態学と、さらには地球変動論と密接に結びついている。「環境」破壊にブレーキをかける、と称して、破壊のアクセルを踏む、というような錯誤を犯してはならない。だがそういう事例は、枚挙にいとまがない。

第２章第１節で見たように、環境論は、生態学と、さらには「全地球史解読」と連動している。この「解読」を主導する丸山茂徳は、生命史と地球史は共進化する、と述べる。共「進化」である。

一般的には、メインシステムは「地球」であり、生態系はサブシステムである。もっとも人間にとって、時間（時期）と場所（地域）は、生態系変化のほうがより直接的かつ重大なことがある。もっと重要なのは、たとえば「破壊」と「開発」が、同じディベロップ（develop）の両面であるということだ。人間にとって有用な材料（マテリアル、たとえば化石製品）の開発が、人間にとってかぎりある自然（空間）を長期に再利用不能にするのだ。

そんな錯誤大な問題に「地球温暖化論」がある。全地球史解読をめざす丸山にとって、寄り道している暇なぞないように思える。だが看過できないほど頭にきている重大問題、「いまここにある危機」なのだ。丸山『今そこに迫る「地球寒冷化」人類の危機』（二〇〇九）を紹介しよう。

⑴いま地球は冷却期にある

1　「地球温暖化」は、現在（といっても一九九〇年にはじめて出された「気候変動に関する政府間パネル」〔ｉｐｃｃ＝Intergovernmental Panel on Climate Change〕報告書以来）、世界の科学者の九〇％が認める、自明の事実である、とされている。日本人、日本政府、日本人の「常識」になっている。これを疑う科学者は、九〇％の専門家と九九・九％の日本人に逆らう、「変人」（「非国民」並）である、とみなされる。

丸山は立派な「変人」だ。なぜか、生態系の危機、すなわち人類ならびに生物の危機（＝死滅）に直結する「地球温暖化」に、真っ向から反対論を展開するからだ。ただし、その丸山の最新刊、『地球史を読み解く』（日本放送大学院教材　二〇一六）には、一九七二年に出た「ローマクラブ」による二〇世紀後半〜二一世紀末までの未来予測（テーマは①人口、②一人あたりの食料、③化石エネルギー、④工業生産性、⑤環境汚染）に対する評価（ほぼただしかった）はでてくる。だが「地球寒冷化論」はない。学校教育やマスコミの場で、地球未来論として「地球寒冷化」を論じることは、「異端」であるという理由だ（ろう）。

2　現在、地球は、第2回目（七〜六億年前にはじまる）の氷河期の「間氷期」（一万二〇〇〇年前に始まる）にある。だから丸山は、これ以上寒くなることはあっても、暖かくなることはない、と断じる。IPCC（国連環境計画と世界気象機関の共同組織）は、過去五〇年の平均気温上昇は、過去一三〇〇年間で例のないもので、「気候システムの温暖化は決定的に明確であり、人類の活動が直截的に関与している」（第四次評価報告　二〇〇七）という。真逆だ。

ところが、イギリス気象庁は二〇〇八年の平均気温は、二一世紀になって最低だ、と報告したのだ。たしかに「寒冷化」は一時的で、今後上昇する可能性を想定することはできる。だが、その根拠がない。対して丸山は、寒冷化を証明する根拠のひとつに、太陽活動の異常な低下と宇宙線の増加を挙げる。ここは丸山の専門領域だ。

(2)　CO_2は温暖化の原因ではない

1　二酸化炭素はたしかに温暖化ガスの特性をもつ。他の気温低下の原因が一定だとすると、IPCCの温暖化シナリオに合致する。だが、原因＝「気温が高く（低く）なる」と、結果＝「二酸化炭素が増える（減る）」のであって、その逆ではない。（二酸化炭素は水に溶けやすい。気温が高くなれば海中に溶け込んだ二酸化炭素が活性化し、大気中に放出されやすくなる。気温が高くなれば、二酸化炭素は増える。）

2　フリーマン・ダイソンがいうように、〈温暖化はすばらしい。二酸化炭素の増加で、植物を、さらに動物を育て、人類の食料を増加させる。「温暖化」というが、実状は、冷たい地球を少し暖めているにすぎない。高温すぎて動植物がすめない状況にあるわけではない。〉のだ。丸山は「実は二酸化炭素は生物学的に見れば、生物にとっては最も重要な食料であり、決して毒ガスなどではない。」と、実例を挙げて、断じる。

3　ヒートアイランド（熱の島＝都市）は、たしかに地球温暖化を実感させる。だが地球温暖化と性質が違う。夏場に厳しく、冬場に快適なのだ。

東京の平均気温は他地域より二℃ほど高い。地方の都市部もほぼ同じだ。原因は、舗装道路、高層建築、自動車等の排ガス、電気・ガスのエネルギー消費、人口（体温）の過多と集中、等々による。結果、一四〇年間で地球の平均気温が〇・六〜〇・七℃しか上がっていないのに、都市部では二℃上がっている。

⑶環境問題の本質は、人口問題だ

1　排ガス規制で、とりわけ化石燃料を使わないで、温暖化を防ぐことは、ほぼ一〇〇パーセント不可能だ、とまで丸山いう。一見、極論に思えるだろう。そうではない。

太陽エネルギーで循環する生態系のなかで（だけ）暮らす社会は、空想ではない。江戸期までの日本人が現実に生きてきた社会だ。ただし、人口制限がある。江戸末期の約二五〇〇万人が限度だ。日本国民の九〇〇〇万人が餓死することになる。後戻り不可能なのだ。もちろん日本にかぎらない。

2　温暖化は生物多様性を増加させ、豊かにする。地球の環境に最大の影響を与えているのは人間だ。農業は森林を伐採し、耕地に変え、牧草地を作り家畜を放牧した。二〇〇六年現在、地球上で飼育されている大型家畜の総数は四五億頭で、人口六八億人の三分の二を養うためだ。

環境問題は、異常に増加した人間の食糧確保のための農業と牧畜による自然破壊からはじまった。世界人口は、三〇〇年前八億人だったのが、現在六八億人になった。その増加はさらに加速し、二〇五〇年には一〇〇億人に達する。この加速する人口増を解決する方法はあるのか？　丸山は、まだ見いだされてはいない、と「警告」する。

3　丸山は警告を発するだけではなく、「地球寒冷化」のもとでは人口＝食糧問題はいっそう困難になる、と二重の警告を発する。

「人類にとって21世紀は人類史のなかでも特異な時代である。人口の爆発的な増加を停止させ、資源の枯渇を乗り越える技術を生み出し、安全で安心できる、安定した社会『持続可能社会』を作り出す必要に迫られているのだ。」そのために、まずもって、「地球温暖化」で右往左往している覚悟から決別すべきだと述べる。

＊丸山茂徳　〔本部第2章　序節参照〕『「地球温暖化」論に騙されるな！』（２００８）『科学者の9割は「地球温暖化」CO_2犯人説はウソだと知っている』（２００８）『地球温暖化対策が日本を滅ぼす』（２００８）

『今そこに迫る「地球寒冷化」人類の危機』（２００９）

第3節　地理――『大日本沿海輿地全図』――伊能忠敬

1　一枚の「地図」、その中に、その地域と住人の「生態」（生存様式 mode of life）＝自然誌が「縮尺」されている。日本自然誌（natural history）は日本史の不可分な一環を占める。この意味で、日本地図とは、日本（国）と日本人《ジャパニーズ》の素顔《ナチュラル》な「自画像」なのだ。

奈良期、東大寺領「近江国水沼村墾田図」他の「墾田・開田図」（七四二）が、二四点残る。現存する日本最古の地図だ。（世界で最もふるい地籍図だろう、と織田武雄『地図の歴史――日本編』〔一九七四〕にある。）

それからおよそ一一〇〇年、幕末である。一枚（一組）の日本地図の登場が、「世界」を驚愕させた。しかも幕府（政府）「秘蔵」だった。シーボルトが国禁を犯して持ち出し（一八二九年）、欧米で公表した。（シーボルトは自然誌家（a natural historian）で、知見や地図だけでなく、さまざまな文物を携えてドイツに帰国し、『日本』『日本植物志』『日本動物志』を発刊し、日本知見の数々を欧米諸国にもたらし、日本自然誌研究の世界権威になった。）

その地図が日本に逆「輸入」され、日本の識見者たちを驚愕させた。他でもない伊能忠敬の『大日本沿海輿地全図』（完成一八四二年）＝伊能図である。このとき日本の自画像「全貌」が、鮮明かつ正確に、その上、見るものを感動させる美しさで、はじめて、多くの日本人の目の前に登場した。明治維新以前に、日本《ジャパニーズ》（人）が達成した「技術」（art）の世界水準であり、日本地理学の「勝利」

である。
２　それにしても地理学というのは、哲学と同じように古く、地学（地球科学）の一部である。同時に、その仕事は「地図」に凝縮されるとはいえ、哲学と同じように、もっとも古く、地表で起こるすべてを論述対象にする、よくいえば「総合知」であり、率直にいえば「鵺《ぬえ》」のような「雑知」である。

わたしがはじめて学ぶというおもしろさに目覚めたのは、「地図」からであった。それも帝国書院編『日本地図』だ。教科書用のでなく、一般に市販されているものではなかったろうか。こうしてわたしの「読書」は地図（「地表」を読む）からはじまった。その次に読みふけった（？）のは、分厚い年次別の『北海道年鑑』である。読み応えがあった。これは北海道の「地誌」だが、まぎれもなく「百科全書」である。中学に進むとき、わたしはいっぱしの「地理学者」を気取っていたのではなかったろうか。ただし、わたしのヒーロは、伊能忠敬や松浦武四郎ではなかった。「無名」（？）の編著者だった。わたしの幼童から少年にかけての「知」は、そのほとんどが「地誌」にルーツがあったと思える。

３　地図の「実用」面を強調しすぎないほうがいい。少年期から今日まで、わたしは地図で、他でもない「冒険」と「文学」を楽しんだ。最初の哲学者とされるタレスは、「旅人」、それも商用を兼ねた、遠くを見る（「星」を読む）人だった。「地」に「図」を刻んだ人に違いない、と思える。

本居宣長で感動したことがある。伊勢松坂の小児科医で、国学者だ。その宣長が、息子の春庭（『詞八衢《ことばのやちまた》』＝日本文法書）の目の治療のため、夜中、尾根をたどって良医を求め歩き、転げ落ちたことがあった。夜中、道路図がないところを歩いたに違いない。しかし、その宣長だって、谷底ではなく、尾根をたどり、月や星あかりで歩く術を知っていた。「地誌」の常識である。その宣長に『菅笠日記』がある。地誌（文学）でもある。

地図も、「正確」を旨とするだけでは、ものたりないというか、いただけない。目印が必要だ。この点、デジタルの時代だ。グーグル（検索エンジン）の地図は、正確で各種目印がある。すばらしい。わたしの実家（札幌厚別）などすぐに探し出せる。すごい。この無機質な地図を、わたしは、タレスになった気分で、時空を飛び越え、読んで（文学して）いる。飽きない。ただし、ここでは伊能忠敬がテーマだ。それも地図に限って述べる。

(1) 天文方——民間人の登用

パラダイムシフトには、「新人材」がかならず伴う。日本地図の革新、伊能図の誕生も、同じだ。

(1) 改暦事業

1　一七九五年五〇歳の伊能忠敬は、前年、天領佐原支配（地頭）から隠居願いをようやく許され、江戸に出ることができた。本格的に暦学を学ぶためだ。

おりしも、幕府は「改暦」事業を計画していた。日食や月食をはじめとする官暦予報に誤りが絶えなかったからだ。だが、幕府の天文方には改暦タレントがいなかった。そこで民間から麻田剛立（一七三四〜九九）に白羽の矢が当たり、弟子の高橋至時《よしとき》（一七六四〜一八〇四）と間《はざま》重富（一七五六

〜一八一六）が、天文方に登用される。

麻田は、年来、天文暦法に志望があった。一七七二年、豊後杵築《きつき》藩侯の侍医の身を捨て、脱藩し、麻田に改名して大坂に住み、医業を営み、私学「先事館」を開き、天文暦学で名と実を挙げていた。この麻田に幕府は白羽の矢を当て、改暦起用を打診する。麻田は、官途につくことを潔くしなかったが、弟子の高橋（大坂奉行同心）と間（質屋）を推挙した。
2　この二人が江戸に下ったとき、絶妙に時間を計るようにして、忠敬が深川黒江町に居を構えた。忠敬は、ただちに高橋の弟子に押しかけ、その熱意に負けた至時に、ようやく入門を許された。改暦作業は二年で終わった。高橋は天文方に残り、間は大坂に戻ったが、天文方待遇で暦学を続けることができた。
忠敬は、至時に多くを学んだが、江戸と重富のいる大坂を天体観測の二大拠点とし、忠敬の各地測量先で、天体観測の実を挙げ、経緯度の計測に専心することができたのだ。
3　ここで特記したいのは、この三人はともに蘭学の体得者ではなかったということだ。
福沢諭吉は「腐儒」といった。漢籍をもとにした「机上の学問」(armchair theory）で、打倒対象であった。とはいえ、諭吉は儒学を無視しない。漢籍を無用の長物とみなしていない。なぜか。日本の学術、文化全般は、漢籍典を通じて、もっと広くいえば、漢文化を媒介に、西欧科学・技術を、西欧文化全般を修得してきたからだ。

キリスト教（カソリック）は、直接、ザビエルがはじめて伝えた（といわれる）。だがキリスト教（ネストリウス派）は、唐代に伝わって景教になり、さらに日本に流れてきた。（空海が景教を日本に伝えたという「伝説」もある。)

同じように、暦学は漢籍由来のものだ。測量器械製作も含めて、麻田たちが学び、作成した暦法(技術)は、蘭学を媒介にしたものではなかった。彼らは、漢籍を媒介に、西洋暦学を間接的に学び取ったのだ。

(2)子午線の長さを測る

1　地球は「丸い」。地球の大きさ、南北の頂点を輪切りにしたときの長さはどれほどか。経線一度の正確な長さはどうすれば実測可能か。暦学にとって、「子午線」の長さを確定できるかどうか、これが難問だった。では子午線とは何か?

〈天球上で、観測者の天頂を通る大円は「垂直圏」とよばれるが、この垂直圏のうち「子《ね》の方向」(すなわち北)と「午《うま》の方向」(すなわち南)とを結ぶものを「子午線」という。天体は日周運動により1日に1回(ときには2回)、子午線を垂直に横切る。これを「子午線通過」、あるいは「南中」などとよぶ。子午儀・天頂儀・子午環・写真天頂筒などの望遠鏡は、この南中時に天体を観測して、恒星の位置や惑星の動き、天球に対する地球の姿勢、時刻、地球上の観測点位置などを決定する。……〉(日本大百科全書)

忠敬の「大日本沿海輿地全図」は、至時がめざした、子午線一度の長さを実測「確定」するという目的で、「蝦夷地沿海図」(松前・箱館から根室まで)から「はじまった」。最初から日本全図完成というプランがあったのではないのだ。

2　では、なぜ「蝦夷地」の実測からはじめたのか？　短い距離を正確に実測しても、子午線の長さはもとより、その一度の実測値は、正確にでない。江戸（天文台）と蝦夷沿岸各地（ならびに東北往復路）の天体観測と実測（主として歩測）値の算出によって、一度のより正確な数値をえることができる。

それにくわえ、蝦夷地沿岸測量を選んだのは、端的にいえば、蝦夷地沿岸部が幕府直轄だったからだ。江戸期、日本国は実質連合国家（ＵＳＪ＝United State of Japan）である。全国の非幕府領いがいのどこを測量するにしても、たとえ中央政府（幕府）「事業」といえども、地方政府（諸藩）＝独立国（States）の自治権（power）を侵すことを意味する。

暦法にとって、とりわけ正確な暦を作るためには、「子午線」（地球の円周＝孤線）を測り、その一度を確定する必要がある。至時が幕府直轄地を選んで測るという最初のプランは、各種の政治的障害に触れない選択でもあったのだ。

だが「はじめはすべて難しい。」そもそも、弟子になってまだ間がなく、しかも高齢の忠敬が実測予定者である。幕府は忠敬の力を信用しなかった。だから「試行《テスト》」許可であった。同行する人材（人数）、持参する機材、その運搬方法等が限られた。多くは未開の道なき道を行くのである。しかも「幕府御用掛」とはいえ、仕度金は些少で、忠敬は必要経費の過半を私費でまかなわねばならなかった。「失敗」を約束されたような蝦夷地測量であったのだ。

3　だが忠敬が選ばれ、選んだのは至時だ。弟子入門からわずか四年余で、忠敬の暦学に磨きがかかり、天体観測・測量とも、その実力は着実に伸びていた。なによりも、忠敬にめざましかったのは、一事をやり遂げる意志力の強さだった。

一八〇〇年、この第一次測量に費やした日数は一八〇日（蝦夷滞在一一七日）という慌ただしさだった。箱館から根室までの沿岸図は、全図完成図（一八二一年）と比較して、粗さは否めない。それは子午線一度の値にも現れた。「二七里余」が忠敬の試算で、師至時をとうてい納得させえる数値ではなかった。あまりにも悪条件であったことを考慮しても、この結果に苦虫をかみつぶしたのではなかったろうか。

だが、直後の第二次測量（伊豆・東日本沿海図）で、忠敬が算出した測定値は、「二八・二里」、一一〇・七五キロメータで、この数値は第十次測量（江戸府内　一八一五年）まで変わっていない。この数値は、一八〇三年、至時が『ラランデ暦書』（一七六四年）のオランダ語訳で確認した、ヨーロッパの最新の数値と一致していた。（二一世紀の現在値と、誤差一〇〇〇分の一だ。）

(2) 経学の人

「大日本沿海輿地全図」は、麻田、その弟子高橋と重富、そして孫弟子とでもいうべき忠敬の「合知」である、といえる。ただし、忠敬はたんなる「馬力」の人ではなかった。

(1)忠敬の暦学知

忠敬は、隠居後、高橋至時の門人になり、暦学や測量技術を習得した。これはたしかである。しかし、ずぶの素人が一念発起して、刻苦勉励（work hard）の結果、四年余後に、幕命による（国家事業とも思える）蝦夷測量に堪えるほどの知的・技術的能力を獲得したのだ。忠敬はビジネス（引退前）でも、暦学・測量・製図（引退後）でも、「根気の人」、努力家であった。こういうイメージが強くある。間違ってはいないが、不足がある。

1　だれもが賞賛するように、忠敬は努力家であった。隠居前、ビジネスにおいても、佐原の有力者（村方役人）としても、慎重居士、用意周到の人であった。

だがその努力は、暦学書に（も）向いていたことを忘れてはならない。

〈根気のよきこと、だれもおよぶものがない。早朝から深夜に至るまで、書を読んで、あくびをすることなし。壮年の頃、村落の童子に句読を授けること、倦くことなし。壁書に「論人不倦」の語を掛けて、これによって終身、黙然なることと、手を空敷することと、人の怠慢なるを嫌う。人あるいは過ぎて性急という。〉

これは高橋至時の次男で、のちに天文方に上った渋川景佑による忠敬「評」である。

特記すべきは、忠敬の読書好きだ。「癖」といっていいほどのもので、文献収集も通り一遍ではなかった。その隠居前の蔵書目録が示すように、暦学においてとくにそうだった。また記録（フィールドワーク・ノート）をいとわなかった。

忠敬は、測量好きが高じて、暦学に向かったというより、家業のかたわら経学（漢籍＝古典）を欲し、暦学（書）好きが高じて、高橋門下に赴いた、というのが実情である。

2　忠敬は、「実測」のために、天文方と遜色ない機器・道具類を自宅にそろえ、その使用技術鍛錬を怠らなかった。しかも観測・測量・製図は、ともに組織力《チームワーク》である。この実務力で、忠敬は、そのビジネスや村政経験を重ねてみれば、師の至時や重富よりはるかに老練だった、といっていいだろう。

忠敬が、蝦夷から東日本の実測（第一次～第四次）を行ない、すばらしい沿海輿地図を製作し、将軍家斉をはじめ幕閣たちから予想を遙かに超える賞賛をえた。かくして沿海全図製作は、正式の幕府直轄事業になったのである。

至時は、はじめ、西日本の沿岸図を間重富に委ねようとした。しかし、その早すぎる死（一八〇四年）によって、息子の景保（一七八五～一八二九）が天文方を継いだため、間は若い景保の後見・補佐に追われて、西日本の実測を実行する余裕がなかった、とされている。

そういう「人事」問題があったことは確かだろう。しかし、「師」といえる間重富といえども、忠敬の「実績」を無視して、自分が実測・製図事業を引き継ぎ、忠敬以上の実績を上げる自信があっただろうか？　むしろ天文方（長官）の景保と観測・実測隊長忠敬との連携・調整役に徹する。そのほうが、沿海輿地全図の完成に資する。こう考えたと思える。

しかも、忠敬は、こと実測にかんして、だれにたいしても非妥協的であった。たとえば加賀藩（第四次測量）である。藩案内人が、情報漏れを恐れるのあまり村名や戸数を知らさない。これを「叱責」するのだ。当然、藩は幕府に抗議する。幕閣内部に測量中止の声があがる。至時は忠敬を譴責し、ことなきをえた。が、同じことをただちに景保に望むのは難しい。至時死後、第五次測量（一八〇五年）以降は、重富が補佐役を負うということは、至時の代役になることだった。わたしにはこう思える。

3　伊能図は、門外不出の「秘図」とされた。正確「無比」かつ「美麗」な地図であるとみなされたからだ。地図はまるで日本全体が丸裸にされるほどの「精巧さ」を兼ね備えていた。あまりにも見事な「成功」の結果、出版されずに終わった、ともいえる。

皮肉なことに、伊能図は完成したが、刊行されず、美術品扱いを受け、実用地図としての役割を担うことはなかった。このコピーを海外に持ち出し、日本に逆輸入した張本人が、ドイツに帰国後、日本研究家として世界に令名を馳せた、シーボルトである。

もうひとつ忘れてはならない事績をあげておこう。

一八六一年、ロシア艦隊が対馬占領におよぶ挑発事件が勃発した。幕府（外国奉行小栗忠順）は、英露対立を利用し、英艦隊に「実力介入」を依頼、ロシア艦隊の退去に成功した。その見返りの一つとして英艦隊が要求したのが、伊能図だった。（つまり、英艦隊も伊能図の存在を知っていた。むしろ幕府「海軍」が知らなかったのだ。小栗とともに、日本海軍創建をもくろんでいた勝海舟は、逆輸入された「伊能図《コピィ》」をもとに、一八六七年、日本全図＝「大日本沿海略図」を木版刊行している。）

以上、忠敬は、測量好きが高じて、暦学に向かったというより、家業のかたわら経学を学び、暦学（書）好きが高じて、高橋門下に赴いた、というべきだろう。好きでこその学業だ。

(2)経度の「歪み」

至時や忠敬は、地球を球体と見なしていた。当時、西洋では地球は「球体」ではなく、「回転楕円体」であることを知っていた。すでに投影図法（サムソン・フラムスチード図法）や三角測量法を開発していたのだ。

だが忠敬は、地球を球体と見なし、既存の「道線法《トラバース》」（一地点から次の地点へとつぎつぎに方位と距離を測ってゆく方法）や「交合法」（特定の目標物〔山頂や屋根など〕を決め、測量地点からその目標物までの方角を測る方法である）などを駆使して観測・測量し、地図を作製している。結果どうなったか。

1　第一次の蝦夷沿海観測・測量で「子午線一度」の長さを計測するのに、失敗した。地球を球体とした場合、緯度に関しては一度＝二八・二里で、ほとんど誤差がでない。だが、経度では、たとえば赤道面（緯度〇度）では一度＝二八・二里では、短すぎるが、北半球なら緯度が上がるほど、一度＝二八・二里では、長すぎる。

2　伊能図は、京都を通る子午線を〇度＝基準子午線とした。江戸・京都・北九州を結ぶ地帯だけを抜き出せば、緯度上に差があまりないから、経度に歪みは生じない。だが日本の北東部や南西部では経度にけっして小さくない誤差が生まれる。小樽で三〇分、種子島で一〇分、東偏する。

3　これは、至時や忠敬に、地球表面を平面に描き直す知と技術に欠けていたからだ。したがって、忠敬は、実測で描いた地図（沿海図）に、あとから「計算によって」経線を記入せざるをえなかった。

だが伊能図の「欠陥」を指摘するのはいい。しかしむしろ強調すべきは、忠敬の、知識や技術の「不足」にもかかわらず、沿海図面の正確さである。「神技」としかいいようがないといわれる理由だ。なるほど、経度の偏差は、海図の場合、致命的だ。だがイギリス海軍のように、伊能図の偏差を直して、正確な日本沿海図を作製し、活用することは可能だったのだ。

(3)『大日本沿海輿地全図』

1 『大日本沿海輿地全図』といわれる。内訳がある。

縮尺三万六〇〇〇分の一の大図(二一四枚)、二一万六〇〇〇分の一の中図(八枚)、四三万二〇〇〇分の一の小図(三枚)である。全部の完成は、忠敬の死後だ。

地図(実図)は、刊行・公刊されず、正本は秘蔵された。

2 一八二八年、シーボルトは国禁を犯して模写をもちだした。彼に地図(縮図)を贈った高橋景保は断罪され、その子も遠島になる。

だがシーボルトが持ち出した日本図が、開国によって日本に逆輸入され、「秘蔵」の意味がなくなった。

3 伊能図正本は、明治初期の一八七三年、皇居火災で失われ、関東大震災で伊能家に保管されていた複製も焼失した。

だが二〇〇一年、アメリカ議会図書館で写本(二〇七枚)が発見されたのを皮切りに、各地で発見された。二〇〇六年一二月、大図全二一四枚を収録する『伊能大図総覧』(全3巻=上・下+解説書)が刊行された。

＊伊能忠敬　1745・2・11〜1818・5・17　上総国小関村（現・九十九里浜沿岸）生まれ。1762年佐原の伊能家養子、家業（酒造、米穀商取引）に励み、村政に尽力。95年隠居、天文方高橋至時に師事。1800〜15年（蝦夷・東日本から西日本・江戸）まで、10次の全国・全島沿岸測量（総日数は3737日、総距離4万キロ）をめざし、その都度詳細な沿岸図を作製。死後の1821年「大日本沿海輿地地図」完成。『伊能大図総覧』（全3　2006）保柳睦美編著『伊能忠敬の科学的業績〔改訂版〕』（1980）井上ひさし『四千万歩の男』（1986〔文庫版・全5　1992〜93〕）大谷亮吉編著『伊能忠敬』（1917　近代デジタルライブラリー）渡辺一郎『伊能忠敬の歩いた日本』（1999）

（3）間宮林蔵

忠敬にとって、もっとも悔やまれるのは、まったく不十分に終わった蝦夷地の実測と地図作りだった。このままでは「顔」のない日本地図に終わる。この忠敬の悔しさを補ったのが、ほかでもない間宮林蔵だ。

第一次蝦夷地測量（一八〇〇年）で忠敬は、箱館で間宮林蔵（一七八〇〜一八四四）と出会った。奇縁である。林蔵は、当時幕府の蝦夷地御用雇で、一七九九年から幕吏村上島之允（一七六〇〜一八〇八）に従って蝦夷に渡っていた。村上も測量・探検家で、林蔵の才を見いだした人物だ。林蔵は、測量と地図作りの技術を、最初は村上に、のちに忠敬からも学んだ、ということができる。

(1)測量家・間宮林蔵

1　林蔵は、二次にわたる北蝦夷＝カラフト探検で、カラフトとサハリンが陸続き＝同一の島で、大陸と陸続きではないことを「発見」（一八〇九年）した。同時に、彼は、一八一〇年、正確な「北蝦夷島地図」を作製している。

2　忠敬の心残りは、蝦夷地実測が不十分かつ不完全なことであった。しかし日本沿海全図を完成するには、蝦夷地に時間をさく余分はなかった。

一八一一年五月、林蔵は忠敬を江戸品川の自宅に訪ねている。このころ忠敬から蝦夷地測量を委ねられた（らしい）。林蔵は、一三年から西蝦夷地海岸を測量しだし、二一年まで、なんども蝦夷地海岸から内陸にまで測量の足を伸ばしている。

3　二一年六月、『大日本沿海輿地全図』が完成を見た。蝦夷地図は間宮林蔵の測量図が取り入れられた。（ただし保柳睦美は、間宮林蔵の測量技術に、したがって精度の高い伊能図「蝦夷図」に対する貢献に、疑問を呈している。『伊能忠敬の科学的業績』〔改訂版　一九八〇〕でだ。）

(2)「隠密御用」

1　間宮林蔵は、一八二四年以降、幕府「隠密御用」を勤めている。ただし「隠密」とは幅が広い。たとえば、学者の荻生徂徠は将軍吉宗の「隠密御用」（＝「諮問」）を受けて、『政談』を提出している。

まず確認すべきは、シーボルトが接触を望んだ高橋景保（天文方・書物奉行）こそが、「隠密御用」を命じられた当人であったことだ。景保は機密文書「大日本輿地全図」の保管責任者であった。

その景保に、シーボルトが「接触」（密談）を図った。景保にシーボルトの行動を探る役目（隠密御用）が与えられる。そのやりとりのなかで、シーボルトから景保に、（景保垂涎の的であった）ロシアのクルーゼンシュテルン著『世界回航記』等や地平経儀などと交換に、伊能図や林蔵カラフト図の提供を持ちかけられた。

2　一八二八年三月、シーボルトから景保宅に荷物が届く。なかに林蔵宛の小包が入っていた。（シーボルトは林蔵にも接近を図っていた。）景保から小包を受け取った林蔵は、外国人から郵便物受領の許可を求めるために、幕府に小包を提出した。これが正規の手続きで、「密告」ではない。結果、景保やシーボルトに密偵がつき、別口の情報もあって、帰国するシーボルトの荷物から「禁書」が出てきた。シーボルトに「国外追放」、景保に「投獄」（獄死後、死罪）の断が下る。

3　一八二九年、林蔵は「隠密御用」で長崎に下っている。しかしこのときを含めて、林蔵がシーボルトに対する密偵役を演じたという事実（証拠）はない。この時期、林蔵は「海防掛隠密」で、蝦夷・カラフト・ロシアの外交情報通《インテリジェント》、今様にいえば、「日本中央情報部」（ＣＩＪ）員である。

(3)「間宮海峡」

1　「地図」はその国、地域の「自画像」だといった。日本の全図＝自画像は、最後の一部分が「未知」のままだった。北蝦夷＝カラフトとサハリンの「国境線」が未知・未定のまま残されていたのだ。

欠けているのは、たんに日本の自画像だけではない。ここが世界地図の最後の「謎」部分でもあったのだ。林蔵は北蝦夷と沿海州が陸続きでないことを明らかにし、『北蝦夷地図』と『北夷分界余話』『東韃《とうだつ》地方紀行』を幕府に献上した。（東韃とは、東韃靼＝東モンゴルをさし、林蔵が渡ったのは、沿海州＝アムール川下流・河口地帯だ。）

2　林蔵は、第二回カラフト探検で、カラフトが半島ではなく、独立の島であることを発見する。これで、世界の「沿海図」上の「謎」が解明された。だが林蔵の「北蝦夷島地図」も未公開で、関係者しか知らない「秘図」にとどまった。

3　カラフトと大陸（沿海州）が、海峡で隔てられている。この事実を世界に知らしめたのは、かのシーボルトである。持ち帰ったカラフト地図をもとに作製し、『日本』に収録した「日本辺境略図」だ。「間宮海峡」の名がはじめて紹介されたのだ。「間宮」の名が偉業人として世界に残された。じつに皮肉なことである。

シーボルトの『日本』あればこそ、間宮林蔵は、探検家であり、熟達の測量家、地図作製者であり、手練れの文筆家でもあるという事績が残ったというべきだろう。

伊能忠敬は日本の全自画像を描いた。その自画像に最後の目・鼻を入れたのは、忠敬の意志を熱く受けとめた、林蔵であった。わたしはそう考えている。

＊間宮林蔵　1780〜1844・2・26　常陸国上平柳（現つくばみらい市）の農家生まれ。1799年蝦夷に渡る（普請役雇）。1800年伊能忠敬に会う。03年幕吏。1808〜09年北蝦夷＝樺太探検、13〜

21年蝦夷地測量、28年シーボルト事件。『北蝦夷東地図』『東韃地方紀行』間宮林蔵『東韃紀行』（大谷恒彦訳・解説 1981）織田武雄『地図の歴史――日本編』（1974）吉村昭『間宮林蔵』（1982）

第3章　宇宙

哲学（史）は、「存在《もの》」、コスモスからミクロコスモスまでを基本的かつ単純・不可分に構成し、その運動・静止をつかさどる要素、すなわち「素粒子」（elementary particle ＝ microcosmos）を、「原基《アルケー》」（タレス）、「原子《アトム》」（デモクリトス）からはじまって、「実体《ウーシア》」（アリストテレス）、「実体」(substance)、「分子」（element）等とよんできた。

物理学＝自然学（physics ＝アリストテレスの造語）は、「素粒子《ミクロコスモス》」が解明できれば、それ（ら）によって構成される全世界《システム》＝宇宙《コスモス》の「謎」が解明できる、という考えにたってきた。素粒子を「探し出す」、これは自然学の見果てぬ夢と思える。

日本でも、近代物理学は、長岡半太郎にはじまり、本多光太郎、つづいてノーベル物理学賞を得た、湯川秀樹（中間子理論）、朝永振一郎（くりこみ理論 renormalization theory）、南部陽一郎（対称性の自発的破れ）、江崎玲於奈（半導体のトンネル効果）、小柴昌俊（宇宙ニュートリノ検出）、小林誠・益川敏英（CP対称性の破れの起源）、梶田隆章（ニュートリノ振動の発見）等と続く流れは、この見果てぬ夢の一端といってもいいだろう。

その豊かさに比して、わたしの知見はあまりにもプアだが、宇宙論の謎の扉を開ける努力のほどだけは、示そうと思う。それはともかく、宇宙の哲学を考える日本のモデルケース・キイパースンを取り上げ、その核心の一端に触れてみよう。

第1節　ニュートリノ宇宙論――梶田隆章

二〇世紀末から二一世紀初頭、宇宙論にパラダイムシフトを起こさせたニュートリノ研究は、その量と質との両面において、日本が終始世界をリードしてきたといっていい。その先頭に立ったのが、カミオカンデに結集した、小柴昌俊、戸塚洋二、梶田隆章と続く東大宇宙研（理学部）の面々である。じつに誇らしいではないか。

戸塚が記すように、カミオカンデという宇宙素粒子研究施設は、宇宙から降ってくる素粒子の研究によって宇宙の謎を解くことと、宇宙を観測することによって素粒子の謎を解くという二重の課題を、素粒子でもあるニュートリノ（中性微子）研究に集約していった。理論と実験の、本当の意味での、「統一」が試されたのだ。

（1）『新しい天文学』

一九八七年、肉眼でも見える超新星（supernova）が現れた。「新しがり」のわたしは、その輝きを目視したわけではないが、知的好奇心を満たすためにさっそく、P&L・マーディン『新しい天文学』（一九八一〔原書　一九七八〕）を買い求め、繙読した。じつにおもしろい本であった。三〇年たったいまでも、何でも忘れて恥じないのに、くっきりと記憶に残っている。

著者はイギリスの天文学者夫妻（妻は英文学者でもある）で、冒頭、一〇五四年に現れた「客星」の記述（『宋史』等）を引き、続いて「日本の天文学者は一〇五四年六月はじめに、この客星は木星と同じくらいの明るさと記録している。」と記す。この「客星」こそ、藤原定家の『明月記』の「名月」＝「奇星」をさす。当時、堀田善衛『定家明月記私抄 続編』（一九八八）を書評仕事で読んでいた。わたしにとっても、まさにどんぴしゃりであった。図書館に飛んでいって、『明月記』の当該箇所をコピーした紙片（4頁分）が、『新しい天体』にまだ挟まっていた。

　本書でもっとも興味深かったのは、ニュートリノ（＝中性微子）であった。ポイントは、「超新星が中性子星をつくる（⇒爆発する）」と「ニュートリノ天文学」が切り拓く宇宙像で、つまるところ、副題「超新星が開いた宇宙像」という命題だ。「ニュートリノが物理学をパラダイムシフトする」という予感が、わたしにさえ伝わってきたのである。しかも、驚きが倍加する事件《イベント》がくわわった。

『新しい天体』には、望遠鏡が発明された一六〇八年以降、超新星は一個も「目撃」されていない、と記してある。ところが、一九八七年、超新星→中性子《ニュートロン》星が現れたのだ。しかもだ。その爆発によって発生したニュートリノを、どんぴしゃり（偶然の必然で）、日本のニュートリノ観測施設カミオカンデが検出したのである。かくしてニュートリノ天文学を日本が牽引する快進撃の機縁《チャンス》が生まれ、この成果で、のちに小柴昌俊がノーベル物理学賞（二〇〇二年度）を、さらにスーパーカミオカンデがめざした「ニュートリノ振動」の「発見」で梶田隆章が同物理学賞（二〇一五年）を受賞したのである。じつにすばらしい、偶然の必然である。なぜか？

（２）「ニュートリノ天文学」

中性子は、原子核の構成要素で、自発的に陽子と電子に分解する。ところが、この原子核変換（＝ベータ崩壊）で、中性子のエネルギーより、崩壊後の各破片（陽子＋電子）のエネルギー総量が、わずかだが小さくなる。この現象は、純理論的にいうと、エネルギー保存の法則の否定につながる、物理学（歴史）の存廃に直結する大問題なのだ。

この難問に答えるために、仮説が立てられる。一九三〇年、ボルフガング・パウリ（一九〇〇～五八）は、原子核のベータ崩壊で、電子と陽子のほかに、質量が極小の微粒子ができるはずだ、と想定（「仮定」）する。この微粒子は、まだだれも検出したことのない、その質量がゼロに近いほど小さい、理論的仮定（仮想的粒子）である。パウリはこの未知の粒子を「中性子《ニュートロン》」と名づけたが、微小の質量しかもたず、非電荷でほとんど相互作用をしないので、フェルミによって、一九三二年、ニュートリノ（中性微子）と改名された。（どんぴしゃりの改名ではないか。）

ここまでは、理論的仮説だ。だが「ほとんどまったく物質と反応しない粒子」で、地球にほとんど影響を与えずにまっすぐ素通りしてしまう」のに、どうすれば「検出」可能なのか？　これが物理学（実験屋）に突きつけられた、難問だ。

だが問題を正面に立て直せば、「ごくわずかだが物質と反応＝相互作用する粒子」は、検出可能である（＝不可能ではない↓可能でなければならない）、ということだ。いかにして可能なりや？

梶田隆章『ニュートリノで探る宇宙と素粒子』（二〇一五）の解説を引こう。メインストリートだけにかぎる。

一つは、一九五〇年代、原子炉（実験室）で生成されるニュートロンが検出された。ライネスとコーワンは、核分裂反応に伴って大量に放出されるニュートリノに着目し捕捉する。

二つは、一九六二年、陽子加速器で大量に生成されたニュートリノが、陽子や中性子と衝突＝反応するイベントを測定する。レーダーマン、シュワルツ、シュタインバーガーの三人によってだ。

ともに「大量」のニュートリノを（人工で）生成しての実験・検出だった。

そして三つに、一九八七年（二月二三日一六時三五分三五秒〔±一分〕日本標準時）から一三秒間に、超新星⇓中性子星の爆発で大量放出された大気（天然）のニュートリノが一一個検出された。その成功は、まさに天の配剤というべきイベントだった。わが小柴昌俊率いるカミオカンデの「勝利」である。

だがカミオカンデ（KAMIOKANDE）は、もともと（一八八三年完成）Kamioka Nucleon Decay Experimentで、「神岡核子〔陽子・中性子〕崩壊実験」の意であった。だが満足した結果をえることができなかった。（なぜか。ニュートリノが邪魔をする、つまりノイズを出すからだ。ニュートリノを取り除か〔検出し〕なければならない。）それでKamioka Neutrino Detection Experiment（神岡ニュートリノ検出実験）に変えるべく、装置を「太陽ニュートリノ」観測へと装置を「一通り終え」改造したときであった。運良く、肉眼でも見える超新星が観測された。結果、カミオカンデのニュートリノ捕捉のデータがコンピュータ記録され、続いてアメリカのＩＢＭチームも、ニュートリノ観測記録を確認する。ここに世紀の大発見がなされたのだ。

ニュートリノによって、「天文学」＝宇宙論はどうパラダイムシフトするのか？　これは哲学思考、素人の物理思考をいたく刺激するテーマだ。わたし流に仕分けすれば、次のような問いになる。「自然の哲学」の全局面に関係する。マルクスがいうまでもなく、「問い」はすでに「解答」を含んでいることに注意したい。

1　素粒子（＝宇宙の原基）とは何ものか？

＊かつて素粒子とみなされていたもの（陽子や中性子）は「複合」粒子である。すでに六種のクォーク、三種のニュートリノ等、一六（＋三）種の素粒子が発見されている。

2　宇宙の誕生と崩壊は、いかなるものか？

＊〈素粒子間に働く三力（電磁力、弱い力、強い力）が、一〇の一六乗ギガ電子ボルト、あるいは一〇の二九乗度で同じになる。太陽の中心部の温度は一〇〇〇万度（一〇の七乗度）だから、力が統一されるような温度は、現在の地球には存在しない。おそらく宇宙開闢のビッグバンのときだけ、このような力の統一された世界が存在したに違いない。〉

3　太陽と地球はいかなるものか？

＊太陽は（地球も）、ビッグバン、あるいは超新星爆発の「残骸」であり、核融合物体で、およそ一〇〇億年で水素を使いはたしてしまう。地球（とその生命体）は、熱の半分を太陽から、他の半分を、誕生時の「余熱」と地球内部の核融合によって供給されている。ニュートリノ研究が切り拓く天体学＝宇宙・地球論だ。

そして、最後に、

4　システムとしての宇宙、銀河、太陽、地球、等々の全「自然」を解く鍵は、ニュートリノにある、といっても過言ではない。

＊鍵の一つであることは間違いない。ただし現在、宇宙のエネルギーの四％（そのうちニュートリノは一％）しか解っていない。その他は、ダークマターなのだ。

（3）ニュートリノ振動

1　たしかに、大気中のニュートリノは検出された。だが、ニュートリノは電荷をもたず強い相互作用をしない。素粒子の「標準理論」では、ニュートリノの「質量」をゼロとして扱っても、なにも問題はなかった（ないとしてきた）。この標準理論に〈修正〉を迫ったのが、「ニュートリノの振動」である。

2　カミオカンデの装置は検知する。

上空から来るニュートリノと、地中を通ってやってくるニュートリノがあり、その対比は、μ（ミュー）ニュートリノで一対〇・五、電子ニュートリノで一対一だ。なぜμニュートリノにかぎって下向きが上向きの二倍になるのか？　地中を長く走ってきた分だけ、τ（タウ）ニュートリノに変わったしまったのではないか？

3　もしニュートリノに質量がなかったら、どんなに長距離を飛行しても変化は生まれない。またニュートリノ（そのもの）を飛行中に観測する方法はない。

〈μニュートリノが物質と反応した結果、生成される粒子がミューオンであることで、μニュートリノを判別できる。〉ただしここまででは二ュートリノが「質量」をもつ必然性はない。
4　戸塚洋二（一九四二〜二〇〇八）が率いたスーパーカミオカンデが、ニュートリノ振動を感知する。μニュートリノが走行途中に増減をくり返し、τニュートリノが出現をくりかえすたびに、「うなり」を生じる。「ニュートリノ振動」だ。（「うなり」の振動は、わずかに周波数の違う音波を重ね合わせたとき生じることは、日常生活でもよく経験することだ。）素粒子は粒子であるとともに波でもある。質量差が小さければ小さいほど、「うなり」の周波数は短くなる。
5　ニュートリノに質量がなければ、質量差もなく、ニュートリノ（間に）振動は生じない。ニュートリノ振動を観測し、ニュートリノに質量がある、「振動」によってμニュートリノがどれくらいの割合でτニュートリノに変化するかで、ニュートリノの質量を計測する。
一九九八年、高山で開かれたニュートリノ国際会議で、梶田が「ニュートリノに質量がある」という報告をした。パウリの仮説からおよそ七〇年であった。

その梶田は、上記著書の冒頭近くでこういう。

〈地球上の生物はすべて、太陽の光と熱によって生かされていると言えるでしょう。もし太陽がなかったら、地球表面の温度は太陽系のいちばん外側にある冥王星よりさらに下がり、生物はまず生きていかれません。その太陽のエネルギーは核融合反応によってつくられています。太陽中心の水素原子核が4個くっついてヘリウム原子になるときに、膨大なエネルギーを放出するのです。もしニュートリノがなければ、この反応は起こりません。最初の核融合反応が点火しないからです。つまり太陽は光り輝くことができません。ということは、地球に生命が誕生することはなく、私たち

も存在していないでしょう。〉

宇宙の素粒子・ニュートリノは、宇宙の創造を、太陽－地球－自然－生命－人間の誕生と死滅をつかさどる原基（の一つ）である。いまなら、こう述べてもいいのではないだろうか。

＊梶田隆章　1959・3・9〜　埼玉東松山生まれ　77年川越東高卒、81埼玉大（物理）卒、86年東大院博士了、同年東大助手、92年東大宇宙線研助教授、99年同教授、08年、同所長。15年ニュートリノ振動の発見で、アーサー・B・マクドナルドとノーベル物理学賞受賞。『ニュートリノで探る宇宙と素粒子』（2015）小柴昌俊『ニュートリノ天体物理学』（2002『ニュートリノ天文学の誕生』1989の改訂版）戸塚洋二『地底から宇宙を探る』（1998＋梶田解説・増補版 2016）鈴木厚人『ニュートリノでわかる宇宙・素粒子の謎』（2013）＊日本のニュートリノ研究は、小柴、戸塚（08年夭折）、梶田と受け継がれる。

第2節　素粒子論――南部陽一郎

(0) ガモフ『物理学の伝記』

一九六二年、大学に入った「記念」として、G・ガモフの『物理の伝記』(一九六二　ガモフ全集10〔原著一九六二〕)を買った。理由は三つあった。

一つは、大学の俊英は「物理」に集まる、二に、その物理に「ものすごいひと」、アインシュタインを超える(と豪語する)内山龍雄(教授　一九一六〜一九九〇)がいる、三は、ノーベル物理学賞をとった湯川秀樹と朝永振一郎という物理学者二人を「合算」するほどの仕事をする「天才」南部陽一郎が、大阪市大(物理)からアメリカに頭脳流出した、ということで、どれも「伝聞」だった。そのガモフの物理学の「伝記」の最終節から二つまえ、「メソンとハイペロン」に、こうある。

〈一九三〇年代の初期には、物理学者たちは幸福だった。物質はほんの数種の粒子からなっていた。陽子と中性子が原子核をつくり、そのまわりを電子がとびまわり、そしてニュートリノが当時の問題児だった。ところが一九三二年に日本の物理学者ヒデキ・ユカワ(湯川秀樹)によって1つの粒子が提出され、核内の引力の本性に取り組んでいたすべての人の頭をなやました。ユカワは、核力は陽子と中性子のあいだでたえず交換されている1つの新粒子によるものだと唱えた。〉

ユカワによる新粒子メソン(中間子)の「誕生」だ。ところが、このメソンが増え続け、物理学者を混乱に陥れつづけたのだ。

また最終節の一つまえに「鏡の中の世界」がある。

〈通常の物理学では、従来は、鏡映対称の原理（〝パリティの原理〟と呼ばれるもの）がつねにみたされており、どんな物理現象に対しても、その鏡像に相当するもう1つの現像が存在した。ところが一九五六年に2人の中国出のアメリカの若い物理学者チェン・ニン・ヤンとツン・ダオ・リーが、理論的考察にもとづいて、このことは素粒子の場合にはなりたたないかもしれないと唱えた。〉

ヤン（Yung）とリー（Lee）の「弱い相互作用におけるパリティ対称性の破れ」で、二人は、翌年、この研究でノーベル物理学賞をえた。ところが、である。

〈ヤンとミルズの理論発表の直後に内山龍雄は、重力の理論である一般相対論も一種のゲージ理論であることを示した。今日知られている素粒子の相互作用の理論、すなわち電磁相互作用と弱い相互作用の統一理論であるワインバーグ‐サラムの理論（ＷＳ理論）も、クォークの力学である量子色（いろ）力学（ＱＣＤ）もすべてゲージ理論である。〈益川敏英〉〉（日本大百科全書）

内山は、のちに、研究発表したのに、すぐ論文発表することを怠った。結果、プライオリティを逸し、ノーベル賞を逃した（そうだ）。日本物理学会の主流（湯川スクール）のプレッシャーがあった（からだ）、と記している（『物理学はどこまで進んだか』一九八三）。

五〇年余前の、雑駁《ルース》な懐古談を書いて、それが「哲学」に何の関係があるのか、ということになるだろう。だが、これが大いに、否、根本で哲学に関係するのだ。

（1）素粒子論の展望

南部陽一郎は、すぐれた物理学者にして、優秀なストーリテラーだ。

(1)物質の「哲学的概念」とは？

1 「存在とは何か？」

現代唯物論哲学は述べる。「あの古くから、いまなお、また常に永遠に問い求められており、また常に難問に逢着するところの『存在《オン》とは何か？』という問題は、帰するところ、『実体《ウーシアー》とは何か？』である。」（アリストテレス『形而上学』）という課題を受け継ぎ、〈アリストテレス的な言葉でいえば、哲学とともに永遠な存在の研究を、しかし厳密には運動する物質の探求を、もはや諸科学の上に立つものとしてではなく、諸科学と一《アインファッハ》つになっておこない、その本質・法則を究明することを根本課題としている。〉（岩崎允胤《ちかつぐ》「物質の哲学的概念と自然の論理」岩波講座『哲学6』一九六八）と。

岩崎は強調する。「意識から独立な存在としての物質概念が、哲学の根本的な端緒的なカテゴリー」である。この「物質の哲学的概念」と「自然科学的概念」を混同してはならない。後者の認識は前者を「根本前提」として「深化」する、と。これは、だれの耳にも、物質＝物理学（physical）概念は、哲学（meta-physical）概念を基本前提にする、と聞こえないだろうか？

2 だが、別な流れがある。

〈存在者であるかぎりでの存在者を研究し、またこれに本質的に属する事がらをも研究する一つの学問がある。この学問は、いわゆる特殊的な諸学のいずれとも同じではない。というのも、他の諸学問はいずれも、存在者であるかぎりでの存在者を全体として考察したりはせず、ただそのある部分を抽出し、これについて、それに付帯する属性を研究するだけだからである。〉（アリストテレス『形而上学』）

という問題意識のもとに、「存在」（Sein）と「存在者」（Seiende）を区別し、哲学は「存在」＝不可分＝普遍を、諸科学は「存在者」＝可分＝可変を探求する、とみなすハイデガー流の存在論哲学だ。この「メタフィジック」を主張する存在論哲学と、先の唯物論哲学は、五十歩百歩なのか？

3　日本の近代物理学を切り拓いた長岡半太郎（一八六五～一九五〇）の土星型原子核モデル（一九〇三）は、「哲学」ではないのか？　物理学の認識を「深化」（あるいは「錯誤」に導いた）「仮説」だが、あきらかに自然科学的概念ではない（ことが判明している）。

では、長岡が推薦し、のちにノーベル賞をえた、湯川秀樹の「中間子理論」（一九三五）はどうか？　原子には、素粒子である陽子《プロトン》と中性子《ニュートロン》とのあいだに働く核力がある。それ自身、素粒子でもある粒子で、湯川は仮説を立て、これを「中間子」（パイ中間子）と名づけた。

南部が評するように、日本の物理学会誌で発表され、英語で書かれていたにもかかわらず、湯川論は、そのご二年間余、ほとんど評価されなかった。〈新しい粒子の存在を予測する湯川の理論は非常に大胆なもので、「ものごとを説明するのに、不必要に仮定を積み重ねてはならない」という原則に反するものだった。〉（『素粒子の発展』）と論断されたのだ。

だが、三七年、湯川が予言した粒子に「ほぼ」適合する質量の素粒子が宇宙線のなかで「発見」された。湯川の中間子論が、のちにノーベル賞（一九四九）に輝く因となった。

じゃあ、湯川の中間子は自然科学的概念か？　たしかにパラダイムシフトをもたらした観念（idea　発想）である。しかし、湯川中間子論の延長上に坂田昌一が主張した「物質の階層的構造」（分子―原子―原子核―素粒子の諸関係）は、湯川中間子論の延長＝深化であるとともに、多数の中間子（meson）を予想する、したがって、湯川中間子論の肝心要であるパイ中間子は素粒子ではない、という意味を含んでいた。「肯定されつつ否定された」のだ。

湯川中間子＝π中間子は、素粒子ではない。そればかりか、中間子が次から次に発見された。湯川は、中間子《メソン》が二個あるいは三個のクォークからなることに拒否反応を示す。これを有り体にいえば、湯川の中間子論（メタフィジック＝仮説）は、素粒子研究の導火線になっただけではなく、素粒子研究を阻止する保守役を担ったことを意味する。（南部は、長岡が、のちに、保守的立場に立って、日本物理学の阻害因になった、と書いている。同じことは湯川にもいえるのだ。）

湯川理論・スクールが、後続の内山龍雄、あるいは南部陽一郎の独創的な研究にストレスをかけた（ことは疑いえない）。再度いえば、湯川の中間子論は、物理学を、とりわけ素粒子論を推進する発火点になった。と同時に、物理学を（一時的にせよ）押しとどめる役割を担うことになった。これを科学（＝哲学）の「功罪」というような意味ではなく、認識の深化が必然的に内包する矛盾である、という意味に解したい。この必然の矛盾の外に、哲学も、ましてや科学もあるわけではない。ましてや哲学を普遍・永遠・全体の領域に、科学を特殊・有限・部分の領域に閉じ込めてすむ問題ではない。

⑵素粒子論

南部は、アインシュタインやポール・ラディックにつながる、真に独創的な物理学者のひとりだ。同時に、ガモフにもつながる、物理学の歴史を、それ自体（主体）としても、個体（自分史）としても正確にたどり記述しようとする、哲学をもった科学者である。

1　興味深いのは、内山『物理学はどこまで進んだか——相対論からゲージ論へ——』（一九八三）と南部『クォーク——素粒子物理の最前線』（一九八一）とが、その書題と副題が、ともに物理・学史と個人研究・史を背中合わせのように重ね合わせていることだ。南部の論文集『素粒子論の発展』は、回顧と展望であり、その間をつなぐ「経路」であり、日本の物理を創った人々の紹介だ。もちろん、南部の「自伝」（個人史）でもある。

南部は、素粒子論が湯川＝理論とE・ローレンス＝実験という物理の基本要素からはじまった、と執拗なくらいなんども前置きする。ここでも日本は、最前線を進んだ。

一つは、理論成果だ。日本の素粒子論研究は、世界物理学の画期をなし、湯川の研究をはるかにのりこえ、内山や南部の理論形成へと導かれ、世界理論物理学の標準《グローバル・スタンダード》をリードしてきた。

もう一つは、実験成果で、クック（筑波の「高エネルギー加速器研究機構」）や第3章第1節で述べたカミオカンデの巨大実験設備とその擁するスタッフが、世界物理の最前線にあることだ。

南部の観るところ、まさに日本素粒子論は、湯川とローレンスの仕事に端を発し、それを発展させ、素粒子論を大きく発展させる駆動力になってきた。
2　南部の『クォーク』は、素粒子論がもはや「パラダイム」だから、問う必要もないとされる、もっとも初歩的な問題から説き起こしている。標準教科書であると同時に、パラダイムシフトをうながす、高等専門書の内容で満たされている（と、高等物理学も知らないわたし鷲田がいう）。
第一に確認すべきは、南部がアリストテレス以来、自然学（physics）および哲学（meta-physics）の「根本問題」とされてきた議論を、きちんと踏まえていることだ。
一、「素粒子」（＝「基本粒子」elementary particle）は存在するのか？
二、基本粒子が存在するとして、それはいかなるものか？
南部は、この二つの問題を区別すべきだという。この問題設定は、哲学の、そしてもちろん科学の基本問題につながる。どういうことか？
3　一、基本粒子は存在する。これは、たとえば第3章第1節で見た「ニュートリノ」のように、実験結果で検出されその質量も明らかにされているように、疑いえない。
二、しかし「クォーク」は、〈現在「基本粒子」だと考えられている粒子のなかの一つで、未だ仮想の域を完全には脱していない種類のものである。〉という。
とはいえクォークは、〈現在知られている現象の中でこの仮説で説明できないものはないから、これは少し慎重を期した控えめの表現に過ぎない。ただ原子や原子核や電子のように、その存在をだれも絶対に疑わないという段階には達していないのである。〉（『クォーク』）と南部は記す。

つまり基本粒子には、電子や陽子、ニュートリノのようにすでに知られ、「検出」されたものがある。だが、検出されていない・未知の基本粒子がある。クォークだ。しかもだ。〈陽子はまさにクォーク三個からなる複合粒子で、クォーク理論はもともと陽子を複合粒子とみなす考え方に基づいて導入されたものである。〉

これは基本粒子の「概念」に反するのではないか⁉

えっと思うかもしれない。「陽子」は基本粒子なのに、クォーク三個からなる複合粒子なのか？クォークは仮説である。じゃあ、クォークからなる陽子（proton）や電子（electron＝β粒子）も仮説ではないのか？　そうではない。陽子や電子は単独で取り出（検出）し、その電荷（electric charge　電気の量）を測ることができる。ところが、〈クォークを一個、物質の中からとりだして、その性質を確認することができないのである。〉

つまり、陽子は不可分離なクォーク三個、電子はクォーク二個からなる、基本粒子である（と仮定せざるをえない）。

(3)クォークは素粒子論的には「未知」である。だが「現在」（南部も確証した）、質量差（小から大）に応じて、三世代（＝家族）六種あり、それぞれは、電荷が対（正と負）になっている。南部は、第四世代のクォークを「予見」不可能ではないが、（理論的にも）、現在以上のサイクトロン（加速器）建設が、技術的にほぼ不可能に近いから、実験的に非常に難しい、と述べる。

どういう意味か？

1　『クォーク』（第1版）や一九八五年の「仁科記念講演」会（『素粒子論の発展』）で、南部は、トップクォークは「非常に重い」ので、現在の加速器では「作り」（検出し）にくい、と述べた。だが南部も記すように、一九九四年（「やっと」）、フェルミ国立加速器研究所（五千億電子ボルト）が検出した（『クォーク』第2版）。もっとも加速器の高度化は、「限界」に近づいていることも事実だ。

2　素粒子論は、一九三〇年代、湯川（理論）とローレンス（実験）からはじまった。ローレンスは、サイクロトン（大加速器）をつかって、粒子を加速してそのエネルギーを拡大し、ある標的にぶっつけ、どういう反応が生じるか、を調べた。素粒子を人工的に取り出す画期的方法だ。ローレンスが発明したサイクロトンは一〇〇万電子ボルト程度で、ちょうど原子核を壊す（陽子と中性子をとりだす）ために必要なエネルギーだった。（ちなみに、原子炉で生まれる原子核を加速器で破壊し、「陽子＋中性子＋ニュートリノ」を取り出す実験に成功できたのも、サイクロトンによった。宇宙線（自然界）からニュートリノを観測できたのは、第3章第1節で述べたように、ずっと後のことだ。）

3　だが、さらに強調しなければならないことがある。たとえ素粒子が完全に検出され解明されたからといって、物質の、さらには自然の、ましてや全自然の「秘密」が明らかになる、ということにはならない。南部が（言外に、いつでも・どこでも）主張する、最大のポイントだ。比喩的にいえば、一つの解明は、新しい無数の未解明を生むという、科学の、とりわけ南部に特有の、物理学に対する、また、生き方に通じる思考方法だ。

超高速加速器の建設は、粒子と粒子を衝突させ、その反応（相互作用）を測定することを可能にしたが、多様かつ複雑な相互作用の新物理世界がはじまるゴングを鳴らすことでもある。南部は、生存中、そのゴングを鳴らし続け、みずからも、リングに立って奮戦することをやめなかった。そのリングの一つが「対称性の自発的破れ」(SSB = spontaneous symmetry breaking)である。

(2) 対称性の自発的破れ

南部陽一郎は、二〇〇八年、「対称性の自発的破れ」でノーベル物理学賞をえた。授賞式には出席せず、受賞記念講演「私のたどった道——対称性の自発的破れまで」という短文を書いた。その飾りの部分を省略して、ほぼ全部(邦訳)をここに引く。

〈物理学は一つの統一された学問です。しかし、それはいろいろな分野をもっております。その一つは物質の基本的な構成要素とそれらを支配する法則を研究します。素粒子物理学は、その最も基本のレヴェルにあります。

もうひとつの分野は物質の集合の性質に関わり、われわれにより親しいものです。物性物理は、その代表です。

物性物理には、要素がたくさん集まったときの特別な法則があります。対称性の自発的な破れ(Spontaneous Symmetory Breaking)はその一つであります。これを手短にSSBと呼びましょう。

SSBは、いわば要素のあいだの群集心理から起こります。12月7日の記者会見のとき一つの喩えを思いつきました。それをもう一度お話しします。

広場に大勢の人が集まったとします。どちらの向きにも特に面白いものはありません。一人ひとりは、勝手な向きを向いてもよいのです。しかし、一人がある特別な向きに何かを見つけ、他の人々はそれぞれ隣の人の向いている方に向くということも、起こり得るわけです。そんな場合には、特別な向きはないとは言えません。好奇心に満ちた人がいて、頭の向きを少し変えると、隣の人もつられて頭を回し、これは波となって広がるでしょう。物理では、あらゆる向きが同等であることを対称性とよびます。実際の世界は対称性が自発的に破れた状態にあります。好奇心の波はNG波（南部―Goldstone 波）とよばれます。原子よりももっと小さい世界で起こるときにはNG粒子とよばれます。

わたしは物理学を東京大学で一九四〇年代の初期に学びました。そして、素粒子物理学の基礎の解明に寄与した二人の偉大な物理学者の名声によって素粒子物理学に惹きつけられました。その一人は湯川秀樹です。彼は陽子と中性子をくっつけて種々の原子核をつくる糊の役をする新粒子の存在を予言をしました。もう一人は朝永振一郎です。彼は、これも素粒子物理学の礎石となる理論を展開しました。二人は後にノーベル賞を授けられました。

これらの教授たちは、私の大学にいたのではありません。しかし、やがて私は彼らのサークルに入ることができました。他方、私の大学は物性物理学に強かったのです。後になって考えますと、初期に物性物理学を学んだことは有益だったと思います。

私は一九五二年に朝永教授の御推薦を得てアメリカにまいり、結局シカゴ大学に落ち着きました。幸いなことに、ここはEnnrico Fermi, Gregor Wentzel, Maria Geoppert Mayer, Harold Urey［フェルミ、G・ウエンツェル、M・G・メイヤー、H・ユーリ］など偉大な人々がいて、諸分野の話し合いのためにすばらしい環境がありました。

ＳＳＢについての私の考えは、一九五七年にわれわれの隣のイリノイ大学で展開された超伝導のＢＳＣ理論を理解しようという努力のなかから生まれました。その理論には物理の法則が要求するある種の対称性が欠けており、その欠落を理解するのに二年かかりました。その答えがいまでいうＳＳＢだったのです。私は、すぐ気づいたのですが、これには多くの身近な例が昔から知られていました。結晶とか磁石とかです。しかし、ＳＳＢは一般的な法則とは思われていませんでした。私は、素粒子物理への応用に思い当たりました。

素粒子物理学の神秘な謎の一つは、なぜいろいろの素粒子がそれぞれちがった質量をもっているのか、です。素粒子物理学によれば、質量はカイラリティ〔掌性＝〈左右の手のように、あるいは実像と鏡像のように、形は似ているが重ならない性質。キラリティーＩ〉広辞苑〕という対称性を破ります。もしもカイラリティが自然の真の対称性であったら、すべての素粒子の質量は０になります。私は、陽子とか中性子の質量は現実の世界でカイラリティのＳＳＢが起こっていることによると提案したのです。ＳＳＢ波はＮＧ波が存在することから起こっているのですが、このＮＧ波こそ湯川が提案した粒子なのです。

今日では、ＳＳＢは、物理の基本法則は多くの対称性をもっているのに現実世界はなぜこれほど複雑なのか、を理解するための鍵となっています。基本法則は単純ですが、世界は退屈ではない、なんと理想的な組み合わせではありませんか。〉（『素粒子論の展開』）〔 〕は引用者の注。

南部は淡々と語っている。が、現実世界と物理の基本法則との関係をじつに見事に語っているではないか。ただ一つだけコメントすれば、ＳＳＢの「解明」とノーベル賞受賞のあいだには、じつに六〇年近い日時が挟まっているのだ。その間も、南部は偉大な物理学者と同じように、パラダイムシフトのために、研鑽＝進展をやめていない。

（３）素粒子から宇宙論まで

南部の学的関心は、素粒子（最小単位）から宇宙（全体）まで、広がっている。すべての考察は、南部の関心と目《センス》に導かれ、理論（モデル）と実証（実験）の往復（試行錯誤）を欠かさず、最終的にはだれによっても反復・確証可能な「方式」（formula）、とりわけ数式（numerical formula）で表そうとした。あるいは、数式に魅了されて、仮説を構築しようとした。

(1)南部陽一郎の仕事を概観した記述（辞典）がある。

〈（一九二一―　）理論物理学者。一九四二年（昭和一七）東京帝国大学理学部物理学科卒業。兵役に服したのち、東京大学の副手、やがて新設の大阪市立大学に移り、五〇年教授。五二年アメリカに渡り、プリンストン高級研究所、ついでシカゴ大学の研究員、五八年同大学教授、七〇年には市民権を取得し、七一年より特任教授となった。九一年（平成三）以降名誉教授。

研究活動の初期には、[1]朝永振一郎のくりこみ理論形成期に量子電磁力学の諸問題を扱い、大阪市立大の時期には、[2]奇妙な粒子の対発生の考えを提唱、[3]また素粒子の質量スペクトルの経験則（南部の法則）を与えた。渡米後は、分散理論による中間子物理学の解析を行い、核子の構造因子の研究に関連してω（オメガ）中間子の存在を推論した。一九六〇年代、[4]超伝導のBCS理論のゲージ不変性の研究から、[5]素粒子の力学模型と対称性の自発的破れ、[6]および南部‐ゴールドストン・ボゾンの導入へと進み、[7]弱い相互作用における擬ベクトルカレントの模型を提案して色量子数を導入、量子色力学の先駆となる。[8]その後の研究は、内部構造をもつ素粒子の相対論的取扱いであり、いわゆる「ひも」の模型の形成である。多彩な研究と独創性によって知られ、現代理論物理学界の指導的メンバーの一人。七八年（昭和五三）文化勲章を受章。〈藤村淳〉〉（日本大百科全書）

ちなみに[1]～[8]まで区切ったが、むしろ[8]一九七〇年以降、次々と、研究成果が評価されるようになり、指導メンバーになったのだ。

⑵そんな南部は前進をやめない。『クォーク』第二版（二〇〇八）の最終章で、ポスト物理学理論を展望する。じつに面白い構想だ。南部が試みてきたパラダイムシフトをシフトする、自己否定であると同時に、現代物理学を高次復活させる試みだ。こんなところに、若いときうけた、坂田昌一＝武谷三男流の弁証法＝三段階論の影響が色濃く見受けられて、興味深い。

南部が展望する超《ポスト》物理学理論とはどんなものか？

1）超対称性

大統一理論は、相対性論のかなめで、（内山がめざしたのがアインシュタインの相対性論をも包摂する）三つの力のゲージ場を統一する理論である。だから、ゲージ場と基本粒子の場を統一することができれば、「統一」の概念がいっそう広がる。ただし、超対称性は、数学的な考察（群論）から導かれたものだ（にすぎない）。数学的な性質の美しさに魅了されてだ。「数学的にエレガントで美しい理論を自然が採用しないはずがない。」（ディラック　一九〇二～一九八四）だ。抽象的な数学でモデルを構想する、これも南部物理学の特長である。

2）　多次元空間理論

アインシュタインの四次元空間理論を拡張し、四次元以上の空間を導入する理論は可能なりや、の問題意識にもとづくものだ。南部は、その解は3）の超弦理論にあるとする。

3）　超弦理論

「弦《ひも》」（string）理論（ここでは取り上げなかったが、朝永の「ひも」理論にヒントをえて、南部が定式化を図った）を発展させ、①超対称性と②カルーザ－クラインの多次元空間理論の概念を取り入れ、自然界のあらゆる粒子も場も記述の対象に包み込もうという大風呂敷だ。（などと記しても、南部の要約をなぞっているに過ぎないが。）

まさに「大風呂敷」である。が、じつに面白い（と思える）。南部は、「到達」点を、その次《ポスト》は何なんだ、を念頭に、常に超えようとする。あるいは、後進に、避けてはならない課題として提示するのだ。じつに哲学的というか、トータルをめざす思考だ。

⑶南部は、〈理論を見れば、素粒子の将来は明るい。超対称性は、すぐそこまで来ています。超弦理論は現実とつながるようになるでしょう。〉といいながら、古い時代からの人間として、次の

二文を引く。

〈数学は、経験という源泉から遠く離れるにつれ、「芸術のための芸術」になる。純粋に「審美的になる」。これは必ずしも悪くない。（むしろ必要だ。）だが、「主題が抵抗最小の道にしたがって発展する危険がある。「血族結婚の」」を道をたどり、数学の主題は「縮小」する。問題は、考えついたはじめは普通、古典的なスタイルをとる。だがバロックになる兆しを見せたら、赤信号だ。多かれ少なかれ、経験的な考えを注入することだ。〉（ジョン・ニューマン　大意）

「でも、地球は動く」（ガリレオ）これが、理論的方法論の観点から素粒子物理学の発展を顧みる「結び」におかれる。数学的思考の達人といわれる南部が、「経験」（常識や実験を含む）を思考の不可避な源泉だと強調するのだ。（「三つの段階、三つのモード、そしてその彼方」一九九六『素粒子論の展望』収録）

南部より一世代前を生きた「孤高の天才」といわれるポール・ラディック（『ポール・ラディック』二〇一二〔原書一九九八〕）と、同じ「孤高の天才」南部が、異なるところだ。

＊南部陽一郎　1921・1・18〜2015・7・5　東京麻布生まれ。40年旧1高卒、42年旧東大（物理）卒・同副手、49年大阪市立大助教授、50年同教授。52年渡米、プリンストン高等研究所、54年シカゴ大研究員、56年同助教授、58年同教授。70年USAに帰化。死去は大阪（豊中）の自宅で。『素粒子の宴』（1979）『クォーク』（1981　第2版・1998）『素粒子論の発展』（2009）　西村肇「南部陽一郎の独創性の秘密をさぐる」（『現代科学』2009／2〜4）

第3節　天体観測——麻田剛立

天上（天体）の諸現象を観測する「天文学」（astro-nomy）は、地上（地球）の諸現象を観測する「地理学」（geo-graphy＝地球－図）とともに古い。ざっくりいえば、占星術《ほしうらない》（astro-logy）にはじまる。地理学が「地図《マップ》」に集約されるように、天文学は「暦《カレンダー》」に凝縮される。ともに、地球（＝人間）の「自画像」、自己認識である。

天文学体系は、二つに大別される。通常（日本では）「天動説」といわれるが、地（球中）心説、あるいは完成者の名をとってプトレマイオス説（the Ptolemaic [geocentric] system [theory]）と、「地動説」、すなわち太（陽中）心説、コペルニクス説（the heliocentric [Copernican] theory）である。

近代物理学（natural science）を切り拓いた、コペルニクス（ポーランド→イタリア　一四七三～一五四三）、ガリレイ（イタリア　一五六四～一六四二）、ケプラー（ドイツ　一五七一～一六三〇）、そしてニュートン（イギリス　一六四二～一七二七）等は、みな天体観測家、天文学者であった。

日本でこれらの天文学者の位置にいるのが、麻田剛立（一七三四～九九）である。内藤湖南は、近世江戸期で独創的な学者をあげ、富永仲基、山片蟠桃、三浦梅園の三名あるのみ、と述べた。これに、梅園の「弟」弟子で、蟠桃の「師」でもある麻田剛立を加えてもいい（正確には、べきではなかろうか）。それに麻田は、第2章第3節「地理」で述べた、日本全図を作製した伊能忠敬の師

（高橋至時）の直師で、日本の近代天文学を「準備」した独学・独創の人なのだ。

『日本大百科全書』にこうある。

〈（一七三四―九九）江戸中期の天文暦学者。豊後《ぶんご》国（大分県）杵築《きつき》の儒者綾部《あやべ》安正（絅斎《けいさい》）の四男に生まれる。名は妥彰《やすあき》、字《あざな》は剛立。璋庵《しょうあん》（正庵）と号した。幼年より天文を好み、独学でその道に通じ、かたわら医術を修め、一七六七年（明和四）藩侯《はんこう》の侍医となった。しかし天文暦学に専心できないので、辞職を願うこと三度に及んだが許されず、七二年（安永一）大坂へ脱藩、姓を麻田と改め、医を生業としながら暦学の研究に没頭した。天明年間（一七八一～八九）の初め、大坂本町四丁目に居を構え、先事館と称し子弟を教育した。自ら測器をくふう改良、日夜観測に従事し、家暦『時中法』を作製した。八六年（天明六）正月朔《ついたち》の日食が、官暦よりも『時中法』による推算のほうがよく適中し、剛立の名声をますますあげることになった。九五年（寛政七）幕府で改暦の議があり、剛立を起用しようとしたが応ぜず、弟子の高橋至時《よしとき》、間重富《はざましげとみ》を推挙した。九八年初めごろから老衰がしだいに加わり、翌寛政《かんせい》一一年五月二二日没した。六六歳。浄春寺（大阪市天王寺区夕陽ヶ丘）に葬。門下からは高橋、間をはじめ西村太冲《たちゅう》、足立信頭ら多くの著名の士が輩出した。剛立自身の書いたものは残っていないが、弟子たちの遺著によってその業績を知ることができる。『時中法』のもととなった『実験録推歩法《じっけんろくすいほほう》』『消長法』はことに有名で、そのほか『弧矢弦論解《こしげんろんかい》』『以月景推日食法《げつけいをもってにっしょくをおすほう》』『五星距地之奇法《ごせいきょちのきほう》』などがある。剛立には子がなく、長兄妥胤《やすたね》の第三子直《なおし》（立達）を養嗣子とした。直は望遠鏡の玉磨きで優れた腕をもっていた。〉（渡辺敏夫）

（1）暦算・改暦

日本の天文学は、占星術と暦法というかたちで、先進国チャイナから入ってきた。七世紀末に唐の暦が輸入され、改暦があったが、八六二年「宣命暦」が採用されて以降、江戸期まで改暦はなかった。

暦を作り・公布《アナウンスメント》するのは、官で、朝廷の陰陽寮（＝庁）の職人《プロ》＝暦博士の仕事である。これは江戸時代まで変わらなかった。

そもそも「暦《カレンダー》」とは、年・季・日・時を、同時に、「吉凶」を、判断する基準《スタンダード》を示すものだ。日食や月食、あるいは「客星」（超新星）や「流星」等の「天変」現象は、「地異」＝自然災害の根拠とみなされた。

チャイナ（洛陽）と日本（京都）では、経緯度に違いがある。当然、「暦」に「ずれ」（時差）が生じる。暦は「時刻表《タイムテーブル》」であり、歴史と同じように「自国」中心であるのが自然（当然）だ。チャイナでは、月と太陽の運行知識や観測をもとに、改良を重ねてきた。当然、暦が変わる。ところが日本では、およそ八〇〇年間、改暦されず、宣命暦がそのまま使われてきた。年々歳々、同じ暦で「間尺」が合おうはずがない。もっともはっきりした、誰の目にもあざやかな欠陥は、暦に記されている「日食」や「月食」が起こらなかったり、記されていない「日食」や「月食」が生じることだった。暦は当てにならない、農事に役立たない、である。

⑴改暦1　渋川春海

はじめて改暦に挑戦したのが、渋川春海（一六三九〜一七一五）である。春海は幕府の碁所《ごどころ》（名人位）安井家に生まれた。だが、星＝天体に魅了される。それが高じて、チャイナ最新（明末）の暦学書（禁書であった）『天経或問《わくもん》』（西洋天文学の知識も参照されている）等に導かれ、碁そっちのけで、天文観測や暦法研究に熱中した。この人、星キチだけでなく、なかなかの野心家でもあった。

1　春海は、宣命暦の欠陥に気づいただけでなく、幕府（新政府）を動かして、改暦の必要を説いた。最初は、一六七五年の「暦」に記載された日食は起こらない、と予測し、外れた。二度目の一六八三年、春海は、元《げん》の「授時暦法」をもとに、日本とチャイナの経度差をおりこみ、新暦法のプラン、「大和暦」を幕府に提出した。折も折、この年、宣命暦は月食予報に失敗した。幕府は、暦法をつかさどる朝廷を動かし、春海を改暦事業の一員に加えさせる。だが「大和暦」は、その基礎となった「授時暦法」が日本侵略（元寇）を試みた「元」が採用したものであったということを理由に、避けられ、明の「大統暦」が採用された。

2　三度目、ただちに春海は将軍（綱吉）を動かし、自分の大和暦と朝廷（陰陽寮）の大統暦とのいずれが勝るか、を決することになった。観測（京都の暦法博士土御門の観測所）で決せられることになった。大和暦は、観測ハンデをものともせず、勝利し、一六八四年一〇月末、採用が決まり、翌年、元号をとって「貞享暦」として幕府から頒布《はんぷ》された。日本初の「国産」暦の誕生である。とともに、「暦」作製の中心が、朝廷から幕府に移るきっかけになった。幕府が、政経軍事を総括するだけでなく、「暦」（神事と歴史＝時間）を決定する力をもった瞬間だった。

春海は碁所職を辞め、新設の幕府「天文方」に任じられる。プロの天文学者になったのだ。名も安井算哲から渋川春海に変わる。以降、暦法・天文学は、幕府天文方を中心に展開されてゆく。

なお、春海が一六七三年、はじめて四代将軍家綱に出した改暦の上書を引いておこう。

〈すみずみまで暦を正しいものにし、つつしんで天時に順じて、暦を改めることを望みます。そうすれば、百穀は、ますます成熟し、万民はいよいよ豊穣になりましょう。そして後世を助けることがありましょう。これらが、聖教の先務であり、王者の重事であります。〉（中村士《つこう》監修『江戸の天文学』〔二〇一二〕から）

3　ところで春海の改暦成功に欠かせないものがある。暦作製の基本にかかわる。

既存の「暦」や「暦学書」から学ぶだけではなく、正確な、日時や天体の位置を実測する道具なしに、暦作成は不可能だ。観測器の改良や発明が不可避である。

春海が活用した「三種の神器」は、天体観測の道具、「渾天儀」（星の位置や高度を観測）、「圭表儀」（一年の日数を計測。太陽の影の長さを計測し、夏至から夏至、冬至から冬至までを一年とする。貞享暦は、一年平均を三六五・二四一七日と測定）、「百刻環」（一日二四時間を百分割した日時計）で、もともとはチャイナ由来のものだ。春海は、これら道具を、自分でも改良・製作し、より正確な暦を作ろうとした。

(2)改暦2　八代将軍吉宗

だがどんなに改良を加えても、「暦」に「完全」はない。改暦は国家事業である。ところが、天文方に才能は育たなかった。驚くべきか、享保の改革を図った吉宗が改暦の指揮を執る。

1　吉宗もまた、星（天体）に魅せられたアマチュア天体観測者である。江戸城内と下屋敷の二カ所に観測所を設け、天体の定点観測を励行し、観測器も自ら改良するほどの熱心さであった。この最高権力者、改暦熱に動かされ、暦法学者に耳を傾けること、他に類がなかった。

2　正確な暦を作るためには、漢暦を基盤とすることはできない。まずは最新の洋学から学ぶ必要がある。そのためには禁書令を緩和すべきだ。中根元圭が吉宗の改暦準備の諮問を受け、こう答える。こうして、キリスト教と無関係な漢訳の洋書輸入制限が緩められた。西洋の天文学や暦を解説した『暦算全書』が輸入され、「訓点」訳（『新写訳本暦算全書』）され、吉宗に献じられる。吉宗は中根元圭に、改暦の一環として、貞享暦の誤り調査を命じたが、元圭は、誤りなし、と報告。

3　吉宗の天文熱は冷めず、改暦事業は、むしろ将軍職を退いた一七四五年からは熱を帯びていった。だが天文方に人材がいない。吉宗は民間人（西川正休《まさよし》、『天経或問』に「句点」訳をつけ、刊行）を、天文方に採用までしたが、正休からも、貞享暦に誤りなし（改暦の要なし）、という回答しかえることができなかった。

事業は吉宗主導で進められたが、幕府（天文方）と朝廷（暦博士）の泥仕合に終始し、吉宗の死（一七五一年）で後ろ楯を失った西川正休が追い落とされ、結局、一七五五年、「宝暦暦」が施行された。

(3) 改暦3　麻田剛立

渋川春海も吉宗も、天体観測マニアである。出発は、いうなれば、個体を長期に観測するアマチュアのフィールドワーカーから出発した。春海や吉宗にとって最大の疑問は、何人の目にも明らかな、日食・月食の実際と暦（記述）の齟齬だった。

1　改暦してわずか九年後の一七六三年九月五日、宝暦暦に記されていない日食が生じた。それも五分間にわたるもので、識者を唖然とさせた。ここに、改暦・第三の男が登場する。

この「日食」誤報（記載欠落）を、一年前に予測した綾部妥彰《やすあき》、二九歳だ。アマチュア天文家が、耳目を集めただけでなく、自分の「力」に自信をえ、将来の進むべき方向を定めた瞬間である。この点、宣命暦によった暦博士（土御門）が月食予報を誤ったのをチャンスととらえ、改暦に邁進した碁所（幕臣）渋川春海とは、多少異《かなり》なる。

2　麻田剛立、もとは杵築藩綾部家の四男として、一七三四年に生まれた。父（安正）は伊藤東涯（京）や服部南郭（江戸）等に師事した儒学者で、右筆から郡《こおり》奉行（百石）にまで上った能吏であった。父の「弟子」に三浦梅園がいる。

妥彰は、父が還暦近いときに生まれた末子で、一七歳のとき父が亡くなり、一六歳年上の兄が家を継ぎ、三五歳で藩侯の侍医になるまで、「趣味《すきなこと》」に徹することが可能な、部屋住みであった。

妥彰は、学問も医術（漢方）も、見よう見まね、独学自習である。もっとも熱中したのが、天体観測であり、暦法、とりわけ暦算であった。

3　ところが、三五歳のとき、藩主の侍医の末席につくことになる。長期にわたる規則的な天体観測・記録や暦法に熱中することが、事実上不可能になる。彼はなんども致仕（退職）を願い出るが、許されない。ついに意をけっして、脱藩し、大坂の懐徳堂の中井兄弟を頼った。ここがいかにも剛立らしい。

脱藩（国）は国事犯・国家反逆罪である。断罪はおろか、累は一族に及ぶ可能性があった。だが、幸運にも（剛立の才を惜しんだ藩主の意向とされる）、追捕を受けず、名も麻田剛立と変え、大坂で医を生業とし、私塾「先事館」を開き、天体観測と暦学に専心し、改暦「寛政暦」の扉を開いた。

(2) 観測と暦書研究

(1)アマチュアからスペシャリストへ

1　剛立の生業は「医」である。だが専心は天文（天体観測と暦法）研究である。ともに独学で、アマチュアから自力でスペシャリストになった。

剛立は、幸運にも三五歳で抜擢された藩医のポストを捨てた。医業がいやだったからではない。もっと好きなやりたいことがあった。好きでこそ学問、である。

実際、剛立は、独学ながら、寸暇を選んで、二〇年にわたって医術にはげんでいる。「古医方」という、名は古めかしいが、古義学（伊藤仁斎）や古文辞学（荻生徂徠）と同じように、経験と実証を重んじる医方（術）を旨とし、古典『傷寒論』を寸暇を惜しんで学んだ。文献資料を博捜・精査し、客観的事実に基づいて病の真相を究明する態度である。

2　剛立は、予診・診断（見立て＝理論）と投薬・治療（施療＝実践）との関係を、つねに実測実験に基づいて検証する。したがって「見立て」は、あらかじめ決まったものではなく、つねに改良を必要とする。

そのために、剛立は、人体内部の実際を知るために、犬猫の解剖実験を繰り返し、日本最初の人体解剖をした山脇東洋の実際を聞き取り、のちに『解体新書』を訳した杉田玄白「解体約図」（一七七三年）から学んでいる。

3　ただし剛立は、著作を残さなかった。書かない人ではなく、書いたものを残さなかった。だからその医業の実際をよく知ることはできない。ただし親しく文通した三浦梅園に「麻田剛立獣解剖状」がある。梅園に宛てた剛立の手紙をもとに記したものだ。

梅園の記述によれば、剛立の犬猫解剖所見は、観察力の鋭さと正確さを示しているそうだ。（渡辺敏夫『近世日本科学史と麻田剛立』所収）ただし、独創的というよりも、実証的なものである。

(2)剛立が天文学で採用した「方法」もまた、独創的なものというよりは、きわめて堅実な、天文に通じた人ならだれもが、納得せざるをえないものである。ただし、「励行」は簡単ではない。剛立研究の第一人者はいう。

〈剛立がもっとも研鑽に力をつくしたものは、従来の中華の暦法によらないで、自己の実測と古来から伝わる資料を利用して、古今を通じて適合する家暦を作ることにあった。その結果でき上がったのが『実験録推歩法』で、これをもとに、五星法を取り除いて気朔、および日月食推算を記述したのが『時中法』である。〉（『日本近世科学史と麻田剛立』）

＊1　まず「語」の解説が必要だ（ろう）。

＊「時中」。〈時の宜しきに随って過不足のないこと〉、また〈時に随い変に處してその宜しきに叶うこと。〉（諸橋轍次『大漢和辞典』）

＊「推歩」。〈1　天体の運行を測《はか》ること。天文、暦などの計算をすること。また、その暦。暦学。2　たどるようにして歩くこと。＊報徳記 - 八「此嶮路を推歩し」〉（日本国語大辞典）

＊「五星」。〈中国で古代から知られている五惑星、すなわち歳星（木星）・ケイワク（火星）・太白（金星）・辰星（水星）・鎮星（土星）の総称。〉（広辞苑）

＊「気朔」。「気」＝〈一年を二十四分した期間〉、「朔」＝〈昔、中国で、天子が歳末に諸侯に与えた翌年のこよみ。〉（明鏡国語辞典）

＊「実験録推歩法」と「時中法」。「消長法」とともに、渡辺によって、剛立の「いわば三部作」といわれるものだ。

＊「五星法を取り除いて」。五星＝水・金・火・木・土星を入れずに、日（太陽）・地・月の関係（だけ）から。

2　渡辺は「従来の中華の暦法によらないで」という。正確ではない。中華の暦法から徹底的に、かつ批判的に学んで、したがって、暦算の欠陥、とりわけ日食、月食の記載、つまりは太陰・太陽暦の不備を予報（予知）できたのだ。

1）　剛立（二九歳）は、一七六二年九月一六日、暦に記載されていない翌年の九月一日の日食を予報し、ぴたりと当てた。なぜそんな「芸当」が一介のアマチュア天体観測家に可能だったのか？およそ一〇〇年前、幕府に改暦を願い出ていたほどの渋川春海が、最初、自信満々、日食を予報したが失敗し、改暦のチャンスを逃している。

2）「実験録推歩法」は、生涯を費やし、改訂に改訂を重ね、一七八六年いちおうの完成をみた剛立の「暦算書」だ。精度が高い。

一七八六年一月一日、八年前の日食予報が当たる。しかも官暦では「皆既日食」だが、「九分九厘八毛」の日食になると（ほぼ正確に）予測した。

3「消長法」どんなに正確に観測・記録しても、その原因はわかっていなかったが、月・地球・太陽の関係に変化がある。消長法（＝改暦）が必要となる。剛立は、「一〇年に一度」改暦の要を主張する。剛立流消長法だ。

しかし、剛立は、「実録推歩録」と「消長法」に基づいて書いた、剛立の暦＝「時中法」＝時中暦を、破棄しようとした。死の直後、弟子によって机上にあった著作が破棄された理由（だろう）。なぜそんなことが生じたか。

（3）「五星距地之奇法」

渡辺敏夫は、『近世日本科学史と麻田剛立』で、この「麻田翁五星距地之奇法」を「全文」（原稿用紙にして三枚）紹介し、麻田は「ケプラーの第3法則」を、その説が日本に輸入される前に発見していた、剛立の弟子、高橋至時も間重富たちも、のちに、「第3法則」を知るに及んで、剛立の説は「偶然」ではあるが「第3法則」と同じだ、と記す。
この麻田「奇法」の物理学上の意義を解明したのに、上原貞治（総合研究大学大学院高エネルギー加速器科学研究科　素粒子原子核専攻　教員〔講師〕）「我が国におけるケプラーの第3法則の受容──麻田剛立『五星距地之奇法』を中心に」（東亜天文学会『天界』二〇〇五年六・七号）等、がある。重要点を三つにかぎって記す。

⑴麻田は、「奇説」で、太陽系の星運動を、形のうえでは、天動説（地球中心説）をとりながら、実際は、地動説（太陽中心説）で解明している。
1　ケプラーの第一法則「惑星は太陽を一焦点とする楕円軌道を描く。」、第二法則「惑星と太陽を結ぶ動径は同一時間に等しい面積を掃く。」は、すでに漢籍を通じて、紹介され、知られていた。太陰・太陽暦（年・季・月・日・時間等）は、地球中心に太陽と月の運行関係で決する。問題は、観測・計算の精度である。麻田（グループ）が精度を上げる研鑽を積んだ理由だ。これには、天動説であろうが、地動説であろうが、関係ない。
2　だが第三法則「惑星軌道の長半径（太陽・惑星間の平均距離）の三乗は公転周期の二乗に比例する。」は、暦算には関係ないとして、紹介されず、知られていなかった。「奇法」といわれる理由だ。
3　ではどうして剛立は「奇法」を発見できたのか？　太陽・月の円周（楕円）運動から割り出した数値をもとに、振り子運動と惑星運動とを対応させた結果だ。「諸曜運行期一理」（間重富）である。

1)太陽系の惑星の軌道半径は、振り子のひもの長さに対応する。
2)惑星の公転周期は、振り子の周期に対応する。
3)太陽系の惑星においては、惑星の軌道半径の三乗は、振り子の長さの二乗に対応する。
天体運動を、地上の楕円運動に対応させる「視点」がすごい。

(2)麻田が生前中、出版されていた書物、あるいは漢籍に、ケプラーの第三法則を紹介したものはなかった。また、麻田グループには、西洋の書物を読めるものは誰もいなかった。麻田の独創か？ヒントはある（ないわけではない）。

1　くりかえしになるが、地動説をそもそも知っていた。地動説の研究で、惑星の軌道半径を天動説の常数から計算（割出）した。公転周期も計算した。しかし、なぜ、地動説研究に取りかかったのか？　彼の独創か、それとも他から学んで知ったのか？　独創という研究はない。これを主題に挙げた渡辺（前掲書）は、「奇説」が「地動説」にもとづいたものではないと結論する。

2　上原は、独創かそうでないかは、新たな文献が見つからないかぎり、わからないと断りつつ、「独創であると考えたい。」という。「奇説」に書かれた「天体体系」の「力学的説明」のゆえだと記す。その理由だ。

麻田が「奇説」に掲げた公転周期の数値は、ティコの天動説体系（『暦象考成上下変』に紹介）に基づいて算定された暦算書、「実験録推歩法」にリストされた定数から、完全に再現できる。「奇説」で、ティコの天動説体系を「地動説」に翻訳したのだ。

3　しかしなぜ、「麻田が地動説に基づいた惑星の公転周期と軌道半径の関係に興味を持つきっかけ」となったのか？　そのきっかけを与えたものこそ、三浦梅園の「贅語」ではないか、という。（上原には梅園研究もある。）

(3)剛立の「実験録推歩法」は一七八六年、「奇法」の発見は一七八九年だ。この三年間に何が起こり、また剛立が、ついには自分の天文学の成果を丸ごと破棄するような意をもつようになったのか？　上原は梅園の「刺激」によってだ、とする。

梅園に、「三語」（『玄語』、『贅語』、『敢語』）の一つ、「贅語」がある。世界に類を見ない奇書だ。剛立とたびたび書簡を交わし、剛立の仕事に注目、評価してきた梅園は、一七八六年、ほぼこの書をまとめきり、「弟」弟子の天文学スペシャリスト、剛立に「校閲」を依頼する。

1　「贅語」に、ティコの天体体系を解説し、全惑星の公転運動と恒星天の運動（「歳差」）は、統一的に説明できる、とある。また、梅園の思考原理、「反観合一」に基づいた、地球中心の見方と太陽中心の見方とを「座標転換」する（可能性）を示唆する「連環図」も描かれている。（梅園は地動説をとっていない、が。）

重要なのは、（「奇説」が論じたように）天動説を地動説に読み替える可能性のヒントがえられたことではないだろうか？　同じ事象であっても、視点の転換によって、より包括的な観点、公転周期と軌道半径とにある法則認識が、可能ではないのか？　これである。

2　当時、剛立（たち）に難題があった。「歳差」現象だ。
「歳差」とは、〈春分点の位置が一年間に約五〇秒三だけ逆行する現象。月、太陽、その他の惑星の引力で、地球の軸が擂粉木《すりこぎ》のような円錐運動をするところから起こる。〉（日本国語大辞典）したがって、どんなに厳密に天体観測を重ねても、（春分点から春分点までの）一年の長さに「ずれ」が生じる。このずれを修正するために暦に「消長」（変化）をもたせる必要がある。改暦の必要も生じる。（つまりは、皆既日食ではなく、九分九厘八毛の日食であるという「予報」も、人を脅かすに足る予測だが、誤差があるということだ。）

麻田はこの歳差現象を宇宙全体の運動に影響を与えるものと見て、独自の暦算法、一〇年に一度改暦が必要だ、という「消長法」を採用した。根拠ははっきりしないが、天動説に基づいて、地球を廻る太陽の軌道の変化を、恒星天（あるいは黄道座標系）の移動と関連づけた結果であった（ようだ）。

対して、梅園は、歳差を恒星の「公転運動」とみなし、惑星と統一的な法則下にあると記述する。これを読んで、麻田は梅園説に（も）注目し、歳差の周期と恒星天までの距離を結びつけて考えた（可能性がある）。

3　麻田は「奇法」を梅園没後「偶然」発見する。「五星距地之奇法」が麻田の独創、といっていい理由だ。

地動説の導入と、ケプラー第3法則の発見を独力で行なった麻田剛立が、日本天文学にパラダイムシフトをひらく端緒になった。すばらしい。しかも旧来の暦算法にぎりぎりまでの正確さを求めたが、一度は西洋流天動説やのちにケプラー流の地動説を研究して、自分の暦法を破棄しようとするほどの衝撃をうけた果ての「成功」だ。

弟子の高橋至時と間重富が指名されてはじまった、改暦＝「寛政暦」は、あくまでも天動説（旧暦法）に基づいておこなわれた。だがこの二人が、剛立の死後、ケプラーの第3法則に接するに及んで、「奇説」と同じだとみなす。日本近代天文学の真の幕開けがはじまったのだ。

＊麻田剛立　1734・2・6〜1799・5・22　杵築の綾部家に四男として生まれる。天体観測と医術は独学独習。67年35歳藩主の侍医。71年39歳脱藩、大坂の懐徳堂を頼り、改名。医を生業。87年、私塾「先事館」に間重富と高橋至時入門。95年高橋・間に改暦の命。98年「寛政暦」施行。　渡辺敏夫『近世日本科学史と麻田剛立』（1983）中村士監修『江戸の天文学』（2012）鹿毛敏夫『月に名前を残した男』（2012　文庫）上原貞治「我が国におけるケプラー第3法則の受容（1〜4）」（「天界」2005〜07）

第7部　技術の哲学

序　技術とは何か――吉本隆明

(1) 技術と芸術

いつか単独で『実用哲学事典』を出したいと思ってきた。その訓練だけは積んできたつもりだ。かつて「技術（technology）と芸術（art）」について、こう書いた。第7部の前置きとしたい。

1　技術は複製される。芸術は創造されるか？

技術と芸術は、通常、大きく誤解されている。テクノロジーとは何度でも再生可能な複製能力であり、アートはたった一度の、再生不能な創造能力である、というのが常識でも学知でも、一般的な考え方だ。

だが技術が窮まれば芸術に接近し、芸術が窮まれば技術に接近する。

たとえば、レオナルド・ダ・ヴィンチやラファエロなどの作品は芸術だろう。ところが、どのように創作するかというと、ほとんどの作品は、設計図を細かく書き、部分ごとに一つずつ仕上げてゆく。たいていは、弟子が部品を仕上げる。その部品を組み上げて、全体＝芸術作品が出来あがる。これはまさに技術の産物といえないか？　いえる。

彼らは、技術を統括、演出したという点でいえば、芸術家《クリエイタ》といえるが、その個々のものはすべて技術を組み合わせて作られている。機械技術と本質的には変わりない。奈良の大仏がそうだ。小さい模型をつくることからはじまり、部分部分を一つずつつくり、それらを組み立てていく。まさに技術の結集といえる。こうして出来あがったものでも、まぎれもない芸術作品だろう。

優れた技術は限りなく芸術に近づき、優れた芸術もまた限りなく技術に近づくといえる。つまり芸術が極まれば、だれでも真似ができる部分に分解でき、複製可能になるのだ。

コンピュータの心臓といえるＩＣ（integrated circuit　集積回路）の拡大模型図は、はじめは人間の手で書かれたものだ。精密機械の部品を作るための金型も職人の手製で、カーブや薄さの微妙な部分の仕上げは、ベテランの職人でしかできない至芸だ。まぎれもない芸術であり、最高峰の技術ともいえる。その他、新幹線の頭部や宇宙衛星用のロケットの先端部分の「帽子」の流線型のラインなども、最初は、人間の手で描かれ、職人の手で模型が作られたり、合成板が叩き出されるのだ。まさに芸術家の仕事だ。これらは、最初、誰も真似のできない、いわば芸術の範疇に属したものだ。しかしそれがいったん出来上がれば、誰にでも複製可能な技術になる。

2　独創的なものは平凡に見える――複製芸術

「真に独創的なものというのは目立たないものだ。」

これはカントの言葉だが、優れた芸術は出来上がると独創性を主張しないものだ。〔わたしが、モンドリアンに同感しても、ピカソにいつまでも違和感をもつ理由である。」いつまでもごつごつ、目立ってしまうものは、いつかゴミになる、といいたくなる。

「複製芸術」という言葉には、亜流というイメージがある。だが芸術は、複製されるぐらいにまでなると、相当なものだという証拠なのだ。技術も創造的な技術になれば、「超」技術になる。

つまり芸術と技術とは両極で結びつく。短冊形の紙の上では、両端に芸術と技術が位置するが、紙を曲げると両端が近づく。本物の創造的なもの＝芸術は複製でき、それが技術になって初めて人類の役に立つのではないだろうか。

3　革命は芸術か、技術か——レーニンとトロツキー

そこで思い出されるのが、レーニンとトロツキーだ。二人はロシア革命を実現させた天才といわれる。だが革命（「いつ蜂起するか？」）に対する考え方は全く違った。

〈トロツキーは、革命は芸術であり、一回きりの創造的活動であると考えた。レーニンは、革命は技術であり、何度やっても成功する方法、はじめたら必ず勝利するようなものでなければならない、と考えた。レーニンの革命論には、敗北はありえず、もしあったとしたら、永遠の死にほかならなかった。

だからレーニンは絶対に勝つ方法を考えた。それは恐るべきものである。

自国を戦争に追いやる。敗北し、旧権力が混乱、解体した無政府状態のときこそ、戦争から帰った軍人や戦争（敗戦）に不満を抱く人たちを糾合して、旧政権打倒の内乱を起こし、権力を握るというものだ。「自国の敗北」、「二重権力から独裁権力」で、根本は「銃口から革命」である。

ここでキャスティングボートを握るのが、職業革命家集団＝共産党とその指導だ。共産党＝前衛グループは、戦争をおこし、敗北して国が荒廃する、その時にこそ自分たちが政権を摑むチャンスである、と考えたのだ。だから、戦争を起こすこと、敗北すること、内乱状態になること、自国の荒廃と焦土化こそが、革命のチャンスである、と考えた。

会社でいえば、会社を破産に追い込み、旧経営陣を追いだしたあとこそ、労働組合を指導していたグループが権力をにぎるチャンスが生まれる、というようなものだ。つまり「倒産」した国だけが社会主義になる、と考えたのだ。だからまず「倒産」状態に追い込め、ということになる。恐ろしく乱暴だが、凄い《リアルだ》。〉(『知的に生きるための思考術』二〇〇〇、のち『これでわかった「現代思想・哲学」大全』〔二〇〇五〕に収録)

さらに今ひとつ、付け加える必要がある。

4　作る人と享受する人が、同じなら「芸術」(たとえば、連歌、俳諧連歌)であり、違うなら「工芸」(たとえば、陶芸、刀剣)である。

たとえば小説だ。作家(創作)と読者(読者)が同じ(同人誌)なら、純文学(芸術)であり、異なれば大衆文学(芸能)である。

(2) 吉本隆明「詩と科学の問題」

第7部のキイパーソンの一人は、三たびの登場となる吉本隆明である。

(1) 科学と技術のテーゼ

1 「科学は自然を模倣しているにすぎない。」——科学の科学性

吉本は〈科学が無限に多くの自然現象を組合わせて新たな現象を獲得することは可能なのだが、……科学はおそらく自然を模倣するという決定的な桎梏を逃れる期は永遠にありえないのである。〉とまで断じる。

2 〈科学は自然を変革するは、惑わしに充ちた空しい考え方である。〉——科学の技術化

吉本は「高度の科学技術の発達による人間生活の簡便化というようなことがどうして自然の変革であり、人間の進歩を意味するのだろうか。それが自然の変革という外観を与えるのは技術の複雑な組み合わせが僕らに強いる錯覚に過ぎないので、その根底を貫く原理はいくつかの自然現象の単純な模倣に他ならない。」と断じる。

3 〈原子力の応用（活用技術）という問題が提示する重要さは、倫理的意味のうちにある〉

2と3は、『「反核」異論』（一九八二）に、さらには『「反原発」異論』（二〇一四）へと一直線につながる基本テーゼだ。

〈原子力の応用的実現ということが僕らに提示した唯一の問題は……僕たちの人間性が実生活の簡便化の極北で科学とぎりぎりの対決をしなければならない時がきっとやってくるだろうし、それは人間存在の根本につながる深い問題を僕らに提示してやまないだろう。〉

これが吉本の不可避の論理的帰結だ。ただし断っておけば、「反原発」あるいは「脱原発」などという、ただの大雑把な、蒙昧を「誇る」だけの政治や倫理の論理や運動が登場するなどと、予想

し、展望したものでは（まったく）ない。
わたしは、吉本が二〇代の半ばで、すでに「幻想論」の科学と技術、すなわち『言語にとって美とは何か』『共同現象論』『心的現象論』三部作を書く根本テーゼを獲得していたことに、心を動かされた。日本にもすごい思想者はいるものだ、と実感した。

⑵同時に、吉本が、敗戦後、みずからも染まった、科学への不信と虚無・非決断のなかから抜け出すきっかけとなった契機＝偶然を、記しとどめておかずにはいられない。

それは遠山啓の講義「量子論の数学的基礎」への参加であった。吉本は記す。

〈カントル以後数学は単一な論理的階梯による思考方法という楽園を失った。古典数学のもつ確固たる論理性は感覚的思惟という心理的要素に風穴を開けられ、果てしない迷路に彷徨い始めたのである。かくて近代数学は量子因子の論理的演算の学から領域と領域とのあいだの作用の学に変革されたのである。数学的な対象の性質は最早問題ではなくなり対象と対象との間の関係だけが数学の主題と変じ、論理が僕たちに強いる必然性や因果性は数学の領域でその特殊な位置を失った。

言うまでもなく近代科学の発達は厳密な論理性というほとんど唯一の根底によって支えられてきたが、その発達の本質となると、あきらかに単一な論理的階梯を否定するという方向に進んで来た。そしておそらくこの方向が示唆するところは次元の異なった多様な事実によって支えられているという、その単純な理由の提示に帰するのではないだろうか。すなわち論理性という単葉な次元は最早自然現象のすべてを覆うに足りないということの意味ではなかろうか。最近の量子物理学が直面している、微視的自然現象の確率的概念の完成という難問題も、おそらく科学史が踏んで来た従来の単一な論理的階梯に依存する思考方法を変革するという方向に解決せられるだろう。微視的自然現象における現象に固有な時間と空間との間の流動的な「非因果律的な」作用概念の確立――当時僕はそれを集合論との類推によって夢見ていた。もちろん空想である。だが僕には結論のとるべき形はすでに自明のように思われたのである。〉

以上は、わたしが、6「自然の哲学」とりわけ「素粒子論」で主題的に論じた問題にまっすぐつながる。しかも、7「技術の哲学」のメインストリートでもある。

すでに吉本は、その独自の哲学テーゼ、「関係の絶対性」、「重層的非決定」という基本概念を浮上せしめつつあったのだ。一九四九年、まだ戦乱直後で、吉本に「左翼革命思考」が登場していなかったときにである。

(3)「反核」・「反原発」異論

(1) 核エネルギーの開発・利用＝「賛成」。核兵器の開発・利用＝反対。

吉本はこういうだれにも異論のない二元論、湯川秀樹や坂田昌一が唱えた科学者、技術者の主張、無害だが無力なテーゼを拒否する。なぜか？

1〈知識や技術を元に戻すことはできない。どんなに退廃であろうといまあるものの否定もできない。未来への道を進むには、常に今以上のものを作るか、考え出すしか方法はないんです。それは数学の公理のようなもので、文明は先へ先へ、未来の方へと進んでゆく。いまはまだ、被災から日が浅く、悲観すべきことと、そうじゃないことが入り交じっています。けれど、人間という存在は考え、行動することで、天然、自然の与えた変化を乗り越えることもできるし、共存することができる。それが動物との違いです。雨が降ったら傘を差すという人間と、ぬれてゆくという人間と。その両方をうまく調合できたら、ながく生き抜くことができるという気がします。〉（「八十七歳は考えつづける」二〇一一／八『「反原発」異論』二〇一五）

2〈太陽の光や熱〔宇宙のエネルギー〕は核融合からできているわけです。だから、僕らの世界にとっては核の力は基本的なものであって、そんなに嫌がるものではない。ちゃんと制御ができて使いこなせている限り、どんどん活用すべきものです。日本人の原子力に対するアレルギーは異常です。宇宙を動かすのは核の力だということは、技術系の人なら解っていて当然のことなんです。〉（「吉本隆明『反原発』異論」二〇一一／一一　同右書）

3〈文明の発達というのは常に危険との共存だったということも忘れてはなりません。科学技術というのは失敗してもまた挑戦する、そして改善してゆく、その繰り返しです。危険が現れるたびに防御策を講じるというイタチごっこです。そのなかで、辛うじて上手く使うことができるまで作り上げたものが〈原子力〉だと言えます。それが人間の文明の姿であり形でもある。

だとすれば、我々が今すべきは、原発を止めてしまうことではなく、完璧に近いほどの放射能に対する防御策を改めて講じることです。新型の原子炉を開発する資金と同じくらいの金をかけて、放射線を防ぐ技術を開発するしかない。それでもまた新たな危険が出てきたらさらなる防御策を考え完璧に近づけてゆく、その繰り返ししかない。

他の動物に比べて人間が少し偉そうな顔をできるようになった理由は、こうした努力をあきらめもせず営々とやってきたからではないでしょうか。〉(『反原発』で猿になる」二〇一二／一／一二同右書)

吉本の基本主張は、一九四九年以降、明瞭かつ一貫している。

「たとえ」、戦争で核兵器が使われたとしても、開発してしまった核兵器を廃絶はできない。(できるのは、保有国同士の相互監視と管理であり、拡散を防ぐことだ。)

「たとえ」、原子炉で爆発が生じたとしても、原子力発電を廃絶はできない。(できるのは、制御技術の完成度を高めることだ。もちろん、「停止」や「廃炉」技術もその中に入る。原発に携わってきた科学技術者が、「反原発」を唱え、「停止」や「廃炉」技術の開発から身を引く＝逃亡することこそ、身勝手というか無責任なのだ。)

死の直前、「想定外」のことが起こっても、驚愕のままにせず、考え抜こうとした吉本隆明の思考力に、あとを進むものとして、脱帽ならぬ、乾杯するほかない。

第1章　技術

序節　科学と技術──坂本賢三

いま少し「科学と技術」に対してていねいな対応をしておこう。ここに簡明かつ参照すべきテキストがある。第1章第2節で登場する坂本賢三の『先端技術のゆくえ』（一九八七）だ。次の四つのテーゼに要約してみた。

(1)科学と技術は異なる営みだ

1　科学と技術は、対象と主体との関係において、ベクトルの向きが異なる。
科学の建前は、対象をできるだけありのままにとらえようとする。

技術は、対象をあるべきように変えようとする。技術で前提になるのは、客観ではなく主体である。目的は真理の探究ではなく、誰かの利益ないしは人類の福祉である。
事実、技術者が科学者を兼ねていた例は少ない。

2　技術が科学を発展させた

歴史的存在としての科学は、技術が提出する問題に答えようとすることによって、発展してきた。したがって、歴史的存在としての技術は、科学を発展させた母体であったのだ。その逆ではない。

⑵技術は科学の応用だ

これは、よくいわれる。だが。技術者にとって、技術は科学を十分に応用したものであるべきだ、という教育的要請から生じたものだ。

歴史的には、近代高等教育の要請で、フランス革命のなかから生まれた。実際、「エコール・ポリテクニク」（一七九四年フランス国民公会によってパリに設置された陸軍技術〔military engineering〕将校の養成機関。現在はフランス国防省所管の公務技術者養成の理工科大学校〔大日本百科全書〕）をモデルに、チューリヒ工科大（ＥＴＨ　Eidgenoessische Technische Hochschule Zuerich）、工部大学校、マサチューセッツ工科大（ＭＩＴ）が生まれた。

したがって、技術が科学を求めたのであって、その逆ではない、ということを銘記すべきだ。

⑶科学と技術が一体化する

このテーゼの意味するところは、

1　理論は実験のための仮説である。

開発研究では、たしかに一定の条件のもとで、インプットとアウトプットの関係が客観的に出てくる。それを調べることは科学といっていい。だが、それを調べるための実験装置の設計や操作は技術であり、望ましい結果を得るための研究は、それ自体が技術開発に他ならない。技術が実験室を工場化し、科学がその研究を技術化することによって、技術と科学が一体化する。

2　事実、沸騰の法則を応用してボイラが開発されたのではない。ボイラの開発によって沸騰現象が科学的に解明されたのである。つまり、熱力学の応用として熱機関が開発されたのではなく、熱機関を科学的に研究した結果、熱力学が形成されたのだ。
現代科学はほぼ全面的に工学（engineering）になっている。

3　ただし2は、科学は技術の派生物である、ということを意味するのではない。仮説は、技術（実験）によって「科学」（認識）であることを証明される、ということだ。

⑷高度科学技術《ハイテク》は「応用科学」である

これは二一世紀＝最先端「技術」のテーゼで、三点に要約できる。

1　科学と技術は一体化する。

2　情報技術（情報の加工と伝達）を根底にもつ。

3　「技術の技術」がすべての技術の根底に置かれる。

坂本による以上の摘要に対して、わたしも大枠うなずくことができる。2と3は本章の主題である。

ただし、坂本の議論は、高度先端技術の将来に対する懐疑的側面が色濃い。特に、情報技術の進展は、人間に固有な思考能力を弱化ないし低下させる、と考える側面が強く出ていることを指摘しておかなければならない。これと、人類はいちど手にした科学技術を、たとえそれが核兵器のような「悪魔」の技術であっても、恣意的に廃絶できない、という吉本隆明の科学技術論の見地とすりあわせる必要がある。

第1節　バイオテクノロジー――古川俊之

一九八八年、わたしは『脳死論』（三一書房）を書いた。「臓器移植」技術が人間の「生死」観にどのような変更を強いるか、という問題解明を追求した。副題は「人間と非人間との間」で、わたしの「人間論」の基本部分に位置する。

このとき、わたしとまるで正反対の人間機械論的アプローチを試みていながら、もっとも強くわたしを誘引する一冊の書物《テキスト》に出会った。古川俊之『機械仕掛けのホモ・サピエンス』（一九八七）である。

古川はコンピュータ診断を専門とする、「人間はどこまで機械か」という、もっとも現在的で超スリリングな問題を率直かつ包括的に展開している高度バイオ科学技術の先端にたつ研究者で臨床医（東大先端科学技術センター教授）だ。じつにケレン味のない明快至極な論を展開する。「人間」をとことん機械とみなす論究をおしすすめ、そのうえで、「人間は機械ではない」という論究スタイルこそ、「人間機械論」（あるいは「人間非機械論」）の正攻法のマナーだ、とわたしは考える。まさに古川のマナーだ。

ただし、この本を（古川の他の著作とともに）至る所で紹介し、推奨したが、ほとんどめぼしい反応をえることができていない。残念だ。ここでとりあげる理由の一端でもある。

(0) 機械と人間のちがい

古川は、だれにでもわかる、機能論と比較論をその基本思考原理（哲学）としている。機械と人間の働き（機能 work; function）を比較し、その「異同」(agreement and difference) を「テーゼ」によって明示する。なんだ機能論と比較論か、本質論ではないのか、というなかれ。実体論的見地ではなく、関係主義、「関係の絶対性」にたつ議論（哲学思考）を展開するのだ。

1　機械と人間は違う。どんなに精巧・複雑《デリケイト》に作られた機械でも、人間の精妙さ《デリケイト》を再現できない。この通りだ。では人間とその社会を機械との比較で論究するのは、ムダなのか？　まったくそんなことはない。逆だ。とても有効なのだ。

たしかに、機械は人間の能力（機能）をコピィできる。だが、一面あるいは部分しかコピィできない。反面、機械の能力は、技術革新を通じて、一面や部分に特化することで、人間個体や人間集団が発揮してきた能力（の限界）をやすやすと超えてゆく。例えば計算能力や移動能力である。正確にいうと、人間能力拡大《パワー・アップ》の大部分は、機械の能力の拡大に負っている、といっても過言ではない。

（卑近な例を一つ。一九八〇年代、ヨーロッパのかなり有名な観光地に行っても、ほとんど例外なく、釣り銭の勘定に困った。店主の計算能力が、日本の小学生以下なのだ。しかし、あっというまに、ド田舎での買い物でも、かなり微妙な値切り交渉にも事欠かなくなった。なぜか？　売店のおばちゃんの手には、カシオの電卓＝電子計算機《コンピュータ》があったからだ。）

2　だが同時に確認しなければならない。機械が人間と、迅速・大量・正確さで異なっても、その働きは相似（resemblance）であるということだ。機械は人間の能力を「代替」してきたのである。機能において、人間と機械は相似だ、ということがますます明確になってきた。まさに、人間と機械は相似した機能をもつ、ということが誰の目にも明らかになった地点に達して、はじめて「人間と機械（の能力）は、究極的に、どの点で異なるのか?」という設問が、認識論（哲学）的にリアルになった、といいうる。

例えば、将棋だ。高段者になると、数百手先を読む（そうだ）。一九八〇年代後半、コンピュータ将棋ソフトが生まれた。はじめは、二〇級程度の能力であったのが、一九九五年にはアマ初段、それから二年に一段の割合で進化し、二〇一〇年には、プロ騎士と互角となり、現在では、未対決の羽生を除いて、コンピュータソフトに勝ちを制する棋士はいない（といわれる）。では人間の将棋能力は、機械に代位され、取って代わられるのか? これが問題の中心だ。

答えは、代位されないだ。問題は、人間と機械の働きが、「なに」で違うのかであって、能力の優劣問題ではない。羽生は、ショートして、瞬時に、次手を決定することが得意だ。計算機は、ショートできない。「計算」に「瞬時」でさえ時間が必要だ。羽生の瞬時とコンピュータの瞬時は、「質」的に異なる。こういうほかない。

3　古川は最先端の技術現場《フィールド》、バイオ生命＝医療技術の場で断じる。

人間と機械のちがいは、人間は誤るが機械は誤らない。人間は夢見るが、機械は夢見ない。「誤る＝夢を見る」能力こそ、人間が機械と異なる能力である。端的にいえば、夢想＝創造力である、ということだ。もちろん、「夢」には「悪夢」もある。（「自由で平等で平和で豊かな社会」＝ユートピアをめざすと、とんでもない社会＝デトピアが実現する確率が大なのだ。）

機械も「ショート」する。しかしそれは故障（あるいは寿命）である。人間の「ショート」は、「直感」（intuition　カン）である。推論や説明なく、結論に直結＝短絡《ショート》する能力である。これは、機械にはない機能、できない能力、あるいは苦手だ（そうだ）。（羽生にできて、将棋ソフトのプログラミングにない能力だ、と断じることができる。）

機械が代替できない能力こそ、ショートする能力、探偵ポアロのように、初見で、すぐに、怪しい、犯人に違いない、と確信できる（しかもほとんど外れることのない）能力だ。（もっとも小説のうえでのことだが。もちろん読者のわたしには、ポアロの探偵力が間違っている、見落としている、見ることができない箇所を簡単に見てとることができる。）

「間違う」を「夢見る」能力とし、そこに人間能力の固有性を見る、これが先端技術開発に邁進する、古川のユニークだが、まっとうな見地、人間・生命機械論であり、かつ、人間は機械以上の「あるもの」（etwas mehr）だという論だ。

わたしは古川の著述に刺激を受け、『脳死論』（一九八六）、『自分で考える技術』（一九九三）、『パソコン活用思考術』（一九九六〔文庫化『パソコンで考える技術』二〇〇〇〕）等々を書いた。わたしなりの、素朴だが、最新の技術論を内包する、「人間」論の展開である。では古川のテキストから、哲学エキスの部分をていねいに抜き出してみよう。

(1) 機械と生命の寿命は似ている

冒頭、古川は、二本の曲線図を示す。機械の故障曲線と人間の死亡率曲線は、相似形のカーブを描く。つまり、機械と人間は同じように壊れてゆく。その故障曲線は年齢別に三種の死亡原因を示す、と確認する。

⑴生まれたばかりの子どもの死、機械でいえば初期障害だ。

このモード（統計値）はその国の医療や衛生、栄養の水準に深い関係があるといわれる。事実、日本でもこれらの水準が向上すると、新生児の死亡は急速に減少してきた。だが、今後どれほど医療技術が進み、世の中の生活環境がよくなっても、初期障害を完全になくすることはできない。それは子どもの側に主原因がある初期故障があるからだ。

機械の故障は、製造過程のミスが原因だ。人間の初期故障もまた同じことが考えられる。わかりやすくいうと、子どもというのは、群として、全体としてみて、平均すれば、生存能力に欠陥のある、悪い個体が混じった群れなのではないか。これが機械だったら、欠陥製品は製造過程や出荷時の検査ではねられるし、うっかり市場に回ってもすぐに壊れてしまう。人間の場合も、悪い製品として生まれた子どもは、遅かれ早かれ脱落する運命だ（と考えられないだろうか）。

ところが、医学が進歩し、安全に子を産むにはどうしたらいいかといった基礎的な知識が普及するにしたがって、従来は出産・養育過程で脱落したような個体も、生まれ育つ機会が増えてきた

(のではないだろうか)。

(2)一〇代からはじまる安定期の故障だ。最大の死亡原因は事故、機械の場合は故障だ。

この時期(一〇〜三〇代)、生命力は最大となり、少々のことでは壊れることはない。やや小さな子どもでは火傷・中毒、少し大きくなると交通事故とか、暴走族のように無分別なことをして事故に遭う。

機械の場合は、初期故障の時期が過ぎると安定期に入る。例えばTVだ。買った最初の一カ月間に故障しなければ、ブラウン管〔古い!〕を買い換えるだけでおよそ一〇年間はもつ。しかし機械自体は無故障でも、地震で倒れるとか、夫婦喧嘩で皿をぶつけられるといった事故で壊れることもある。突発事故で、人間の事故もこれと同じだ。

(3)四〇代からはじまる摩耗故障(動脈硬化、ガン、肺炎など)で、じわじわと死亡率を高めてゆく。これは機械でも同じだ。

摩耗故障は、新幹線を例にとると、初期故障の時期を過ぎ、安定期に入ると、雪〔風〕で遅れることはあっても、大きな事故はなかった。だが、走り始めて二〇年、そろそろ摩耗故障の時期に入った。定期的に全線ストップして若返り工事が必要になる。

人間もまったく同じで、摩耗故障にそなえて、四〇代になったら、定期点検(健康診断や健康管理)が必要になる。将来上手くゆけば、傷んだ臓器をもっと若い臓器、あるいは人工臓器に取り替えることが、技術のうえでは可能になる。不完全な部品を完全な部品に取り替えて補強するということだ。

著者古川は、人間を、機械を取り扱うように、クールに表現する。医療技術者として当然《ナチュラル》だ。しかし、末期治療問題、「人生の最後をいかによりよく生きるか」では、高度治療技術とは異なる問題がある、という。これも、医療技術者として当然だ。

(4)医療は寿命にほとんど影響しない。

ところがである。人間の寿命が機械論的法則に支配されている、と主張する古川が、医療は「寿命」にほとんど影響を与えない、というのだ。えっと思うかも知れない。だが、これは古川に独創の見解ではない。古くからわかっている医療「事実」なのだ。では改めて「何」が寿命に関係するのか？　古川は二つのグループに分ける。

1　「金」（富）の指標。国民総生産（GNP〔国内総生産GDP〕）、平均所得、発電量、水洗便所の普及率、エネルギー消費量、水道普及率、……。

2　「情報」の指数。新聞発行数、テレビ・ラジオの台数、就学率、文教費……。

これを機械論的立場で解説すると、こうなる。

寿命を延ばす問題は、結局、どういう機械を使えば長持ちするのか、と同じだ。答えは、「いい機械を買って、賢く使えばいい」の一言に尽きる。日本がアメリカより長寿国なのは、「金」量では劣っていても、「情報」量が優っているからだ。生活費が高く、大気汚染があり、生活環境が劣っているのに、「東京」が世界一の「長寿村」なのは、同じ理由による。情報があふれ刺激に充ちているからだ。至言である。(この問題は第2章第1節の「都市設計」プランにそのまま直結する。)

(2) 人は不完全な機械だ

人間(あるいは生命体)を分子機械としてみると、どの点で機械と異なるのか? 優劣点はどこにあるのか?

6部「自然の哲学」で述べたように、人間(あるいは生命体)を「自然」としてトータルに把握すると、けっして分子機械ではない、という結論に達する。これは、分子生物学一元論(例えば、DNA解読は生の神秘の最後ベールを剝ぐというようなテーゼ)では、自然がもつ「重層的な非決定」的あり方を理解できないということで、分子生物学的アプローチを、今西錦司のように、拒否ないし断念するものではなかった。

古川の議論は、意表を衝く。三つだけ紹介しよう。

(1)人間はじつにすぐれた歩行マシンだ

人間がサルから人間に「進化」した特質の一つに、「直立二足歩行」がある。日本サル学は、手が自立し、重い頭部(脳)を支えることができるようになった、という。だが「歩行」は、四足歩行動物に比較して、ぎこちなく、移動速度は速くない、という共通認識をもっているのではないだろうか。事実、人間は疲れると（あるいは疲れなくても）すぐに地面・床・イスに腰を下ろしたり、寝そべる。寝るときは必ず横になる。ところがだ。

1　古川は、人間は「すぐれた歩行マシン」だという。なによりも省エネ（自動車の燃費に換算すると、自重1kgを1kカロリーのエネルギーで何km移動できるかで比較して、人＝1・3kmは、イヌの二倍、クルマと同じ）システムなのだ。ただし、二足歩行の動物が省エネなわけではない。ニワトリは人間の六分の一の効率だ。

人間は、二足歩行に適した体の仕組み（骨格）を手に入れた。二本足で歩くための歩行機械として優秀だというわけだ。

2　しかし、人間は重い頭を乗せている。だから、頭の上に重いものを乗せて運ぶのは、上手い。だが走るのは不得意な機械だ。（この二事実は、運動工学の見取り図のように思えるので、要約的に引用しよう。）

〈機械の目でみると、ウマの太ももは非常にたくましく、大きな動力を組み込んでいるが、そこから下は非常に細くなってゆく。強力エンジン（太もも）で振り出した足が、慣性の力で前に進んでいこうとするのを、ぐっと受けとめ前後に振る足先の慣性は小さい（細い）方がいい。

ところがカール・ルイスのような快速ランナーでも、太ももは筋骨隆々で太い（強力エンジンを搭載している）が、そこから下のふくらはぎがこれまた太く、ここにもエンジンがついている。末端に重いエンジンをつけると、慣性のロスが大きくなる。体の仕組みからして、人間は高速で走るようにはつくられていない。

ウマが高速移動するのをスローモーション写真で見ると、胴体は全然動かない。上下移動もしない。ただ足だけが前後に高速で動いている。省エネ走法だ。餌になるインパラのような弱い動物も、瞬間速度はチータにかなわなくても、最初の一撃をかわして持続戦に入れば、必ず逃げ切ることができる。そういえば人間も瀬古選手などの走行姿勢を見ると、上半身はほとんど動かない。彼が優れた長距離ランナーであることの証拠だろう。〉

3　直立歩行で、人間は重い頭を支えている。

人間の頭（脳）は重い。直立歩行はこの最上部の重い脳を支えるのに最適な骨格を備えるシステムだ。ただしもっと重大なのは、脳は体重の五〇分の一にすぎないが、血液や酸素は全体の五分の一、ブドウ糖は毎日四〇〇キロカロリー消費している。つまり、脳は「大食い」なのだ。

西欧と日本で有名な哲学者は、カントと西田幾多郎だ。西田は、古川も指摘するように、奥さんもあきれるほど「大食い」であった。じっと座っているのに、その大食ぶりを奥さんにあきれられている。しかし「頭」が大食いなので、あきれるほどのことではないのだ。わたしの「知っている」人は、開高健にしろ、谷沢永一、渡部昇一にしろ、グルメというよりはグルマンであった。

対してカントは、「小食」で知られている。しかし、体が小さいのに、カントの脳の重さは尋常ではなく、平均の一四〇〇グラムより二五〇グラムほど重かったそうだ。もちろん、こういうこともあって不思議ではない。しかし、わたしには少し違うように思われる。なぜか？　カントは、「すべてよし！」（Es ist gut.）といって亡くなったそうだ。ただし、その最後の言葉は、「うまかった！」（Es isst gut.）で、下僕が聞き違えたらしい、という説がある。思索の人カントは、生涯を、生地ケーニヒスベルクを一歩も出ず、研究と教育一筋に費やしたそうだ。「うまかった！」は、大食い（あるいは小食いを重ねる）であった証拠ではなかろうか。

今ひとつ古川が指摘する、直立歩行システムが不完全だ、という論点がある。

人間は、血液と酸素消費の最も多い脳を、直立歩行で支える最適システムをもつ。同時に、このシステムでは、血流が下に下がり、心臓（ポンプ）だけの働きでは、脳へスムーズに血液を送りにくくなり、酸素不足と貧血を起こす。だから下肢の「筋肉ポンプ」によって、下の血管にたまった血液を脳へと押し上げる必要があるのだ。ここが「第二の心臓」で、子どもや老人が、長いあいだ立っていると、筋肉ポンプ力不足や弱化で、貧血になり、ばたばた倒れる原因となる。

⑵機械設計は不完全だ

第6部『自然の哲学』、第1章第1節「生命の意味論」で、多田富雄は、ＤＮＡに書き込まれた情報、あるいはたった一個の細胞から、生命システムは決定されるのではない。「生命体」は「超システム」である、と主張する。同じ医者だが、一見、分子生物学の立場に立つ古川と、あまりにも好対照な主張に思える。

だが、二人は、同じことを、別なアプローチで主張しているのだ。焦点はどこにあるのか？　古川は「人間はきわめて不完全な分子機械だ。」というテーゼで、焦点を照らし出す。卓見だ。

1　生命の設計思想が単純《シンプル》かつ粗雑《ラフ》すぎる。基本的な設計概念《コンセプト》があり、それにふさわしい材料を集め、技術を配置し、徐々に具体的なものをつくって行く方向とは、真逆だ。

2　たった一個の細胞が何度も分裂をくり返し、複雑に分化してゆく。これこそ生命の「不可思議《ミラクル》」ということもできる。だが、なによりも困るには、材料（タンパク質、脂肪、水など）が限られていることだ。むしろ不思議なのは、こんなに限られた材料で、「超システム」と呼ばれるような、千変万化、複雑で高級な生命体を作り上げたことだ。

3　したがって、生命体の部分も全体も、無理な設計でできあがった結果、どんなにすばらしい仕上がりでも、故障しやすい。例えば、人間の眼球（＝可変焦点のレンズ）だ。すばらしい思いつき《アイディア》だったが、材料が不足・不適だった。「経年変化の避けられない材料しかないのに、それで間に合わせてしまった。」だから、すぐに、メガネで修正しなければ、使い物にならなくなる。

以上の古川の指摘は、建物の設計に当てはめてみれば、いっそうよくわかる。どんなにすばらしい設計図《アイデア》であっても、それにふさわしい建材やしっかりした構造で仕上げなければ、時を待たずに倒壊してしまう。

(3)生命は「使い捨て」!?

1　クルマなら、エンジンが故障しても、修繕がきく。丸ごと取り替えも可能だ。部品が傷んだら、取り替えればすむ。人体で、「心臓」が故障したら、修繕は比較を絶して、難しい。クルマも心臓部を取り替えたら、不都合が生じる。だが臓器移植や人工心臓とは比較にならない。

2　臓器は、一度傷んだら、再生は難しい。生命はオーガニズム（有機体＝全体主義）である。一つの臓器の変調、あるいは部分死（破損・破壊）は、全故障につながり、しばしば全死につながる。だから身体は再利用可能な部分もあるが、大部分は使い捨てに等しいのだ。

3　生命は、一枚の青写真にすべての設計・製造・活動を任せてしまったようなものだ。これでは分業が上手くゆくはずもない。例えば、ときどき皮膚や骨が、あるいは肝臓が、なにかの間違いで突然ほかのよけいな青写真のプリントを始めてしまう。それがガン、細胞の反乱、全体のことは考えずに行き始めた細胞ではないだろうか？

「逆にいえば、すべて部品に徹した設計思想を貫いていたら、ガンは起こらなかっただろう。機械がいくら反乱を起こして故障しても、機械のネジを無限に増殖してガンになることはありえない。ネジはどこまでいってもただのネジで、ネジを作る機械まで滅ぼすことはないからである。」

(3) 老朽機械の生き方――ウェルカム・少子高齢社会

以上、古川の人間機械論は、人間社会機械論を展望するものだ。この点でも、古川は多田富雄の「超システム」論と好対照をなす。

古川は、人間機械論にもとづいて、長寿＝高齢社会と人口減少＝少子社会を「肯定《ウェルカム》」する。日本人の大部分が、一見すれば、少子高齢社会の現在と未来に明るい展望を見ないのとは、真逆な思考＝哲学だ。（実際は、長寿を謳歌しているように思えるのにだ。）少し横道にそれる。

わたし（鷲田）自身は、一ダースくらい子どもがほしかった。だが妻（生産者）に最終選択権がある。わたしの息子は子どもが欲しくないようだ。結婚がしたくないからかもしれない。わたしの家名はこれで絶える（だろう）。残念だが、仕方ない。

わたしは一九七五年以来、ずっと人口減少地、過疎地に住んできた。この地は、住み始めた当初、文字通り、人口ゼロ、過疎地中の過疎地である。この地を選んだのは、種々の原因があるが、最終的には、「住みたい」と思ったからだ。結果、三〇年余、住み続けている。不満なくだ。

わたしは高齢・少子社会は、二〇・二一世紀日本の歴史必然（趨勢《トレンド》）であり、不可避であるだけでなく、快適に生きるに値する社会であると考えてきた。だから快適に住み、七五歳のいまでも、仕事をすることができている。（ここで一生を終えたいと思っているが、最終選択権はわたしにはない、と観念している。）

古川の生活史を、わたしは知らない。しかし古川の人間機械論は、すてきな「幸福」論である、と思える。論点を思い切り絞って、紹介しよう。

(1)「長寿・人口減少」は、人類史の「目標」だった

1　古川の議論を離れて、まず、一般論でいこう。

「人口問題」は、マルサス『人口論』（一七九八）に典型的に表されたような、産業革命を経た一九世紀以降の問題にかぎらず、文明社会全般の問題であった。「人口の自然増」に「食料増産」が追いつかない、「食糧危機が、人類絶滅の危機を招く」という問題だ。

二一世紀に突入した今日でも、世界の危機（人口爆発、エネルギー危機、環境危機、戦争・テロ、等々の危機）の根底には、つねに、食糧危機（飢餓＝生死の危機、食糧争奪戦争）があるといってもいいだろう。

ところが、先進国では、（人口移入が絶えない）アメリカを除き、人口問題とは、「人口減少」問題になった。日本もその例外ではない。とりわけ日本は、ヨーロッパのように、過去に「人口減」を経験したことのない国だ。むしろ、日本人は「人口減」を、日本と日本人が建国（七世紀末）以来掲げてきた「食糧危機」の基本原因の一つがなくなったと、言祝ぐ必要があるのだ。

2　とりわけ重要なのは、日本で長寿社会が進展したのは、敗戦（一九四五年）後のことだ。古川は長寿社会は二〇世紀文明の産物だという。しかも長寿（と富）が「文化」を生むのだ。なぜか？

一五歳までが、成長期。結婚し、第一子を産んで、子どもを五人産むとしたら三五歳、一〇人産むとしたら四五〜五〇歳くらいで、子育ては終わる。その頃には自分の寿命も終わる。このようなサイクルでは、文明が生まれる余地などない。働きづめで、食うだけ、子を育てるだけの一生だ。たとえ、五年、一〇年だけでも寿命が延びると、自分のために使える時間（余暇）が生まれる。その典型が、江戸の町人文化の隆盛だ。大正末から昭和期に入った大衆文芸の興隆だ。

3　しかし寿命が延びると、新たな問題が出てくる。

その大正末から昭和にかけてさえ、小学校に行くまでに五人に一人が死んでいった。四〇代になると同世代のほぼ半数がいなくなった。つまり、都市（工場）であれ農村（集団）であれ、だれもが役付きになった。

現在は、小学同級で一〇〇人中、亡くなるのは一人未満、小中高大と同じ年代同士で選抜（競争）を重ね、その競争率は四〇代になっても変わらない。

人間は長寿をずっと望んできて、そのための社会環境を整備し、延命技術を導入し、生産技術を高めて肉体労働を減らしてきた。その努力の結果が、同世代間競争の激化なのだ。しかもこの競争は、長寿になったので、いつまでも続き、「引退」せずにがんばって老害をまき散らす。長老ならまだいいが「超老」なのだ。まさしく、生物界の原則に反する。

(2)「老化」は知力にもおよぶ——老テクが必要だ

1 「長寿」とは響きがいいが、機械でいえば「摩耗」だ。体力は優に及ばず、知力も老化を免れない。「脳」も老朽マシンになる。

ただし思考スピードは落ちるが、体験や経験が深まる。この点、機械と異なる。こういわれる。だが「体験」や「経験」といわれるもののほとんどは、精査されたものではなく、「現在」(の自分の趣好)によって再構成された「記憶」である。多くは「恣意」にすぎない。人間は、自分に不都合なものは忘れ(ようとす)る。だから楽しく生きられるわけでもある。同時に、若い世代の迷惑になり、どんなすぐれた仕事を残した人でも、「重し」になる。

2 老朽マシンには、手立てはないのか。多少の再生をはかることはできる。だが「摩耗」を取り替えることはできない。どうするか?

老テクノロジーを充実させるほかない。テクノロジーといっても、恐れる必要はない。

古川は、①メガネ、②自動車、③マイ・ロボットの三つをあげる。わたしなら、①メガネ、②自動車、③TV、そして④パソコンを挙げたい。全部わたしの経験則からでてきたものだ。古川も同意するに違いない。

①目は最初に老化する。(わたしは、小学生で、すでに0・1の近視だった。気づかず中二のとき、絵の先生に指摘され、メガネを掛けた。)②自動車は、店も、学校も、公共交通機関もない過疎地で暮らす、必須アイテムであるだけでなく、自由に移動するためのベストアイテムである。③TVさえあれば、空いた時間をひとりで過ごすのに不足はない。世界とつながる、最も簡便なメディアだ。④パソコン一台あれば、ひとりで仕事ができる。一九九一年、最初のベストセラーを書いて以来、パソコンは仕事のベストパートナーだ。

古川が挙げた③マイ・ロボットはわたしに不要だ。一〇代の半ばから、ずっと「単独」生活でやってきた。結婚し、子どもを持っても、基本は、自分との「対話」であり、そのほとんどは、「本」との対話を介している。ま、本とTVとパソコンが、わたしのマイ・ロボットといってもいい。

3　古川は、ロボット(アンドロイド)を「カシコイ機械」という。そうだろうか?

クルマは、簡単(操作)で、安全で、居心地がいい。運転手にとって、じつにカシコイ。TVは、カシコイ。たしかに、ほとんどの番組は一過性だ。つまらなく、くだらないと思えば、消せばいい。それにいいのは、どんなに衝撃的な「記事」でも、TVで見たものは、ものの見事に忘れてしまう。脳や心にもたれない。娯楽=浪費対象としては最適ではないだろうか。車とテレビのカシコサは、人間では代替できない能力だからだ。

パソコンもロボットも(TVも)、本体は、電子計算機《コンピュータ》だ。スマホは便利だが、スマホで著述

（仕事）はできない。パソコンとTVが、老テクにふさわしいのは、ふんだんに時間（余暇）がある老人が、これとつきあっていると時間を忘れる。むしろ、時間を忘れることに注意したほうがいい、というのがわたしの意見だ。

(3)「労働」の変質

すでに、人生五〇年の時代と、六〇～九〇年の時代とでは、生き方が大きく異なる、といった。社会（とくに企業や政府）とはことなって、少子高齢化社会は、個人生活にとって、ワンダフルである。自分第一に生きればいい。結婚しなくても、子どもをもたなくても、無茶をしなければ、老後の生活を憂慮する必要度はぐんと減った。なによりも異なるのは、人生一〇〇歳を迎える社会が、すぐそこにやってきていることだ。

二〇一四年、日本人女性の寿命は八七歳に近づいた。二〇一五年、百歳人口が九万人を超えた。一九六三年、一〇〇歳人口が一五三人だった。いま六九歳のわたしの妻が一〇〇歳になる三〇年後、二〇四五年に、日本の一〇〇歳人口は一〇〇万人を優に超しているだろう。超高齢化社会で、日本が疲弊・衰退しているだろうか？　古川とともに、大規模な戦争が起きなければ、まったくなっていない、と断言したい。

1　人生五〇歳の時代と人生一〇〇歳の時代とでは、タイムテーブルが大きく異なる。

三〇歳で、ようやく自分のめざす仕事を見つけ、五〇歳で、仕事で地盤を固め、七〇歳で第二の仕事を見いだし、八五歳で基本的にリタイアーし、そのごは悠々自適、あるいは好きなことに精力を傾ける。

つまり三〇歳から八五歳までおよそ五五年間が、仕事中心の時期である。この期間中も、一時帰休して学び直したり、職場を変えることができる。従来、二二歳から六五歳までが仕事期間だったタイムスケジュールが、幅も自由度も大きくなる。

もっと重要なのは、少子（二〜三人）で高齢者（一人）を養う社会がやってくるという予測は、杞憂、数字のまやかしだということだ。古川も指摘するように、最も重要な事実は、どんな時代も、生産人口は、全人口比、五〇〜六〇パーセントの間を動いている。これが三五年間で激変し、日本が衰弱するとはとうてい思えない。それに就業人口は、ずっと四五パーセントを超えてきた。すでに、二〇一五年、六五歳まで働くことが普通になり、七〇歳まで働く人が多くなっている。重要なのは、高齢者でも自分にできる仕事をするというモード、あるいはエートスができあがることだ。
2　古川は「怠け者が働き出すミツバチ理論」を紹介している。ミツバチの群れには、働き者の個体と怠け者の個体がいる。いま働き蜂の個体を選り分けると、その群れは、がんがん働く蜂だけの群れになるかというと、そうではない。しばらくすると、怠け蜂が出現する。逆に、怠け蜂だけの群れに、しばらくすると、働き蜂が出現する。
これは人間の集団、職場、チーム、でも同じだ。T出版社は、良書を出すところで知られる。がんがん働く編集者（一握り《エリート》）がいる。ところがこういうところは往々にして、採算を度外視し、経営危機を招く。倒産すると、真っ先に、一流編集者《エリート》がやめてゆく。残ったのは「カス」ばかりに見える。しかし、再建が軌道に乗るころには、「カス」といわれた編集者のなかから、ガンガン働く《エリート》編集者が現れる。

職種によって異なるが、知識集約型の現場では、ハードワーク組対普通組対カワード組の割合は「1対5対4」、生産現場では「2対5対3」の割合だといわれる。これを全員ハードワーク組にするのは、経験則上、異常事態期を別にすれば、不可能である。つまり、老テク組でも、チーム内では、それに見合った働き方をすれば、OKということを意味する。

3　「老テク」消費中心社会

古川が触れていないが、二一世紀の先進国は、消費中心社会になったという事実を、どう生き方に活かしてゆくか、ということが重大になった。

経験豊かな、伝統の意味をよく知っている老人（これが少ないのが問題だが）は、そのテクニックを存分に発揮できる消費社会になったのだ。未来志向の消費や生活は、もちろん重要だ。だが、過去の余沢・余剰を再生する努力も、同時に活かされなければならない。老人年金や健康保険のある生活と共に、老テクを活かした生活を創造することこそ、老人のミッションではないだろうか。

むしろ問題なのは、老人に適した、自動車、TV（およびソフト＝番組）、パソコン、ファッション、これが意外と少ない。質が低い。古川にもっと強調して欲しかった部分だ。

＊古川俊之　1931・2・7〜2014・10・21　大阪生まれ。1955年阪大（医）卒、60年同大学院（博士学位）習得、同助手、講師をへて、75年東大医学部教授（医用電子研究施設）、87年同大先端科学研究センター教授（兼務）、89年国立大阪病院長（東大医学部教授〔併任〕）　古川は、本書だけでなく、

『高齢化社会の設計』（１９８９）、古川・柳田博明『バイオメーション革命』（１９９２）、『寿命の数理』（１９９８）、藤正・古川『ウェルカム・人口減少社会』（２０００）、等々、旺盛な著述活動でも、多くの仕事を残した。

第2節　機械とは何か――坂本賢三

第1章序節で、「機械の哲学」のキイ・パースンとして紹介した坂本賢三の主著は『機械の現象学』（一九七五）である。「技術」の特質を「機械」としてとらえた、「機械論」、今西の「自然の哲学」に倣っていえば、「技術の哲学」である。「技術の科学」に収まりきらない「技術」の特質、つまりは、「技術」に独自な性質を解明しようとする。

（1）「科学」は機械をモデルにしてきた

(1)坂本は、科学史を振り返って、歴史的に科学が機械を生み出したのではない、むしろ逆に、機械をモデルにして、科学が生まれたのだ、という点を強調する。たとえば「時計」をモデルに、人間機械論（＝人間科学）が展開された。重要なのは、しかし、自然から人間を排除したのではない。人間科学は、過去も現在も、人間から人格（個別性と自由意志）を排除することで成り立つ。これこそ科学一般のありかただ。

しかし同時に確認しなければならないのは、このような科学の振る舞いは、科学を対象化し、相対化する意識（哲学思考）によって、明確になるということだ。もちろん科学者も哲学する。いな、する必要がある。例えば南部陽一郎がそうしたように、素粒子論の確立に奔命しながら、素粒子論の「限界」を常に意識し、論究することをやめなかったようにだ。もちろん、哲学は、哲学的思考の「限界」を常に意識して科学や技術に対処しないと、たんなる「誇大」妄想と「批判の批判」に陥る。

坂本のよさは、科学と哲学とにバランスいい媒介項をもってことに当たる態度だ。それが「機械」論である。

(2)近代科学は自然から人格的なものを排除する。

1 よく考えるまでもなく、はじめ時計は、それがどんなに正確に巧妙に仕上がっていても、「職人」（工人《アルチザン》）が製作したものだ。

医学や法学は人間を対象とする。人間は自然、肉体をもった生命体である。ということは、医学や法学は、意識的に「人格性」を排除することで、成り立つ。人間の個別性（生育事情や不可抗力）を考慮する場合はあっても、あくまでも「例外」措置（偶然）である。

その時計は、天体（活動）をモデルに、職人の技術でできあがった。技術も自然の模倣なのだ。科学は、技術をモデル（媒介）にして、自然を模倣する。

2 ただし、技術を媒介するかぎり、科学は、商・工業の発達を背景に成立する。

〈貨幣経済や測量術は、メソポタミヤ・エジプトなど古代オリエント世界で相当に発達していた。しかしそれはどこまでも「術」である実務に従属していて、数学にはなりえなかったのである。……古代ギリシアで、自然には、合理的秩序と調和があり、この合理的秩序つまり自然の法則は割合と数によって表現しうるという考え方、自然を数学のことばで説明できるという考え〉が成立したのだ。

3　もっと簡明な事項《ファクト》は、たとえば、「心臓」の役割＝機能の解明である。〈カメラの発明によって目のからくりがわかり、ピアノを通じて聴覚器官の構造がわかり、パイプオルガンによって発声器官の構造が研究され、通信の研究を通じて神経系の働きが理解されるということである。そのほかにも、ポンプが開発されることによって心臓の機能が理解され、起重機の研究によって骨格の構造力学が展開するなど、技術史と医学史の研究を重ねてみれば、この関係の実例は枚挙にいとまがない。しかし、このことは人間が「無意識に」器官を射影して機械を作ったということではなく、機械をモデルにして身体構造や機能が研究されてきたということなのである。〉

(2) つかう＝働かせる

生物は生産する。新陳代謝だ。さらにいえば、存在するものはすべて変化する。物質交代だ。エネルギー交換である。生物における人間の特質は、道具を、とりわけ生産道具を生産する。

(1) 動きと働き

1　動きと働きは区別しなければならない。「動く」とか「動かす」とか「うごめく」とかは静止していないことを示すだけだ。しかしこの下に「す」をつけて「動かす」といえば、働きになる。どちらも自分が動くことを根底にしなければならないが、〈働く場合には、必ず自分以外のものを動かさなくてはならない。〉生理的にいえば、手の働きは手の動きに還元される。つかむ、まわす、はこぶ、はなすというような動作はすべて手の動きには違いない。しかし単に動いているだけではなく、〈手以外のものを動かしていること〉が大切だ。この働きをヤマトコトバでは「す」という語をつけて表す。

2　だが注意したいのは、〈働きを示すヤマトコトバがすべて「て」という言葉とつながっていない〉ことだ。

「切る」「掻く」「欠く」「削る」「割る」……など動力学的な働きを示すコトバは、「紡ぐ」「摘む」「つまむ」などが爪と関係するほかは、手とコトバのうえの関係をもっていない。これら動作語は名詞化したり変形化して「物的手段」の名前になってゆくが、「て」の語に結びついてはゆかない。むしろ用いられるのは、「かんな」(鉋)「たがね」(鏨)「はがね」(鋼=刃金)というように、「材料」の名である。なぜなのか？　理由はきわめて簡単だ。

〈手が働くとき、われわれの注意は手の向かうものへ向かう。そして、手の切るものを目は意識の中で切り、手の割るものをわれわれは意識の中で割るのだ。……ここでは目と手の協力ではなく、「手」が「知る」という働きをもつことが問題なのである。〉

(2)目と手

つまり、対象を認識する「働き」に注目すると、大別して二様の知り方をしていることがわかる。

1　ひとつは「明らかにする」で、デカルトの「明晰」「判明」のような、視覚的表現だ。ラテン語の evidere からきた語で、英語で evident《エビデント》（はっきり見える＝明確に）である。

2　もうひとつは、「より明確に知ること」を表現する場合は、「見る」「知る」だけでは十分にいい足りたとは感じられない。「見てとる」とか「知りとる」というように「とる」という表現を付け加える。〈「とる」は「手」と同じ語源のコトバで手の典型的な働きを示している。〉

〈手でしっか（り）とつかまれたものは「たしか」である。〉デカルトは「確か」であることを〈manifest〉ともいっているが、これは「めいはくな」ということではなく、「て」（manus）で「しっかり」（festus）つかまれている、ということの表現である。

わかるとは「分けてある」ということで、「わけ」（訳）が「わかって」はじめて「わかった」といえるのだ。

わたしがドイツ哲学（カントやヘーゲル）にはじめて触れ（訳本であっ）たとき、戸惑ったのは、「わかる」には、たとえば「つかむ」「にぎる」「わる」があり、これを哲学用語でいえば、「摑まえる」（greifen　把持する）、「理解する」（begreifen　概念把握する）、「判断する」（urteilen　原始分割する）というように、微細かつ明確に分かれていると思えたことだ。しかし、これらはもともと哲学用語ではなく、日用用語から転用されたものであった。さらに混乱が深まった。

手は量的・外延的に見てとるだけではなく、質的・内包的（強度的）に対象をとらえる。すなわち、

〈手は目以上のものである。目が「広がり」しか見られないのに対し、手は、重さをみたり、固さをみたり、きめの荒さや温かさをみる。しかも、目では「見えるもの」を見るのであるが、手は、

手に取って、見るのである。つまり受動的ではなく、能動的なのである。こうして対象の量的・質的な性質を「とらえる」ことによってはじめて、手は、他のものに「働きかける」ことができるのである。〉

3　近世以来の機械学や自然学は、世界を外延的なもの、視覚的世界として意識する。手に意識を重ね合わせるとき、まったくちがった、質的な、形式に還元されない体験の世界がひろがる。幾何学的世界の乗り越えは、触覚的世界、手の世界を通じて果たされなければならない。これが可能なのは、手が対象と同じ「性格」をもつからだ。

⑶ちから――パワーと制御

手は、触覚的に対象に働きかける。手は手の外にあるもの、すなわち「手段」を使用して、対象に働きかける。「つかう」とは「つかむ」が転じたものだ。手段を「つかむ」ことを通じて働く、これが「つかう」だ。

1　物的手段を使うとは、それを目的にかなうように働かせることである。働くとは手段を働かせることなのだ。手が働くとき、それはたんにもろもろの道具が動くように働いているのではない。道具は使われ働かされることによって道具となるのだ。この働かされることが実現するには、二つのことが不可欠だ。

第一は「ちから」だ。たんに物理的表現の「ちから」ではなく、エネルギーという言葉で想像される日常意識に近い。「動力」といってもよく、「フォース」(force) ではなく「パワー」(power)

である。この「ちから」は、目に見えない。内に保持されたもので、「インハルト」〔独語〕Inhalt）である。

2　第二は、働かせ「かた」だ。ものの「かた」ではなく、働きの「かた」である。端的にいえば「制御方式《コントロール》」である。

制御なき「ちから」は、目的にかなうように、実現されない。動力として使用できない。

3　坂本『先端技術のゆくえ』を援用すれば、人力、畜力、風・水力等々、自然条件に左右された歴史的動力とは別に、いつでもどこでも使用可能なパワーとして、一九世紀に蒸気機関《スチームエンジン》が登場する。熱を機械的運動に変換するシステム（熱と機械的運動の同一性）が認識され、動力を加工して利用しやすいようにする技術から、「エネルギー」の概念が成立する。ただし、熱エネルギーの利用も、機械システム（とりわけオートメーション）の利用も、ともに「制御」システムが成立できてはじめて、可能になるのだ。

坂本の行論は、多少とも哲学を専攻したことのあるひとなら、ヘーゲル哲学を、マルクスを媒介にして、メルロ・ポンティ（現象学）的に表現することに腐心しているように、感じられるにちがいない。「機械」を人間の生存「手段」とみなすだけでなく、社会と社会意識の「構造」としてつかまえるからだ。物理学科に入り、哲学に転じ、コミュニズム運動の経歴をもち、フランス哲学（講座）を専攻しつつ、ヘーゲル主義者を任じ、A・グリュックスマン（一九三七〜二〇一五『革命の戦略』『思想の首領者たち』）等の新哲学派運動（「マルクス葬送派」）にも通じた人にふさわしい行き方であった（ように思われる）。

（3）3つの機械＝外骨格

坂本は、機械を人間の外骨格の三様態（mode）として捉える。なぜそうするか？　坂本の行論は、ここでも独特だ。焦点は「骨格」である。

⑴昆虫と人間

1　人間と昆虫は、進化の「樹」の先端、動物の「幹」の大枝の先端、内骨格と外骨格の「枝」の先端に位置する。内骨格の枝は、脱皮なしに成長でき、大地の上に住み、皮膚で体温調整ができる有利さなどとともに、外界からの侵害に弱いという最大の弱点をもつ。

だが人間にも外骨格の部分がある。頭部で、頭脳を保護し、ソフトな中味の十分な進化を可能にする。小さな脳の昆虫は、驚くべき知能をしめすが、人間の頭部の姿が外骨格であることを、いっそう強く支持する。

2　人間はさらに、自己の外に外骨格をつくってきた。外的世界から自己を守り、さらに外的世界に働きかけて人間にふさわしい「環境」をつくるためにだ。それを一人一人の個体においてではなく、人間という類においてつくってきた。機械や道具のもつ手段の「かたさ」は、骨格のかたさ、外骨格のかたさでもある。

⑵三つの機械

人間はこの外骨格を三つの戦線で作り上げてきた。
1　手の延長としての道具、身体の外化としての機械である。これが外骨格の基礎であり、道具をも含めて「機械」として扱うものだ。
2　人間そのものを材料とする機械である。個体の人間を結合し組織立てるシステムで、法・行政・統治・管理に関わる社会構造、機械のすべての特性を持つ社会的機械だ。
3　言語・記号を材料とする機械である。1の意味の機械をモデルとする、自然・社会についての意識世界を対象化したもので、学問の体系、知識の構造である。
〈この三つの外骨格は、それぞれ機械としての構造をもち、人格を疎外する。疎外することによってそれらは人間の外骨格となり、人間の「ちから」の表現となってきたのであって、これらにくらべれば、生物的・身体的個体としての人間は無力な疎外された存在でしかない。しかし、これらの外化された構造物は人間の外化なのであって、人間以外のものであるわけではない。したがって、疎外態を含めての人間こそ「人間」とみなされなければならない。〉

(3)二重の世界
人間は二重の世界を生きる。
1　一つは、外化され、対象化された、疎外態にある機械の世界だ。
2　二つは、普通、本来の人間の世界と意識され、そこへ帰って行くこと、それを獲得することが人間にとって望ましいと考えられている世界だ。

この二つの世界は対立する世界であり、たんなる二つの国ではない。
3　だが第二の世界は、望ましいと意識された世界に他ならない。〈外化されない、対象化されない世界とは、それ自身第一の世界によって疎外された世界なのであり、非「人間」的な、非科学的な、野蛮な、動物的、未分化な幼児の世界であるにすぎない。〉
第一の世界が人間の疎外態であるとするなら、第二の世界も別の形の疎外態なのであって、第二の世界を求めることは、第一の世界＝現実の世界からの逃避に他ならない。

〈我々はこの二重の世界に生きる。機械の世界から逃避することは許されないのである。それは人間をやめることである。〉

ヘーゲル『精神現象論』を「機械論」で縦横に活かす、坂本の技が存分に発揮された箇所だ。「機械」とは媒介されたもの＝物的手段（原動機＝伝導機（媒介）＋作業機）だ。この機械に媒介されて、「人間」は「自己自身に帰る」、「自ら動いて自分自身と等しくなる」（ヘーゲル）。

こうたどれば、ときに坂本賢三（さん）が口にした、私は「ヘーゲリアン」であるといった意味が了解できる。

＊坂本賢三　１９３１・３・16〜１９９１・１・９　神戸市生まれ　１９５３年大阪大理（物理）卒、60年同大院文（哲学）博士中退。桃山学院大助教授、68年同教授、74年神戸商船大教授、86年千葉大教授。在任中に死去。『技術論序説』（上　１９６５）『機械の現象学』（１９７５）『現代科学をどうとらえるか』（１９７８）人類の知的遺産 30『ベーコン』（１９８１）『「分ける」こと「わかる」こと』（１９８２）

『科学思想史』（1984）『先端技術のゆくえ』（1987）　柴田崇「extention　延長、拡張、外化」（北海学園大学人文論集　2015／3／30）

第3節　コンピュータ

(1)一九六〇年代末、わたしが大学院生のときだった。大学闘争のまっただなかで、理学部の内山龍雄教授（「ゲージ場論」6部の第3章第2節参照）が、仁王立ちになって校舎内乱入を狙う分子に対峙していた姿が目に焼き付いている。研究施設内乱入を最も恐れたのは、理学部と基礎工学部（豊中）の中間に新設された「計算機センター」だ（とわたしは聞かされていた）。窓のない、そうオウムのサティアンのような「巨大」な建物であった。なかは無数の真空管が作動する、そとにパンチテープを次々とはき出す、ＩＢＭ制の巨大コンピュータで、最も重要なのは、温度管理である。冷房が停まれば、高熱を発する真空管が爆発する、という話で、故障が起これば、研究（大学）の頭脳とでもいうべき理・基礎工学部研究データが壊滅する、という「触れ込み」だった。

しかし事実はかなり異なっていた。一九六七年、大阪大学は、日本電気独自開発のＮＥＡＣシリーズ２２００を使用して、国産初の完全ＩＣ（集積回路）化コンピュータを導入、日本初の本格的なタイムシェアリングシステムを構築、「大阪大学大型計算機センター」（現サイバーメディアセンター）を工学部（吹田）に設置し、これが、翌六八年、全国大学（旧七帝大）の全国共同利用施設として発足した。

機械音痴のわたしにさえ、コンピュータこそ新しい社会と学の革新技術の主役に躍り出るのでは、と予感できた時期だ。

(2)この予感は、わたしが、一九六〇年代の半ば、電通が音頭を取って発足したばかりのTV視聴率調査会社（ビデオリサーチ）にアルバイトで通っていたときの印象と大きく違っていた。わたしの仕事は、選ばれた家庭に設置された視聴率調査用の装置が、視聴したチャンネル時間帯を記録したテープのパンチ数を読み取る作業だった。これが、電算機の「パンチカード」と同原理なのだと（いうように）聞かされ、人の手を代替する（という触れ込みの）電算機の「低脳」ぶりに驚かされた。もちろん、わたし（?）のまったくの「誤解」（?!）だったが。

といっても、当時、喧伝されていたのは、電子計算機は「電脳」あるいは「人工知能」である。「手」が「機械」に置き換えられる「主役」を演じるだけでなく、いずれ「人間知能」は「人工知能」に置き換えられるだろう、という確信的主張だった。「それはない！　ありえない！」というもうひとつの予感が、わたしにあったが。

(3)二〇世紀中頃から、現代文明を根本から変える可能性を示唆され、展開されたコンピュータ技術の開発もまた、戦時科学技術研究のなかから生まれた。城憲三『計算機械』（一九五三）は、こう記す。

一九四〇年、情報理論の創設者、N・ウィナー（一八九四～一九六四）は、その主著『サイバネティックス』（一九四八）の序にあるように、国防研究委員会議長V・ブッシュに勧告した。

1（例えば、射撃、爆撃照準の精度と確実さを保有するために）アナログ計算機でも、その主要部分はデジタル型で対応すべきだ。
2　高速計算のために、デジタル運動の本質となるスイッチ動作は、真空管回路を用いるべきだ。
3　10進方式より、（ベル電話研究所が使用するような）2進方式を採用すべきだ。装置が経済的〔で高速〕だ。
4　データ入力後は、一切、人力不要〔自動演算機械〕であるべきだ。
5　機械は、データ記憶装置を備えるべきだ。
この勧告は、じつに的確であった。なるほどコンピュータ（技術）開発は、他の技術と同じように、戦争（技術）の産物である。同時に、二〇世紀末にはじまる新文明の推進役を果たしている、果たすことができたのだ、といっていいからだ。

（1）日本製コンピュータ——城憲三

六〇年代末、阪大が導入するコンピュータは、ＩＢＭ製ではなく、国産なのだ、と主張したのが、城憲三である。どうも、一九六二年、阪大に設立された「計算機センター」に対するわたし（鷲田）の「錯誤」は、城が開発モデルとしたＥＮＩＡＣ（electronic numerical integrator and calculator）に由来していた。その原イメージは、聞きかじりで、一九四六年完成した世界最初のデジタルコンピュータ（一万八〇〇〇本の真空管を用い、全長三〇m、総重量三〇ｔの10進方式、消費電力二〇〇kw）からのもので、「超巨大装置」（にちがいない）という、とんだ錯誤であった。

(1)この城憲三こそ、日本コンピュータ技術のパイオニアである。

1　城憲三は、阪大工学部の教授（応用数学）で、敗戦後すぐの日本で、「白紙」かつ「独力」で、電子式計算機械の製作に乗りだした。きっかけを与えたのは、四六年、ニューズウィーク誌に載ったＥＮＩＡＣの記事である。「多数の真空管を使って、人の手ではとても処理できない計算量をほとんど一瞬にして処理してしまった」という内容に、衝撃を受けたのだ。

もっとも、城は、精密工学科で「数学機械」を教え、数学的に問題を高速で機械的に解く必要性を強く感じていた。研究・教育熱心で、計算機は、手動式から電動式に、さらに電子式計算機へと進歩する内的必然性をみてとったのだ。

2　弟子の牧之内三郎との共著『計算機械』は、大型電子計算機に焦点を当てつつ、特に四六年製のＥＮＩＡＣを詳しく紹介し、「名は高いが、これらはいったいどのようにしてつくられてあるのか」を、一七世紀のパスカルから現代（敗戦後）にいたる進歩の跡をたどりつつ、詳しく機械的に説明しようとする、日本という未墾の地に突如出現した、「大型電子計算機」の解説書だ。

3　城が最初に製作モデルとした一九四六年製のＥＮＩＡＣは、輸入がむずかしいだけでなく、日本では実用性に乏しい、いまから見れば、「でくの坊」に等しい巨大電子計算装置だといえる。だが城は、その装置を詳細に知るにつけ、電子計算機のメカニズムが、軍事技術だけではなく、「広汎に応用されたなら、多くの無人工場もできるに違いない。そうなると、たしかにこれは人生の営みに革命的な変化をもたらさずにはおくまい。計算機械は躍如として進歩している。」と、夢を描くのだ。

(2)日本製「最初」のコンピュータ

文献集めからはじまった「阪大真空管計算機」開発は、五三年、城研究室三人による文字通りの手作りで、二進直列方式、真空管約一五〇〇本、ゲルマニウムダイオード約四〇〇〇個等からなる試作品ができあがった。五九年には加減乗除が上手くいった(円周率小数点以下一〇万桁まで計算した〔ようだ〕)ものの、すでに真空管の時代ではなくなっていた。しかも阪大は、日本電気からNEAC2203(トランジスターコンピュータ)の無償貸与を受け、城のコンピュータ開発は、事実上、中断のやむなきに至ったのだ。

ちなみに国産最初の(真空管式)コンピュータは、富士フイルムの岡崎文次が開発した「FUJIC」である。七年の歳月をかけて五六年三月に完成するが、わずか二年半でその企業内使命を終えた。だが岡崎の、たった一人で、しかも独創的な設計で手作り開発する快挙は、歴史に残った。(この項は、情報処理学会歴史特別委員会編『日本のコンピュータの歴史』〔一九八五〕と遠藤諭『計算機屋かく戦えり』〔一九九六〕を参照。ともに牧之内三郎執筆・インタビュー。)

(3)日米コンピュータ競争

わたし(鷲田)は、阪大の計算機センターに稼働しているのはIBM(International Business Machines)社製とばかり思っていた。錯認だが、理由はあった。

1　一つは、日本社会に全般にある、巨大世界企業であった「IBM信仰」とでもいうべきものだった。それに、六〇年代末、IBMは自社製品の無償提供を阪大をはじめとする旧帝大に申し出ていたのだ。資金難の大学（研究者）にとって、「旱天に慈雨」のように思えたに違いない。しかし、城の主張を受け、阪大（と東大＝国産コンピュータTAC〔東大自動コンピュータ〕の開発を手がけた）は、国産品でゆくという方向を決めた。

この決定は、七〇年代以降の日本コンピュータ技術革新をめぐる官・財・学界の動向を決定づけたといっていい。城の死後一〇年、乗用車と同じように、コンピュータの独自生産・利用技術開発は、一九九〇年代、アメリカに追いつくことができた、というべきだろう。城の夢が実現をみたのだ。

2　日本は、IBMの真空管方式に対して、はやくからトランジスタ方式で対抗していたが、「蟷螂の斧」に等しい、とみなす見解が主流だった。だが、コンピュータの先端技術部分、パーソナルコンピュータやスーパーコンピュータの開発分野で、八〇年代、アメリカに肉薄し、日米コンピュータ戦争《メガコンペ》の時代が始まった。

この分野では、どの国にも、技術格差の「壁」はない。むしろ、いかな先端技術を誇った国でも、技術革新を怠り、技術開発を誤れば、一瞬にして奈落の底に落ちてしまう。IBMが、インテルが、マイクロソフトが、アップルが、東芝が、ソニーが、NEC等が波頭の頂点に現れ、消え、かつ再浮上する。まことに壮大な活況ではあるまいか。（などと、無神経なことをいう。だが事実だ。ローテクで結構などと、技術革新に顔を背けてもはじまらない。）

3　日本は、コンピュータ技術と生産では、アメリカと肩を並べるまでになった。だが、敗戦直後、城がコンピュータに託した夢は実現されつつあるのか？　然り、かつ、否、である。

　コンピュータの性能は、まさに天文学的に上昇している。情報社会である。人間とその社会は、好むと好まざるとにかかわらず、コンピュータなしには一日はおろか「一瞬」も過ごせなくなった、というべきだろう。コンピュータ社会が大驀進しつつあるのだ。この方向は、どんなに抗っても、逆流させることはできない。

　しかしだ。コンピュータが進化すればするほど、一方で、「頭脳」の働きを代行する「人工頭脳」（electronic brain = 電脳）の役割は高まる。他方、どこまでいっても、「知能」と「人工知能」（artificial intelligence）の「差」が埋まらない、これがますます明白になってきたのだ。

　この「人脳」と「電脳」、「人間知」と「人工知」の根源的「差異」を明らかにしたのが、「機械」、とりわけ「計算機械」の機構解明と製作と利用を通してである。古川俊之や坂本賢三で見たように、機械（人工人間）が、人間（自然人間）の特性を明らかにする契機《モメント》なのである。「機械の哲学」の焦点部分だ。

＊城憲三　1904・1・29〜1982・2・9　大阪市生まれ　旧三高をへて、28年京大（理・数）卒、29年大阪工大（現阪大〔工〕）講師、41年阪大（工・応用数学・精密工学）教授。「数学機械」を研究教育。『数学機械総説』（1947）『計算機械』（牧之内三郎との共著　1938）遠藤諭『計算機屋かく戦えり』（1996）『日本のコンピュータの歴史』（1985）

(2)「人工知能」と哲学――黒崎政男

一九九〇年代、五〇代を過ぎたわたしは、パソコン活用に参入した。それから二五年、あいかわらずビギナーの一人だ。しかし、読み・考え・書くことを仕事とする人間として、想像できないほどの恩恵をコンピュータからえてきた。いまもえている。

そんなわたしが、ワープロ専用機を用いて一冊丸ごと書き下ろした最初の本が『大学教授になる方法』(一九九一)で、ぱたぱたぱたとキイボードを叩いて、予想より速く仕上がった。それが中くらいのベストセラーになる。その直前、大部の『吉本隆明論』(一九九〇)を(手書きで)刊行していたが、ワープロの漢字変換ソフト(一太郎)で、吉本の文章をモデルにしているのではないか、とさえ思えたほど、スムーズに変換できた。その仕上がりを読んだ編集者に、「ワープロの素人とは思えない」といわれた。

そのちょうど一〇年前(三九歳)である。『哲学の構想と現実』(五〇〇枚)を書き下ろし、編集者から「作家の字になってきた」といわれた。うれしかった。しかし、毎年、完成原稿(四〇〇字詰)だけで優に一〇〇〇~二〇〇〇枚書くようになっていた。万年筆の先がもたない、インクがぽたぽた落ちる。といって、新しいペン先にすると、手になじむまで、これがじつにやっかいなのだ。しかも、長時間握っていると、手がしびれる。などの理由もあって、遅ればせながら、八〇年代の後半、ワープロを使い出し、試行錯誤の末、文豪mini 7に落ち着いたところで、ハードディスク内蔵の業務用のワープロ専用機(文豪3MⅡD)に転じた。この機種は、今から考えても、繊細かつ優雅な（仕上がりをもたらす）機械だった。
ちょうどその頃である。「哲学者黒崎」の著書に出会った。特に衝撃はなかったが、哲学専攻でありながら「人工知能」（ＩＴ）の「土俵」に登り、その中心問題を簡明に摘出し、中核部分を書き出すという、という「実践」力に長けた思考者だ、と察知できた。本の副題がずばり「人工知能の哲学」で、著者の若さ（三三歳）も欠かせない魅力であった。

⑴黒崎政男『哲学者はアンドロイドの夢を見たか』（一九八七）
本書は黒崎の処女作で、最新のテクノロジーである「人工知能」の中心問題が、近代哲学が一貫して追求してきた、デカルトの物心二元論に対応する「問題構成《プロブレマティーク》」をもっている、と述べる。
1　二元論の極を代表するのが、ホッブズにはじまる「人間機械論」（「人間の技術は人工人間を作ることができる」）や初期ライプニッツの「普遍記号学」（「人間の推理」すなわち、われわれの心〔mens〕の働きは、すべて普遍記号を基とした計算〔computatio〕で決定できる）である。すなわち「事象」（Sache）の論理を「記号」（Zeichen）の論理に還元することができるとする「記号主義的立場《セミオティシズム》」だ。
対極を代表するのが、パスカルの（「幾何学の精神」に還元不能な）「繊細（finesse）の精神」＝「直観」論である。（なお、パスカルは神秘主義者ではない。城憲三『計算機械』や黒崎が指摘しているように、最古の機械式計算機＝歯車式加算機の発明者である。）またカントの（「数学的認識」に還元不能な）「哲学的認識」＝「直観」論である。

2　哲学史の「解釈」では、ライプニッツは、初期の普遍記号学の構想を後に捨てた、したがって形式主義的な記号操作には還元不能な存在を認めないわけにはいかなかったといわれる。あるいは、一八世紀に記号主義的立場の衰退があった。

同じように、二〇世紀後半における人工知能問題は、デジタルコンピュータの発達によって、人間の知的振る舞いをシミュレートしようとして、「はじめて人間の知的な行動がこれまでわれわれさえ気づかなかったほど複雑なものであるということが明らかになってきたというのがむしろ本当ではないだろうか。」

3　では、現時点で、機械など人間の代わりができるわけがない、と結論し、機械についても人間についても考察をやめてしまっていいのだろうか。逆である。

「おそらく、次の世紀にはわれわれが思いよらないような機械が登場し、再び新たな人工知能問題が持ち上がってくるに違いない。」と黒崎はいう。これは、すでに見たように、「科学」（認識）が機械をモデルにして進展してきた、とする坂本賢三と同じ立場だ。

黒崎は、まず「ＡＩにおける記号主義の問題を、西洋近世哲学における記号主義と直観主義の対立という文脈のうちで論じてみる」。まことに正論だ。

(2)『ミネルヴァのふくろうは世紀末を飛ぶ』（一九九一）

「テクノロジーと哲学の現在」という副題をもつ本書で、黒崎（哲学者）は、いっそう深く、「人工知能」の哲学を深掘りしてゆく。

一九四〇年代、すでにコンピュータのあり方について、相反する二つの考え方があった。コンピュータを人間の脳とのアナロジーで考えるべきか、考えるべきではないのかという対立で、脳との対比で考えるべきだとする立場がコネクショニズムであり、それに反対する立場が機能主義だ。

1　コネクショニズム（結合主義）とは、たとえば、「脳内のニューロン間の結合は、ある刺激によって結合が強まると、同じ刺激を受けたとき、結合されたニューロンが以前より興奮しやすくなり」、結果、「一度通り抜けた道は通りやすくなるというメカニズム」ができあがる（ヘッブの法則　一九四九）、という立場だ。すぐに、D・ヒュームの観念連合を思い起こすだろう。

ヒューム哲学は知覚一元論である。知覚（perception＝認識）は印象（impresion）と観念（idea）を基本単位とする。観念とは印象の薄まった再現（派生）である。つまり観念とは印象の束（結合）なのだ。パイナップルの正しい観念は、実際に味わってみなければわからない、という経験論だ。「心とは非常な早さで次々継起する知覚の束に過ぎない」のだ。

現代の「人工知能」研究にある二つの対立する流れは、古典的記号計算主義（ホッブズ・ライプニッツ）とコネクショニズム（ロック・ヒューム）の対立を源流とする。

2　⑴で見たように、哲学史上、ホッブズ・初期ライプニッツの古典的記号計算主義と対立したカントは、ここでは、ロック・ヒュームのコネクショニズム（アソシエーション）批判者として立ち現れる。黒崎が引くように、カントはいう。

〈しばしば継起ないし随伴してきた諸表象（観念）は、最後には互いに連合し合い、このことによって連結しあうにいたり、このような連結ののちには、その対象が現在していなくても、心が他の表象（観念）へと移り行くような、経験的法則が成立する。……しかし、この再生産の法則が前提しているのは、……（諸現象のこの生産を可能にしているのが）総合的統一のアプリオリな根拠である（構想力の超越論的能力）。〉（『純粋理性批判』一版）

つまり、コネクショニズムとは、たんなる受動的な観念連合主義ではなく、「ある種の能動的・構成的な働きを備えもつ機構（例えば、confirmation bias など）である可能性」もある、と黒崎はいう。

すなわち、一八世紀、哲学史上、カントは大陸合理論とイギリス経験論の対立を統合したといわれるが、二〇世紀、コンピュータ科学上、計算主義とコネクショニズムの対立を統合するのが、カント的構成《アーキテクチュア》である、というのがカント研究家たる黒崎の「夢想」なのだ。

3 「人間とは何か？」は、「人間でないもの（他者）」を通して、知る。「非人間」すなわち、「生物」や「機械」という対象（他者）を通して、人間を知るほかない。「人工知能とは何か？」は、「人間とは何か？」を知る、重要かつ必然の道でもあるのだ。

人工知能研究は、初期の楽観的な予想をことごとく裏切った、といっていい。しかしうまくゆかなかった結果、「一つの大きな問題」を発見した、と黒崎はいう。

「情報処理機構」として人間を見ると、「われわれは実は、自分が知っていることの大半を純粋に無視し、いつでも自分の知識の一部を選び出してそれによって作業するような存在であった」ということだ。いわゆる「フレーム問題」だが、（既存の）人工知能には、人間のように、フレームを「純粋無視」することはできない。「人工知能としてわれわれが作り出すことができるのは、自然知能に関して明示的に理解できたことだけだからである。」

一言コメントしよう。古川俊之が、人間は「ショート」できるが、電子計算機はできない、といった。しかし、だから機械は不完全だというのではない。機械こそ「フレーム」通りに計算するので、「十全」なので、人間こそ「フレーム」をやすやすと無視するので、不完全というか、不確定なのだ。

＊黒崎政男　1954・11・3〜　仙台生まれ。仙台一高をへて、79年東大（文・哲）卒、84年同大学院博士課程（満期）退学。東女大助教授、教授。カント哲学専攻。『哲学者はアンドロイドの夢を見たか』（1987）『ミネルヴァのふくろうは世紀末を飛ぶ』（1991）『哲学者クロサキのMS－DOSは思考の道具だ』（1993）『カント『純粋理性批判』入門』（2000）

（3）パソコンは考える道具だ――インターネット＝関係の絶対性の世界の出現

一九九〇年代、パソコン（personal computer）が普及し、高機能となり、安価となり、個人（多数）が占有し活用することができる機械となった。とりわけ重要なのは、インターネット社会が実現したことだ。あらゆるものも、人も、システムも、国家も、天体さえ、コンピュータでつなげられる社会が出現したのだ。コンピュータ文明社会である。

私事でいえば、九三年、ワープロ（専用のコンピュータ）を使い慣れ、物足りなくなり、ハードディスクの容量問題を解消することもあって、パソコンに初参入した。これがじつにスムーズにフィットした。初心ドライバー（のまま）のわたしに、二人の「技術者」（主治医）がいた。素人でも活用可能な機能を使うだけで、その他プログラミング等すべてを丸投げすることができた。

そして決定的な転機が現れた。大学四年の息子が、一台のパソコン（ゲート・ウェイのノートパソコン）を持って帰省したことだ。その一年まえ、黒崎政男『哲学者黒崎のMS－DOSは思考の道具だ』（一九九三）をわたしに渡してくれたのも息子だ。こちらは、一通り見て、パスした。これを読まなくても、パソコンを動かし、活用することに不都合はない、と思えたからだ。

そして、こともあろうに『パソコン活用思考術』（一九九六〔文庫版『パソコンで考える技術』二〇〇〇〕）を書いてしまった。「外注」によってではなく、自発的にだ。だが、二〇年たったいまも、軽はずみではなかった、と思える。

パソコンの内部は「ブラックボックス」さながらで、しかもその多種で高度な機能を知りかつ活用することのない、まったくの機械音痴が、書いたのだ。が、「音痴」でも歌は唱える。クルマの構造を知らなくても運転できる。パソコンも同じで、叩き、記憶させ、再生し、多様に活用する。それがパソコン活用術で、そうなってはじめて誰でもどこでも使える「機械技術」といえる。機械に弱いといわれてきた女性が、二一世紀、スマートホンを「夢中」で「活用」している。このスマホ、携帯電話の進化形とみなされているが、いうまでもなく、コンピュータである（が動かしている）。

だが、パソコンが最も優れているのは、「思考機械」だという点だ。その理由の大略を簡潔に述べてみよう。

1　計算と暗記の機械　大量・迅速・正確に処理

コンピュータは思考機械だ。正確には、計算と暗記の機械、つまり、データであれ知識であれ画像であれ、大量に、迅速に、正確に処理する機械である。

昔、IBMなどが作っていたような「巨大」システムとしてのコンピュータもあるが、わたしたちが日常で使うパーソナルコンピュータは、どんどんコンパクト化が進み、いまやポケットに入れて持ち運び可能になってきた。処理能力もどんどんあがってきた。しかし、全部、計算と暗記をむねとする1と0とからなる二進法の機械であることに変わりはない。

この機械、考え方としては昔からあったが、戦後に発明されたものだ。

はじめのうち、コンピュータは、人間の思考を機械化、単純化させるものだ、と考えられた。したがって、コンピュータを使うと、人間が機械化する、ないしは、人間が動物化する、人間の能力が低下するといわれたのだ。二一世紀のいまでも、そう考えている人が多いのではないだろうか。

たしかに、例えば、電卓を使えば確実に計算能力は落ちる。そして、人間は計算と暗記なしに、どんな知識の蓄積や伝達も不可能だ。だが人間は、情報を蓄積すること、蓄積した情報を再現すること、さらに計算を迅速にすることが苦手だ。それをむりやり人間個人と集団に強いてきたのがこれまでの歴史だ。ところがパソコンは、大量の計算と暗記を短時間で正確に処理し、人間の苦手を大幅に軽減したのだ。

たとえば、二〇世紀末、小渕内閣の下で、次々と重要法案が通った。日米安保条約のガイドライン法、中央省庁再編法、組織犯罪防止法（盗聴法）、土地台帳改正法（国民背番号制）、地方分権化法、あるいは産業競争力促進法等、そのどれも一内閣で一つ仕上げるのがやっとというほどの重要な法案だ。まず法案文や資料が膨大なページ数に上る。

法案処理のスピードが変わった。一因に、法案と資料のデータベース化がある。これまでは、役人が集まって徹夜でしていた手仕事を、コンピュータがアッという間に処理してしまうのだ。

2　パソコンができない仕事は、間違うこと・夢見ること・創造すること

反対に、パソコンに苦手な仕事がある。ひとつは間違うことだ。

パソコンに「エラー」表示がでると、どきっとする。しかし、あれは操作ミスか、故障であって、機械自体の思考ミス＝計算間違いではない。

人間は、パソコンの登場によって、大量の暗記・再現・計算作業を軽減・免除され、パソコンにできない「間違う思考」、すなわち、夢見ること、創造することに専念できるようになった。「創造」は「パソコン」によってより高く羽ばたく。

「夢想」は、通常はまったく関連のない、むしろ正反対のものを結びつけて、思いもよらなかったものをつくる。創造力である。コンピュータは、人間の創造力を奪って画一化するのではなく、逆に、人間の創造力を格段と高める補助機械なのだ。もちろん、人間がパソコンに使われるのではなく、パソコンを使いこなすことによってであるが。

3　パソコンを使うと文章が書けてしまう

パソコンが創造的作業を促す一つの実例に、パソコンを使うとなぜか文章が書けてしまう、がある。これは、本当に不思議だが、パソコンを使わずに文章を書くのと、パソコンを使って文章を書

くのとでは、学生、婦人、老人を問わず、少し練習をさせてみると、その違いが歴然とする。どうして書けるのと聞かれると、なかなか説明も説得も難しい。だが事実である。こういう事実は素直に受け入れたいものだ。

計算機を使うとだれでも計算が正確にできるというのとは違って、文章を書くということは論理的かつ個性的なものだ。パソコンを使うと文章がスラスラ書けるのは、パソコンによって人間がもつ自己表出能力、とりわけ伝達能力が飛躍的に高まるということだ(ろう)。

重要なのは、パソコンはもっとも単純な計算法、二進法だ。だからこそ、文字(記号)を使って行なう人間の言語活動の最大の「補助者」となりうる。パソコンを使えるか使えないかは、とりわけ創造的思考に専心するために使うかどうかは、美しく=「繊細な精神」(パスカル)で生きるために必要な、決定的な技術になる、と思える。(拙著『知的に生きるための思考術』二〇〇〇)

第2章　工学――土木　civil engineering

科学が自然の模倣であるように、工学（engineering）は自然のメカニズムの模倣であり、「文化」（culture）の重要な要素《エレメント》である。どういうことか？

第1章「技術」で述べたように、技術と科学は、別な経路をとって進化してきた。そしてざっくりいえば、技術は、「土木」を主体に発展してきたのだ。

1　「土木」というと、直ちに思い起こすのは、現在もなおその遺構が燦然と残る、エジプトのピラミッド（墳墓）であり、アテネのパルテノン（神殿）、漢の長安（都城）であり、日本では前方後円墳（墳墓）や法隆寺（寺院）あるいは満濃池（溜池）などという巨大土木（構築物structure）だろう。あるいは、道路や水路に代表される運輸全般に関する技術（logistics）である。

だが農耕技術も、住居（建築）や水道をはじめとする生活技術も、さらには、産業技術から宇宙開発技術まで、すべて「土木」に属するといっていい。「土木」とは、人間（社会）の生存維持に欠かせない不可欠の要素なのだ。

2　ところがその「土木」は、軍事技術（military engineering）の派生物であって、その逆ではない。

通常、現在、「工学」とは「土木」（civil engineering）をさす。エンジニア（engineer）とは技師のことだが、もともとは「工兵」（軍事技師）のことだ。つまり、エンジニアリングとは「軍事技術」のことだったし、いまもそうなのだ。

また、一九八〇年代、宅配便のクロネコヤマトがロジスティックス（物流）に革命をもたらした、といわれる。この「物流」（logistics）は、「兵站《へいたん》」のことで、「補給」を意味してきた軍事技術・業務全般のことだ。

3　工学の基本は、過去現在ともに「土木」（civil engineering）、すなわち「民生技術」であるといわれる。だがその産みの親は「軍事」なのだ。この性格は、今日でもかわっていない。これは戦争（技術）が社会進化の推進力である、というテーゼに集約されてきた。したがって、自然の熱エネルギーを転用する核技術の開発はいいが、原発や核兵器は廃絶しなければならない、はできないことを主張するに等しい、といえる。

これを逆にいえば、民生技術にかぎった研究開発を図ったとしても、かならず軍事技術に転用されることを免れえないということだ。軍事技術を拒否することは、技術それ自身の廃絶を主張することになる。このことを忘れてはならない。可能なのは、軍事技術開発・使用の「国家《ナショナル》」および「国家間《インターナショナル》」の管理・抑制システムの構築である。

大枠このように断ったうえで、日本の工学の特質を、民生技術に焦点をおいて考察してみよう。

第1節　都市と農村

(1)「都市」の工学――鯖田豊之『水道の文化』

一九七〇年代、西洋ならびに日本の中世史新研究があいついで出現した。特徴的なのは、ともに中世史を、古代史と近代史のたんなる「通過点」ましてや「暗黒」ではなく、自立した画期とみなす視点だ。だから「ヨーロッパ」の歴史は中世にはじまるとする。代表者が、西洋史では木村尚三郎（『西洋文明の原像』一九七四　一九三〇〜二〇〇六）や阿部謹也（『ハーメルンの笛吹き男』一九七四　一九三五〜二〇〇六）であり、日本史では大石慎三郎（『元禄時代』一九七〇　一九二三〜二〇〇四）や網野善彦（『蒙古襲来』一九七四　一九二八〜二〇〇四）である。さらにその特質をいえば、近代は中世の否定の上に成立したというよりは、中世を出発点としたのであり、そして中世期にこそその国固有の歴史が成立したという見解だ。

鯖田豊之も、木村と流れを同じくする西洋中世史家で、『肉食の思想』（一九六六）ですでに名をなしていて、「ヨーロッパ精神の再発見」と副題されるこの本（中公新書）の発刊直後、相原信作教授（倫理学）に勧められた。ここでは、都市の成立に関する比較文化史に焦点をおきつつ、『水道の文化』（一九八三）を、鯖田『ヨーロッパ中世』（世界の歴史9　一九七四）や『都市はいかにつくられたか』（一九八八）を参照しつつ、紹介しよう。

都市の成立と存続にとって、必須な土木（技術）要素とは何か？　鯖田は断じる。「壁」の構築であり、「上水」の確保（上水道）であり、「屎尿《しにょう》」処理（下水道）である。これは「農村」には必須でない、都市「工学」の基本だ。対して、近代都市あるいは近代国家とは、城壁をもたない（壊したあるいは必須でない）都市、国家のことである。

(1)壁

「土木」（工学）で最も大きくしかも切実な問題は、「都市と農村」（の分離、対立、格差）問題だ。産業社会が成立するまでは、人口の八割以上が、農村に居住していた。日本で、この問題で決定的な転換点となったのが一九七二年で、田中角栄（内閣）が掲げたいわゆる「日本列島改造論」（一九七二）である。エッ、と思われては困る。歴史上、六〇年代の「所得倍増計画」（池田勇人・佐藤栄作内閣）までが、「地方から都市へ」であったのに対し、「都市から地方へ」と流れを変えようとしたのが田中なのだ。すなわち、産業再配置と交通・情報通信の全国的ネットワークの形成をテコにして、人とカネとものの流れを巨大都市から地方に逆流させる「地方分散」の推進である。だから「地方の時代」がスローガンになり、その「象徴」として、東京、大阪、京都に、革新都・府政が現れたのだ。

1　自由と平和（安全）

国外の先進国の古い都市には、一目で、農村と都市を歴然と分けていた「壁」の「痕跡」が残っている。都市（city〔英〕、Burg〔独〕、ville〔仏〕）とは、アテネ、ローマ、長安、洛陽、パリ、ロンドン、ケルン等、みな城壁（wall, Burg, mur）で囲まれていた。壁の強度（＝技術）は自衛《セキュリティ》力、「自由と平和」度の目安であった。城壁がなければ、「枕を高くして眠ることはできない」、これが王侯だけでなく都市住民（citizen）の切実な思いだった。ただ壁でかぎられた都市＝城域は、狭く、おのずと人口過密になった。

パリもロンドンも、ローマ帝国の「都市」（植民地）として生まれた。パリは、六回市壁を撤去、建設をくり返した。（その撤去跡が環状道路として残っている。）だが常に人口密度三万〜一万の、超過密都市（国家）であった。都市集中は、近代以前、政治・経済・軍事さらには学術あるい宗教上、不可避であった、といっていい。

もちろん、日本にも都鄙（town=city and country=village）問題はあった。だが、ヨーロッパとは、緊急度がまったくちがった。都市は、城下・門前町（江戸）、商都（大坂）等にかぎらず、強固な壁で囲まれた城市（castle-town）ではなく、都鄙は分離対立していたというより、都市は田舎（田畑、森林）と共存し、あるいは連続していた、といっていい。

2　計画と自生

城壁建設をはじめとする都市建設は、元来、軍用技術である。目的・計画性を必要とする。ロジスティク（兵站）を必要とした。しかし流入し増加する住民は、「自由と平和」を確保するとともに、まずは生きなければならない。軍事目的とは直接無関係な衣食住の生活が、つれて多様な民生技術の進化が自ずと必要になる。

しかし、民生は、軍用と比較すると、あきらかに非計画的、個別的で無秩序だ。過密ともなれば、カオス化、スラム化する。魔都の出現だ。計画と自生のせめぎ合いが、また壁のなかの都市で撹拌する。そこにこそ都市の生命力があるのだが、残念ながら、鯖田の都市論（＝工学文化論）にはない視点だ。計画性を乗り越えるカオス力の横溢が、今日に続く、都市の力の源泉といえる。警察と怪盗と探偵が、ルパンやホームズ、そして半七を躍動させる闇の力だ。

3　建設と破壊

都市は過密となり、旧城壁は取り除かれ、拡大した城壁が築かれる。一大土木工事だ。都市の変化と新生は、この土木工事に直結している。この土木費用と技術力の負担に耐えることができなければ、都市は弛緩する。

壁は、都市の進化と拡大の障害となる。同時に、その障害は、それを乗り越える力（凝集・突破・破壊力）を生む源泉でもある。都市でこそ、軍用技術の進化が民生技術への転化と進化を促す。プロの職人《エンジニア》とその集団《ギルド》がうまれる。「壁」建設に限定すれば、旧壁の除去あとが都市計画の柱になった。パリの二本の幹線道路は環状をなしているが、城壁の跡地利用なのだ。

⑵上水道

人間の体の六五パーセントは、「水」でできている。洋の東西を問わず、人間の、とりわけ都市（住民）の生存にとって、水（飲料水）の確保が必須条件になる。

1　河川都市

パリ、ロンドンをはじめ、ヨーロッパの主要都市は河川都市である。セーヌ、ライン、ドナウ等は都市間、国家間の交通と運輸の大動脈だった。パリやバーゼル（スイス）は、海港アムステルダム（オランダ）から河川（と運河）で八〇〇キロの距離をつながれている。この水運は、モータリゼーションの時代といわれる現在になっても、利用されている。

もちろん日本でも、河川は重要不可欠な交通・運輸路であった。だが多くの都市は、河口の扇状地に形成され、港は水深が浅かった。幕末（一八五九）、幕府は横浜、長崎、箱館を開いた（これらに神戸を加え）が、いずれも大型船の接岸可能な水深をもつ、日本では稀な（自然）良港だったのだ。

2　泉水と地下水

ところがヨーロッパの都市は、都市のなかを流れる河川の水を利用せず、主として泉水や地下水を利用した。河川は、交通路であって、直接の水源としてはふさわしくなかった。一五世紀末、人口一八万のロンドンには、四千人の水運び屋がギルドを作っていた。対して日本では、河川水を直接、飲料水として用いた。河川の河口に都市が形成された理由だ。こういわれてきた。だが、鯖田によれば、単純化できない。

ヨーロッパでも、日本でも、河川は交通路であり、排水路であった。たしかに、日本では、河川に屎尿を流さず、田畑で肥料として利用した。だから、河川水を飲料として直接利用できた。こういわれてきた。だが江戸はロンドンと同じだ。井戸水や泉水確保はパリと比較すれば、容易だった。だが「水」に関していえば、パリもロンドンも江戸も、人口増加に水需要が追いつかず、結局、河川水をくみ上げて飲むしかなかった。その揚水を大量に輸送する水路、上水道の建設が必須になった。一七世紀初め、パリ、ロンドン（ニュー・リバー）で、少し遅れて江戸（玉川上水）で上水道が本格始動しだした。

3　玉川上水

江戸は日本の都市の中でも、もっとも水事情が悪かった。地下水をえることは比較的に簡単だったが、埋め立て地が多いため井戸を掘っても飲料水に適さず、また急増する人口をまかなうには量が決定的に足りなかった。浮上したのが玉川上水計画で、一七世紀の半ば、多摩川上流の水を羽村から水路を作って江戸（四谷大木戸）まで運ぶ、全長四三キロが完成した。プランを立て実施したのは、羽村の農民（兄弟二人）で、功により玉川姓をえた。

工事は、ごく短期間に終わったようだ。特徴は、四谷大木戸から江戸市内への配水で、地上露出のロンドンとは異なって、配水管の大部分が地下埋設だったことだ。配水管の監視を必要としなかったので、露出のロンドン（ニュー・リバー）より保全しやすかっただろう。だが修理は難しかった。問題は、配水池をもたず、配水調整はできず、せっかくの飲料水が垂れ流し状態になったことだ。

一七世紀、ロンドンと江戸で、同じような上水計画があり、実現した。玉川上水は、良質な飲料水を、遠隔の河川に求め、人工水路を敷設し、市中に配管で大量配水する土木（工学技術）の端緒となった。

(3)下水道

都会、それも城壁で囲まれた人口過密な都会で、もっとも頭痛の種は、膨大な量の屎尿処理である。パリで地下に石造りの下水道が誕生したのは、一三七〇年だった。たしかに早い。だが小規模だった。しかも下水道の排出口は、セーヌ川の支流につながり、本流に合流するという仕組だ。屎尿を下水道に流すのは禁止されたが、パリ市民の大多数は、公然と隠然とを問わず、下水道、あるいは市街地に垂れ流さざるをえない。それらは悪臭を放って、結局は、セーヌ川に排出された。この事情は、ヨーロッパの都市に共通していた。華のパリ、セーヌは流れる、といわれるが、街もセーヌも、悪臭に充ちていたというべきだろう。河川水をくみ上げた上水は、下水の薄まったものとなり、飲料水として利用できないものとなった。パリ発のシャネル（香水）もエビアン（ミネラルウォーター）も、悪臭消しと飲料水対策のためだ、ともいえる。

パリやロンドン等の都会生活は健康にいいはずはなかった。死亡数は出生数を常に上回っていた。人口増は、都市の自由な生活を求める移住者によるものだ。最も深刻だったのは、黒死病（腺ペスト）で、一三四七年にクリミア半島（当時はモンゴル支配下）からイタリアに持ち込まれ、ヨーロッパ全土に蔓延し、死者が二五〇〇万人（総人口の四分の一）に達した。ペストはもともとネズミの病気で、ノミを介して人間に伝染する。汚染まみれの都会は、ネズミとノミの格好のすみかだ。いったん発生すると、病原菌を患者もろとも城壁に閉じ込めるほかなくなる。

対して日本では、（大石慎三郎『江戸時代』（一九七七）にもあるように）古くから、都市と農村が分離しておらず、（セッチンに溜めた）屎尿を農家がくみ取るが、肥料（下肥）として取引される文化《カルチャー》＝農業が根付いてきた。だから当然、大都（で大いなる農村でもあった）江戸でも（でこそ）

河川に屎尿類を排出することは、厳禁でありかつ経済損失を意味した。これが、日本で河川水を飲む習慣とワンセットになったのだ。

じゃあ、日本は、とりわけ江戸は、ヨーロッパの大都市と比較して、汚染の少ない、健康にいい、住みやすい街、リサイクル型の都市だったのか？　ひとまずはそういっていいだろう。だがそのことが、本格的な上下水道を完備する都市計画をおのずと遅らせる要因になった。

反対に、パリは、悪臭と不健康と病気を緩和・解消するために、すでにある下水道に上水道を併設し、屎尿を含む下水処理に灌漑方式（水分を抜いて砂塵処理する）を取り入れた。屎尿にまみれた河川をよみがえらせ、水道水は砂や薬品処理をする技術を開発し、またアルプス等の泉水を求め、生活水確保のため長大な水道管を敷設した。

日本の場合、屎尿は河川に排出しなかったが、生活・産業水は河川に垂れ流し、水質汚染を招いた。むしろ産業社会になって、日本の上水は、下水の薄まったもの、という、日欧逆転現象が起きたのだ。

矛盾の激化は、その解決の方策・技術を要求する。水質汚染処理、上下水道敷設と、水道水の浄化技術は、なんども技術の壁を乗り越え、健康で快適な都会生活を可能にしてきたといえる。日本も遅れたが、その道をたどった。

＊鯖田豊之　１９２６・３・12〜２００１・10・25　奈良県大淀生まれ。52年京大（文・史）卒、53年島根大助手、58年同助教授をへて、70年京府立医科大教授。『ヨーロッパ封建都市』（１９５７）『肉食の思

想』（1966）『生と死の思想』（1971）『ヨーロッパ中世』（世界の歴史9　1974）『生きる権利・死ぬ権利』（1976）『水道の文化』（1983）『ラインの文化史』（1995　土木学会・出版文化賞）『水道の思想』（1996）

(2) 田舎生活はリッチだ

「農村問題」は、基本は、「貧窮問題」であり、そこからの脱出問題であった。非生産的な貴族が、僧侶が、武士が、商人が、近代では、資本家が、不在地主が、生産者の大部分を占める農家を収奪し、支配し、困窮におとしめている。これをどうしたらいいのか？　である。

「農村の貧困」問題は、戦中戦後の一〇年間という食糧難の時代を除いて、一九六〇年代にまでその基本構図は変わらなかった、といえるだろう。しかし、一九七〇年代、農村生活の基本構図が激変しはじめた。さらに一九八〇〜九〇年にかけて、コンピュータ社会・情報社会・消費中心社会が本格化しはじめると、農村の生活は、根本的に変わった。それは、この激変期間の四〇年間を農村で快適に過ごしてきたわたしの実感にもぴったり合う。

ただし、誤解しないで欲しいが、わたしは「農村＝楽園」派ではない。農村（過疎地）で暮らし、都会で仕事をするものの一人だ。端的にいえば、職場や仕事関係と住居（と仕事場）が一〇〇〜五〇キロ離れているということだ。通勤は、最初の八年は電車で（往復五〜三時間）、八〇年代の半ばからは（公的交通機関が欠けていたので）自家用車（往復二時間）になった。わたしの私的経験も踏まえ、現在の農村問題をスケッチしてみたい。

(1)一極集中は止まらない

1　一極集中といわれる。だが、一九七〇年以降、「都市から農村」という国家シナリオは、「日本列島改造論」と変わっていない。これは日本だけの現象ではない。だが、一極集中は停まっていない。東京だけでない。北海道なら札幌、東北なら仙台、ながく延びた北陸なら新潟と金沢、中国四国では広島、九州では福岡に一極集中している。（事実上、道州制ができあがっているようにさえ思える。）だが、各県各地域にも一極集中都市が形成されている。関東を例にとれば、千葉、さいたま、川崎、横浜、これらはすでに一〇〇万都市だ。さらには宇都宮、高崎、水戸、船橋、相模原、というように、政治経済交通文化上の中核都市が形成され、一極集中化は進んでいる。これは異常か？　是正すべきなのか？　まず、こう問わなければならない。

2　異常ではない。中心都市に、政治・経済・産業が、したがって学芸も文化も集中し、人口も集中してゆく。これが自然《ナチュラル》なのだ。洋の東西を問わない。どこの町・村落にも中心部に、役場・警察・商店・駅・学校等があった。一極集中だ。これをどんなに嘆いてみても、はじまらない。じゃあ、「一極集中」は、格差拡大なのか？　都市は豊かで、住みやすく、便利で、田舎は貧しく、住みにくく、不便だからなのか？　鉄道・バスと電気の時代、それが通っていなかった村落は、まさに不便だった。しかし鉄道・自動車と電気・ガスがゆきわたると、格差は解消されてゆく。なぜか？

3　都市のメカニズムと田舎のメカニズムが異なるからだ。都市は「ヒート・アップ」させるメカニズムをもつ。このヒートアイランドで熱せられた人間(とりわけ頭脳)を、「クールダウン」しなければ、心も体も、白熱したままで、燃え尽きる。「眠るのも惜しい」と灼熱しつづければ、疲労困憊《こんぱい》し、枯渇する。

田舎とりわけ過疎地は、ヒート・アップした生(life)をもののみごとにクール・ダウンしてくれる。終電(夜、一〇時四〇分の急行)に乗り、一二時に終点駅について帰宅する毎日でも、翌日の朝六時の始発に乗るときは、もののみごとにクール・ダウンしている。これは、高校まで田舎に住み、その後一五年間、大阪に住んでいたときには味わえなかった、生命感《バイタリティ》であった。人生にスイッチが入り、仕事熱が発火し、暴走・迷走も含めて、仕事(と遊び)が本格軌道に入ることができた、(わたしにとっては)最初は余儀なくはじまったことだが、すぐになくてはならない不可欠な要因である、と気づいた。

二〇世紀末から、人間とその社会にとって、夜も眠らない「発狂」するパリも、ロンドンも、東京も、ニューヨークも必要不可欠だが、それがただの発狂に終わらないためには、クール・ダウンのメカニズムをもつ地域、とりわけ田舎(居住地)、とりわけわたしが四〇年住んで離れることができない「過疎地」が必要なのだ。こういいたい。

(2)インフラの充実

1　一九六〇年代まで、農村(田舎)は都市と比較して、基本的に、社会資本(infrastructure インフラ)を欠いていた。産業基盤はもとより、交通、商店、学校、病院、上下水道、通信をはじめとする生活基盤整備が劣悪だった。都市と農村の格差は歴然としていた。わたしのような農村生まれが、都会に出なくては、と思えたのは、当然だった。

離村、離農、出稼ぎ、集団就職等々を、貧困と不幸のゆえである、あるいは脱落者《デクラッセ》と考えるだけでは、片手落ちだ。農村を離れた人の大多数が、都会とその周辺に住んではたらいて、はじめて、郷里の「よさ」（素寒貧も含めて）を発見し、懐かしむことができる。

一九六〇年代の高度成長期、二〇代のわたしたちが、持ち家を有し、自家用車を乗り回すなどということは、夢想だにしなかった。これは都市と農村を問わなかった。日本人の大多数は、まだ貧しかった。

2　だが七〇年代後半、わたしは戸建住宅（建て売りのローン付きとはいえ）に住み、自家用車（中古とはいえ）を運転していた。もっとも田舎では、珍しくはなかったが。

しかも、こと生活基盤に関していえば、一九七〇～八〇年代には、都市と農村の格差はどんどん縮まり、九〇年代には基本的にはなくなった、といっていい。否むしろ、田舎の生活のほうが、比較すると、「満喫」するに足るものが多くなった、といっていい。

なによりも、家が広い。持ち家だ。土地が安いからだ。電気・ガス・水道完備（下水道は簡易でも十分間に合う）、あれもこれも電化製品、それも大型のを所狭しとそろえることができる。自家用車だって、一人に一台可能だ。総じて、都会と比較すると、田舎の生活はリッチになった、と実感できた。

3　エッ、学校が廃校になった。商店がつぶれた。娯楽施設もなくなり、なによりも人口がどんどん減って、子どもが少なく、高齢者ばかりになる。寂しいじゃないか。

それもこれも、働き口がなく、収入の当てがなく、暮らしていけないからじゃないか。広い家に、それもその片隅に、老夫婦二人だけになる。「寂しいー!」リッチな生活なんて、とんでもない。こういわれるかも知れない。

子育ては田舎に限る。通学はスクールバス、保育所は即ＯＫ。高校、大学は、本人次第で、下宿もいい。日常生活も困らない。コンビニやスーパー、病院や警察、消防署だって、二〇キロ圏内にある。かつて、村(共同体)は、その中心部から、一日歩いて往復できる距離の範囲であった。およそ二〇~四〇キロ圏内だ。現在、一日車で往復する距離は、二〇〇~三〇〇キロで、ほぼ北海道(州制)の広さに見合っている。人間の移動可能距離が一〇倍に変わったのだ。

田舎で、野良仕事(farm work)をしようと思えば、いくらでも働き口はある。しかし、農事はサラリーマンにはつらい(hard)。主として個人経営だ。経験(熟練)と勤労という二大要素がなければ、うまくゆかない。こういわれる。(もっとも、サラリーマンだって、熟練と勤労に欠けたところがあれば、うまくゆかない点では、同じだ。)

農事はそんなにハードなのか? 農村に暮らしていて、(そばめに)見、知るにつけ、農家の仕事もまた、どんな仕事にも共通するように、トレーニング次第で、基本は慣れだ。それに自力で手加減(セルフコントロール)できる。自分次第なのだ。若くても、有能な農家は、当然ながら、リッチにやっている。

(3)田舎でリッチな暮らしかた

1　重要なのは、むしろ、農村生活と農業生活とを区別することだ。農村生活の（これからの）おすすめ方式は、都会で働き、農村で生活することだ。職場（仕事）と自宅（仕事）がネットでつながる仕事種が拡大している。職住一致は完全に壊れているだけでない。職場（会社）と現場（自宅）の分離も進んでいる。職場でしても、自宅でしても同じ、という仕事が増大している。労働現場の変化だ。たとえば、三日は会社、二日（計四日）は自宅で、というようにだ。

2　それに、東京や大阪のような過密都市では、通勤に一時間はざらではない。車で一時間は、およそ五〇キロ圏内だ。「電車をとるか、自家用車をとるか？」の問題に過ぎない。またコンピュータ技術の進化によって、都市と農村で、情報格差は基本的になくなった。情報技術の進化のおかげだ。

3　問題はここでも、自動車に乗らない（乗れない）、コンピュータを使わない（使えない）人々のことだ。高齢者の田舎生活は、車に乗らない、パソコン・スマホを使わないと、たちどころに不便をきたす。

ただし運転は代替できる。だがパソコンの便利さを代替させるのはむずかしい。最も重要なのは、通信《メール》で、距離差も時間差も解消する。メール（依頼）、即、受信（受諾）になった。居ながらにして、指一本の操作で、必要なもの・ことの大部分を、自力で依頼、購入、処理可能になる。

パソコンを動かすのに、むずかしい技術も、腕力も必要ない。クルマと違って、免許もいらない。

指と目・脳を使うだけだ。老化を防ぐ役割もある。だが機械嫌いは理屈では治らない。

ま、実のところ、パソコン（個人用コンピュータ）を使えない人たちがいなくなるまで、あと一〇〜二〇年間、遅くても二〇四〇年までだろう。それまでは、高齢者用の簡易パソコンを製作・提供し、楽しく指導するほかない。しのぎではあるが、限界集落の高齢者にとって、大いなる救いになる、と断言できる。

（3）京都と江戸

都市は変貌、進化する。その象徴が、首都だ。日本の首都は、大津にはじまり、難波、大和各地をへて、八世紀末に京に落ち着いてから一〇〇〇年余、明治維新後に東京に遷って今日に至っている。ただし東京は江戸から数えると、およそ四〇〇年間、政治の中心地だ。

この日本の都市中の都市といわれる京都と東京という二都を、土木という見地から比較してみると、日本の都市のあり方がよくよくわかる。こう断じていいのではないだろうか？

1　計画・人工都市

都市は、とりわけ城壁で囲まれたヨーロッパやチャイナの都市は、人工・計画都市である。城壁をもたない京都も東京も、典型的な、無から有が生まれるというような、計画＝人工都市だ。

京都のモデルは、名前は洛陽（洛＝京）で、プラン（市街建設＝土木）は長安からだ。ただし、門は造られたが、城壁と呼びうるようなものはない。（左京は完成したが、右京の半分は未完に終わった。資金不足といわれる。）

京都の都市機能でもっとも顕著なのは、自衛力《セキュリティ》不安だ。戦争あるいは侵略を想定したプランをもたない。長いあいだ「政権」の場とされてきたが、「権威」や「役所」（office）があっても、「権力」（power）を保持しなかった。軍事的にはまるはだか同然できたのだ。京を制するのは簡単だが、維持するのは困難といわれる理由だ。

江戸は一五九〇年、徳川家康が入ったときにはじまる。だが、城下町としての本格始動は、一六〇三年、徳川家康が将軍となり、政都にふさわしい大改造計画が実行に移されたときだ。

京都（京洛）は、面積といい、水利といい、洛陽や長安という名に込められた思いと同じように、一〇〇〇年の都となるべき地理的条件を備えていた。対して、江戸は都市建設の自然条件を満たしていなかった。だが、この不利を有利に変えるのが、計画の妙だ。武蔵野台地を削り、湿地帯を埋め、河川と海を存分に利用する軍事優先の人工都市が造られた。なによりもよかったのは、市域が広く、農村を広く含み、後背地も広大であったことだ。権力の中心だ。人も、ものも、文化も自ずと集まってくる。その江戸が人口急増に耐えることができた大きな理由だ。

2　琵琶湖と玉川上水

日本の都市は、城壁で囲むことはなかったが、多くは軍事都市であり、同時に、人口が集中する商工、文化の都市である。この多くの人口を支えるのに必須なのが、すでに見たように、河川の飲料水だ。（以下は鯖田豊之『水道の思想』〔一九九六〕の要約だ。）

京都に、鴨川、桂川がある。しかも、天然の水瓶（入る川は無数、出る川は淀川だけ）である琵琶湖が控え、そこから淀川が端を発している。京都が近代都市化に対応できたのは、琵琶湖の水をトンネルを掘り、「疎水」（給水、灌漑、舟運用に開いた水路）で京都に引いたことにある。（大坂も、琵琶湖と淀川に全面的に依存してきた。）

江戸は、その多くが湿地帯の上にあり、常に水不足に悩まされてきた。これは「玉川上水」を引いてからも解消されなかった。江戸の水瓶は多摩川だったのだ。しかも多摩川の汚染は深刻だった。荒川、ひいては利根川の水を利用しなければ、増大する水需要には追いつけないことは明白だった。だが、戦前すでに、荒川は多摩川より汚染が進み、切り札の利根川に原水を求める施策は、東京オリンピックを見据え、ようやく一九六二年に工事がはじまったのだった。「東京砂漠」という唄がある。唄のことだけではない。一九六〇年代、東京は常に給水制限であった。六五年に、利根川から（武蔵水路をへて）荒川へと水が流れ、東京は水不足解消に一歩を歩み出した。（オリンピックに間に合わなかったが、多摩川の水瓶、小河内ダムがゼロ寸前になったとき、慈雨があって、大会期間中、水不足をしのぐことができた。）

一九六〇年代、東京の水事情は最悪だった。慢性的な飲料水不足に加え、雨が長引けば低湿地帯が水につかる、という繰り返しだった。その上、水道の水質が最悪だった。この事情は、大阪や福岡等の中心都市でも、共通だった。

現在、東京の水道水は、河川から引き、加工されたものだが、飲料水として売りだすほどよくなった、といわれる。蛇口から直接飲むことができる。対してヨーロッパの水道は、競うようにして、アルプス等に源泉（清浄水）を求める。いうところのミネラルウォーターだ。ところがその彼らは水道水を飲まない。ボトル入りの水（ミネラルウォーター）を飲む。「習わし」の力である。

3　江戸は「環境」都市のモデル

現在の東京は、その中心部は、再開発と称して、最先端の技術をもつ（ＩＴ）ビルラッシュである。二〇二〇年の東京オリンピックまでこのラッシュは止まらない。と同時に、東京は江戸初期の設計プランが残る、世界に類を見ないほど自然環境と調和した政治経済文化そして生活環境のいい、スーパーシティになった。こう思える。

江戸は、あくまでも、江戸城を中心に形成された政治・軍事都市だ。城壁に替わる防御施設は、「堀」であり、河川だ。堀本体は内堀と外堀であり、隅田川と荒川、その出口から広がる東京湾だ。さらに北へ向かって東西に神田川、石神井《しゃくじい》川等、そして荒川が流れ、南に江戸城をこれまた取り囲むように、目黒（こりとり）川、呑《のみ》川等、最南端に多摩川がながれる。ただし、江戸の自衛能力は、この強固さのため、停滞したままになり、近代に入って、軍事都市の機能を失った、といっていい。

江戸の自然環境、とりわけ地形は、一見、都市建設にとっては、とてもやっかいだった。

江戸は、中心部を、赤羽から白金まで、上野・本郷・目白・麴町・麻布・白金等の起伏に富んだ武蔵野台地がぐるっと取り囲んでいる。ここがいわゆる「山の手」で、上町・武士の町だ。下町の中心は隅田川沿岸で、そのデルタ上（氾濫原）の造成地に広がるのが水の辺で、下町である。下町は大坂にも負けない水の都だった。その中心が両国であり、北は浅草、中央にビジネスの町、日本橋、銀座、新橋が連なり、日本橋から東海道をはじめとする各街道が延びていた。

主要な街道はすべて、台地の尾根の上を通っており、その街道沿いに武家屋敷が並んだ。深く切れ込んだ大小の谷間には、川が流れ、その周辺は農地からしだいに町人町になっていった。近代になると鉄道（山の手・中央線）が走り、東京、新橋、品川、渋谷、新宿、池袋がターミナルとなり、大ビジネス街に変貌する。東京の大動脈だ。

江戸ほどうまく自然を取り込んだ大都市はない、と思える。江戸は大火や地震に悩まされ、幕府瓦解（革命）の憂き目を見、関東大震災、東京大空襲等、なんども壊滅の憂き目を見てきたが、江戸城＝皇居を中心とした都市のたたずまいを今に残す、世界に誇ってもいい、貴重な都市だ、と考えられる。東京は、一極集中の東京でいいのだ。（ま、わたしは住んだことはないが。）

第2節　土木(工)学

1　学生時代（一九六〇年代）、工学部に何人か知り合いがいた。「土木をやっているのか」というと、きまって嫌がられた。「土木」というと「土方」（「土木工事に従事する労働者。土工。」広辞苑）を連想するのだろう。が、土木工事に従事する技術者をエンジニアというのだから、まさにどんぴしゃりの表現なのだ。その土木である。

かつて「工部省」があった。〈明治初年の殖産興業政策担当の中心的な官庁。一八七〇（明治三）閏《うるう》一〇月、「百工勧奨」を目的として設置。鉱山、製鉄、造船、灯台、鉄道、電信などの諸分野の官営事業を推進し、また工学寮（のち工部大学校）を設け外国人教師（教頭はイギリス人ダイエル）を招いて近代技術の移植、技術者の養成と近代産業の育成に努めた。工部卿としては伊藤博文、井上馨、山田顕義などが歴任。八〇年に官営事業を払い下げる政府方針が決定され、八五年ごろから鉄道、電信などを除く工部省諸事業の払下げが開始されたが、工部省自身も八五年一二月の内閣制度設立の際に廃止された。〔永井秀夫〕〉（日本大百科全書）

「土木」省だ。現在の鉄道・電信を含む「国土交通省」に相当し、「国土の総合的かつ体系的な利用、開発及び保全、そのための社会資本の整合的な整備、交通政策の推進、観光立国の実現に向けた施策の推進、気象業務の健全な発達並びに海上の安全及び治安の確保を図ることを任務とする。」（国土交通省設置法　3条）とある。工学部の研究教育のカリキュラムだ。

2　ここでも忘れてはならないのは、軍事（技術＝工学＝土木）技術が民用（civil ）技術に先行した、基本的には、人類史のどんな段階を取っても、軍事革命が産業革命に「先行」（もちろん相互作用はあるが）した、という事実である。例えば、横須賀造船所は、幕府（小栗忠順）が軍艦を造るために、まず製鉄所等の建設に着手し、維新後は新政府が摂取、のち横須賀海軍工廠に改組された。日本近代造船産業の幕開けだ。

同時に、純正に非軍用技術の開発をめざしたものでも、遅かれ早かれ、軍事用に、あるいは軍事技術に転用・転化される（可能性をもつ）ことだ。（例えば、人工心肺装置の最初の成功例〔医療技術〕は一九五三年だったが、実用化され普及したのは、それより先、朝鮮戦争の負傷兵の治療〔軍用〕だった。）

3　「産業」（industry）資本主義と商業資本主義の差は、「機械制工業」（大工業）にある。人間の運動から完全に独立（外化）した技術、オートマティック・メカニズム（自動・連接・制御する機械体系）への変革だ。こう述べたのが、マルクスだ。蒸気機関と紡績業の発展を見てのことだった。またレーニンは、共産主義とは何かと聞かれ、「鉄道と電気」だと述べた。「自由と平等と豊かさと平和」という共産主義の理念を、だれもが自由に移動でき、全戸に電灯がつく、というだれにでも（特に広大なロシアに住む貧しい人なら）わかる簡潔で鮮明なイメージで述べたのだ。超一流のプロパガンダ（コピィライター）ではなかろうか？　ただし、レーニンは、自国の敗北・内戦・権力奪取をへて、「鉄道と電気」が実現する、という、「銃口から革命を！」を前提に述べたこともまた忘れてほしくない。

以下本節は、「土木」を「交通・輸送」で代表させようとする。軍事技術を有しない、「兵站」を無視した軍事、端的には好戦主義は、軍事を備えず、自衛力の扶養さえ軽視する非戦主義と同じように、特殊かつ無力だ。

(1) 東海道新幹線——島秀雄

敗戦後の日本は、軍事・軍需を解体された。軍事技術の開発は、最初禁止され、後々までも制限され、その痕跡は「非核三原則」をはじめとして今日まで残っている。そのなかで特筆すべきは、世界に誇れる最先端の技術開発が、新幹線と自家用車の民用技術開発・革新だ。

世界最古の木造建築といわれる法隆寺を造ったのは誰か？ 「聖徳太子だ。」エッ、太子の「実在」は確証されていない。じゃあ、作者不明か？ 否、「大工が造った。」然り、だが、答えにはならない。設立者（founder）、設計者（designer）とそのチーム、大工（carpenter）の棟梁とそのチームがいる。建築資材の収集、運搬、加工等々、数多くのチームが動く。もちろん、莫大な資金と労力がなくてはできない。建立目的いかん（政治・宗教）がこそが重要だ。

新幹線をつくったのは誰か？ 松下電器の松下幸之助や、本田技研の本田宗一郎の「創業者」に比すと、国鉄（日本国有鉄道）総裁（第四代）十河《そごう》信二というべきだろう。「新幹線を走らせた男」だ。しかしだれもが、一人の男の名をあげる。「新幹線をつくった男」、島秀雄で、こちらは設計技師《エンジニア》だ。

(1)新幹線を作った男

1　「超特急列車、東京－大阪間三時間への可能性」

新幹線構想がはじめて世に問われたのは、鉄道技術研究所創立五〇周年記念講演会（一九五七年三月二日）で、その統一テーマが〈ずばり〉この項題で、二月後、技術研究所は「新幹線構想」を発表した。以下、新幹線プロジェクトに参画し、開通直前に刊行した角本良平（一九二〇～二〇一六）『東海道新幹線』（一九六四）による。

1.　新幹線技術

東京大阪間五〇〇キロを時速二〇〇キロ三時間で走破。最速で七時間半の時代だ。もちろん、当時で世界初の最速（断トツ）である。国鉄だけでなく、日本の鉄道技術の総力が動員された。路線は専用・閉鎖式（踏切なし）で、最短距離（可能な限り直線）を走り、レール幅は「広軌」（ただし世界標準でいえば「準軌」）で、超高速運転を可能にする。機関は電気（交流使用・強力）で、各車分散動力方式（軽く）。安全第一で、アナログとはいえ自動・中央鉄道制御装置（Automatic Train Control; centralized traffic control）を採用。

2.　工期

五年。べらぼうに短い。東京オリンピックは、誘致していたとはいえ、まだ開催決定していなかった。その開催の「影」があり、東京開催が五九年に決まり、開通期限に限度、五年が本決まり、一気に重圧がかかる。もっとも困難を極めたのが用地買収であった。買収が終わったのは、六四年一月二〇日で、わずか九〇メータ間とはいえ、開通日（一〇月一日）まで半年余しか残っていなかった。もちろんなんども試走行をくり返さなければならない。

また当初から、新幹線建設は無駄だ、飛行機と車の時代に逆行している、地方の切り捨ての一環だ、その他その他で、進行中の「所得倍増計画」とともに、反対論、実現不能論が多かった。

3. 総工費

予算二〇〇〇億円余。敗戦後、敗戦・復帰の過剰人員を抱え国鉄は、赤字続きだった。世銀から八〇〇〇万ドル（長期低利で、予算の一七％）借りることができた。だが用地買収・資材・人件費等が膨らみ、実費は倍に膨れあがった。用地買収総額だけで六〇〇億円弱にのぼった。最終的には、予算の倍、四〇〇〇億円に達したのだ。激しく非難された原因である。

4. 遺産

しかし、工期や予算が限られるなか、新幹線建設は綱渡りだったとはいえ、新幹線並の速さで完成した。「突貫精神」だけではどうにもならない。なによりも重要だったのは、過去の遺産、戦前・戦中計画・実施されたが、敗戦色濃厚のなかで中止された東京・下関間「弾丸列車」（新幹線）計画の遺産があった。①技術研究の蓄積。②路線ルートはほぼ同じ。③用地も九六キロ分買収済。④もっとも難工事を予想される新丹那トンネルは一キロ近く掘りはじめて工事再開まで一五年間維持、日本坂トンネル（二km余）は完成済み。だから、新幹線は、技術と資材は純国産でまかなうことが可能になった。

角本のこの本は、新幹線が走り出す直前までの活写だ。この五〇年間の新幹線の嚇嚇たる「成功」をまだ知ってはいない。とにもかくにも完成し、時速二〇〇キロメータで全線試走する車のシートで、「快適！」と叫ぶ気分とともに、前途への不安に満ちた船出前の気分も漂っている。その最たるものは未来予測である。世界で、アメリカや西欧で新幹線建設は人口過密地帯に限られ、日本で、新幹線の延伸は西への可能性を残しつつ、全国展開は「交通革命の今日通用しない」と断じている。つまり角本は、東京・大阪間の新幹線の成功を特殊成功例とみなしているのだ。この予測は、幸いなことに、みごとに裏切られる。

それに注目すべきは、角本の本には、十河総裁や、「広軌」を強く主張した後藤新平の名は出てくるし、新幹線計画を唱道した国鉄技研（と所長以下のメンバー）の名も出てくるが、その国鉄技師長だった島秀雄は一度も登場しないことだ。

2　新幹線技術

ではなぜ島秀雄を名指して「新幹線をつくった男」といわれるのか？　端的には、「弾丸列車」（旧新幹線）と「新幹線」技術を直結するエンジニアだったからだ。いな日本の新幹線を世界の新幹線へとつなげたエンジニアでもある。

島は、1の1.であげた新幹線技術を「案出《デザイン》」したといっていい。だが重要なのはその「新しさ」の質である。例えば「分散動力方式」、島の命名では「ムカデ式」といわれる駆動方式だ。〈ムカデ式の発想は、いたってシンプルである。天才的なひらめきでもないし、複雑な技術の組み合わせでもない、「合理を素直に推し進めていけば、徹底して考え抜くことさえできれば、誰でもたどり着く普遍性を持っている。しかもお手本は世界のあちこちで走っていた。世界の主要都市を走る近距離通勤電車を、そのまま走行距離を伸ばして高速化すれば、新幹線になるのである。〉（高橋団吉

『新幹線をつくった男』二〇〇〇〔文庫　二〇一二〕これこそ島の「独創」＝「技術の哲学」である。この「平凡」（既成技術）を「独創」（先端技術）に転化する先見技術力があればこそ、工期五年の完遂が見込めたし、予算の大幅不足を補ってあまりあった、ということもできる。島がいなければ新幹線はできなかった、といわれる理由だ。

では、島というエンジニアはどのようにして生まれたのか？　まったくの偶然ではない。なによりもＤＮＡの力だ。

島は、「弾丸列車」プロジェクト（一九四〇～五〇）のトップ（「鉄道幹線調査会」特別委員長）であった父安二郎と弟文雄（海軍飛行設計士→新幹線開発→ＹＳ－11設計）、息子隆（新幹線技師→台湾新幹線の技術指導）と、三代にわたる国鉄技術の伝承者である。父が参画した弾丸列車は一〇年計画で、東京と下関（さらに延伸して、釜山と北京〔チャイナ〕、新京〔満洲〕）を結ぶ新幹線構想として、一九四〇年に着工（完成目標は一九五〇年）された軍事優先鉄道だった。秀雄も、このプロジェクトに参加したが、敗戦濃厚下で途絶する。このプロジェクトを、敗戦後占領軍の規制の下で復活、再生させ、「新幹線」へと結びつける発端が、島（チーム）の「高速台車振動技術研究会」（四六～四九年）だった。これが「ムカデ式」等に結実する。

3　東京オリンピックから大阪万博まで

戦後、軍需解体を余儀なくされた日本は、平和産業と貿易立国を標語にした。だが日本製といえば、長いあいだ、「ダンピング」（不当廉売）だ、「安かろう悪かろう」（You get what you pay for.）だといわれた。（一ドル三六〇円という「円安」もその「流言」の後押しをした。）そんな中で、新幹線工事（civil engineering）は戦後日本の技術力の高さを世界に知らしめたベストケースとなる。

もっとも東京オリンピックで東京は大変貌を遂げた（ように思える）が、それは一見というか「発端」であった。期間中、山手線でさえ、沿線のバラック住宅や戦後の闇市が残る地域に目隠しを施していた。電車も首都高速道も、満杯で身動きできなかった。そんななかで新幹線（だけ）は輝いていた。輝き続けてきたといっていい。オリンピックを契機に、日本列島が大変動を開始しだした。造船、鉄鋼、ダム建築等が世界の最先端に躍り出はじめた。ざっくりいえば、六〇年代に政府が掲げた「所得倍増計画」（高度成長経済）が予測を上回って「成功」する。第一次「日本列島改造」である。この終点に、一九七〇年三月から六カ月間開かれた国家プロジェクト「大阪万国博覧会」があった。これも大成功だった。しかし外見に過ぎない。入場目標者数三〇〇〇万人に対して、六四〇〇万人が、押し寄せたが、宿泊施設がない。結果、三重や兵庫の山中にも、宿泊施設に名を借りたモーテルが乱立したのだ。（その残骸が、各所に残っている。）ただし、七〇年二月、山陽新幹線が全線（新大阪〜福岡）開通する。こうして「弾丸鉄道」構想が、三〇年をへて実現を見たのである。

この六〇年、新幹線技術は、日本土木技術の「華」として走り続けた。高速、安全、快適をむねとしてだ。特に、「鉄道は一〇〇％安全で当たり前だ」が島の標語だ。在来線ではなく、新幹線がそれを実行している。「奇跡」か？　そのためには、一〇〇％（以上）の努力が必須である。島の技術モラルだ。といっても新幹線六〇年である。交通事故死者半減に貢献しているといってもいいが、重大な事態を招く恐れがある危機一髪は七回あったのだ（曽根悟『新幹線50年の技術史』二〇一四）。

⑵新幹線網と廃線網

新幹線は、その発足時、以西（山陽）へさえ延伸ははむずかしい、と角本をはじめ多くの人に予測された。なぜか？　一に、新幹線は人口過密地域を走って、はじめて採算がとれる、その適地は東海道を除いてない、と見立てたからだ。だがそうはならなかった。二に、空＝航空、路面＝高速道路、海＝高速艇と競合する。日本列島という、起伏に富み、直線運行がむずかしい地形では、新幹線建設は相対的に不利だ。第三に、新政策とりわけ最新技術に対する不信・不満である。「所得倍増計画」もそうだった。日本はプアだ、プアでいい、という国民感情だ。

だがこの予測は当たらなかった。逆に、一大変化が生じたように見える。

1　新幹線（ハイテク）が、在来線（ローテク）を駆逐していった、これである。これが技術進化の定型である、といってしまえば、ことは簡単だ。

鉄道は都市（内）ならびに都市間《インターシティ》交通システムとしては、現在将来とも重要な役割を担い続けること、間違いない。だがかつて日本の輸送大動脈を形成してきた国鉄・JRの幹線・支線とも、新幹線が開通すると、そのほとんどがローカル線に転落してきた。例外はない。

例えばわたしが住む北海道だ。函館本線の一部（小樽・札幌・旭川間）と室蘭本線（札幌・新千歳間）を除いて、すべてローカル線になり、現在、そのほとんどが廃線対象になっている。これで函館・札幌間に新幹線が通ると、旭川（および釧路）までの延伸の可能性は残るものの、長大を誇った北海道の旧国鉄の鉄路網は、ほんの一部を除いて、消えてなくなるだろう。宗谷本線（旭川〜稚内）、石北線（旭川〜網走）、根室本線（滝川〜根室）、室蘭本線（岩見沢〜長万部）が丸ごと消えてゆくのだ。

しかし、北海道の事情を見るまでもなく、ローカル線への転落から廃線への道は、基本的に、道路網の整備と自動車の進化・大衆化によるのであって、新幹線の登場と進化によってではない。一九六〇年代、まだSLが広い北海道を疾駆していたのは、あきらかに道路網の不備（未舗装）と車社会化《モータリゼーション》の未発達によるものだった。

2　そのうえでいえば、現在、SLをはじめとする鉄道のローテクを維持するのはむずかしい。最大のネックが、経費だ。これは「絶滅危惧種」を保護・保存する困難と比較してみるとよくわかる。必要経費を比較すると、SLを維持するほうがはるかに困難なのだ。SLは走れば走るほど膨大な赤字が積み重なるといわれる。だが、もっと困難なのは、間引き運行で、期間限定、一日上下二本というような形態だ。維持・管理・保全・人件費という経常費が、総額で、通常運行費とさほど変わらないからだ。

重要なのは、ハイテクとローテクの組み合わせだ。鉄道網においては特にそうだ。あるいは公的媒体と私的媒体の組み合わせだ。JRが採算性を無視して、鉄道路線運行を維持しようとすれば、JR自体が危機に陥る。

3　だがよくしたもので、人間は「ローカル線」や「廃線」が好きだ。「ハイテク嫌い」はあまり信用できない。だが、ローテクやハンドメイド好きはよくよくわかる。これは「歴史」が好きな心情と同じだ。日本人が歴史嫌いで、健忘症だというのは、誤りだ。「歴史」書がこんなに残り、それが読まれている国は、他にあるだろうか？

ここでわたしの「廃線の哲学」を披瀝しよう。ま、常識的だが。

わたしは宮脇俊三編著『鉄道廃線跡を歩く』その他を愛好する、机上・地図上限定の鉄道ファンだ（にすぎない）。ときに、ひょいとローカル線に乗ることもあるが、なぜか？　を心中問いただしてみると、「滅びつつある」からだ。「愛おしい」最大の理由だ。

1.「廃線」というが、もとは必要だから生まれたのだ。生きていたのだ。これをまずおさえておきたい。

2. 無用になったから廃線になった。これは必然だ。自明の理だ。「絶滅危惧種」が絶滅するのは、根本では、自然の摂理だ。そうとわかっても、やはり愛おしい。

3. 無用になるまえに、廃線になった。これもよくある。新幹線ができたら、幹線が在来線になり、よほどの特殊ケースでないかぎり、支線はおのずと廃線に追い込まれてゆく。「運命」だ。ドイツ語で、シックザール（Schicksal）で、動詞シッケン（schicken）＝「送り届ける」（英 send）である。否も応もない。こういう廃線は、ことのほか愛おしい。それに『鉄道廃線跡を歩く』等がある限り、「廃線」は（記憶に）残り、愛（憎）の対象になる。

(3) 新幹線網

1　二〇一六年、新幹線網は、北海道の入り口まで達した。日本列島（四島）縦断は「夢」かも知れないが、鹿児島から札幌までが射程圏内に入った。もはや「夢の超特急」ではない。速くて便利な乗り物にすぎない。かつて長距離移動の超高速手段と見なされたが、いまは通勤手段になっている。福島・三島・静岡は東京の通勤圏だ。

ニューヨークからワシントンまでエアバスで移動したことがある。通勤用であった。だが、アメリカは、一度捨てた大陸横断だったが、これを新幹線で復活させるそうだ。日本の新幹線が、世界の新幹線の扉を開き、世界を一周して、いまやアメリカの戸口に達しようとしている。大航海時代や幕末明治維新期と真逆だ。

「交通」は面白い。多様だからだ。一九八〇年代の半ばすぎ、まだ「鎖国」中だったミャンマー（旧ビルマ）への調査旅行に帯同したことがある。その最北部、チャイナとの国境付近まで行った。ヤンゴン（旧ラングーン）からカチン州のミッチーナまでの直行便は、飛行機（プロペラ）だけだ。家畜も同乗していた。鉄道網はあるが、到着できるかどうかも、不確かな状態だった。ハイテク（?）とローテク（歩行）の両極端しかないように見えるが、わたしにいわせれば、飛行機も飛行場（?）もそしてその管理も、軍管理下にあり、ローテクそのものだった。そのミャンマーにだって、新幹線は「夢」でなくなった。正確にいえば、新幹線だからこそ、開通は夢でなくなった。

2　新幹線着工にわずか遅れた、一九六二年、リニア中央新幹線（東京・大阪間一時間）構想が発表された。それから五〇年余、二〇一四年、東京・名古屋間が正式認可され、二七年完成、四五年には全線開通の予定となった。（奇しくも二〇二〇年東京オリンピック開催が決まり、どちらも完成が繰り上がる可能性も残されている。）

もっとも、東京大阪間二時間半と一時間の差は、二つ目の新幹線が生まれることを意味しない。電力《エレクトリック》モータ車とリニアモータ車の違いは、旧幹線と新幹線の違いより大きな、技術体系《システム》が丸ごと変わることを意味する。

もし単純計算の愚を恐れずにいえば、福岡から、大阪、名古屋、東京、仙台、札幌を結ぶリニア新幹線が開通すれば、この日本の大動脈を三時間で往復することが可能になる。まさに「夢」の超特急だろう。

3 「なにをそんなに急いで、狭いこの日本を。」といわれるかも知れない。しかし、第一に、日本は狭くない。長大なのだ。「交通」手段は、足から最速のハイテクまで、鉄道といわず、空（飛行機）・道路・水路を問わず多様性に飛んでおり、それぞれを必要にあわせて活用するのがいいに決まっている。

これも私事に関する。石狩平野の一隅、僻村の中心部に生まれた。幼童期、移動の動力は、もっぱら「足」だった。小学生の時、村の外れまで歩いたことがある。東西南北だ。その端には、開拓から七〇年、ぽつんとはいえ、住居と田畑があった。広いんじゃ、と思ったが、急ぐとどこも一〜二時間以内なのだ。往復で二〜三時間、案に相違して狭い。これが最小の水田農村＝自治体なのだ、と実感できた。現在なら、電車で二時間というと一〇〇キロ、車だと（ドアからドア）ゆうに一〇〇キロを超す。新幹線なら四〇〇キロ、リニア新幹線だと一〇〇〇キロだ。自転車やバイクだっていい。

ハイテクがあるから、ローテクが生きかつ活きる。けっしてこの逆ではない。技術の進化は「スクラップ・アンド・ビルド」を避けえないが、歴史を、古いものを愛し、残そうとすることこそ、他の生物にはない、人間の本性だ。どれだけの「ガラクタ」(我楽多＝ある人にはガラクタだが、多の人にとっては宝)を人間は意識的に、無意識的に残してきたか? 新幹線も、実は、島がしたように、ローテクの再活用＝高次復活であったのだ。

＊島秀雄　1901・5・20〜1998・3・18　大阪府生まれ。旧一高を経て、25年東大(機械工学)卒、鉄道省に入る。C12形等を設計。36年外国視察、39年「弾丸列車計画」のメンバーに。戦後、動力車課長、51年退職、55年復帰(国鉄理事・技術長)、63年退職。69〜77年宇宙開発事業団理事長　高橋団吉『新幹線をつくった男』(2000)碇義朗『超高速に挑む』(1993)曽根悟『新幹線50年の技術史』(2014)

(2) 鉄道から自動車へ

少し(叙述)スピードを上げよう。新幹線で行く。

(1)「国鉄」から「自家用車」――「私有」とは何か?

日本中に張り巡らされた鉄道網を「選別」したのは、自動車網の整備だ。高速道路だけではない。象徴的なのは、田中内閣が推進し、それ以降も、国策としてとりつづけられてきた、道路網の整備、とりわけ舗装化であり、高速道路網の充実だ。六〇年代、自家用車をもつことは、まさに夢だった。

高価だった。しかし最大の欠陥は、自家用車とは名ばかり、一級国道を銘打たれていても未舗装だ。乗り心地わるく、夏は砂塵まみれ、冬はスリップで命の保障もしかねるという車と道路事情のために、快適高速からほど遠く、危険きわまりない乗り物だった。

だがだ。自動車の特長は、鉄道やバスが「公有」であるのに対し、「私有」である。いつでもどこでも、どこまでも自分の意志でゆくことができる「足」だ。（ちなみに、「私有財産」権こそ、基本的人権、とりわけ自由の「土台」である。）

国鉄民営化の結果、ＪＲが生まれた。しかし、ＪＲは「公有」である。利用するには駅まで行き、運行表に従わなければならない。（ちなみにわたしの近辺には公的交通機関はない。最短の鉄道駅まで二〇キロ、バス停まで七キロである。ときに利用せざるをえないときはあるが、ほとんどは車だ。そうそう、便利なのは飛行場まで三五キロなことだ。もちろん自家用車で行くしかないが。）

鉄道が車に「選別」されたのは、公有が私有に駆逐されたという、自由拡大の側面をよくよく見て欲しい。もちろんメリット面だ。

(2)「自治体」の変化——一日で移動可能な距離

高速道路の全国整備は、高速道路の民営化とともに、進んで来た。「国営」を基本にした国策「列島改造計画」と変わったところだ。一六年三月末、日本で足を踏み入れたことのない最後の県、宮崎に行った。大分も宮崎も（福井や島根、鳥取、沖縄と同じように）新幹線が通っていない。しかし立派に高速道路網が整備されている。「高千穂」などの「秘境」に行ったが、「高速道」は近かった。

車は、道路さえあれば、進むことができる。自由度の幅は大きい。この「足」の延長である「車社会」で、自治体（政治経済＝生活文化共同体）の範囲が根本的に変わった。かつては、基本は、足で一日に往復できる圏内であった。わたしが現在住む長沼町の面積は一七〇平方キロだ。周囲の町村もあまり変わらない。水田地帯で山林はない。ちょうど一日でどこからでも行き来することが可能な面積だ。

しかし、これを車で往復すると一時間以内ですむ。もう少しスケールを広げると、最長距離間（函館から根室まで）を車で往復するのは無理としても、札幌から、北海道各地には、往復可能である。車社会の「自治体」単位は、足社会の「村落」とほぼ同じだといっていい。車社会の到来で、道州制がふさわしくなったのだ。こういいたい。

(3)道州制
もっといいのは、北海道を除けば、日本は建国以来、行政区分で道州制をとりつづけてきたことだ。畿内（大和、河内、摂津、山城、＋和泉）七道（西海、南海、山陽、山陰、東海、北陸、東山）で、現在もなお、四国（阿波、讃岐、伊予、土佐）九州（筑前、筑後、豊前、豊後、肥前、肥後、日向、薩摩、大隅）、江戸期に関八州（武蔵、相模、上野、下野、上総、下総、安房、常陸）は、生きている。

少ししゃれていえば、古層の上に、一四〇〇年近くの変遷移動を経て、現在の行政区分が乗っかっているのだ。しかも九州、四国・中国、近畿、中部、北陸、関東、東北、北海道の道州制、それに、大阪、名古屋、東京という特別区、さらに最小自治体を現在の府県にするという〔わたしの〕構想は、足の社会にも、最新の新幹線・車社会にも適合するのではあるまいか。

(3) 開拓と鉄道

(1)日本最初の「鉄道」

「鉄道」というが、RAILWAYあるいはRAILROADの訳語である。「鉄」道とはかぎらない。〈レールを敷設した線路上で動力を用いて列車を運転する施設。一六世紀イギリスの鉱山で鉄板を敷いた上に馬車を走らせたのに始まるという。蒸気機関車による鉄道は、わが国では、一八七二年〔明治五〕新橋・横浜間に初めて開通。法制上は道路と別に専用の用地に線路を敷いて運送する場合を指す。〉〔広辞苑〕

この定義にしたがえば、日本最初の「鉄道」は、新橋・横浜間ではない。「茅沼《かやぬま》炭鉱軌道」で、着手したのは幕府だったが、一八六九年〔明治二〕に開通した。『鉄道廃線跡を歩くⅨ』〔二〇〇二〕に詳しいが、簡約する。

茅沼炭鉱は、北海道は積丹半島の付け根にあった。開国で石炭需要が生じ、函館奉行〔幕府〕が開発したのだ。石炭運搬用のトロッコ〔積載四t〕を走らすレール〔木に鉄板を張ったストラップレール〕で、海岸まで二・二キロを下り、空車は牛〔馬〕が引いた。一八八一年、小型蒸気機関が導入されて鉄路となり、一九三一年に廃止された。

(2)殖民軌道——開拓鉄道

北海道の道東・道北を中心に、鉄道の幹線・支線に沿って、髭のように伸びている「線」（点線）を見ることがある。開拓農民の生産と生活維持のために敷かれた「殖民軌道」跡で、実質は軌道（鉄道）だが、法的には「道路」という変わり種だ。

殖民軌道は、第一期開拓（拓殖）計画の末期、一九二四に始まった。鉄道沿線への入殖が一段落したあとで、入植は内陸奥地へと進んだが、火山灰や泥炭地が多く、雨や雪でぬかるみ、凍結期以外は通行が困難だった。そこで鉄道敷設は道庁（官）が、馬車（馬）は農民（組合）がまかなうという形式で、「鉄道」法の埒外の「道路」として登録され、自主的といえば聞こえはいいが、乱暴な管理・運転もみられた。

この殖民軌道は、第二期北海道開拓計画が終わった一九四六年までに、三四線約六二五キロ建設された。補助輸送鉄道として、尋常な量ではない。開拓にとって不可欠な「足」（物流）だったのだ。徐々に動力は馬（力）からガソリン、内然動力《ディーゼル》（油）に、戦後に名は殖民軌道から簡易軌道に変わった。また貨物車や牛乳輸送車のほかに、「自走客車」へと進んで、広く周囲住民の「あし」としても活躍した。（田中和夫『北海道の鉄道』二〇〇一　参照）

だが、他の鉄道や軌道と同じように、車社会の到来とともに廃れ、一九七二年、浜中町営軌道の廃止を最後に姿を消した。その懐かしい姿を、「簡易軌道浜中町営軌道写真」集（www.geocities.co.jp/SilkRoad-Desert/7318/omoide2/hamanaka/index.htm）で堪能することができる。

なお馬車鉄道は、歴史が古い。一八世紀にはヨーロッパの炭坑で見られるようになった。茅沼炭鉱軌道もその一端だ。日本では、都市交通機関として、一八八二年、新橋・日本橋間で開業（東京鉄道馬車会社）し、一九〇二年には、車両三〇〇、馬二〇〇〇頭を有するまでになった。これは各市に広まり、また都市間交通へと広がったが、一八九〇年からはじまる軌道条例によって規制され、ついに一九四九年姿を消した。もっとも殖民軌道は、「道路」だったから、この規制の埒外にあった。

⑶馬橇とスタッドレス

北海道の開拓期、もっとも活躍したのは、馬車であり、馬橇だった。一二月から三月まで、北海道は雪道だ。雪の少ない道東や道北は、馬車鉄も可能だったが、道央や道南は、市街地を除いて、馬橇だ。鉄道保線区（車両の安全運行のため、線路および建造物を維持・修繕を担当する部署）の最重要な仕事が、除雪であった。機械化した現在でも、大雪のときは全面ストップする。そんなとき、活躍したのが馬橇である。多くの農家は馬のほかに橇を常備していた。それが冬の輸送を担った。

一九四二年生まれのわたしの最初の記憶は、四七年、父に連れられ母の実家に年賀挨拶に行って、帰りは「馬橇」で帰るというものだ。母の実家から自宅まで、公的機関を使うと三〇キロ、乗り換え等で約二時間を要した。直線だと一〇キロあまりだ。真冬である。未明だ。雪上を、馬橇で、まっすぐ戻った。末の妹が生まれた知らせを受けたからだ。鈴が鳴っていたそうだが、記憶にない。

ただし、走る馬橇は、前後左右に揺れる。酔うのだ。

この馬橇が生活の視界から消え、自動車に変わった。バス、トラック、バイク、自家用車である。ただし八〇年代まで、冬道の自動車は危険きわまりなかった。(わたしも何度死ぬ思いをしたか、数え切れない。) ブレーキとハンドル操作を誤らなくても、坂道や急カーブでつるつるの路面を車は制御力を失い、否も応もなく滑走し、追突し、路面から飛び出した。七〇年代スパイクタイヤが登場したが、そのスパイクが道を削り粉塵をまき散らす元凶となった。この第二の雪害対策には、一に道路整備、二に除雪、三に車の改良(四駆とスタッドレスタイヤがキイポイント)である。人命や事故には代えられない。膨大な技術と費用が投入され、今に続いている。結果、事故死者数が最多八八九人(一九七六年)から最少一六四人(二〇一四年)まで、五分の一に減少した。(もっとも雪期の死亡者数は総じて多くはない。)

北海道の開拓を彩った馬車鉄、馬橇はともに歴史遺産となった。現在、「北海道開拓記念館」(札幌の東端)の「開拓の村」にゆくと、馬車鉄に乗る、馬橇を見ることができる。

第3節　住宅

工学＝「土木」の華は「建築」である。「家」を建てる人は、「建築技師」（building engineer）であり、「大工《カーペンター》」（carpenter）であり、「建築家《アーキテクト》」（architect）である。しかし本書では思い切って「住居」それも個人住宅のエンジニアに限定したい。したがってル・コルビュジエや丹下健三などは登場しない。それもわたしの狭く浅い知見の範囲内、しかも三人をとりあげるのにすぎない。だが三人は、個人住宅（建築）の典型《ティピカル》技師でありつづける（だろう）。

一九七五年、わたしは三重県津市の短大にはじめて定職をえた。公立だったので、通勤圏に住むことが「契約」（？）条件だった。近鉄沿線に借家を探したが、（見つから）ない。上野（現・伊賀）市の南端（過疎地）に新規造成開発の建て売り（の幟）があり、急遽買うほかなかった。値段（長期ローン付）も安かった。そこで八年間住む。日本人は持ち家志向が強いといわれるが、それが現実となったのは、超インフレ時代で、戸建ての家に長期ローンがつくようになった一九七〇年代以降のことである。六〇年代、田舎は別として、わたし（サラリーマン）が戸建ての持ち家に住むなんて、夢想だにできなかった。もっとさかのぼれば、戦前は、資産家は別として、向田邦子（作家）の父のような生命保険会社の管理職はもとより、大作家の漱石や鷗外でさえ借家に住んだのだ。

(1) 狭小住宅1——安藤忠雄

安藤忠雄は、現代日本を代表する世界的な建築家だ。エンジニアであるが、もの書く人＝作家《ライター》でもある。この安藤、大工から建築家になった。独学で「一級建築士」(qualified architect of the first class)になったということだ。だが安藤の特長は、大工から世界的な建築家になっても、最後まで大工でありたい、最後に、個人住宅を建てる仕事で終わりたい、という願いを隠していない。(とはいえ、大病を患っている。二〇一六年、七五歳だから、「晩節」に達したと思えるが、まだ大工安藤の気配は見えない。)

処女作にはすべてがある。作家は、処女作を越えることはできない。こういわれる。

(1)「住吉の長屋」

〈大阪市住吉区の下町、三軒長屋の真ん中を切り取ってつくった間口2間×奥行き8間のコンクリートの箱の家、——〈住吉の長屋〉が、建築家としての私の実質的なデビュー作だ。建築というには余りにささやかなスケールではあったが、住まいとして、いくつかの問題をはらんでいたために、この家は世間の注目を集めることとなった。

その第一の問題は、四周が壁で囲われて、入り口以外には一切の開口部がないこと。そして第二の問題は、内外とも、壁と天井がすべてコンクリートの打ち放しでできていること。そして第三の問題は、これが一番議論を呼んだのだが、ただでさえ小さい箱を3等分して、その真ん中を屋根のない中庭としてしまっていること。要するに、1階の居間と水回りを集めた食堂、2階の夫婦の寝室と子ども部屋、これらの部屋から部屋へ移る生活動線がすべて中庭によって断ち切られてしまう構成である。〉（『建築家安藤忠雄』二〇〇八）＊ただし、二寝室は、空中廊下でつながれている。

一九七六年、三五歳、安藤の遅い「デビュー作」である。

四周をコンクリートで囲ったが、自然や社会と断ち切られるわけではない。光と騒音は、風雨とともに、中庭と、居間をつなぐ中庭にかかる橋《ブリッジ》とをすり抜けて、居間や寝室、玄関に注ぎ込む。

この家、四〇年たった現在も、改築なしで、同じ人が住み続けている（そうだ）。たしかに「狭小住宅」だが、けっして「手狭」ではない。生活に必要な要素は完備している。むしろ「中庭など無駄だ」とだれもが思えるほどに、「贅沢」な作りなのだ。一点豪華主義を狙ったのか？　そんなことではない。

⑵コンクリート

コンクリートの狭小住宅は、この時期、まだ稀だが、稀少価値ではなかった。なるほど、典型的な長屋の真ん中に、四角い打ちっ放しのコンクリート壁だ。機能主義でもない。むしろ一見して、奇異だ。だが、安藤のコンクリート（の壁）は、（初発から、今日まで、）美しい。第一に、細部までおろそかにしない神経が通っている。繊細《デリケート》なのだ。第二に、コンクリートは、どこにでもある素材であり、安価で強固な上に、成形自由な特長をもっている。問題は使い方・作り方しだいなのだ。

個人住宅だ。玄関と屋根を、つまりは外観を無視するわけにはゆかない。だがコンクリート建築だ。四角が基本である。箱だ。玄関も屋根も、別あつらいで、勘定に入らない。玄関は開口部、屋根は見えない（平面）でOK、でいいのか？　狭小住宅だから、いいのだ。こういえるかも知れない。だがそうではない。「建物は美しくなければならない。」という安藤建築の哲学なのだ。

〈装飾を排し、素材感を素直に表現するという美学は、初期モダニズムの基本原理であったが、同時にそれは、日本建築の感性でもある。その意味で、わたしが生成りのコンクリートで造ろうとしていたのは、現代の〝民家〟だったともいえる。人々の心に、ただ空間体験だけが残っていくような、簡素で力強い空間。壁の切り取る空間のプロポーションと、差し込む光ですべてが語られるような、裸形の建築。

そのイメージを実現する壁には、力強さよりも繊細さが、荒々しさよりも平滑さ、手触りの柔らかさが求められる。つまり、日常生活の極間近にあって、木と紙の建築に慣れ親しんだ日本人の感性にも応えられるコンクリートだ。〉（同書）

ここには、味は「素材」次第だ、それにつきる、という「素材主義」の単純思考を読みこむことも可能だ。だがそうではない、と思いたい。

(3)住む人のウエイ

〈建築設計の目的とは、合理的で経済性にすぐれ、なによりも快適な建物をつくることだ。だが、閉ざされた室内で息を殺しているのと、多少不便でも天を仰いで自然と呼吸できることのどちらが〝快適〟か――決めるのはそこで過ごす人間である。生活のあり方、価値観の問題まで踏み込ん

で考えれば、建築の可能性は広がり、もっともっと自由になるだろう。人間の心身とは思うよりもずっと強いものだ。〉（同書）

安藤哲学のなかでもっとも好きな箇所だ。安藤のデビュー作を評した、「建物の良し悪しはともかく、この狭い中で生活が営まれていることに感銘を受けた。住み手に賞を与えるべきだろう」（村野藤吾）に通じる。

「住まうとは、ときに厳しいものだ。わたしに設計を頼んだ以上、あなたも闘って住みこなす覚悟をして欲しい」こう安藤は断じる。「巨匠」になったからいうのではない。安藤が初発から抱き続けてきた哲学だ。

わたしは過疎地に住む。「自然」満杯だ。だが自然はやっかいだ。「住みこなす覚悟」を必要とする。最低でも雑草は刈らなければならない。昆虫はシャットアウトしたい。でも、湧きでてくる。カメムシの大群とは、駆除しつつ、同居を余儀なくされて一〇年になる。友達ができない。というより、人がいない。風も雨も雪もたたきつける。だが、それでもいい。というより、それも、覚悟のうちにはなかったが、ありだ。他に代えがたいものが、ここにはある。数えたらきりがない。結果、三〇年余住んで、離れがたい。

安藤の建築哲学は、対立物の統一だ。「住吉の長屋」は、まったくコンセプトを異にする「六甲の集合住宅」につながる。同じサイズの「集合」＝いわゆる「団地」ではなく、戸建ての「集合」、それも崖を背負った絶景の景観をもつ「団地」である。一見、長屋と相容れないが、戸建てを主張する「長屋」である。

＊安藤忠雄　1941・9・13〜　大阪港区生まれ。城東工高卒後、独力で建築士一級免許取得、69年安藤忠雄建築研究所設立。ゲリラを戦略とし、76年「住吉の長屋」で日本建築学会賞、86年六甲の集合住宅、89年光の協会、91年本福寺水御堂等々を建設。世界的な名声が高まり、建築に、大学（講義）にと、世界各地を活躍の場とする。97（〜03）年東大（工）教授。研究所員25人の総帥。『家　1969→96』（1996　＊この作品の厚みがすごい）『建築を語る』（1999　＊東大講義録）『連戦連敗』（2001＊東大講義集）『建築家安藤忠雄』（2008　＊自伝）『安藤忠雄　仕事をつくる』（2012　＊私の履歴書）　全部が「自伝」で、どれも読ませる。

(2)　狭小住宅2――東孝光

安藤忠雄は事務所の近くのマンション（自宅）に住んでいる（と語る）。別宅もあるが、これも集合住宅（「六甲の集合住宅」）で、しかもほとんど足を入れる機会はないそうだ。「自伝を書く」暇はあったが、「自宅を設計する」暇はなかったようだ。仕事人間の習性というか、「紺屋の白袴」だろう。

対照的なのが、同じくコンクリート打ち放しの狭小住宅でデビューした、同じ大阪生まれ（一〇歳年上の）の東孝光だ。東はここを自宅にし、終生（四〇年余）住み続けた。

(1)東京青山「塔の家」

忘れもしない。『新建築』六七年一月号だ。建築デザイン科に在籍していた妹が見せてくれた。たしかに竣工直後の建物なのだが、一瞬、なにかのモニュメントか、と思えたほど強烈な裸形の無機的造形物がそこにあった。すぐ後に「塔の家」といわれるようになった、建築面積三・六坪、延床面積二〇坪、地上五階（車寄せ・ポーチ、居間、浴室、寝室、子ども部屋・屋上テラス）地下一階（収納・作業所）、内外両壁コンクリート打ち放しで、周囲に低い民家しか見えないので、ビルディングのようでもある。

都会それも青山の一等地に住む、という思いを叶えるべく、オリンピック通りに面したほぼ三角形の敷地六坪に建つこの住宅の姿は、五〇年近くたったいまもまったく変わらない。が、ビルや木立で囲まれて、異形のまま風景に溶け込んでいる（ように見える）。

東は、阪大（工）の建築を出て、郵政省に入り、四年して民間の建築事務所に移り、六八年、デビュー作（塔の家）をひっさげて、独立、一躍注目を浴びた。自費建築の処女作が代表作になったのだから、こんな幸運はない。だが、これがなかなかつらいことでもある。一見、住宅としてはあまりにも異例異様な、しかも望外の成功に思えるからだ。（これは芥川賞受賞に似ている。ほとんどが「私小説」で、受賞作（＝処女作）を越えることができない。）

ドアは玄関だけで、六層は階段で結ばれる。娘を入れて三人家族だ。プライバシーが保てないのでは、という疑問がすぐに出るだろう。しかし、六層を平面に置き換えれば、ワンルームということだ。ドアがなければ、六層ワンルームのほうが一層ワンルームよりはるかにプライバシーを保ちやすい。

この家、和風なところは皆無だ。作りはなにもかも西洋風に思える。さにあらずなのだ。住人三人三様に述べるように、ドアがないため、おたがいの動きがかすかに伝わる。各部屋が障子や襖でつながる木造の日本家屋に通じる作りになっている。もし東が最初からこれを計算して設計したのなら、すごい《ワンダフル》。安藤とは違う。

⑵コンクリート

安藤のコンクリート打ち放しはデリケートだ。肌理《きめ》が磨き上げられた木目を思わせる。対して東のは、ざっくり（rough）している。狭小住宅には、どうにもしっくりしないラフさだ。しかも細長鉛筆ではなく、ジャックナイフを思わせる。硬く鋭利なのだ。だが普段、そのとんがりは鞘の内部におさまっている。そこに住む人には、緊張を強いない。安藤の「住吉の長屋」のように、住人は「住みこなす覚悟」を要しない。だがこの「塔の家」、外に向かうとどうなるか。刃（歯）をむくのだ。

狭い変形敷地（建坪率60％）に、三人で暮らす、必要最小限度の機能をそろえた家を設計する。どんなに頭を絞っても、上と下に延びるしかない。割出すと、5（＋1）要素で、おのずと成形自在で強固なコンクリート仕様に決まる。悪条件（＝否定＝限定）がニューアイディア（肯定＝自由）を生む好例だ。（K教授が新築の時、書斎を「塔」の上に、と希望した。木造ではむずかしい、やるにしても費用が倍かかる、といわれて断念したそうだ。が、「塔の家」なら可能だっただろう。問題は、コンクリートを選ぶことができたかだ。）

安藤のうなぎ床の「長屋」を、縦にしたら、「塔の家」になる。ただしすっきりした直線で、「鉛筆二本」だ。ここが面白いところで、安藤は、窓のないコンクリートの箱を造ることで、驚愕させたが、両隣の長屋と同じ空間を切り取っているにすぎない。安藤はなによりも「外部」との調和を大事にする。対して、東のコンクリートの塔は、周囲とまったく不調和だ。五〇年たって、ぐるっと三方をビルに囲まれた現在でも、強く自己主張を続けている。

狭小住宅というと、安藤も指摘しているが、すぐに増沢洵（一九二五〜一九九〇）の九坪の自宅「最小限住居」（一九五二）を想起する。敗戦後の住宅難の時代だ。安くて簡単に建てられる、コンパクトかつモダンなデザインを目して建てられた実験的なモデルハウスだ。３×３間＝九坪の二階建（一五坪）で、吹き抜け部分をもつ。単純な箱形住宅に思えるが、二階部分をずらし、一階に軒下をつくるという工夫もある。でもやはり「箱」だ。

この最小限住宅の概念を変えたのが、東の「塔の家」と思える。一に「高層」。二に高層を可能にした（鉄筋）コンクリート仕様だ。東は、極力「塔の家」の実験性を強調せず、普通の住まいだ、という。だが、本人がどう思おうと、実験である。そしてこの実験が「実証」されたのは、なんといっても東一家が、増改築なしに、五〇年近く「快適」さを見いだして住み続けていることだ。もっとも、この家、増改築は（ほとんど）不可能だが。（増沢も一五年住んだが、増改築している。）

(3)建築家の自宅

東『「塔の家」白書』（一九八八　＊妻と娘の共著）は冒頭に宣言する。

〈建築家にとって自分の住まいを語ることは、それをつくる以上にむずかしい。彼がどう弁明しようとも、かねがねやりたいと考えてきたこと、それが形のうえでのイメージであれ、彼の設計理論の展開であれ、いずれにしても十分に答えられるものになっているに違いないと人々は手ぐすね引いていることだろうし、また彼が日頃、クライアントにとってかなり大事業である建築という事件に自己の模索を便乗させる罪を重ねて来ているだけに、やはり自分の住まいについては一言あってしかるべきであると、私も内心ひそかに賛成しているからである。そこで私は、この住まいはどんなことをしてでも都会の真ん中に住みたいという私自身の姿勢の実体化に他ならないと答えることによってその責を果たすことにしよう。〉

東は、安藤とは違って「紺屋の白袴」ではない。まったく逆で、「都会の真ん中に住みたい」という自身の願望を実現するために、奔命する。それが図らずも、東が建築家として自立する第一歩を決定づけることになる。これは幸運であるに違いないが、建築家の道を歩むものにとっては、とてもやっかいなことのだ。

建築家は仕事をしてなんぼのものだ。「塔の家」をモデルに、一軒家を建てて欲しい。こういう注文に答えることは簡単だろうか？　注文に応えることはできても、お客に満足を与えることはさらにむずかしい。自分は自分、自宅は自宅だ、という気持ちが強いからだ。しかし、自分が満足できない家を作りたくはない。クライアントを満足させることができない家は、もっと造りたくない。自宅に不満足ではない。それでも、家は、人さまざまである。

「塔の家」は評判を取った。が、注文は他人が住む家である。「塔の家」といわれても、はいそうですか、と（とりわけ設計者は）いうわけにはゆかない。このジレンマに、「塔の家」に自信があればあるほど、苦しむことになる。なによりも、がんがん独自の仕事へと突き進んでゆくためには、自宅に手を入れることも、離れることもできなくなる。結果は「紺屋の白袴」だ。

事実、「塔の家」をモデルにして、というか、「塔の家」よりもっと「緩やかな条件」で、「塔の家」へとたどり着く住宅が、日本現代建築家シリーズ④『東孝光』（別冊新建築　一九八二）の収録作品が示すように、次々と生まれていった。作家は「処女作」に向かって「進化」するようにである。

＊東孝光　1933・9・20～2015・6・18　大阪生まれ。大阪清水谷高をへて、57年阪大（工）卒、同年郵政省（建築部）。60年坂倉建築事務所、66年、自宅「塔の家」を建て、自宅で事務所開設。85年阪大教授（環境工学）『日本人の建築空間』（1981　＊建築士論）『東孝光』（別冊新建築　1982）『「塔の家」白書』（1988）『都市・住宅論』（1998）

（3）「民家」(private house)——今和次郎

柳田国男には、二つの点から教えられる。一つは、「自然」（共同の無意識）の意味であり、いまひとつは、考古学とは「現代の意識」、現代解明の学である、という主張だ。今和次郎は、考現学《モデルノロジオ》に転じたため、柳田国男に「破門」されたと述べている。だが、その「自然」も「考現学」も、柳田民俗学から学び取ったものだ。ちなみに、柳田は今を破門なぞしていない、といっている。

注目すべきは、今の「民家」論が、通常の民家論、例えば降幡廣信『現代の民家再考』(一九九四)、そもそも「民家」がない太田博太郎『日本の建築　歴史と伝統』(一九八六)とは、根本的に異なっていることだ。今は、たんに「私邸」ではなく、「常民」(農・漁・山民)の家をもっぱら取り上げる。日本の「自然」と「伝統」に根ざして日常生活が行なわれる民家のことだ。今の民家論を批判的に受け継ぐのが、吉田桂二『民家に学ぶ家つくり』(二〇〇一)だろう。(*もっとも「機械文明という支配体制」などという吉田の〈非〉文明論には、まったく賛成できないが。)

(1)「日本の民家」――「自然な建築的工夫」
『日本の民家』の概説部分を引こう。要約だ。

〈日本の民家は、概して石を多用し、煉瓦を積み重ね、土や岩へ穴を掘り、泥を捏ね上げる造りではない。木材を組み立て、土で壁を作り、草や柾で屋根を葺いた造りだ。一、木材が豊富で、二、湿気が多いからだ。通風のため戸や障子を多用する木造の建物が多いのは必ずしも建築が発達していないからではない。西洋での歴史を標準にして、日本でもだんだん木造建築は少なくなると説かれたりする。だが防火に重点をおく必要がある都会の建築ならそうかも知れない。けれど、日本の木造民家は、他国の泥土や煉瓦の家と比較して、むしろ発達している点が多い。九州のある農村で、児童の健康と家との関係を調べたところ、建坪の小さい家の子供ほど健康だという統計が出た。煉瓦や石で家を作る国ではない現象だろう。空気の通りの悪い、閉めきった小さい寝室に眠るのは健康に悪い。これは自明なことに思えるだろう。だがこれは、日本の家の造りには当てはまらない。西洋の農村住宅の問題は、この点で、ちょうど日本のとは逆である。……総じて、小さい家ほど衛生的で、大きな屋根をもった地主級の家は薄暗い部屋が沢山ある。護符でも貼らなければ安心できない部屋が並ぶ。大きな家そのものが不完全なことにもよるが、とにかくこれだけの事実をまず認めておいてから、日本の民家の改善ということを進めていきたい。〉(今和次郎『日本の民家』一九五四〔初版 一九二二〕)

ここに引いただけでも、意表を衝くものが多く、卓見に充ちている。たんなる民家の「手引き書」ではない。採集するのは、第一次産業(=自然と直接する)に従事する人たちの民家のバリエーションだ。

藤森照信が「解説」(岩波文庫)に記すように、この『日本の民家』は、「日本の民家」について書かれた「最初の本で、古典であるといってもいい」(、とわたしも思う)。

今が採集した日本の民家は、国(nation)、土地(locality)、仕事(business)、人(class and chracter)等々の「柄」(nature)によって異なる。一九六〇年代まで、こう断言できた。宮本常一の「本」(例えば『私の日本地図』で特に好きな「3 下北半島」一九六七)に、わたしの貧しい旅を重ね合わせても、この確信は揺らがない。

たしかに東孝光や安藤忠雄が現れ、わたしたちの父母たちまでが住み慣れた家と、わたしたちより下の世代が住む家とは、今の「民家」以前と以後ほど異なる。そう断ったうえで、「連続」しているのだ、といいたい。「記憶」(「郷愁」)のなかで連続しているだけではない。団塊の世代までは、「実生活」でも連続している。

(2)「美しい民家」

今が採集する「民家」は、「木造」で「職住一致」を基本とする農・漁・山村の家で一貫しているる（ように見える）。だが初版の副題「田園生活者の住家」が示し、「解説」（藤森）も記しているように、大正期に登場した「田園趣味」が疑いもなく刻印されている。そう、登場するのは、堀辰雄の『美しい村』（一九三四）＝「軽井沢」につながっていく「民家」なのだ。わたしの「民家」観とははっきり違う。

それに、「採集」された民家の外観と間取りのスケッチの数々が、例外なしに、ことのほか「美しい」。（今は東京美術学校図按科〈東京美大〉を出ているのだから、当然といえば当然だが。）というか、美しすぎるのだ。間取りは、鎌倉時代に武士と農民とが共有するようになって「現代」まで続く、土間と田の字型の板張り（玄関・台所・納戸〈寝間〉・客間）とを基本とする。それはいいのだが、あまりに美麗すぎて、今すぐにでも足を踏み入れ、客間で大の字になりたい、と思えるほど、「美しい家＝生活」の表出なのだ。そうそう、まさに観光用の「古民家」につながっているのだ。

今のスケッチは、宮本常一が村々を訪ね歩いて泊めてもらう「民家」の写真や描写とは、およそ対照的だ。埃も昆虫（ノミ・シラミ）もそれに子どもも見えない。ただし、宮本は村家の「貧しさ」を強調しようとしているのではない。むしろ「町の人とは田舎の人のまずしいのがすき」だ

（『私の日本地図3・下北半島』一九六七）、と苦言を呈するのだ。

つまり今の「民家」は、「田舎の人の貧しさ」が好きな都会の人の通弊とは異なるが、別のバイアス、大正版「美しい民家」への偏向が見てとれる。これは、田舎暮らしの美しさを謳歌する、大正版「人生の楽園」（TV番組　二〇〇〇〜）というところだろう。

わたしは僻村の商家に生まれ育った。妻は、敗戦直後、国有林に無断入植した旧軍人（父）の小屋がけの家に生まれ育った。二人とも「生家」（屋）には何の郷愁もない。日本人のサラリーマンが住む普通の家屋、妻は便利さ第一の台所、わたしは仕事第一の「書庫」を拠点にして、実用一点張りに住んできた。ただし過疎地に住み続けてきたので、子どもにとっては「地獄」であったろうが、二人とも「住めば都」であると心決め（覚悟）してきた。

(3)家郷（native place）の家（home, sweet home）

柳田国男は、「日本一小さな家」に生まれ、自家（松岡家）の不幸因がその家屋の狭さにあると記している。それでも、生家を脱し、家郷を出ることを、自身の行為を含め、「家殺し」とよんだ。だが柳田に問いたいが、その生家（兵庫の辻川）に、少年時代を過ごした長兄の家（茨城の布川）に「戻りたい」だろうか？　断じて、否だ（ろう）。家郷を出たもののほとんどは、家郷に郷愁をどれほど抱いたとしても、戻ってそこで生活したい、とは思わなかっただろう。「埴生の宿」（home, sweet home）は、遠きにありて思うものなのだ。「思慕」である。

といっても、わたしは、安藤の「住吉の長屋」はもとより、「六甲の集合住宅」にも、住みたくない。(安藤忠雄も同じではなかろうか?)ただし都会の真ん中に住むのなら、東の「塔の家」は、ありだ、と思える。ここには「人工的自然」がある。

むろん、すでに書いたように、わたしは四〇年以上過疎地に住み続けてきた。都会で仕事をして、過疎地で暮らす、を基本にしてきた。この形式が、一九八〇年代から、情報・交通革命進化の中で、普通のサラリーマンに可能な生き方になってきた。田舎、とりわけ過疎地では、「塔の家」や「住吉の長屋」「六甲の集合住宅」である必要はまったくない。せいぜいが二階建ての「民家」でOKだ。

いまや、都会に仕事をもち、田舎で生活するほうがリッチである、リッチに生きられる、といってみたい。「自然」がリッチである、という理由からではない。「人工《アート》」もリッチなのだ。まさに「家郷」が、「ホーム・スイート・ホーム」でありうるのだ。

わたしの家はまさに洋風の「バラック」(あり合わせの材料)である。骨組みが貧相で、大黒柱のようなものもない。あまりに頼りない。「大丈夫?」と大工に聞いた。「大丈夫、土台だけはしっかりやった。湿気対策はばっちりだ。屋根は大きいが、トタンで軽い。上下左右を、十二分に鉄棒で引っ張りあわせた。風雪や地震の揺れに強い。窓はビル用の強化ガラスだから、機密性がよく、割れない。」にやっと笑いながら、こういわれた。

それでも「家」だ。種々雑多なものからできている。断熱が中途半端で、外壁が弱く、水管が氷結で破裂したり、ユニット風呂が使いづらく、その他その他があって、二度ほど改築した。二〇年して水道がついた。まずまずの住み心地になったが、三人の子どもたちは、はやばやと家を出た。

計算通りであったが、まずいのは、子どもたちの「もの」おきになっていることだ。何の変哲も特色もない「家」だが、「埴生の宿」といっていいのではないだろうか？　去りがたい。

これがわたしの「家郷」である。痛恨は、過疎地とはいいながら、ここに住みだして一〇年で、周囲の家が一〇軒を超し、二〇年で五〇軒を超したことではないだろうか。それに、空き家が増えた。住民は、優に一〇〇人を超えたのではないだろうか？　過疎地とは呼べないところになったのだ。（ただし過疎地然として住むことは、可能だ。）

＊今和次郎　1888・7・10〜1973・10・27　青森県弘前生まれ。旧東奥義塾（中）をへて、12年東京美術学校（図按）卒、早大助手、助教授、20年教授。建築学と民俗学を融合して「民家」論に進み、「考現学」を提唱する。　『日本の民家』（1922　初版）『モデルノロジオ』（1930）今和次郎集2『民家論』（1971）同3『民家採集』（1971）　降幡廣信『現代の民家再考』（1994）吉田桂二『検証・日本人の住まいはどこから来たか』（1986）同『民家に学ぶ家つくり』（2001）

第3章 工芸 handicraft

技術と芸術は、両極に位置する。技術は「複製」（模倣）を、芸術は「創造」を標榜《スローガンに》する。だが、第一に、創造＝破壊と新生＝革新《イノベーション》なき技術はついには捨てられる。模倣＝継承と再生＝伝統なき芸術は珍奇にすぎない。

第二に、ときに（特に工芸＝手芸において）この両極は、「極」で一致する。すなわち、まれに、技術が極限に至れば芸術に、芸術が極限に至れば技術になることがある。これは、たとえていえば、「純〔粋〕有」は「無」というただ一つの規定（性質）をもつ、というスピノザあるいはヘーゲル流の「有＝肯定・即・無＝否定」という論理だ。一見、「屁理屈」（＝極論＝フィクション）に思える。しかし、技術と芸術の「極限」関係は「逆接《パラドックス》」だ。これは、論理では「仮構」にすぎないが、紛れもなき「事実」で、例えば、円と直線との「接点」のようにである。この「接点」は「有る」が「無い」。日本画の「至芸」（とりわけ線描）は、修練以外では到達不能（と思えるよう）な、技術の極致であり、同時に、複製しがたい芸術である、というようにだ。

第三に、技術は、専門化され特殊化されるが、同時に、共通化と規格化が進む。工芸の世界から、どんどん「手芸」（アート）の役割を減じてゆく過程だ。すなわち、単純素朴な手芸《ハンド・クラフト》からはじまり、さまざまな道具を用いた手芸に、そして手から独立した自動機械《オートマティック》製造に「進化」する。だがその背後で、手芸それ自体の「進化」がある。道具を超えた、自動成形を凌ぐ手芸の妙技が進化する。工芸に、「技術」と「芸術」の逆接としか思えない、複製不可能と思えるような「技術」、「秘術＝芸術」としか表現できないような「技術」の実際がある。その実例を、三人の工芸家で見てみよう。型工の岡野雅行、陶工の加藤唐九郎、刀工の五郎正宗である。手芸である。天才とよばれるが、かなり微妙かつ危なっかしい側面をもつ。

第1節　型工――プレス金型――岡野雅行

世阿弥は「芸者」〈芸に秀でた人〉である。「能」芸によって生計を立てたが、創作者〈作家〉であり、演舞者であった。その世阿弥は芸術家にして技術者である。宮本武蔵は「芸者」である。「剣」術によって生計を立てたが、創作者《クリエイター》〈剣法の創始者であり『五輪書』の作者〉であり、剣の達人〈実技者〉である。この武蔵は芸術家であり、技術者である。これに反論はあるだろうか？ともにない、と思える。（ただ「武蔵の剣は弱かった。」という説もある。ここではおいておく。）

〈戦後の高成長を支えた重化学工業の裾野に、そしてまた精密な内部構造をもつ電子機器工学の末端に、必ず登場するのが、「プレスと金型」という言葉だ。大量生産、大量消費の高度工業社会〔さらにはハイクオリティ、ロープライスの高度《ポスト》工業・消費社会〕は、すぐれた金型製作技術とプレス機械製作技術のドッキングによって生み出されたといってよい。この伝統的な中小企業の分野で、大企業と伍して業績を上げている異色の経営者がいた。〉（NHK取材班『日本解剖2』「経済大国の源泉」、内橋克人「小企業・日本産業の影武者」一九八二）

岡野工業社長岡野雅行が「金型の魔術師」として（はじめてマスコミに）紹介された一節（要約）だ。

プレス加工（プレス機を用いた塑性加工）の歴史は、古い。紀元前にさかのぼるといわれる。だが主力を「機械」が担う現代のプレス加工は、一八世紀末、いわゆる産業革命期にはじまる。日本では明治期に移入され、岡野の父が明治末に金型屋で丁稚をはじめたのは、そのビジネス揺籃期といっていい。

ところで「人間国宝」（無形文化財保持者）とか「現代の名工」といわれる芸者（芸人や職人）がいる。だが人間国宝に「定員」があり、「現代の名工」が毎年一五〇人（も）出るなどというのは、疑問ではないだろうか？　また、国家（文化庁や厚労省）が名人や名工を「決める」ということでもある。おかしい。

岡野雅行はプレス金型の名手《ゴッドハンド》、名工＝職人《アルチザン》といわれる。だが芸術家《アーティスト》でもある、といいたい。なぜか。

〈金型は「抜き」「絞り」「曲げ」などの技の粋を集めた「総合芸術」〉である。〈微妙なニュアンスはコンピュータには計算できない。ある程度までしか設計図に表すことができないので、「技術」の域を超えてしまう〉（篁笙子『不可能を可能にした男』二〇〇一）からである。つまり岡野は「職人」であり、その「芸」（art）が「技術」の域を超えた「芸術」でもある、ということだ。過褒か？　そんなことはない、と思える。

(1) 金型

1　「人間は、道具をつくる動物だ。」（ベンジャミン・フランクリン〔ボズウェル『サミュエル・ジョンソン伝』一七九一〕）マルクスも『資本論』で引用しているように、人間を他の動物と区別する、人間の「特長」のひとつだ。同時に、この章でみたように、「技術」論の基本である。

金型製作は〈mold making〉あるいは〈toolmaking〉といわれる。「金型」とは、道具をつくる道具なのだ。人間の本質的活動のひとつである。まずこのことを押さえておきたい。

2　岡野の父は、一九〇四年生まれで、一三歳で金型屋に奉公（丁稚）に入り、年季が明け職人として金型屋に勤めたのが二一歳、一九三五年、三一で独立したたたき上げ（self-made）の金型（を造る）職人である。金型屋とは別に、金型屋がつくった金型を使って（大量に）製品をプレス製作するプレス屋がいる。伝統的に、両者の間には、侵してはならない「縄張り」があった。流れでいえば、プレス屋はメーカーの下請けあるが、金型屋に金型製作を注文し、その金型で製品を作るという仕組みだから、金型屋は下請けの下請けということになる。しかしこれを金型職から見れば、金型こそ創作《クリエイション》であり、プレス加工は複製《コピイ》に過ぎない、という職人の自負があった。

3　息子の雅行は、一九三三年生まれで、五〇年頃には学業を放棄し、（仕方なく）父の工場で働くようになる。このとき、雅行は「弟子」にすぎない。だが六三年、職人（下職）の父を凌ぐべく、二〇歳で「立志」し、昼は父の工場で金型工として、夜は父の工場を借り受けて、プレス加工になるべく、昼夜兼行で腕を磨く。（金型をつくり、プレスではじめて製作したのが三菱鉛筆のボールペンで、六六年のことだ。）そして、実績を積み、七二年ついに、父親を引退に追い込み、岡野工業（株）を設立する。ただし、金型・プレス加工の看板を「正式」に掲げることが出来たのは、七八年のことだった。専門性を誇る職人《プロ》の世界に「縄張り意識」がかくまで強かったということだ。雅行がプレス加工にすんなり進むことは出来なかった理由だが、その壁は雅行を強靭にもした。

「離陸」期の一〇年を終えた従業員数人の岡野工業が、八〇年代に、快進撃をはじめる。携帯電話のリチウムイオン電池のステンレスケース（八〇年代後半）、インシュリン注射針「ナノパス33」（二〇〇五年）など、大企業とタッグを組んだ金型プレス製品がつぎつぎと送り出されるのだ。岡野は一躍「プレス金型の魔術師」とよばれるようになった。

(2) 技術力の源泉

岡野は、つとに「単価が安すぎて、誰もやらない仕事」を、「技術的に難しすぎて、誰もできない仕事」（だけ）をすると豪語してはばからない。この「不遜」とも映る自信はどこから来るのか？ 他の追随を許さないその高度な技術力からである。ではそれはどこから生まれたのか？

1 職人は、他から手を取って教えられる類では一流にはなれない。セルフ・メイドである。端的には、親方や兄弟子の背中を「見て覚える」。こういわれる。これに従えば、雅行の親方は父親だ。弟子は、金型職人に徹する（凝り固まった）親方を乗り越えようとしながら、親の技術を見て盗み、覚える。これこそ伝承技術の継承法だ。

しかし、親（方）の背中から見えてこないものがある。先端技術《ハイテク》だ。どうやって覚え身につけるのか。「本」を読んで覚え、自得するしかない。こう教えられる。だがこれとて、厳密にいえば、複製《コピィ》技術なのだ。雅行は中学も満足に出ていない。もとより外国語は読めない。その彼が、三〇代に、当時の日本にはなかった「冷間鍛造」というプレス加工技術を、超高価（公務員の月給の半分）で読めもしない解説書（ドイツ語）を購入して、そのイラストと図面を徹底的に「見て」覚え《コピィし》たのだ。〈同じ頃〔七〇年代のはじめ〕、わたしもアパートの大家〔の会社〕に、ドイツのピン自動清浄機の本の翻訳を頼まれた。拙いわたしのドイツ語で、どうにか「訳」せたのは、イラスト・図面がついていたからで、「役に立った」といわれ、かなりの謝礼を貰った。〉なお「鍛造」とは、〈金属素材などを熱し、ハンマーやプレスで打ちのばしながら目的の形状に加工すること。〉（明鏡国語辞典）で、「冷間」とは、アルミ材のように、熱を加えず加工する必要がある場合の工法だ。「見て覚える」、「師や本を〈眺めて〉格闘する」これは、伝統技術であるか先端技術であるかにかかわらず、「技術」習得の肝心要である。技術の本源はコピィ力である。

2　岡野の技法は、「点を線に、線を面にしてゆくという地道な方法」である、と篁《たかむら》はいう。岡野の体験に根ざした連想の妙や発想の飛躍をさしていわれている箇所だ。〈現在、ほとんどの金型工場に金型を設計・製作するためのＣＡＤ（コンピュータ援用設計）システムが入っている。しかし、深絞りは工程を組み合わせるノウハウがＣＡＤ化できない。プレス機につける金型の微妙な形状や強度、プレスする際の圧力や回数、工程ごとに変える潤滑油などについて、机上の計算が通用しないのである。〉〈設計通りに作っても機能しないことが多い〉ことがその理由だ。

しかし、さらに深掘りする必要がある。「点」は、長さも面積も、したがって体積ももたない、存在だ。こういう「点」は現実には存在しない。フィクションだ。そんな点がつながってできる「線」も、線がつながってできる「面」も、実在しない。つまりは、点、線、面、体はフィクションなのだ。勿論、そういう点・線・面・体で出来上がっている「設計図」もフィクションだ。だから、設計図「通り」にはできなくて、当然（natural）だ、といいたいのではない。だが、この

「設計図《プラン》」こそ「アイディア」という正真正銘のフィクション像でありながら、創作（クリエイション）、つまりは技術力の源泉なのだ。「背中」や「手」、さらには「本」を見て「図」を読み取る能力につながる。複製技術であり、「至芸」＝「芸術」といおう。

（3）岡野工業の威力

岡野は金型の伝統技術（熟練）を、親（方）を見て学んだ。「入門」した一九五〇年から「自立」する七二年までだ。けっして短くない。しかし、岡野がいくら「誰もできない仕事だけやる」と力み返っても、人間個人が到達できる技術には限界がある。その最終段階は「死」だ。個人の進化には寿命という限界があるが、技術進化には「限界」がない。今日の先端技術《ハイテク》は、明日の通常技術《ローテク》になるのを免れえない。この難関を岡野雅行（工業）はどう突破するのか？　しようとしているのか？

1　設備・研究開発投資を欠かさない。岡野工業は、純益の六〇％をここに投入する。（ただし、これは儲かっていればこそ可能だ。）もっとも技術革新のために、設備と開発研究に投資をするというのは、あたりまえだが。（例えば、司馬遼太郎は、『竜馬がゆく』を書くために、金に糸目をつけず、あたうるかぎりの関係文献をトラックいっぱい購入する。これも開発研究投資だ。）

2　事業の拡大路線をとらず、「バブル」期といえども、否、「バブル期」だからこそ、常時「少数精鋭」でゆく。社員五〜六人、売上げ高五〜六億円の水準を守る。「量より質」（「少なければ少ないほどいい。」「分離結合」論）で、レーニンが組織論の要とした原理だ。これは、小なりといえどもビジネス企業である。かなり、難しい。難しいが、技術を売りとする加工業のオーソドックスな行き方だろう。

3　いちばん難しいのは、後継者（育成）問題だ。これは岡野工業にかぎらない。だが幸運なことに、光学機械メーカーで半導体の特殊加工に携わっていた娘婿（縁本）が、八三年岡本工業に入社（弟子入り）したのだ。ヘッドハンティングしたい人材が、濡れ手で粟で、手に入ったのだ。

だが義父（社長）と娘婿（社員）の関係は、難しい。つなぐのは「技術」だ。〈アナログとデジタルの合体、最先端の専門知識と職人技の融合——互いの長所を生かし、欠点を補い合えば、前人未到の技術の完成も夢ではない。〉（篁）といわれる。ま、岡野は「夢」の実現の「一歩」を踏むことが出来た。この人、幸運でもある。だが、後継問題は奥が深い。

岡野の引退は、現下の問題で、その解決がすでに求められているからだ。世阿弥や武蔵にも共通する難問だ。もっと難しいのは、弟子（縁本）が「アナログとデジタル」の「融合」力で、親方（岡本）をしのげるかだ。かつて、親（方）を（弟）子が追い抜き、「代位」したようにだ。縁本が（今すぐにでも）代位できなければ、岡野工業はただの金型プレス加工会社の一つになる。

＊岡野雅行　1933・2・14～　東京墨田区生まれ。小学卒をへて、父の岡野金型製作所に勤務。72年、社長交代、岡野工業設立。78年金型プレス製作の看板をかかげる。岡野雅行『人のやらないことをやれ！』（2006）　篁笙子『不可能を可能にした男』（2001　＊的確かつ有用な書だ）NHK取材班『日本解剖2』（1983）

第2節　陶芸 ceramics——加藤唐九郎

陶芸は「土と炎」の芸術《アート》といわれる。「土」には「水」が、「炎」には〈「日干し煉瓦」におけるように〉「日熱」も入る。総じて土器製造は、人類が石器時代を抜け出る、「道具をつくる存在」となった「一指標」である。そして陶芸（ceramic art）の変化は、人類すべてに共通する技術、土器から須恵器、さらに陶器から磁器を作る技術の進化、すなわち、土と炎を「加減」する技法（art）によって決まる。この技法をもつ「陶工」が、人類史上「二番目（next）に古い職業」といわれる理由でもある。

陶工加藤唐九郎は、自伝を『土と炎の迷路』（一九八二）と題し、そこで〈「陶芸」という言葉を、最初に使ったのは私だが、まだ造形芸術の一分野であるというような観念も一般化されて居らず、手びねりの茶陶などを作りにかかろうものなら、〝押しぼこ焼き〟と一緒にされて、窯屋仲間からは馬鹿にされたものだ。

押しぼこ焼というのは、小さな人形のようなものを、型を作って、土を詰めてきゅっと手で押して起こす、その程度の焼き物で、窯屋のうちへも入らないものだった。また織部ふうの雅陶を作る者は「へちもの家」といって、常人の仲間には入れられなかった。〉と書く。（＊「へち」とは「端・辺」の意。）

ここで加藤は、へりくだった物言いをしているのではない。自分を陶芸「作家」の第一走者だと宣言しているのだ。なんという自負心《うぬぼれ》だろう。だが加藤はじつに「奇妙」である。

作家（創作）と作品には著作権（copyright）がある。知的所有権の一つだ。「複製する権利」というのだから、一種妙な気がする。だが著作権が必要となる淵源は、一五世紀、グーテンベルクがはじめた活版印刷術《プリント》、大量複製技術にある。これが「権利」として世界にはじめて登場したのは、一七世紀だ。日本では、幕末から明治にかけた一九世紀後半、『西洋事情』や『学問のすゝめ』というベストセラーを書き、出版しながら、大量の偽書や偽版によって儲けをそっくり持っていかれた福沢諭吉（著者のちに出版者）が、著作権確立のため、大奮闘しなければならなかった。（もっとも『西洋事情』はオリジナルではなく、種々の種本があり、「翻案」ものだという批判がある。）

工業技術には、やはり知的所有権に属するパテント（特許権）や実用新案（utility model）権がある。金型技術もこれに入る。だが同じ工芸といっても、陶芸や絵画、作刀にはパテントがない。当然じゃないか。陶芸や絵画は、工芸ではなくて美術（芸術）だ。こういわれるかも知れない。じじつ、著作権法で、芸術＝美術の「著作物」は、「美術工芸品を含む」（第２条第２項）とある。杓子定規にいえば、陶芸品にも、「著作権」（著作物を排他的に支配しうる権利）があるのだ。

それで問題になるのは、「陶芸」の第一走者を自負し、陶芸を創作（original work）とみなす加藤唐九郎が、しかし、「偽物」を製作し、それを（鎌倉期の作品）「永仁の壺」と称して、高額で売却して儲け（詐欺罪を犯し）たとされ、あまつさえ戦後、重要文化財指定を勝ち取り、ついには、言い逃れできなくなった末に偽作＝「自作」だと「告白」していることだ。加藤は自伝を『土と炎の迷路』と題したが、およそ一流の作家とは思えないような「迷路」をたどったように思える。

(1) 職人

1　唐九郎は、一八九七年、愛知県水野村（現瀬戸市）に生まれた。父は加納桑次郎で、「半農半陶の窯屋」だった。小卒の唐九郎は、製陶一本に切り替えた父の後を追うようにして職人になる。が、この人、「多気」症気味で、いろんな道に足を入れる。ただ三〇歳（一九二七年）で、祖母の実家の姓（加藤）に入籍（復籍）して、陶芸一本で立とうとする。

〈一九三〇年（昭和五）に志野茶碗《しのぢゃわん》「氷柱」を発表して以来、中世の瀬戸焼、桃山時代の志野、黄瀬戸、織部《おりべ》など瀬戸美濃《みの》地方の伝統陶芸を目標に定めて作陶し、持ち前の天衣無縫な気質によって個性づけられた独自の作風を開拓した。晩境になるほどにその美的内容を深めた、現代の代表的陶工である。〉（日本大百科全書〈矢部良明〉）事実、三十四歳で、帝展（現在の日展）に初入選し、五五歳（一九五二年）には、織部焼で第一回無形文化財（人間国宝）に認定される。

これには「永仁の壺」偽作事件の記述がない。もうひとつの百科事典に、〈茶陶制作の一方で建築と焼物の融和を目ざした《陶壁》を日本で初めてつくり出し普及させた。一九六〇年、重要文化財に指定された《永仁の壺》は自分の作品であると発表して話題をまいた。陶磁研究家としても第一人者で、陶器辞典の編纂や焼物史の研究などの著書も数多い。〉（世界百科大事典　無署名）とある。「話題をまいた」ではまったく不十分だろう。

唐九郎にとっても、日本陶芸界にとっても「永仁の壺」偽作問題は、喉に刺さった棘であるらしい。

2　加藤は、「野心」（ambition）が大きい。「迷路」に踏み込む一つの因子だ。ただし「迷路」に踏み込むことがなければ、新境地が開かれない、ということもある。作陶一本というのは清いが、「遊び」がなく、膨らみがない。

野心＝野望があるというと、否定的に解されることが多い。だが札幌農学校の教頭、クラークが残した言葉、「ボーイズ・ビ・アンビシャス！」（Boys, be ambitious）にあるように、「大志」であり「立志」、「野望」であり「野心」、「活力」であり「覇気」、「功名」であり「名誉欲」だ。「財力」であり政治（支配）力だ。

クラークは文字通りの「山師」（投機家）であった。郷里をも巻き込んで、身の置き所を失った。孔子の『論語』に、「学志」とか「立志」とある。やはりアンビションだ。この二人の「志」に比べたら、唐九郎のはぐんと小さい。なぜか？　二人は、日本人の目には、「一将功成って万骨枯る。」（The many must perish for the one.）の「世評」を免れているからだ。

アートだけで立とうとする人の目には、唐九郎の、金と名声に直進する「野心」は見え見えだろう。わたしの好きな開高健が、芥川賞をめざしたのは、ま、わかる。職業作家になる最短コースだからだ。何せ、この人、生来の「いらち」なのだ。生き急ぎ、死に急いだ。しかし、開高がノーベル文学賞が欲しくて欲しくてならなかった（ま、それはいい）、そのためにかなりじたばたした、のはどうしてもわからない。村上春樹なら、じたばたも、ま、いいか、と思えるが、開高はもっと「ビ・アンビシャス！」のはずだ、と思えたのだ。「くれるなら、貰おう！」でいいじゃないかだ。（でも、開高という人間、そうではなかった、と昨今は納得できる。）

3　職人と芸術家との違いは、職人が「複製」をこととするのに対して、芸術家は「創作」をこととする、とひとまずはいうことができる。特に、修行、習作期は、「写し＝真似＝学び」が本筋だ。特に、陶芸は、「伝統工芸」の世界はだ。

唐九郎が、鎌倉期の「瓶子《へいし》」（＝とっくり）を写して、作った一対の「永仁」銘「瀬戸瓶子」は、『土と炎の迷路』によると、一九三七年のことだとされるから、四〇歳で、もちろん「習作期」の作品ではない。「写し」を作って、「本物」として売ると、詐欺になる。その顚末は松井覚進『偽作の顚末　永仁の壺』（一九九〇）が記すとおりだ（と推察できる）。「永仁の壺」はれっきとした「偽作」である。（「なんでも鑑定団」に出すと、一〇〇〇円だ。否、唐九郎作だから、数百万円か？）もちろん、戦後に出版された、加藤唐九郎編著『陶器辞典』（一九五一）の本文「終」の次頁に、本文に挿入された六点の「原色版解説」（1頁）があり、その一つに「鎌倉時代　黄瀬戸」、つまり「永仁の壺」の短い説明がある。これも（間違いなく）唐九郎による「作文」だ。言い逃れできない。ひとまずこう断じてもいい。だがここからが作家唐九郎の作家たるゆえんだ。芸術家魂、と言い換えてもいい。

(2)「瀬戸物」

六三歳、唐九郎は、「永仁の壺」（「壺」ではなく八寸余の「瓶子」＝徳利）を「自作＝写し」だと告白し、無形文化財の認定を外れ、すべての「公職」を辞任する。これが作陶に専念する画期となった。つまり、加藤唐九郎は、新「発起」する最大で「最後」のチャンスをつかんだのだ。ただその経緯がいかにも唐九郎らしい。インチキ臭い。

1　唐九郎は、六〇年、永仁の壺は「偽作」ではなく、「自作」（自分の写し）だ、と言明する。しかも、後に「いまでも永仁銘瓶子は、私の古瀬戸のなかでさえ成功した作品だと思っている。」（一九八二）と述べてはばかるところがない。むしろ「自作」と認定されたことをもって名誉だ、「写し」が作陶の基本だ、と言外に述べているのだ。これを、居直りと見ることもできる。しかし、作家《アーティスト》の自負心、自作に対する自信の現れである。写して写し以上のものを産む、これが芸術＝芸道の本道ではないか、といっているのだ。

ゴッホの作品に、ミレーの「写し」がかなりある。その多くは「習作」といえるが、「作品」も混じっている。これをもって、ゴッホを「贋作者」という人は、彼の無名時代も、現在も、いまい。「写し」にして「本歌取り」となりえているからだ。ただし、写しに上手い下手がある。唐九郎は、「巧者」だ。

2　唐九郎は、あくまでも自己肯定の人だ。破廉恥と思えるほどにである。

永仁の瓶子は、詐欺目当ての写しではない。懇請されて「写し」たものだ。むしろ、その写しが、所期の目的を離れ、自分の意想にまったく関係なく、悪用されたので、加藤唐九郎こそ「被害者」だ、と「自伝」に書くようなのだ。

この自己肯定＝自信の背後には、「破廉恥」とともに、「作品」は写しが出来て、伝統技術を駆使する技能があって、はじめて独自のものを生むことが出来るという、芸術、とりわけ陶芸世界のマナー理解が控えている。ピカソに各種の破廉恥があるからその作品は「バツ」といえるか？

3　加藤唐九郎の、陶芸界に対する最大功績は、「桃山時代の陶器を再現し、さらに豪放で清新な作品を創造し」（佐々木達夫『陶磁』〔日本史小百科34　一九九一〕）とある。最大公約数の評価だろう。重要なのは、「再現」（copy）能力である。「永仁の壺」（鎌倉期の永仁の瓶子）も「再現」（写し）だ。問題は、出来不出来にある。松本清張のように「所詮は『写し』である。」（松井覚進『永仁の壺』所収）、「写し」だから「ダメよ！」では、芸術を、さらには技術の伝承を語ることはできない。複製は、技術の本質だけではなく、芸術の本質でもある。

唐九郎は、「機を観るに敏」だ。一九六〇年前後、作陶に専念する「機」を探していたのではないか、と思えるほどに、「朝令暮改」の人でもある。ものに囚われない。だから、専心し、さらに飛躍できた。伝統工芸に新しい色と艶を付け加えることが出来た。こう思える。

(3)「写し」──アートとテクノロジー

1　「贋作」がある。世界各国、どれくらいあるかわからない。しかし、有名なのは、フランク・ウイン『私はフェルメール──20世紀最大の贋作事件』（二〇〇六　邦訳二〇〇七）が活写した、フェルメールの贋作事件だ。フェルメール（一六三二〜七六）は、レンブラントと同時代のオランダの画家で、作品数が少なく、高額で取引されたり盗難も多く、それゆえに贋作も多かった。現在、世界はもとより日本で、最も人気の高い作家の一人だ。

それが、一人の画家によって、ものの見事に「写され」、超高額で取引された。一九三二〜四六年まで、贋作一一枚、売却作八枚、その売却総額（ドル換算で）六〇〇〇万ドル余（当時）であった。

この贋作は、フェルメールの「写し」ではあっても、フェルメール作品（オリジナル）の写し（模写）ではない。フェルメールの「別作品」を装っている。この伝でゆくと、唐九郎の「永仁銘瓶子」は、同じ「写し」といっても、オリジナルがない。古器を装ったが、唐九郎の意識では、「写し」だが、自分のオリジナル作品だということになる。冷静に見れば、これはかえって性悪である。鎌倉時代の瓶子を「写す」＝「再現する」作品を製作したからだ。

問題は、唐九郎本人が、高額で売るために製作したかどうかである。売却したのは、唐九郎本人だ（と推断できる）。しかも「永仁銘瓶子」として売却したのであって、その「写し」といっていない。明々白々たる「詐欺」である。しかし、それを証拠づけるものは、ない。まずいことに、いわゆる「永仁の壺」が現存すれば、高額で取引可能となるだろう。もっとまずいのは、唐九郎の芸術家の「良心」はまったく傷んでいないかのようなことだ。

2　「良心の呵責」の有無など、どうしてわかるのか？　自作（けっして贋作だといったのではない）だと「告白」のあと、六〇代から九〇歳近くまで、まるで脂ののりきったような活躍をしているからだ。

唐九郎は「創作者」だ。「作家」でもある。作家の本性は「ウソ」や「ホラ」をそうとも思わずに書く能力にある。二つだけ引く。

〈晩年にかたい仕事をしている人というのは、実はものになっていないのじゃ。やっぱり、自分の得たものを全部捨ててしまって、本当に奔放な気持ちでやらないと、後世に残るような面白いもの

はできない。結局、それが創作になるわけじゃ。〉（『陶芸の世界　加藤唐九郎』一九八〇）
〈作家は晩年がだめになってはいかん。すぐれた仕事を残したものは、みな晩年に立派な仕事をやっている。ちょっとばかりの仕事なんか、すぐに消え去ってしまう。〉（同右）

これは晩年に嚇嚇たる成果を残した（と思えるほどの世評をえた）人間の無意識、自惚れ（vanity）の言葉である。「写す」ことに憂き身をやつして、どうにかその境地を理解できるようになった、と思える人間の無意識である。唐九郎の作品は「豪放」といわれるが、それは写すことが出来ているという事態から来る。写すとはあくまでも細心マナー（技術・技巧）が必須だ。唐九郎はそこを遙かに超えてなぞいない。そこが彼のよさである。（わたしの好きなところでもある。）

3　唐九郎の書いたものでなにがいちばん好きかというと、とんぼの本『唐九郎のやきもの教室』（一九八四）で、まさしく「教科書」（入門書）である。最初に断っておくが、「教科書」（入門書）を書くのが、いちばん難しいのだ。実は、入門書（introduction）は、「総体」を仕上げて、はじめて、書くことが出来るからだ。

唐九郎の気分に寄り添っていえば、「陶磁器」の初歩から頂点までを、誰にでもわかる言葉で、語り切っている。しかも、作陶過程を語る場合も、陶磁器の分類や変遷を語るときも、最終地点に唐九郎の焼き方を、唐九郎が生まれた瀬戸焼を、そして唐九郎の作品を、自ずと置くのだ。自惚れというか、自信だろう。高齢者だけに許される「特権」を用いている。

そうそう、唐九郎の作品も、本人も、晩年まで枯れなかった、といわれる。なぜか？「野生」だからとよくいわれる。わたしなら、その言動の裏にある「巧み」（artfull）だといいたい。この人、尋常では、食えない。信用できない。作品とだけつきあうのがいい。つまらない結論だが、わたしの確信だ。

＊加藤唐九郎　1897・7・19～1985・12・24　瀬戸市水北町生まれ。14年父の窯場をかり、陶芸一本の生活に。29年瀬戸の祖母懐に窯を移す。31年帝展に入選。35年守山の翠松園に窯を移す。41年編纂に加わった『新撰陶器辞典』全6巻完成。52年無形文化財（織部焼）に認定。54年『陶器辞典』編纂。56～59年ソ連を中心に工芸美術の交流の先頭に立つ。60年「永仁の壺」問題おき、無形文化財の指定取り消し。一切の公職を退き、作陶に専念。直後から、快進撃がはじまる。　編『陶芸辞典』（1949）『加藤唐九郎』（1980　＊陶芸の世界）『自伝　土と炎の迷路』（1982）『かまぐれ往来』（1984　＊自伝）『唐九郎のやきもの教室』（1984）『瀬戸』（1985　＊日本の焼きもの）　松井覚進『永仁の壺――偽作の顚末』（1990）

第3節　日本刀──正宗

「高度な文明」の起こるところ、鉄文化（鉄生産技術）があるといわれる。鉄文化は、銅文化に遅れること四〇世紀、紀元前一五～一〇世紀にオリエントのアナトリア（トルコ）ではじまり、いわゆるシルクロードを経緯して、紀元前四世紀ごろチャイナに、そして朝鮮半島を経由し、青銅器に遅れることわずか、渡来人とともに三世紀の日本列島に伝わり、日本独特の鉄技術（農機具や兵器生産）を生み出し、七世紀後半の日本建国につながった。一筆書きにいえば、こうなる。

だが「日本刀」は、ちょっとやっかいだ。加来耕三が記すように、「刀剣」といわれるが、「刀《かたな》」と「剣《けん・つるぎ》」とは用法が異なるのだ。主として、断ち切る（斬る）が刀で、突き刺すのが剣だ。〈しかもこの「刀」、世界の基準が諸刃の直刀なのに、日本刀はいつしか片刃で彎刀（反りのある曲がった刀）となった。目的は一つ、「斬」（たちきる）にあったといえる。〉日本がチャイナ文明の流れをくみながら、他に類を見ない独自の文明（「孤立文明」〔ハンチントン『文明の衝突』〔一九九六〕〕）を創造したように、「日本刀文化」を生み出したのだ。

この〈日本人の集大成が、折れず曲がらず、切れ味鋭く、そのうえ気品高く清々しい外見、本来の用途である殺傷性とは別次元の、美術品としての価値を持つ、世界に無比な日本刀となったのだが、その完成までの歴史は、目もくらむばかりの遠き道のりであった。──刀剣の類いは、それこそ世界中に存在する。だが、片刃の武器を両手でもって、一刀両断に斬るものは、日本刀以外にな

い。〉（加来耕三『刀の日本史』二〇一六）

（1）五郎正宗

1　この目もくらむばかりの「遠き道のり」のなかで名刀工の代名詞とされているのが、日本刀が普及した「蒙古襲来」期と時を同じくして「活躍」した、相州鎌倉の刀工正宗である。わたしの義父（義祖父?）の本に的場樗渓『古今刀剣便覧　附・評価便覧』（一九三四）がある。元寇（一三世紀）、朝鮮の役（一六世紀）、日清・日露戦争期とともに、満洲事変以降の戦役時、何度目かの日本刀ブームがあったときに出た和本仕立（袋綴）の変形活版本だ。

その古刀部・相模国に、〈正宗　文永元年（一二六四）に生まれ、康永二年（一三四三）に死す、寿八十歳なり、行光の子にして岡崎五郎入道と号す、刀冶中興の神と伝えらる、珍稀の作として世に伝うるものははなはだ稀なり、七百三十年前の人、その値一千円というもなおその真物を得がたしという。〉とある。だが正宗は生没年不詳で、作刀には銘が刻まれていない。（「銘」があるのは、偽作の証拠であるといっていい。）それほどに、安土桃山期以降、「正宗」は、名刀扱いされ、垂涎の的となった。たしかに、今日においても、正宗は特筆大書される。

〈正宗の作風は彼の独創とするところのもので、伝統技術の継承とかその変化という範囲を超えたところに抜群の凄さがある。いま伝えられる国宝、重要文化財、重要美術品の正宗をみるならば、まさに一大の天才と断定してけっして過言ではない。正宗に続くものはすべて模倣であり、至らぬものということになる。〉（小笠原信夫『日本刀』二〇〇七）「正宗の前に正宗なく、正宗の後に正宗なし」といわんばかりのもちあげかただ。だが日本刀の長い歴史に照らしてみて、こんなことがはたしていえるだろうか？　いえない、が結論だ。

2　日本刀鍛冶の「始祖」は大和の伝説の人、天国《あまくに》だといわれる。生没年不詳で、奈良朝から平安朝の過渡期に活躍したとされる。その作が「小烏丸」だが、ほぼ直刀で、刀身の過半が鋒《きっさき》両刃造りという過渡期の作としかいいようがない。対して「日本刀の祖」にふさわしい形姿をしているのが、現存する最古の在銘刀、「伯耆国安綱」で、源頼光が大江山の酒呑童子を斬った刀として名を馳せたので、「童子切安綱」といわれる。この人も生没年不詳（おそらく平安後期）だが、正宗よりゆうに二五〇年以上も前の人だ。

3　正宗がはじめて文献に登場するのが、南北朝期の『新札往来』（一三六四〜六七　＊「札」とは書状のこと）の「太刀刀身」のくだりで、「近代、来国俊、国行、進籐五、藤三郎、五郎入道、その子彦四郎、一代之名人候」とある。たしかに正宗は「名工」（名の知れた刀工）の一人であったことは「歴史」事実だ（ろう）。福永酔剣（『日本刀名工伝』一九九六）がいうように、その「作」は国宝や重要文化財に指定されており、「美術的価値」を受ける「資格を具えた名刀」といっていい。だが、これと、「正宗」が正宗の「真作」であるかどうかとは、別問題なのだ。

正宗が「宝刀」（天下に並びなき名刀）へとジャンプしたのは、信長以降である。特に秀吉、次いで徳川将軍家が、本阿弥家を研ぎ師（「折り紙」を発する権利）公許してからで、一気に正宗の評価（値段）が上がった。この鑑定方式で、正宗は将軍家を筆頭に諸侯、武将の「進物」の上位に置かれ続ける。「偽物」が堂々とまかり通る。

この正宗への異常に高い「評価」への反動が、明治期になって、正宗に「真作」なしという極論まで生ませた。世にいう「正宗抹殺論」である。対して、「正宗」に折り紙をつけた本阿弥派には、正宗の刀「三千を下らず」（光賀）と応じるなどあり、まさに泥仕合となった。

現在、「国宝」とされる九作（刀4、短刀5）を含め、正宗作と「認定」されているものは全三三作である。これでも、多いのか、あるいは少ないのかは、意見が分かれるだろう。

(2)「宝刀」正宗

正宗が「宝刀」であるという評価も、はっきり分かれている。

1　宮内省御剣係・今村長賀談に、正宗（派）の刀は、形体からいえば「幅広で切っ先は鋭く樋〈刀身の背にそった細長い溝〉や彫り物があり、かつその焼刃《刃文》は大きくて見事で、いきなり見たところで、これで一打斬ったら、さぞ見事に切れるだろうと思うところ」がある〈読売新聞一八九六／七／三〇〜八／一〉、とある。これは総じて正宗の「作刀」の特徴を捉えている（といっていい）。だが、今村は、「刀剣品格の全体より論ずれば、正宗のごときは極めて下卑たるものであって、最も高尚に最も尊く、遙かにこの一派の企て及ばざる名剣は、古来挙げて数えべからざるほどである。」と一刀両断にするのだ。

正宗の「独創」を、雄渾無比・海内第一と見るか、素人目には勇壮な反り・独特の刃文等で驚かされるが、「下卑」そのものであると見るか、その評価は両極端に分かれる、といっていい。美的評価に「唯一絶対の基準はない」の見本だ。

2　だが、日本刀は純《たんなる》美術品ではない。武器で（も）ある。武器としての日本刀の特性は、「折れず、曲がらず、よく切れる」である。その技法が「造り込み」だ。炭素量の少ない軟らかい心鉄《しんがね》を、炭素量の多い硬い皮鉄《かわがね》で包んだ複合材《ヘテロ》をつくる技術で、これを「甲伏せ」・「本三枚」・「四方詰め」方式で組み合わせ、鎬《しのぎ》造りの形状に打ちのばす。（＊鎬とは、刃物の刃と峰＝背との境界に稜を立てて高くしたところ。）もちろん日本刀に強度と靭性（粘り強さ）をもたらすのに、「焼き入れ」や「たたら製鉄」がある。（臺丸谷《だいまるや》政志『日本刀の科学』二〇一六　参照）

3　ところが、「折れず、曲がらず、よく切れる」という武器としての日本刀の評価は、いたって難しい。なぜか？

曲がらない刀、折れない刀は、ない（「矛盾《たてとほこ》」だ）からだ。日本刀は「強靭」といわれるが、「強」と「靭」は相反する。問題は、そのバランスだ。また、日本刀はよく切れる。だが人を斬ると、血糊で切れなくなり、そのうえ、鞘に納まらなくなる。じつにやっかいなのだ。

では武器として、「強靭」さと「よく切れる」の双方を、正宗で試したケースはあるのか？　過去にはあっただろう。折れた、切れ味に問題があった、は正宗にもあった、だろう。だが、その実証のほどは、不明としかいいようがない。江戸期以降、腰に差すことはもとより、実戦で使うなどということは、なかった（、といっていい）。もし、あったとして、折れたり、曲がったりしたならば、それは「正宗」ではない、と断じられたに違いない。明治になって、天才剣士といわれた榊原健吉（直真影流　一八三〇〜九四）が肥後の簡素を旨とした剛刀「同田貫」で行なった展覧兜割（一八八七年）がある。「成功」した。これを正宗で行なうなんて、正気の沙汰ではないと思われるないだろう。同じように、国宝指定の正宗で試すなんて、無理だ。試せない、正確には、試させてくれない（だろう）。

それなのかどうか、切れ味評価で、正宗は、「最上大業物13工」はもとより「大業物22工」にランクされていない。（五代山田浅右衛門吉睦『古今鍛冶備考』一八三〇）さらに「良業物54工」「業物91工」「追加66工」にも入っていない。両極端をとれば、ランク付けするなんて、畏れ多いのか、首切りで名を馳せた浅右衛門が正宗（の実力）を歯牙にも懸けなかった、になる。わたしには、どちらでもある、と思える。

（3）日本刀は「兵器」ではなかった

日本刀は殺傷力鋭利で剛直な武器だ。だが武器としてはつねに遅れてやってきた。

1　日本刀は、日本の建国とほとんど時を同じく生まれた。こういっていいだろう。伝統技術のなかでもその「粋」を集めた作品だ。天国《あまくに》の「小烏丸」が渡来の「剣」から「日本刀」への過渡期の作品であったように、「建国」期はチャイナ（唐）からの自立期（過渡期）だった。

しかし歴史をよく見ると、日本刀は立派な武器だったが、戦場ではつねに主要な武器の位置につくことはなかった。源平争乱期に、戦の主力は「弓馬」であり、「矛」がそれにつづいた。矛を改良したのが「薙刀《なぎなた》」（長刀《なぎなた》）であり、鎌倉末から南北朝にかけて「槍」が登場し、戦国時代の花形（槍衾《ぶすみ》）武器になった。次いで鉄砲が登場し、あっというまに日本中に広まったが、鉄砲の技法の基礎が日本刀の技法であったからだ。日本刀はここでも脇役だった。

2　刀剣はたんなる武器ではない。三種の神器の剣（草薙剣）は、祖霊崇拝と皇室伝統の象徴である。これは日本刀にもつながる伝統だ。たしかに日本刀は武器だが、武器としての機能では、戦場で常に従の地位に置かれたのだ。

そのうえ、日宋、日明貿易では、日本刀は主要輸出品の一つになった。日本刀が活躍した、「倭寇」や「元寇」の副産物だろう。といっても輸出量は尋常ではない。一〇〇万振り以上輸出されたという推計もあるほどだ。日本側は、材料となる「鉄製品」を盛んに輸入した。日本刀は、外国貿易の重要輸出品として生産されたということだ。

3　じゃあ、名工・名刀正宗の評価を否定したいのか？　第一、正宗を否定しても、日本刀の技術と刀工は否定すべくもない。正宗「風」を継ぐ作刀を否定したいのか？　例えば、「世田谷正宗」の異名を取った源清麿をである。まったくそんなことはない。

重要なのは、正宗を日本刀の代名詞におくことには、疑問を禁じえないということだ。正宗は日本刀＝武器で、その技術は伝統を受け継いでいる。ただ武器としての実力のほどは検証されていない。まぎれもなく古（骨董）美術品だが、その伝来の評価、「日本刀の代表」には、武器・技術・美術の点から、疑義がありすぎる、ということだ。

正宗は、見栄えがよくて、豪壮で、独創的だ。心が震える。美的価値だけでも「いい」じゃないか。こういえば「趣味」の問題になる。だがカントなら、正宗は、「趣味判断」では、斬新で異端、奇だ。圧倒するが、すっと心に入ってこない。スタンダードにはなりえない。

それに、もし正宗が、折れやすく、切れ味が悪い、となったらどうなるか？　刃物としてのみならず、日本刀としては失格だろう。ま、正宗がワン・ノブ・ゼムだったら、どうということはない。

＊五郎入道正宗　鎌倉末期・生没年不詳　相州鎌倉の人　＊鈴木卓夫『作刀の伝統技法』（1994）福永酔剣『日本刀名工伝』（1996）小笠原信夫『日本刀』（2007）志村央夫『古代日本の超技術』（2012）加来耕三『刀の日本史』（2016　＊卓見に充ちている）臺丸谷政志『日本刀の科学』（2016　＊機械工学専門の刀剣研究家）

第8部

人生の哲学

序　ヒューム「自伝」

人生論は複雑多岐にわたる。単純明快に行きたい。

「人生相談」ができるほどの知恵をもち、言説を展じろ、といわれる。プルタルコス『モラリア』のようにだ。その通りだが、わたしは性癖として、相談に来ればのるが、自分からは相談しない。相談できる状況下におかれても、進んでしない。他人事で、他人のことに臨む、これがわたしの筆法だ。父母、妻はもとより、家族、縁者に対しては、特にそうだ。かっこよくいえば、人間は自立自尊で生きる、それがベストだと思うからだ。

プラトン、アリストテレス、エピクロス、トマス・アキィナス、スピノザ、ライプニッツ、ヒューム、アダム・スミス、ヘーゲル、キルケゴール、ニーチェ、ソシュール、アルチュセール、ヴィトゲンシュタインと、わたしの好きな哲学者は、すべて「自立自尊」である。「独立独歩」だ。与えられた条件、「運命」を十全に生きようとした。その人生（著述）から学ぶ。これがベターだ。そう思える。

日本人でもこれは変わらない。吉田兼好、世阿弥、新井白石、伊藤仁斎、荻生徂徠、富永仲基、山片蟠桃、佐藤一斎、福沢諭吉、三宅雪嶺、幸田露伴、内藤湖南、田中美知太郎、廣松渉、吉本隆明、山本七平が、わたしの好みだ。わたしの最も近い人では谷沢永一である。

これがわたしの「好み」だ。ただし、他にもすすめようとして、論じ、書いてきた。ここでも同じだ。「よくよく語り合い、話し合って」というコミュニケーション論ではない。**自問自答、これが哲学の筆法《ノウハウ》だ。**

1　新しい視点から、人生論を読み解く。

「人生論」(one's view of (human) life; one's worldview)、「書き物」(an essay on life)、「人性論」(〔経験論哲学者ヒュームの書〕A Treatise of Human Nature)が、標語だ。

2　大衆的人性論をめざす。「ハウ・ツゥ」のない人性論は、腹の足しにもならない。

3　「教養」のほどを測るにたる人生論を紹介したい。

まず、ヒュームの「自伝」をモデルとして紹介したい。

一生の財産報告を自伝に書いた学者は、私は寡聞にして西にデイヴィッド・ヒューム、東に本多静六を知るのみである。(渡部昇一『新常識主義のすすめ』一九七九)

まずヒュームの「自伝」を紹介しよう。訳すと、わずか一五枚(四〇〇字詰)の小品だが、見事に完結している。量・質ともに、わたしが「モデル」とする人生論だ。(なお本多静六の自伝についても、渡部『財運はこうしてつかめ　明治の億万長者本多静六開運と蓄財の秘術』〔二〇〇〇〕を参照されたい。ただし誤解なきことを期せば、本多(一八六六〜一九五二)は、広辞苑に〈林学者。

埼玉県出身。日本最初の林学博士。国立公園の設置に尽力した。帝国森林会会長。著書「本多造林

学」など。〉とある、実業家ではなく、正真正銘の学者だ。）

ヒューム（一七一一～一七七六）は『人間本性論』や『イングランド史』で知られる、近代哲学史上、フランスのデカルト、ドイツのカントと比肩する哲学者だ。その「自伝」をわたしがはじめて読んだのは、一九六四年で、西哲叢書の一冊、土井虎賀寿『ヒューム』（一九三七）の冒頭に訳出されていた。だが、土井のヒューム研究と冒頭に置かれた自伝（翻訳）とは、まるでしっくりしていなかった。ヒュームの諸著作については、演習で相原信作教授、岸畑豊助教授から長く（一九六四～七一年）手ほどきを受けたが、この短い自伝の意義については、ほとんど言及がなかった。言及する準備がなかった、というのがわたしの理解だ。

この自伝の意義について、最初に気づかせてくれたのが、渡部昇一「不確実性時代の哲学——デーヴィッド・ヒューム再評価」（『諸君！』一九七九／一）で、文字通り、これ以上ないといえるほどあざやかな、ヒューム哲学の「解読」である。このコピイはいまでも残っており、これ以降、渡部の著作は『英文法史』（一九六五）をふくめてそろえ、通読するように心がけてきた。

そのヒュームの「自伝」だ。要約である。

〈自伝を書く。短いのは、長々と書くと、虚栄心が生まれるからだ。どう書いても、自伝は、虚栄心の一例とみなされかねない。だから自著の歴史を書くことに限定する。私は自分の生涯のほとんどすべてを、学術《リテラチャア》探求と文筆に費やしてきたからだ。私の最初の成功は、虚栄心の対象を満たすものではなかった。

私の生家は名流だったが、裕福でなく、父が早く亡くなり、私は次男のため遺産分与はわずかだった。母方の祖父がスコットランド最高裁長官で、代々法律家を出している名家だったので、法律家のコースを歩むことを期待されていた。だが、一八歳の時、自分が哲学上の重大な原理を発見したと信じた。そこで二三歳で、この哲学原理を突き止め、発表する、それに一生を捧げる、が「文学」への情熱《パッション》＝野望《アンビション》となった。

（＊ここで「文学」とは、詩歌小説の類いではなく、文学〔＝哲学〕部の「文学」で、哲学・史学・文学を包括する、「哲学」〔学の総体〕である。）

この学の原理を究め、著述し、発表するという人生〔生涯〕計画のために、脇目を振らず、徹底的に節約して資産不足を補い、何とか「独立《インデペンデント》」生活しようとした。以来、私はこの計画を、着実に首尾よく実現してきた。

こうして、〔生活費の安い〕フランスの片田舎で、三年かけて、処女作『人間本性論』を仕上げ、運良く出版〔匿名〕にこぎ着け、五〇ポンドの稿料もえることが出来た。一七三八年、二八歳のときだ。こうして成功を信じて郷里に戻った。

だが私の『人間本性論』ほど不運なものはなかった。それは「印刷機から死んで生まれた」。何の反響、批判さえも生まなかったからだ。

だが、私は元来が楽天家なので、すぐに立ち直り、郷里で熱心に研究を続けた。一七四二年、エジンバラで評論集の第一部を出版した。これは好意をもって受け入れられ、すぐに前回の打撃を忘れることができた。

一七四五年、アナンダール侯爵から、イングランドに来て一緒に住まないか、と誘われた。家庭教師の口である。この一二カ月の報酬は、私の小さな財産を大きく増した。続いて、クレアー将軍から秘書として遠征に同行しないかと求められ、フランス沿岸に行った。翌一七四七年、同将軍がウィーンとトリノの宮廷裁判所へ軍事使節として赴任するのに同行するよう誘われた。私は将軍の副官として紹介された。この二年間は私の人生で唯一研究を中断した時期だ。私の俸給は、倹約もあってひと財産をもたらした。かくして私は「自立」した。こういうとたいていの友人は微笑したが、約千ポンドに達していたのだ。

これまで私がつねに考えてきたのは、「人性論」の不成功は、内容（matter）ではなく書き方（manner）であり、また早すぎる出版に因があるということだった。それで第一部を『人間知性論』に書き直した。これは私がトリノにいるとき出版されたが、最初は『人間本性論』同様、完全に無視された。また先に出版された私の『道徳・政治試論集』の新版も、御同様だった。

処女作の不成功同様、私は生来の陽気さで、落胆なく乗り切った。一七五二年、故郷で、兄の家で二年間暮らした。ここで、私は『試論集』の第二部「政治論」を、さらに『道徳諸原理の研究』を書きあげた。後者は『人間本性論』の第三部の書き直しだ。この間、私の著作が、『人間本性論』以外のすべてが、世評をえるようになってきた、と書店主から知らせを受けた。坊主や評論家たちの批判や嘲笑もあったが、まったく反応せず、文筆上の喧嘩から身を守った。元来、私は否定面よりも肯定面を見る傾向、気質を持っていた。それで、高まりつつある名声の兆しを読み取り、自信をえた。この自信こそ、年に一万ポンドの領地の領主に生まれること以上に幸福なことなのだ。〉

いまや人生計画完遂に「足場」をえたヒュームは、四〇歳をこえ、着実に進む。

一七五一年、ヒュームは、はじめて知識人の都会、エジンバラに出る。そこで『政治論集』が再販され、国内外で評判をえた。

五二年、法曹学院の司書（図書館長）に選ばれる。図書館の自由利用が可能になり、『イングランド史』を書き上げる計画を立てる。

五四年、『イングランド史』第一巻は、非難、不同意、憎悪の集中砲火を浴びる。

五六年、『イングランド史』第二巻は、概して好感をえ、第一巻をも浮上させた。

五七年、『宗教の自然史』を公刊する。人目に立たなかった。

五九年、『イングランド史』第三・四巻出版。かなりの成功。

これ以降、ヒュームが著作からえた印税は、英国の歴史のなかで遙かにぬきんでた。完全に「自立」し、母国に引きこもる覚悟を決めた。かくして権力者に媚びる必要はなくなった。五〇歳を超して、ただ哲学的生き方で余生を送ることに満足した。

ところが六三年、大使に任命されたハートフォード伯爵から、パリへの外交使節団に参加の要請を受けた。心動かされたが、最初は断った。高官と関係を結びたくなかったからだ。それにパリの社交界が快く受け入れるとは思えなかった。でも再三の要請を承諾した。結果は大成功で、この新しい人間関係に、パリの生活に満足した。一七六五年、大使交代で、新任者が来るまで大使代行を勤め、六六年の初め、エジンバラでもとの哲学的生活に戻った。

六七年、コーンウェル氏の第二秘書（北部担当国務次官）にと招かれ、受けた。六九年、エジンバラに戻ったが、そのとき年一〇〇〇ポンドの収入に達していた。健康と年齢で体力に多少問題はあったが、今後長く、気楽な生活と名声の高まりが続くことを予測できた。

七五年春、腸に異常を覚えた。やがてそれが不治の病だと知った。これまで病に苦しめられたことがなかったし、気力の衰えを憶えたこともなかった。気力にかんしていえば、もう一度生涯をやり直したい時期を挙げろといわれれば、躊躇なくこの晩年期を挙げることができる。研究でも仲間との集まりでも快活さを保っているのだ。

最後の一節で、ヒュームは自分の「性格」(楽天・快活で、どんな中傷や攻撃にもめげず、独立独歩で進む気質)について要約する。そして「自伝」を「弔辞」であると締めくくるのだ。

一読してなにを感じ取るだろうか。三つのことだけをいおう。

1　自伝は紛れもなき、ヒュームの著作史である。その全著作は、四〇歳まで、失敗に次ぐ失敗の歴史であった。だが、乗り切ることができた。楽天的な「気質」と「自立」生活によってである。問題は、「自立」(independence)だ。「ディペンド・オン」(depend on)しない生活である。「自立」に二つある。「主人」をもたない、「十全の収入」をもつだ。十全の収入は、主人(権力)を必要としない条件となる。

二〇代のヒュームは、節約に節約を重ねた。手持ち資金だけで研究しようとしたからだ。だがこの道は長かった。四〇歳で、著述(印税)だけで生活できるようになる。「自立」だ。五〇歳、もう何もしなくても、一生暮らせるだけの資産をえた。これも「自立」だ。こういう生き方ができた哲学者を、わたしは、エピクロス（過少消費で生きた）以外知らない。
2　ではヒュームの著述上の成功はなにに起因するか。ヒュームは処女作『人間本性論』の内容に自信があった。だが受け入れられない。こういうとき、自恃《みずからをたのむ》の人は、「これを理解できないものはバカだ、私は生まれるのが早すぎた。」といって、不満屋になり、なりはてるケースがほとんどだ。
だがヒュームはちがった。マター（内容）ではなく、マナー（書き方）が未熟だった。書き直そう。こうして、読みやすくした。結果、その『イングランド史』の英文は、英語のマナー（範例）となった。そしてついには、あの未熟（難解）な『人間本性論』さえ、読まれるようになった。哲学史に燦然と輝く名著になった。（もちろん数種の和訳がある。）
3　だがヒュームの嚇嚇たる成功も名声も、この一片の「自伝」を出版することで、吹っ飛ぶ。（この自伝を出版した、アダム・スミスの立場をも危うくした。）ヒュームの〈自由〉思想を憎悪する狂信者を一斉に喜ばせた。ヒュームは、哲学研究という美名のもとに、「蓄財」と「人気」、つまりは虚栄心に突き動かされて、著述し、「神」を否定したのだ。許しがたい。こういうことになった。
だがヒュームの自伝こそ、「人生の哲学」の範例になる、といいたい。
＊「自伝」の訳文は、土井虎賀寿『ヒューム』のほかに、山崎正一『ヒューム研究』（一九四九）、ここでわたしが参照したヒューム『奇蹟論・迷信論・自殺論』（一九八五　＊ヒューム宗教論集Ⅲ）に訳出されている。

第1章　人生論とは「生き方」である

1　哲学とは「ヒロゾフィーレン」（philosophieren）、「哲学する」ことだ、とよくよくいわれてきた。漠然としてよくわからなかった。理由がある。その哲学は「大学の哲学」に限られていたからだ。それに、哲学を専門とする人たちが、ひとたび「人生」を語ると、そのほとんどは、リアリティのないものに終始するか、逆に、あまりにも些末《しみったれた》な人生訓に堕すのが落ちであった。したがって、「人性論」を書く人は、大学哲学村から出た人とみなされた。おまえがそうではないか、といわれれば、反論できないが。

2　だが、ヒュームの「自伝」こそ「人生の哲学」のモデルである、というのがわたしの主張だ。本シリーズ共通の考えだ。自立して生き、自立して思考することだ。自立して生き、自立して思考するとは、しかも、二つの別々のことではない。哲学的生き方においては、表裏一体である。

もちろん、自立生活と自立思考は、流動する過程である。どんなときにも、自立の度合いは、制限や拘束を受けざるをえない。しかし、つねに、自立がなければ、自立がめざされなければ、生活も思考も、リアリティをもって活きない。
3 「哲学」とは「哲学して生きること」だ。「哲学の人生」であり、「哲学する生き方」だ。ただし、「哲学する」とは、それを主張する人によってさまざまだ。
「哲学」とは文字通り「愛知」である。わたしにとって、「哲学する」とは、『日本人の哲学』第10部で示したように、「大学の哲学をする」ことにかぎらない。「愛知」をぐんと広くとって、「雑知を愛する」ことなのだ。『日本人の哲学』全巻が論究したあらゆる分野を包括し、かつ凝縮するような生き方(art of life)である。

以下、「人生の哲学」を展開した代表者を取り上げ、紹介しよう。

敗戦後

戦後の人生論は、戦前と比べると、「薄い」ように思われる。だがそうではない。日本と日本人は、「はじめての敗戦」にであった。その「敗戦」のトラウマがまだ終わっていない、正確にいえば、きちんと整理されていないからだ。伊藤整も、司馬も、曾野綾子も、「ジャパン・アズ・ナンバーワン」を知らされた花森安治も、「敗戦」を思考と行動の核にして生き、かつ書いている。敗戦後の日本人に共通の意識だ。このことだけを前置きにしておこう。

第1節　伊藤整――「青春」の哲学

〈私は、健康な肉体の力、美貌、広い心、勇気、才能、女性の友などという、青春の最も輝かしい伴侶とみなされるものをまったく欠いていた。それらのものを所有しない、という意識は、日常痛烈にわたしを苦しめ、自分を劣れるものと感じさせ、自分が生きていないこと、多分従って人生らしい人生を生きることが出来ないだろうことを予感させて、わたしをおびやかした。……

しかし、だからと言って、私が青春を知らなかったことにはならない。むしろ私は、それを所有しなかっただけ、それだけ、強烈に青春を知っていたような気がする。私は、青春というものを、青春らしい生活形式や交友や恋愛やスポーツそのものとしては所有しなかった。しかしそれ等を所有しないことで、正確に言えば、所有しないと思ったとき、青春は私にあった。私は、長い間かかって、青春らしい生活の形は、大したものではないこと、さらに大胆に言えば、そんなものはツマラヌモノであることを理解した。……

私は、もう一度言うが、青春らしいものを所有しないことによって青春の存在を痛切に知ったのであった。〉(「青春について」一九五四)

これは、青春文学の白眉である自伝小説、伊藤整『若き詩人の肖像』(一九五六)の「序文」というべきエッセイである。青春論の白眉だといっていい。「青春」というと、いつもこのエッセイと、この小説を思い起こす。(つねに「想起」する、わたしにとっては、プラトンがいう「青春のイデア」だ。)

ヒュームの「自伝」には、世にいうところの「青春論」は書かれていない。「自著伝」(the history of my writings)を書くことに限定しているからだ。しかしそれでも、出自、処女作にして最高傑作である『人間本性論』を書くまでのポイントに触れている。彼の一家は、ヒュームがエジンバラ大学(日本でいえば旧制二高)を出て(学位は取っていない)、法律家になるべく勉強していると思っていた。だが彼は哲学等の学問以外には避けがたい嫌悪感をもっていたので、キケロなどを耽読していたのだ。そして「自伝」には書かれていないが、二九年、一九歳の時、「真理を確立する新しい手段」を見いだし、哲学への「決定的回心」が訪れた、と思えた(書簡集)。ここからヒュームの「病」、「スキャンダル」、彷徨がはじまり、意を決して、三四年フランスに渡るのだ。そこで三年、二七歳で『人間本性論』を書き上げる。ここまでが、ヒュームの「青春時代」だ。

では「青春」とは何か？　あらためて問いただす必要がある。

人は、特に、一見して、すでに「青春時代」をすぎたと思える人々が、「青春まっただ中」、「青春を取り戻そう」と口にする。「若いわね」といわれると、うれしくなる。女性は特にそうだ。その傾向は、長寿時代、ますます強くなっている、と感じられる。

じゃあ、「青春とは何か？」これがじつは簡単明瞭ではないのだ。

「青春」とは、素っ気なく、一言でいえば、「若い」が「未熟」である。エネルギーが押し上げてくるが、それを明確かつ有効に使う道を見いだしていない。つまり「やりたいことはあるが、まだ何ものでもない」という中途半端な状態なのである。だから、この時代は、本当のところ、辛い。能力がある人ほど辛い。堪えがたい。したがって、絶えずいらいらする。これはわたしの実感からもぴったり来る。この実感がなくなると、青春は終わる。こうみなしていい。

やりたいことがある。かなりのていどやる努力も懸命にしている。しかしまださしたることも、あるいは何か重要なこと《サムシング》もなしとげていない。したがって社会的評価をえていない。ポジションもペイもえていない。「自立」していない。これが青春の実相である。まさに「学生」時代にパシッとはまる。現在では、総じて、学生をやめ、就職しておよそ一〇年間は「青春」時代だろう。

何をいうか。青春は肉体も心も若い。美しい。勇気に満ち、へだてのない友だちがいる。そして輝く未来がある。こう反論するだろう。間違っていない。しかし若いエネルギーに満ちあふれ、輝く未来が待っている、と思える反面、まだ何ものでもない、未来はまったく未定である、今あるエネルギーはいつ突然雲散霧消するかもしれない、という不在感、不安につきまとわれ悩む時期でもあるのだ。

したがって「青春謳歌」とは、底の浅い、いまにもかき消えてしまいそうな「喜び」であり、「不安」であるから、貴重でもある、と感じることができる。瞬時でもそこに執着したい、と思える。

もし「青春」時代、友人がなく、読書がなかったら、「自分は何ものでもない」という切ない宙ぶらり《ブランコ》ん状態を乗り切れただろうか？　できなかった。これがわたしの偽りのない記憶の中にある「青春」である。青春に読書が不可欠な意味でもある。

「青春」を決定づける指標は、まさに伊藤整のいうように「ツマラヌモノ」＝「欠落」であり「不在」だ。総じていえば、「いまだ・なにものでもない」(Noch-nicht-sein) である。ヒュームは、主著を書き上げるために「自立」を自分に課し、主著を書き上げて、「青春」から抜け出す「自立」の橋頭堡 (the first stage) をきづいたのだ。

〈国道はその村の外れで、岬をくり抜いたトンネルに入った。トンネルをくぐり抜けると、小舟の入るぐらいの幅のある川口に小さな部落があった。橋を渡るとき、裸の子供が二三人、水の静かな川のなかで遊んでいた。右手に海が見え、ほとんど波がなく、沖の方には船の航跡か潮流か分からない白い筋が霞んだように浮き、水平線のあたりで汽船が煙を吐いていた。わたしたちは、国道を外れ、幅が一町ほどある広い砂浜を、歩きやすい波打ち際を選んで歩いた。砂浜の左側は、一段高くなって、灌木地帯が続いて居り、所々に若いトド松の植林地があったり、大分離れた国道沿いの方には、ハネツルベの棒や孤立した農家の屋根が飛びとびに見えた。一里以上続くかと思われる砂浜の前方には、根見子の家のある余市町の端れの、二階建ての小学校の校舎のかなり大きな屋根が見え、白い煙が所々に羽根のようにあがっていた。〉（『若き詩人の肖像』）

わたしはこの小説を友人から借りて初めて読んだ。（その文庫本はまだわたしの手元にある。）二〇歳の時だ。

最初に驚いたのは、ここで引用した文章に出会ったときだ。一九歳の作者が一七歳の根見子と初めて性交する場所である。そこから二五年へて、まったく同じ風景の中に、一一歳の姉と八歳の弟（わたし）がいたのである。ただしわたしたちは波打ち際の外側で泳いでいた。空はあくまでも青く、波の音しか聞こえなかった。わたしたちは、フゴッペの浜と呼んでいたが、蘭島から余市へとまっすぐ続く人気のない砂浜であった。もちろん、いまはその面影もないが。

このすぐ後である。わたしは、不意に、これ以降、父母にも、姉妹にも、その他誰にも、相談しないでゆこう、と固く決心した。（もちろん、決心と、実際とは異なるが。）しかし、ヒュームの意味での「自立」（の橋頭堡）は、わたしが処女著作を書いて、郷里に戻る（戻らざるをえないと）決心を固めたとき、不意に、定職が舞い込み、著書が出版され、ひとまずは果たすことができた。三三歳であった。

ただし、伊藤整の「青春論」には、注釈が必要だ。

〈もちろん諄《くど》く念を押す迄もなく、「青春の最も輝かしい伴侶とみなされるもの」は、すべて全く確実に「ツマラヌモノ」なのであって、それらの「所有」を誇る連中はツマランチンである。しかし同時にそれをツマラヌと排撃し弾劾して、対極に掲げられる思想や、文芸や学問の独り善がり、様々な観念の空中楼閣も同じくツマラヌものであり、それを嬉しそうに振り翳しているのはもっとツマランチン、只のお坊ちゃんお嬢ちゃん連より遙に手のこんだ下劣な奴等である。〉(谷沢永一『十五人の傑作』一九九七)

青春自伝文学『若き詩人の肖像』は、まさに谷沢が評した、「青春について」の「レトリック」(芸)の欠陥を免れている。同時に確認すべきは、伊藤はようやく五〇歳になって、「青春」について過不足なく書くことが出来るようになったという点だ。それから伊藤整の快進撃が始まる。ベストセラー作家にして比類なき伊藤文学の時代がやってくる。エッセイ集『女性に関する十二章』と小説『氾濫』をはじめとする作品だ。

＊伊藤整　1905・1・16～1969・11・15　塩谷村(小樽市塩谷町)育ち。「糧」と「文」獲得の道を、瞬時も、分断し(でき)なかった。　＊なお伊藤整については、『日本人の哲学』2「文芸の哲学」で詳しく論じた。

第2節　司馬遼太郎――「大人」の哲学

〈その人生が完結した時点で、その人間をとらえる仕事を、私はやっている。こういう分野が、歴史小説とか時代小説とか呼ばれるものであろう。

この仕事は、私にとってはたまらなく面白い。すこし語弊のある言い方を許されるとすれば、女性は、その人生の進行中にとらえるほうが面白く、男性はその人生が終了してから彼をながめるほうがおもしろい。

男というものは、棺を蓋《おお》うてしまうと、生前に気がつかなかった毛穴の大きさまでわかるものである。むろんそれは心象の上でわかるという意味で、物理的にわかるという意味ではない。〉（「あとがき」〔『鬼謀の人』〕一九六四）

1　司馬は「人間通」の作家だ。否、司馬が「人間通」という言葉を『新史太閤記』で作った。辞書になかった言葉（造語）なのだ。私見では、D・ヒュームの「人間本性」（human nature; humanity）に通じる人、と同義である。
ところが、司馬は（ヒュームと同じように）「言葉」の人である。通常、リアリティ欠如の文章を、「机上の空論」、「頭でっかちの作文」という。司馬は、徹底して、書物・書斎・書記の人、「言葉だけ」の人である。ちなみに、谷沢は『本はすべてのことをわたしに教えてくれた』（二〇〇四）

を書いた、司馬の上をゆく「書痴」だが、かなり難解な『人間通』（一九九五）を書いて、ベストセラーにした。それなのに、司馬や谷沢を「人間通」ということができるのは、なぜか？

司馬は、小・中学を登校拒否さながらに、小さな市立図書館に立て籠もって、本ばかりを読んでいた。結果、旧制高校の受験に落ちた。外語学校（蒙古語）から学徒出陣、敗戦で、戦うことなく終わった「戦場」（戦車部隊）からもどり、新聞記者をするかたわら、小説を書くように、書かずにはいられないようになる。ただし最初の著書は、本名で出した、『名言随筆・サラリーマン』（一九五五）である。この時代も、引きつづき読書の人であった。そして『梟の城』（一九五九）で直木賞を獲得し、文壇デビューする。その講評で、吉川英治が「才華の走りすぎ」を指摘していたが、司馬はとてつもない「雑知」にぬきんでた「知愛の人《フィロゾーフ》」である。しかも知ったかぶりをしない。ヒューマニティ（人間学）を愛するという点では、少しもヒュームやカントと変わるところはない。

司馬は、「私」を書かない、と言明する。しかし、小説家、総じて「作家」の言葉をそのまま信じてはならない。たしかに、司馬は、その膨大な作品量に比べれば、家系や家庭の私事に属することをほとんど書かない作家だ。だがこれを裏返せば、司馬が書くところのものは、「毛穴」の大きさや「毛筋」ほどの類いまで、司馬という「男」の「自画像」以外のなにものでもない、といっていい。司馬は「自伝」を書いていないが、その全著作が、「マイ・ライフ」なのだ、と断じたい。

2　人間通とは対極的な人間と社会、忍者の世界を描きながら、人間通のほうに向かって進もうとするのが『梟の城』である。対して、丸ごと人間通というか、「人たらし」（誑し）といったほうが適切な小説が『新史太閤記』（一九六八）だ。人間通はここに極まれり、という作品で、しかも『竜馬がゆく』や『燃えよ剣』で流行作家の仲間入りを果たし、もっとも乗っていたときに書いた、書きたくて書きたくてたまらない人物と題材について、贅言を尽くして書いた小説だ。

世の中で一番難しいことは、才能のある者が世の中に出て、人に認められることだろう。なぜか？　人の世は、嫉妬の世界だからだ。嫉妬というと、若い人は「なんだ、そんなもの関係ない。」対して、老人は「もう消えてしまった。」というだろう。だが現在の日本は、異常なほど「平等」が行きわたっているから、「嫉妬などない」と思っているかも知れない。が、トーマス・ホッブズが喝破したように、「人間＝平等」こそが「嫉妬」を生む原因なのだ。「格差」に我慢できないからだ。

秀吉のケースのように、社会の最下層からトップになっていく人間が、その過程でどれほどのバッシングに遭うか、その場合、拗ねずに、どうやって嫉妬のバッシングをかわしてゆくのか、がこの本の重要なテーマなのだ。

3　**おれはこの世で立つ何物も持ちあわせておらぬ。金も門地も。――せめて律儀でなければ人は相手にすまい**（『新史太閤記』）

これは、一念発起、「商人」になろうとして、出鼻をくじかれた「小僧」＝「猿」の口吻である。ただこの「律儀」はすこしやっかいだ。この小僧に、「高名な遊女」が（なんのはずみか）板風呂と贅沢な料理と、最後におのれの体を与えてくれた。猿は、女に向かって、「人に奢ってやるほどの快事はないような気がする」といい、「満足だろう」と女の顔をのぞきこむのだ。つまり「律儀」とは、他人《ひと》にばか正直《ひたすら》に尽くす（「奢る」）ことで、相手を満足させるだけでなく、自分をも満足させる生き方だ。自立の誇りで、「快事」というほかない。こういう「快事」をなすためには、「相手」（人間＝世間）が「おのれ」に何を望んでいるのか、期待しているのか、を知らなければならない。小僧には、金も門地もなかったが、この「知」があった。これこそ「嫉妬」を避ける生き方で、最大の「人間知《ヒューマニティ》」＝「人間通」といっていい。猿を天下人まで押し上げた真の力だ。

　司馬がいちばん好きな歴史上の人物は、中村生まれの小僧＝猿で、「天下統一」をはたす秀吉だ。「律儀」をいいかえれば、「人誑《たら》し」である。司馬はそのほれぼれとするような筆法《マナー》で、読者を「誑し」込む。さらにいえば、司馬の「人誑し」は、書簡のやりとりで「絶頂」にたっする。相手に届いた書簡は、「家宝」として抱きしめたいほど、相手を「惚れ惚れ」（痴呆に）させる言葉で充ちている。

　ただし「快事」には、裏面がある。相手《ひと》がして欲しいことを直面でやるだけでない。相手（信長の武将たち）が手をつけたくない難事や、始末のつけにくい失敗を引き受けることだ。太閤になるまでの、猿、藤吉郎、秀吉は、誰もが怯むいかなる難事も、自ら引き受けた。切り抜けた。秀吉は、勇気と知力の人であったのだ。

　とはいえ、司馬は物書きだ。傑作を書く、が目的だ。秀吉は武将だ。「天下統一」が目的だ。知と勇の力関係《バランス》が異なるように思える。だが、司馬の「知」を支えているのが「勇」であり、秀吉もこの点では同じである。なぜそんなことがいえるのか？

4　ヒュームの主著（処女作）は何の反響も生まなかった。無視されたのだ。なぜか？　マナーが悪かった（「難解」だった）、とヒュームがいう。だが同時に、ヒュームの著作に一貫する、にせ宗教の二種類、迷信と狂信に対する仮借ない《ラディカル》批判が込められていたからだ。無神論者とは、西の世界では、文句なしに、悪漢＝無道徳家（amoralist）とみなされる。信仰という名を借りた迷信と狂信が、ヒュームが進出すれば、無神論者に仕立て上げ、社会的に抹殺しようとしていたのだ。同じように、司馬も、イデオロギー批判という形を借りて、迷信と狂信を仮借なく批判する。ヒュームも司馬も、「宗教」や「信仰」の否定論者ではない。だがいかなる宗派《セクト》勢力にも、慎重を期すように近づかない。「自立」思想家の面目だ。

＊司馬遼太郎　1923・8・7〜96・2・12　大阪生まれ。大阪外語学校（蒙古語）卒。43年学徒出陣（少尉）で復員。産経新聞社（記者）。『梟の城』（1959〜60）で直木賞受賞。『新史太閤記』（1968）
鷲田小彌太『司馬遼太郎。人間の大学』（1997）

第3節　曾野綾子――「老後」の哲学

〈急ぐことはない。ゆっくりと遅いほどいい。

しかし。それ以前、四十代から五十代は、人間は急がねばならない。その間になすべきことをしておかないと、もう肉体がついていけなくなる。四十になって、なにか打ちこむものを持たぬ人は、人生を半分失敗しかかっている。しかしまだすぐ思いたって始めれば、時間は充分にある。ゆっくりした老年に入る前には、充実したきびきびした壮年時代が必要である。〉（『完本　戒老録』一九九六）

1　「どういう年寄りになりたいか」を、年をとってから考えるのでは、遅い。こう考えた曾野は、四〇歳になって、「老いをあらかじめ自戒する」ためのメモをとりはじめる。この備忘録をもとに出版されたのが、七二年『戒老録――自らの救いのために』（1～44刷）である。八二年に増補版（1～65刷）がでて、九六年に「完本」となり、二〇一四年に『曾野綾子著作集』（ワック）に入れられた。超ロングセラーだ。

小説家曾野には、書き下ろしの人生論で、二冊のミリオンセラーがある。『誰のために愛するかすべてを賭けて生きる才覚』（一九七〇）であり、『老いの才覚』（二〇一〇）である。この間四〇年、読まれ続けたのが『戒老録』だ。一人の現代作家が書く「人生論」が、かくも長いあいだ読まれ続けてきた、今なお読まれているというのに、軽い驚きをもつ。「軽い」というのは、曾野の人生論は、他の日本の多くの作家と異なって、作家ならではの「特異」さや「奇異」さを本筋にしたものではなく、一見して、人生行路の中で蓄積される「常識《さいかく》」の上に立つ、しかも、一見、「老人を告発するような要素」をもつ、「苦い真実」の披瀝だからだ。万事に「私にやさしい！」が尊ばれる社会の流れのなかでだ。

しかも、曾野が最も胡乱《うろん》だとするのは、「正義」であり「道徳」である。「正論」であり「建前」だ。でも、曾野は自説とまったく反対の生き方があることを否定はしない。また自説のそれぞれにも、つじつまの合わないところがある、〈私は正しいと思って書いたのではない。このような生き方が、目下のところ私には「よさそうに思える」からにすぎない。〉（まえがき）と、書く。いい訳に聞こえる。だがそうではないのだ。曾野の運命を左右するような大きな場面で、「予想通りになったことが一つもない」からなのだ。人生は「想定外」の連続だ。だからせめて自分の身くらいは自力でなんとかしようとする「才覚」が必要だ、と説く。（曾野が自分の才覚を「誇る」ことができるのは、少女期、戦前日本が豊かで平和な時代（一九三〇～四〇年）に基本的な生活マナーを身につけたからだろう。）

2　冒頭に掲げた「言葉」だ。

「青春＝青年」は、どんなに快活で力強く見えても、「いまだ・なにものでもない」。脆いのだ。だから、青年から壮年は、年を食いさえすれば、おのずと「大人」になるというような自然過程ではない。青春の欠を埋めるために、「何ものか」に打ちこんではじめて、例えば仕事や育児に奔命することを通して、一人前の「大人」（何ものか＝somebody）になる。当然、老人になるためには、四〇～五〇代に「急ぐ」（奔命する）必要がある。これは「あたりまえ」論だろう。

ただし、曾野は小説家である。もちろん「細部」が得意で、「小心」（「翼々」conscientious）としている。（母に）自殺の道連れにされる、というトラウマと闘うために、「作家」になろうとして、試行錯誤をへて、日本を代表する作家の一人になった、特異な経歴の持ち主である。曾野にとって、人生は想定外の連続にほかならない。「戒老」とは、どうなるかわからない「想定外」の老後を予想して書いた戒めだ。

では想定外のことが起こったら、どうするか？　それが自分の「運命」である、と引き受けるしかない。エッ、「あきらめなさい」なのか？　まったく反対だ。「運命」のなかに自分を見いだすということなのだ。「人はかぎりなくその人であるほかない。それを不幸と感じるのか、幸福と感じるのか」が問題だ。想定外の運命を甘受し、そこに幸福を見いだせというのか？　やはり「甘受」であり「諦念」じゃないか？　そうでもあるが、まったくそうではない。

老年は、自分で幸福を発見できるかどうかに関して責任がある（「三番めのあとがき」）。つまり、老後が、たとえ不幸であるとして、それは老後に不幸しか見いだせない、あなたの責任よ、ということになる。

3　老後のためのメモを書き（続けた）曾野は、堂々たる「老後」を迎えた二〇一〇年、八〇歳を直前にして、『老いの才覚』を出す。壮年期をどう生きたかの「決算書」とでもいうべきもの（「遺書」）だ。これがなんと、二冊目のミリオンセラー「人生論」になった。四〇歳で出した最初のミリオンセラーの副題にも「才覚」の文字がある。才覚とは、ＣＩＭ（computer-integrated manufacturing）のようなものだという。過去の経験を活かして、難事に遭遇しても、機転を利かして答えを出す能力のことだ。これが、戦争体験をくぐり抜けてきたという多くの老人たちに、欠けてしまった。老いる力が衰弱したからだ。こういわれる。どう対処する必要があるか？

「依存」（寄生）や「人任せ」（介護）ではなく、「自立」と「自律」だ。基本は、「死ぬまで働く」にある、という。エッ、そんな過酷なことを、「無慈悲な！」というなかれ。だが、少しも難しいことではない。

〈人は、その時その時の運命を受け入れる以外に生きる方法がありません。その範囲の中で、自分は何ができるのかを考えるしかない。昔のようにできないと思うと苦しくなりますから、その時々、その人なりに出来ることをやればいいのだと思います。〉（『老いの才覚』）

自分に出来ることは、率先して自分でしたらいい、これである。孤独でも孤独を楽しむすべを考え出す。例えば読書だ。ところが、これがなされないのだ。それに、

〈してもらうことを期待していると不満が募って、つい愚知が出る。老人の愚知は、他人も自分も惨めにするだけで、いいことは一つもありません。〉惨めったらしくって、ありゃしない。

でもしかし、曾野も認めるように、老人になると、利己的になることと忍耐がなくなること、この二つを避けることは難しい。この二つは、たまたま現れる欠陥ではなく、「老人性」つまり「老人の自然」なのだ。「なくす」ことはできない。ではどうするか？

4 「老性」（病気・死・孤独等）に馴れ親しむ、もっと適切にいえば、「老性」を飼い馴らす他

ない。老人になる前に「老性」を抑制するトレーニングを積む必要がある。曾野はこういい続けてきた。だが、それをするつもりもなく、しても来なかった人たちはどうするか？

なるほど、曾野は、（親切にも、）忠告すべき項目をたくさん掲げている。だが最後は「お気に召すままに！」と突き放す他ないかのようだ。「老戒」は「自戒」に他ならない。自戒（self-conscientious）しない人、したくない人には、何をいってもはじまらない。はじまらないが、「いいおく」、これが書く人、言説の人、曾野の信条だ。

ただし、曾野には、「人間性」を超えた「神性」＝絶対・全体者を信じる、「神」への信仰がある。人間の視点だけでは見通せない世界があり、その世界を見るためには、神の視点が必要になる、というのだ。この点で、絶対者は「仮定」（想定）だとするヒュームと相容れないように思える。しかし、そうではない、と私念する。

ヒュームは、人間の理性を「神」とする、一八世紀の合理主義に異を唱える。神の視点とは、人間の理性（計算）を絶対としない視点をもつことに他ならない。曾野の神の視点とは、まさにヒュームの人間理性＝相対・不可知性の視点につながるではないか。

5　以下は蛇足になる。

わたしが解する曾野流の「神の視点」とは、あなた（人間）がなにをしようと（ex.どんなにつくろおうと）、どう生きようと（ex.ひそかに手練手管で人を蹴落とそうと）、誰の知るところがなくても、「神」は隅から隅まできちんと見ている、という視点だ。だから、すこしは自重し、「老性」のえぐさを控えなさい、という（やわらかな）忠告になる。そのうえ、言い放しではない。神は「裁き」をも忘れないのだ。死んだら終わりなのではない。すこしは身も心も慎まないと、永遠に救われない、つまりは「人間本性」さえ奪われますよ（別な宗教なら、「豚」にされますよ）、という裁き《ジャッジ》なのだ。ま、懲りない人はいらぬお世話と感じるだろうが、受けいれる人はいる。それが曾野の確信だ。読まれる理由だ。人徳だろう。

＊曾野綾子　１９３１・９・17〜　東京葛飾生まれ。54年聖心女学院（英文）卒。小説「遠来の客たち」（１９５４）で文壇デビュー。ジャンルを問わぬ多産家で、各ベスト1をあげる。長編『天上の青』（１９９０）、短編集『蒼ざめた日曜日』（１９７１）、エッセイ集『夜明けの新聞の匂い』（１９９０）、ノンフィクション『神さま、それをお望みですか』（１９９６）。

第４節　花森安治――「生活」の哲学

結婚してはじめて気づいたことがある。その一つに、わたしの生家（雑貨商）には『暮しの手帖』がなく、妻の生家（教師）にはあったことだ。わたしの村（白石村字厚別＝現札幌市）の大半を占める農家にもなかった。そうそう、六〇年代、わたしが「留学」した大阪で唯一の親戚に当たる叔母の家（家内手職）にも、なかった。『暮しの手帖』の有無の違いのもとは、自立した「家庭」生活の有無にあった。そう思える。

「自立した家庭生活」とは、リッチな生活をさしていない。むしろ収入は、比較すれば、商家や農家、あるいは職人のほうが多かった。だが、自家営業の家庭生活は、家業優先である。食事をはじめ、家庭内のことは、万事、手の空いたものからやり終える、ということになる。もちろん、子どもにも、家業と家事（家庭仕事）とを問わず、それぞれの役割があった。その多くは自前で、である。ただしこれは、戦後の食糧難を経験せざるをえなかった子どもたちまでのことだ。「団塊の世代」以降の子どもたちの多くには当てはまらないだろう。

この『暮しの手帖』の独裁編集長が花森安治である。「独裁」というのは、表紙から裏表紙まで全部の頁を、編集長の手の中に握ろうとするからだ。この独裁体制は、花森が時をえれば、全面開花するが、時流に合わなくなれば、しぼむ。

1　「美しい暮らし」

季刊『暮しの手帖』は、一九四八年創刊号から五三年二二号まで、誌名が『美しい暮しの手帖』であった。たんなる暮らしではなく、役に立つ「美しい暮し」を提案する、それが（独裁）編集長、花森安治のかかげた旗（哲学）だ。もっと踏み込んでいえば、「質実剛健」の暮らし《せいかつ》ではなく、「美しい質実」な暮らし、たとえ貧しくとも工夫のある美しい生活だ。「質実」とは「飾らない」ことだが、「美しい」は（すくなくとも花森にとっては）「飾る」（華美を削る）ことだ。

〈ミカン箱でもいいから、椅子代わりに、台所に置いたら、と言ったら、ミカン箱の椅子なんてそんなミミツチイことといやですわ、と答えたひとがある。

ミカン箱の椅子は、たしかにミミツチイ。出来ることなら、外国雑誌に出ているような、純白のラツカア吹きつけの、ハイカラな椅子がいいにきまっている。

しかし、そんな椅子を買えなかったら、どうすればいいのだろう。いまの日本の暮らしは、まあ、そんな状態にはないのだから。

答えは、二つしかない。

一つは、そんなミミツチイことはやめて、買えなければ、なしでがまんする。

もう一つは、ミミツチクても、何でも仕方ない、ミカン箱を椅子の代わりに置く。

……

しかし、**現実は現実である。白い椅子のある台所の天然色写真を台所の壁に貼って、毎日ため息をついているより、ミカン箱でいいから、からだを休めることにしよう。**

そして、実はこのことを言いたいのだが、ミカン箱の椅子が、そうはいっても、どうにもガマン出来なく、みすぼらしいとしたら、これを工夫して、カナヅチと釘で、もう少し、私たちの眼にガマン出来るように、やって見ようではないか。〉(『美しい暮しの手帖』九号　一九〇五/九)

だが『暮しの手帖』の「ない」家庭の多くは、わたしの実家のように、「ミカン箱」の椅子をミッチイとみなした。あるいはもっと貧しく、部屋が狭く、家族が多いため、ミカン箱さえ置くスペースがなかった。もう少しいえば、彼らの暮らしの眼(=生活意識)には、ミカン箱を椅子にして体を休めることは含まれていなかった。(ちなみにわたしは、一九六〇年代の半ば、大学院生になったとき、独立独歩、私立活計で生きてゆこうという決意を自分に示すため、はじめてミカン箱に無地の包装紙を貼り、本箱にした。これはわたしの美意識を否定しなかった。『暮しの手帖』で育ってきた、妻とわたしがつながる大きな契機になったのではあるまいか。)

2　「みそ汁と内閣」

1は食糧難が続いていた時代、二編からなる「風俗の手帖」という欄の、「みみっちいのは百も承知の上で」からの引用だ。その前半部が「味噌汁と内閣」である。その冒頭。

おそらく、一つの内閣を変えるよりも、一つの家のみそ汁の作り方を変えることの方が、ずっと難しいにちがいない。

これは花森をはじめとした、敗戦体験を土台にした、日本人多数に共通な生活実感だろう。敗戦で、「反民主主義」からあっというまに「民主主義」に変わり、国民の選挙で次から次に新しい政府が生まれるようになった。対して、「みそ汁」の作り方(と味)は、「母の味」といわれるように、変わっていない。

一見して、花森のいうようである。だが、事実か？

第一に、戦前に民主主義はなかったのか？　明治末に生まれた花森にとって、戦争から平和に、藩閥政治から民主主義政治に変化したことは、自明事ではなかったか？　その民主制が、一九四〇年前後、総力戦を勝ち抜くのに適した国家社会主義に転じた（花森も宣伝戦で一翼を担った）。そして、敗戦、占領軍の力によって、民主主義が「復活」ないしは「新生」する。この政治変動の中で、日本の家族制度も変わった。家父長制は崩壊に向かった。

第二に、だがもう少し長期的に見れば、高度成長期を経て、「わが家」のありかたが、根本的に変わり、「わが家のみそ汁」も変わった。「母の味」は、「食堂」でしか出会えなくなった。これが本当ではないだろうか？

第三に、問題は、政府（政治）か？　家族（家庭生活＝家の暮らし）か？　の二者択一ではないことだ。政治の次元と家族の次元は、もちろんつながっているが、今も昔も、別次元で、「逆立」関係にある。「家庭と家庭外（会社、社会、国家）と、どちらが重要なの？」という問いや、「私（妻）と仕事（会社）のどっちを取るの？」という選択には、唯一の解答はないということだ。つまり、みそ汁の作り方（家庭の味）と内閣（政治）という、次元の異なった尺度を一つのテーブルに並べて、「どっちだ？」と尺度しようとすると、根本で間違うということだ。実際、花森は間違う。

3　花森は、戦前、大政翼賛会実践局国策宣伝部員として、活躍し、「欲しがりません勝つまでは」をはじめとする標語《コピイ》を採用・宣伝にこれつとめた。この戦争推進活動が間違いだった、などというのではない。大小にかかわらず、総力戦の推進や戦争協力は、強制される場合を含め、日本国民の圧倒的多数に共通していたのだ。だが花森は、敗戦後、戦争推進・協力を絶対誤謬と見なした。二度と間違わない。ために、平和＝絶対善、戦争＝絶対悪でゆく。こう割り切った。無条件に、国のために尽くす、これは間違いだ。同時に、無条件に平和のために尽くす、これも間違いだ。

花森は、敗戦後、「国民大衆の暮らしを守る」を旗印に、反政府（権力）、非武装平和主義一辺倒になる。ジャーナリストとして、「美しい暮し」を守るために、反権力、平和主義を掲げるのはいい。だが「現実は現実だ。」日本の政府、政治がどんなにミミッチクても、その現実をカナヅチと釘で、もう少しガマンのできるように工夫するというように、なぜ進めないのか？　花森は、「美しい暮し」のなかで、反権力・絶対平和主義があたかも可能なような「幻想」を、振りまく結果を招いたのだ。花森の言葉をとっていえば、「現実は現実である。」どんなに悲惨な戦争時にも、「美しい暮し」は可能だ。なぜ、敗戦の反省に立つとき、花森はこう主張できなかったのか？

それに「知は力だ」といったのは、ミシェル・フーコである。「力」とは「権力《パワー》」のことだ。実際花森は、戦時に、権力の側にいて、そのたぐいまれなコピー力を磨いたのだ。その力があればこそ、敗戦後、凡百の編集者と異なり、権力に（多少とも）対抗できるだけの宣伝力を発揮できたのだ。

花森は、敗戦前、「贅沢は敵だ」ばりの生活哲学を推奨した。戦後はどうか？　その生活の哲学の根幹にあるのは、「贅沢は敵だ」、「美しき質素こそ友だ」という頑固思考である。「清貧の思想」で、「石油危機」や「バブルの崩壊」で再浮上するかに見えた。だが、人間の自然は、「美しき貧困」より「美しき贅沢」を求めるように出来上がっているのだ。その逆ではない。

4『暮しの手帖』最大の売りは「製品テスト」だ。それは、「安かろう悪かろう」（大量生産大量消費）の時代、「安くて良い品を選ぶ」ために必要だった（だろう）。だが、七〇年代以降、「買っては捨て、捨てては買う時代」に変わった。消費中心社会になったのだ。ただし「美しく役に立つ暮し」の工夫は、どんなに時代が変わっても、必要だ。

最新の二〇一六年夏号は、「創刊号より抜き復刻版」を挟み込んでいる。「懐かしい！」もとより、「美しく質実な」花森カラーは、現在も雑誌に生きている。しかしかつてのように、時代の先端にではなく、「後衛」に位置するという意識が、編集にある。雑誌が継続する力だ。「古めかしい！」「郷愁を誘う。」「みそ汁の味。」これは現在でも貴重だが。

最後に寸言する。この雑誌の「友軍」に『通販生活』がある（と思える）。（いや、『暮しの手帖』が友軍かな。）「無料」で郵送されてくる『通販生活』は、反政府と絶対平和主義を掲げた、「広告」だけの媒体だ。その政治主張は『暮しの手帖』と同じで、営業方針では、「広告」をとらない『手帖』と真逆だ。その「ピカイチ」「ベスト10」「ベスト100」などの商品売り込み威力（宣伝力）はすごい。「使い捨て」を嫌い、物を買わないわたしに目くらましを食らわせ、「買っては使わない」をくり返させ、物置に何台も鎮座させたまう、まことに消費社会のセールス雑誌の鏡のごときだ。

この二つの雑誌、なにもかも反対のように見えるが、敵の敵は味方よろしく、へその緒でつながっている。ま、デフレ基調の二一世紀（実は一九八五年を境に、先進国では、日本も含め、経済はデフレ基調に転じた）、日本政府はインフレ基調に舵を切ろうとして、消費拡大の先導役になっている。『通販生活』はその先兵といっていいのではないか?

＊花森安治　１９１１・10・25〜78・１・14　神戸生まれ。旧松江高卒、33年東大（美学）、学生時代からデザインや編集の現場で活躍、37年卒、召集で満洲へ、すぐ結核で帰国。療養。41年大政翼賛会宣伝部、44年同会文化部副部長。46年衣装研究所（社長大橋鎮子）、48年『暮しの手帖』創刊、終生編集長。『風俗時評』（１９５３　＊２０１５年文庫化）『逆立ちの世の中』（１９５４　＊新書版）『一戔五厘の旗』（１９７１　＊雑誌判型で333＋６頁の大冊　長詩「戦場」〔96号〕に花森の戦争感が凝縮されている。）『花森安治』（『暮しの手帖』保存版Ⅲ　２００４／１）「花森安治と戦争」（『考える人』２０１１夏号）山本夏彦『私の岩波物語』（１９９４）唐澤平吉『花森安治の編集室』（１９９７）

敗戦前

明治維新から敗戦までの期間、じつにバラエティに富んだ、自由闊達な人生論が出現した。ここに紹介するのは、幸田露伴をのぞいて、「和魂洋才」に見えるだろう。しかしそうではないのだ。三人とも「漢才」がベースにある。というか、江戸期につながる日本人の生き方をベースにしている。ではなぜバラエティに富んでいるのか？　西欧世界にたたき出されたが、「敗戦」を知らない人間たちで、極端にいえば、百人百様、未来を「自由」に描くことが可能だったからだ。露伴を含め、彼らの「幸運」である。

第5節　幸田露伴──「快楽」の哲学『快楽論』

知識上の愉快、趣味上の愉快、道義上の愉快、〈およそこれらの人間性の愉快はかの動物性の愉快に比して、その範囲の無限に拡張せらるるということを特性としておる、その進歩するという性質を有しておるということを特性としておる。ゆえに、人間の他の動物に比して幸福なるゆえんの最大原因は、かくのごとく人間性の愉快を解釈し、これを味わいうるという点に存しているといっても差し支えない。〉（「動物性の愉快と人間性の愉快」一九一五、『快楽論』全集二八巻収録　＊一九五七年新書版ではじめて単行本化された。）

特別のことをいっていないように思える。そうだろうか？

1　まず注目すべきは、露伴の「快楽論」は「愉快論」であるということだ。

快楽＝愉快とする核心は何か。一に快楽を「心的状態」としてつかむことだ。いわゆるエピキュリアンの「快楽主義」の快楽と区別するためだ（と思われる）。

二に「愉」と「快」の違いを指摘する。「愉」は〈安らかな、柔らかみのある、潤いのある、婉曲な、しつとりした、調和の十二分な、反射光のなくつて、含蓄した光のあるというような心の良好な状態をいうのである。〉対して、「快」とは〈これと少し異なつておつて、鬱積した或ものが具合よく放散された時、例えば心中に塞つたもしくは憂、もしくは悶、もしくは悲、もしくは怒、もしくは疑等の、すべての不良状態が、ある機会、ある運命、ある事情の下に一掃されて良好状態となつた時を指すのである。〉ここに露伴の特長がよく出ている。心ゆくまで丁寧に、微妙な違いがわかるように、言葉を費やしてゆくいきかただ。「愉」を十全な心的状態、「快」を不全から解放された心的状態と解する。この違いは、微妙だが、決定的だ。「快」とは、対米「開戦」によって万歳と喝采した同じ人が、「敗戦」にうなだれ消沈しながらも、爆撃のない平安に安堵するというように、まったくちがった境遇で抱く、相対的な心的状態である。

露伴は、愉快を、便宜上、世上よくあるように、物質的愉快と精神的愉快に分かつ。だが、物質と精神は画然と二分できない、というのが露伴の見識（常識哲学）だ。多くの世人が欲するのが物質的愉快で、例えば「よい」食事を摂り・家屋に住み・花を見・衣服を着、万事足れる境界にあって感じる愉快のことだ。一人一般世人だけでなく、〈聖賢といえどもこの物質的愉快をもつて、人間の感ずる幸福の真正なるものの一つと認めておる。〉と断じる。

対して精神的愉快は、〈主観的消息であり、内面的のことであって、他のものの窺うことも難く、奪うことも難いところのものである。物質によってはほとんどこれを増減することも難いのである。〉（＊消息＝死活状態　息は生）ここで重要なのは二点ある。一点は、精神的愉快は人間に特有なもので、人間だけがこれを「解釈」し、「認識」し、「所有」しうるということだ。二点目は、動物といえども、知能の発達したものは、〈多少精神的愉快を感じることがあるに相違ない〉。つまり、露伴は、精神と物質は連続しているように、人間と動物もあきらかに連続している、その「断絶」と見えるものは、「不連続の連続」であるというのだ。

世上いわれるように、物質的愉快と精神的愉快がおのずと衝突すると推断するのは「早合点」だ。物質的愉快を欲求する心も、精神的愉快を欲求するのも、「人間の本然の性」（human nature）であり、〈この二途の愉快が一に融合して顕現されることを企図するのが本当のことである。……両者の衝突齟齬を予想するはそもそも根本の誤である。〉

ここで、露伴は、だめをおすように、〈本来、精神物質名は二つであるけれども、実は一つである。影と形と合い離れず、匂（平均）と実質と相離れず、力と物と相分かつべからざるようなものである。〉と記す。ここで露伴は、理想論をいうのではない。むしろ、物質的欲求と精神的欲求とが衝突するのは、平常時ではなく、「一方に心を傾ける人」に特有の場合で、平地に波乱を起こし、結果、自ら悩まざるをえなくなる、とする。

2　まずここで注目したいのは、露伴の「人間の本然の性」とは、ヒュームの「人間本性」(human nature）と同じだということだ。人間がもともともっている自然能力を基礎におきつつ、繰り返し反復しつつ、拡張拡大し、質を高めてきた結果獲得した、知識であり、趣味であり、道徳の総体だ。人間は、天然自然と連続しているが、人間の自然（人間の本性）を獲得することで、天然自然と不連続である。

ヒュームの『人間本性論』は、1「知性」論、2「情念」論、3「道徳」論の三部構成からなる。ヒュームを批判的に超越しようとしたカントの哲学体系は、1「純粋理性批判」＝知性論、2「実践理性批判」＝道徳論、3「美的判断批判」＝趣味論である。露伴の知識、趣味、道義とヒュームの構成とが同じで、カントのと異なることにも注目して欲しい。

もうひとつ、ヒュームも露伴も、明快に、「快楽」＝「愉快」とし、この充実を「幸福」の最大因としていることに注目する必要がある。露伴の人生哲学は、イギリス経験論と同じような「人間本性」の大道を歩んでいるが、その本を正せば、孔子の『論語』に行き着く。人間（社会）はいかにしたら幸福たりうるか、ということで「連続的不連続」が人間（社会）の愉快につながるということだ。言葉を換えれば、たとえそれがどんなにビューティフルでワンダフルな愉快でも、「人間の本性」に沿わない極論であり、その実現が世人の手にあまるものなら、実現しないばかりか、悲惨な結果（不幸）を呼び込む、ということだ。

露伴も、ヒュームと同じように、著作活動を主とした純然たる書斎派だが、人間通である。というか、幸福＝愉快通である。漱石や鷗外のように、苦虫をかみつぶすような生き方を是としなかった。しかも、その活動は、『日本人の哲学5』の10「雑知の哲学」で述べたように、鬱蒼たる孤高たる大知識人でありながら、啓蒙（＝大衆教育）のために「雑文」といわれる「少年時代小説」やハウ・ツウものである「普通文章論」を書くことを進んでやった。（こういう知識人は、わたしの周りでは、まことに遺憾だが、一人渡部昇一氏を除いて存在しない。ただし漱石の『坊っちゃん』はこの系列に入れていいだろう。）

3　では露伴のいう愉快の「連続的不連続」の達成とはどのようなものなのか。連続的「準備期間」が、不連続（目的＝end）を達成する、これだ。

わたしは『大学教授になる方法』（一九九二）で、大学教授に資格はいらない、偏差値五〇以下でも、大学を出てから一〇年間、研究生活に専念したら、大学教授になることができる、と書いた。この一〇年間の研究専念が「連続的不連続」の「準備期間」である。すげなくいえば、毎日毎日自分の専門を研究し、（傑出した）学術論文を書き上げることで、最初の門を開く。ヒュームは特別の才能があったから、三年で大論文を書き上げた。しかし、哲学を専攻しなかったヒュームが、独力、三年で書きあげたのだ。毎日（day by day）の研鑽があってのことだ。これを「習慣」という。習慣とは、個人にとっても、集団にとっても、社会にとっても、目標を可能にする「自然」（必然）だ。露伴が強調するのは、「幸福になるための順次」（successive）の「習慣」をもつことだ。一日、研究を続けることは誰（凡夫）にでもできる。三六〇×一〇＝三六〇〇日続けることは、凡夫には難しい。好き、でないとできない（「好きでこそ学問だ」）。研究に愉快を感じなくては不可能事だ。ヒュームのように、露伴のごとくにである。この「準備」、「習慣」こそ愉快に生きるために肝要なのだ。この「習慣」こそ、人間（社会）の「本性」（nature）を形成する力である。習慣や伝統を変えるためにも、習慣の力が必要だ。（明治維新で政体は変わったが、「江戸」は長くとどまった。「敗戦」で「憲法」が変わった。その日本国憲法を変えるのは、難しい。敗戦後七〇年である。正否を問わず、七〇年国家と国民に根付いてきたのだ。国家と国民の「習慣」になっている。）

最後に付け足せば、大作家になってから、露伴はわざわざというか、好んで、原稿料を払えないような雑誌に「原稿」を持ち込んだりしている。渋澤青淵翁記念会から委嘱された、おそらく稿料の高かったであろう『澀澤榮一傳』（一九三九）を書くことに、後半（前半から？）飽き倦きしている。「ベタ褒め」の総まくりだからだ。

＊幸田露伴　1867・3・7・23（／26）〜1947・7・30　江戸下谷生まれ。本名成行《しげゆき》。1884年逓信省電信修技学校卒。「露団々」（1888）で文壇デビュー。81歳の没年、芭蕉七部集評釈を完成、『論語悦楽忠恕』刊行。第2次全集（全43＋1）、『露伴随筆』（全5）　＊渡部昇一『随筆家列伝』『幸田露伴「努力論」を読む』『幸田露伴「修省論」を読む』『幸田露伴の語録に学ぶ修養法』等を参照。

第6節　三宅雪嶺——「人物」の哲学　人物論

〈〈明治三十四年〉二月二日、福沢諭吉没す（六十八歳）。豊前中津の人、大坂堂島の藩蔵屋敷に生る。三歳にて父を喪ひ、母とともに中津に帰り、長崎にて蘭書を学び、大坂の緒方塾に入る。安政五年江戸に出で、中津藩の中屋敷に塾舎を設け、藩の子弟に教授し、かつ英書を修む。翌年暮木村摂津守に従ひ、米国に赴き、翌年帰朝し、文久元年使節の一行に加はり、欧州諸国を巡歴して帰り、慶応三年再び米国に赴き、帰りて新銭座に学舎を新築し、慶應義塾と称す。塾務に与ること前後四十五年、明治十五年時事新報を創刊し、自ら執筆するところ多し。三十一年脳出血し、療養して数年を送る。**福沢は学才あれど、読書より知識を活用するに長じ、官立学校の整ふまで、全国第一の学校たる観を呈す。権力に対して頗る強硬、金力に対して然らず、あるいは学商と呼ばる。**（田中文部大輔が福沢を文部大丞にせんとし、これを語るや、福沢はいふ「わたしは大丞、あなたは何の官か」と。ことは談笑の間に別れ話となる。）〉（『同時代史』第三巻）

1　人物評をしたら、評者自身の人間性が分かるといわれる。多くの人は、自らを省みないで、批判する。（ただし自分を棚に上げないと、批評はできない。）その批判に基準はない。「気にくわない」であり、「自分に優しく、他人に厳しい。」だ。小林秀雄が評論家として巨歩を進みえたのは、「自らを誇ること大だったからだ。」自ずと他を「罵倒する」こと多くなる。その信奉者も、江藤淳を先頭に、然りである。

だが、簡潔明晰な人物評を書いて、この世界では第一人者と任じられいる三宅雪嶺の人となりは、人物評を読んでも、浮上してこない。『同時代史』（全六巻）は、雪嶺が生まれた万延元年（一八六〇）から敗戦までを、編年体で記した、政治・経済・文化と人物の「歴史」である。もちろんこれは「同時代史」であるが、雪嶺の鑑識は日本全史、諸外国の歴史にもおよぶ厚みと長さをもっている。まさに雑知愛の人《エンチクロペディスト》だ。

福沢の人物特長は、書から得た知識を活用する才能で、義塾もその活用の一つだ。ただし、福沢は、義塾で〈授業は〔弟子の〕小幡に及ばず、経営も他に人あり、何人にも屈せざる抗争の精神をもつて義塾の内外に刺激を与ふるにあり。〉（「半百年生死録」『人物論』一九三九収録）と雪嶺は別記する。
2　これを読むと、福沢を、雪嶺がさほどに評価していないように思える。だが、そうではないのだ。
諭吉が、権力に対して頗る「強硬」なのは、雪嶺も同じだ。「学問」を「商売」にする。もし諭吉や雪嶺のように「売れる」ほどの学才があれば、これ以上のことはない。雪嶺は、教授への道を、長兄の借金を返すために断念し、「売文」にいそしみ、人気評論家となった。露伴は大学（京大）教授のポストなど、面倒至極と投げ捨てることができる。ヒュームは「学問」を「商い」にしたが、大学教授にはなれなかった。無神論を疑われたからだ。カントもヘーゲルも、「大学」のオーナー（王や教会）の前では多少とも腰を低くした。

権力に強硬な諭吉も雪嶺も、権力の外にあって、政府に協調した。その雪嶺が、明治維新の最大の英傑とみなすのが、いわゆる「三傑」（西郷・大久保・木戸）ではなく、高杉晋作である。その評価の核心は、長州敗戦のさなか、高杉一人倒幕に決起しなかったなら、江戸幕府はもう少し長らえた、あるいは、一〇年二〇年生き延びたかも知れない。その場合、日本国家（国民）は列強諸国の餌食になっていただろう。もし列強の植民地を免れたとしても、清国に降り、文字通り清国の属州（現在のチベット同然）になっていたのだ。もちろん、三傑などの名さえ生まれなかったに違いない。

雪嶺は、幕末、幕府側で最大の英傑を、小栗上野介（忠順《ただまさ》）だと断じる。理由にすこぶる納得できる。

明治に入って、有為の人物中最も早く死んだのは、小栗だ。小栗と勝安房は、旧幕中、才を競ったあいだだ。だが〈才幹において小栗第一におり、当時個人的によく匹敵するなし。外交の衝に当たり、財政の衝に当たり、陸軍の衝に当たり、海軍の衝に当たり、着々政務を処理し、而して幾多困難に遭遇して惑はず、幕府の下に国乱を平定し、もって世界に乗り出さんとするところ、双肩に国家を負担するの〔気〕概あり。

その弁に長じ、八方に応酬し得ること、今の公〔爵〕大隈に酷似するといふが、方針を定め、百難を排して施設すること、たしかにこれに優る。春秋に富み、精力に秀で、もし時を得ば諸豪をも後に瞠着たらしめたるべきに、勢去りて官軍の将に召され、道〔路傍〕に殺される。〉

小栗の才は「一世に冠絶する」であるが、「天下の大勢に反抗する才」であった。敗者の才で、対して、勝海舟はどこまでも大勢順応であった。ゆえに、西郷と並び称せられた、と雪嶺は嘆息する。ただし、雪嶺の人物評は、「大勢」に「順応」する、を否定するのではない。「大勢」を読み、その流れをいかに加速させるか、これもまた重要なのだ。海舟は、舟に乗る人であった。

ただし維新の偉才中、首相になるほどの政治・軍事才をもった大村益次郎、大久保利通と対抗する才があった広沢兵助（長）や江藤新平（佐賀）などが次々と暗殺され、梟首の刑に処された。じつに偉才あるがゆえに、道ながばで途絶せしめられたのだ。そして、維新から一〇年、西郷倒れ、大久保暗殺され、木戸病没する。新しい舵取りを任されたのは、岩倉具視であり、大久保の下で伸張してきた、大隈重信と伊藤博文であった。……

3　ではなぜに『人物論』（一九三八）といい、『武将論』（一九三八）というも、雪嶺では『英雄論』（一九三九）なのか？　一つは、清・露に戦勝し、欧州大戦では無傷で抜けだし、関東大震災で江戸から続く旧路を断ち、確実に英米と肩を並べる列強三国の位置にのぼった（感がある）日本だ。「降る雪や明治は遠くなりにけり」（中村草田男　一九三二）である。だがしかし、維新時のような、あるいは信長・秀吉・家康を輩出させた変革期のような、人材が育っていない。払底している。ま、明治の激動期を目撃し、考察し、忖度してきた雪嶺にしてみれば、「今の若いもんは……」という口吻になっても仕方ないが、雪嶺、あくまでも正攻法である。プルタルコスの『英雄列伝』にあるような、また司馬遷『史記』にあるような、英雄いでよ、でゆく。だからこそ維新からこの五〇年の英傑に学べ、ということだ。二つは、英雄豪傑偉人が歴史を作ったのではない。無名の庶民（大衆・無産者）が歴史を作る主人公なのだ。こういう流れが大正末から昭和にかけて大きな流れとなってきた。雪嶺は社会主義者との「対話」も可能だとするリアリストである。偉才英雄（政治軍事にかぎらない。経済や科学、技術の分野でも、例えばエジソン）の生き方は、大衆の生き方のモデルとなりうる、と考える点でもリアリストだ。つまり、大衆の台頭に対して、エリートの凋落いちじるしいがゆえの、英雄論という側面を見落としてはならない。

そのためには、勝者の歴史（正史）だけでなく、（忘れられた）敗者の歴史からも、否、敗者の歴史からこそ学ぶべきだというのだ。一人勝者の歴史が生まれるまでには、どれだけの敗者が累々と屍を並べていることか。大久保や伊藤、山県、大隈の明治政府の偉人は、小栗、大村、広沢、江藤、西郷、桐野利秋、等々の屍を犠牲にした結果なのだ。これは「悲劇」だが、歴史の、人生（人の歴史）の「通則」でもある。悲観したり、投げやりになる必要はない。こう語る。

雪嶺は、諄々と英雄を、種々の人生（訓）を説いた。しかし、忘れてはならないのが、第一回の文化勲章（一九四三年）に輝きながら、敗戦を迎えなければならなかったことだ。九〇歳である。日本必勝が錯誤に終わり、失意の絶頂にあった。茫然自失でおかしくなった。あとは野となれ山となれ、が普通である。しかし、再起を図るべき筆を振るうのだ。戦前一〇冊の隔日日記（帝都日日新聞）とともに、戦後『雪嶺絶筆』（一九四六）が残された。最後の「日記」が「軍閥は弊害より大罪へ」（四五／一二／七）である。雪嶺は、日本（政府・軍・経済・文化・国民生活）の勝利のために一〇年余、健筆を振るってきた。敗戦の現実を前にして、反省は猿でもできる、遅きに失した、という声が起こるだろう。だが、人生にとって、反省にも再起にも遅すぎることはない、という実例を残して、雪嶺は死んだのだ。（多少とも同じ生き方を志すものとして、）銘記したい。

4　最後に、雪嶺の人物評価の方法を略記したい。その評価は、第一に、相対（比較）評価だ。西郷を大久保と、あるいは大村と、あるいはナポレオンと、「対」で評価する。「三対」、「多数対」もある。いずれにしろ、古今東西との比較で論じる。第二に、比較評価だが、その人物が生きた時代のなかで評価する。一般論として、アレキサンドロス大王とカエサル執政、ナポレオン皇帝を比較することはできる。しかし、彼らが生きた時代の現勢において評価しないと、間違う。第三に、英雄が掲げた「理念」や「正義」や「役職《ポジション》」で判断しない。あくまでも、その才を活かした実勢で評価する。ただし、役職や門地を成否いずれにおいても無視しない。取り立てての人物評の方法ではないが、雪嶺の人物評価は、絶品である。

＊三宅雪嶺　1860・5・19〜1945・11・26　金沢生まれ。開成校をへて、83年東大（哲学）卒。88年雑誌「日本人」創刊。在野をつらぬき、「自国中心《ナショナリズム》」の歴史観を持ち続けた。『日本人の哲学1』『日本人の哲学5』に続き、三度目の登場だ。前二書を参照されたい。

第7節　夏目漱石――「仕事」の哲学

漱石に仕事の哲学を語らせる。なんたることか？　こう思われるかも知れない。しかし、以下のテーゼ集を一覧して欲しい。「教師」「文学研究」「文業」を「仕事」にした漱石から、当然、学ぶべき点が多いことがわかるだろう。（なお拙著『漱石の「仕事論」』で詳しくコメントした。）

語録　人生極まれば仕事

1　現在に働け、評価はあとからやってくる

満身の力をこめて現在に働け

〈自分がすこしく実行してきた処世の方針はどこへいったのだ。みだりに過去に執着するな。いたずらに将来に望みを託すな。満身の力をこめて現在に働け、それが私の主義である。〉（「倫敦消息」）

仕事は断るな

〈人間は自分の力も自分で試してみないうちは分りません。握力などは一分でためすことができるが、自分の忍耐力や文学上の力や強情の度合やなどは、やれるだけやってみないと、自分で自分に見当のつかないものなのです。昔の人間はたいがい自分の力を十分に発揮する機会がなくて死んだろうと思われます。惜しいことです。機会はなんでも避けないで、そのままに自分の力量を試験するのがいちばんだと思います。

私はなにをしても自分は自分流にするのが自分に対する義務であり、かつ天と親とに対する義務だと思います。〉（要約　森田草平宛書簡）

プラン通りにはゆかない、それが「自分流」だ

〈この仕事を、かねての思惑通りに仕上げたいと思っている。しかし、どんな精巧な図面があっても、思惑と実際は異なる。私に力がなくとも、創意と発展を含まない仕事だけはしたくないものだ。その上で、結果がまずいことになっても、それはそれで仕方なかろう。〉（『彼岸過ぎまで』連載緒言）

2　やりたい仕事をする

仕事の希望をいってみれば

〈たんに希望をならべるならば、教師をやめてただ文学的な生活を送りたいものです。文学三昧に暮らしたいものです。月々五、六十円の収入があれば、いまからでも東京へ帰り、かってな風流にひたりたいと思いますが、遊んでいて金が懐中に舞い込むというわけにもゆきません。望むべくば、衣食だけは少々辛抱しても、教師以外の職を見つけ、余暇に、自由な本を読み、自由な事をいい、自由な事を書きたいものです。〉（要約　子規宛書簡　＊「必親展」とある）

新聞屋が商売ならば、大学屋も商売である

〈新聞屋が商売ならば、大学屋も商売である。商売でなければ、教授や博士になりたがる必要はなかろう。月俸を上げてもらう必要はなかろう。勅任官になる必要はなかろう。新聞が商売であるごとく大学も商売である。新聞が下卑た商売であれば、大学も下卑た商売である。ただ個人として営業しているのと、お上で御営業になるのとの差だけである。

大学では四年間講義をした。特別の恩命をもって洋行を仰《おおせ》つけられた二年の倍を義務年限とすると、この四月でちょうど年期はあけるわけになる。年期はあけても食えなければ、いつまでも囓りつき、しがみつき、死んでも離れないつもりであった。ところへ突然朝日新聞から入社せぬかという相談を受けた。担任の仕事はと聞くとただ文芸に関する作物を、適宜の量に、適宜の時に供給すればよいとのことである。文芸上の述作を生命とする余にとって、これほどありがたいことはない。これほど心持ちのよい待遇はない。これほど名誉な職業はない。成功するか、しないかなどと考えていられるものじゃない。博士や教授や勅任官などのことを念頭にかけて、うんうん、きゅうきゅう言っていられるものじゃない。

大学で講義をするときは、いつでも犬が吠えて不愉快であった。余の講義のまずかったのも半分はこの犬のためである。学力が足らないからだなどとは決して思わない。学生にはお気の毒であるが、まったく犬のせいだから、不平はそっちへ持って行っていただきたい。〉（朝日新聞入社の辞から）

3　仕事を選らぶ

第一は、食べるため。それに好みがくわわれば
仕事の動機は、仕事をやってみるまではわからない

〈もともと私には、何をしなければならぬ、ということがなかった。もちろん生きているから、何かしなければならぬ。する以上は、自己の存在を確実にし、ここに個人があるということを他にも知らせねばならぬくらいの了見は、常人と同じようにもっていたかもしれぬ。けれども創作の方面で自己を発揮しようとは、創作をやるまえまでべつだん考えていなかった。〉（「処女作追懐談」）

4　報酬を得る

仕事に見合った報酬を得たい

〈猫の初版は売れて、先（せん）だって印税をもらいました。妻君曰く、これで質を出して、医者の薬礼をして、赤ん坊の生れる用意をする、と。あとへいくら残るかと聞いたら、一文も残らんそうです。いやはや。〉（鈴木三重吉宛書簡）

いたずらに金を軽蔑するな

〈世の中がこうの、社会がああの、未来の国民がなんのかの、と白銅一個にさえ換算のできぬ不生産的な言説を弄するものに、存在の権利のあろうはずがない。権利のないものに存在を許すのは実業家のお慈悲である。無駄口を叩く学者や、蓄音機の代理をする教師が露命をつなぐ月々幾片の紙幣は、どこから湧いてくる。手の掌《ひら》をぽんと叩けば、おのずから降る幾億の富の、塵の塵の末を舐めさして、生かしておくのが学者である、文士である、さては教師である。

金の力で活きておりながら、金を誹るのは、生んでもらった親に悪体《あくたい》をつくと同じことである。その金を作ってくれる実業家を軽んずるなら、食わずに死んでみるがいい。死ねるか、死に切れずに降参をするか、試めしてみよう……〉（『野分』から　＊漱石自身の意見とみていい。）

5　時間の使い方

仕事をするのは金のためではない

人生には一日を二倍に延ばして使う期間も必要だ

〈大学で一人前の事をして、高等学校で一人前の事をして、明治大学で三分一人前の事をして、文士としても一人前の事をしようという図太い量見だから、とうてい三百六五日を一万日くらいにお天と様に掛合って引きのばしてもらわなくっちゃ追いつかない。〉（中川芳太郎宛書簡）

注文を期限どおりに仕上げるのが仕事人の資格

6　仕事が人間を磨く

仕事を通して見識をもて　どんな仕事にも職業倫理がある

好きなことでも、仕事となれば辛くなると覚悟せよ

〈文章も職業になるとあまりありがたくない。また職業になるくらいでないと、張合《はりあい》がない。厄介なものです。〉（滝田哲太郎宛書簡）

ビジネスの基本は「お客様は神様」です

〈職業というものは、要するに、人のためにするものだということに、どうしても根本義を置かなければなりません。人のためにする結果が、己のためになるのだから、元はどうしても他人本位である。すでに他人本位であるからには、種類の選択、分量の多少、すべて他を目安にして働かなければならない。〉（「道楽と職業」）

7　生きる技術

いやなものは避けるな

〈ただ一つ君に教訓したきことがある。これは僕から教えてもらって決して損のないことである。僕は小供のうちから青年になるまで、世の中は結構なものと思っていた。旨いものが食えると思っていた。綺麗な着物がきられると思っていた。詩的に生活ができて、うつくしい細君がもてて、うつくしい家庭ができると思っていた。

もしできなければどうかして得たいと思っていた。換言すれば、これ等の反対をできるだけ避けようとしていた。しかるところ世の中にいるうちはどこをどう避けてもそんな所はない。世の中は自己の想像とはまったく正反対の現象でうずまっている。

そこで吾人の世に立つ所はキタナイものでも、不愉快なものでも、いやなものでもいっさい避けぬ、いな進んでその内へ飛び込まなければ、なんにもできぬということである。

ただきれいにうつくしく暮らす、すなわち詩人的にくらすということは、生活の意義の何分一か知らぬが、やはりきわめて僅小な部分かと思う。〉(鈴木三重吉宛書簡)

敵を攻撃する前に自分の足場をかためろ　人生の中で信念をもち続けることは重要だ

8　専門バカを避けるために

人間通になるには、文学書を読め

〈もともと文学上の書物は専門的述作ではない。多く一般の人間に共通な点について批評なり叙述なり試みたものである。だから、職業のいかんにかかわらず、階級のいかんにかかわらず、赤裸々の人間を赤裸々に結び付けて、そうしてすべての他の障壁を打破するものであります。それで、われわれが人間として相互に結び付くためには、最も立派で、また最も弊の少ない機関だと思われるのです。〉(「道楽と職業」)

9　仕事と遊びの両立をはかれ

生産と消費が人間の進歩のもと　仕事の幸福の第一は達成感にある　オリジナルとコピー、どちらも必要だ　ビジネスマンには、腕も頭も必要だ

10　自己表現としての仕事

他人の評価は、仕事の励みにもなれば、堕落にもなる　自己を表現する悦びと、正当な評価をえる悦び　仕事が一人歩きし出すと、他人の評価にまかせたくなる

11　アマチュアとプロの違い

誰でもプロになれる　アマチュアの真面目さに学べ　大局をつかめ、部分をおろそかにするな　アマチュアだからこそ創業者になれる

12　模倣と独立

一人の人間は、人類を代表すると同時に、自分自身を代表する　人間全体を代表する特色は、第一に、「模倣」である　私は「独立」によって私自身になる　模倣なしにどんなオリジナルもありえない。しかし、オリジナルは天才の世界だ　物真似を減らして、もう少しインディペンデントに

13　自己本位に＝自分らしく生きる

やりたいことを見いだすために広い視野に立とう　一つの仕事に打ち込んでみる　いつまでも仕事を続けられることが人生の幸福だ

〈私は常からこう考えています。第一に、貴方がたは自分の個性が発展できるような場所に尻を落ち付けるべく、自分とぴたりと合った仕事を発見するまで邁進しなければ一生の不幸であると。〉（「私の個人主義」）

＊夏目漱石　1867・2・9〜1916・12・9　牛込生まれ。一高、帝大（英文科）卒、93年から東京高師、松山中、熊本五高で英語を教え、00年英国留学、03年1月帰国。同年一高教授、東大講師、05年『吾輩は猫である』、07年『坊っちゃん』を発表。同年東大辞職、朝日新聞社（嘱託）＊なお漱石は、『日本人の哲学2　文芸の哲学』（2013）で論じた。　拙著『漱石の「仕事論」』（2005）

第8節　福沢諭吉――「幸福」の哲学

拙著『人生の哲学』（二〇〇七）で、世界の五大幸福論を選び、紹介した。無謀な試みだが、私的《わたしの》セレクトである。プルタルコス『モラリア』、スマイルズ『自助論』、ヒルティ『幸福術』、幸田露伴『努力論』、三宅雪嶺『世の中』である。同時に、ベスト10まで広げると、

第一は孔子の『論語』だ。すでに伊藤仁斎が喝破したように学問の根幹にあるのは人間性の本質の会得をめざす人間学である。この人間性の本質を最もよく明らかにしたのが孔子の『論語』なのだ。その意義は今日の高度技術文明社会においてもいささかも落ちてはいない。否、むしろ輝きを増している。（拙著「孔子とプラトンが見つめた人間の本性」『生きる力がわく「論語の授業」』二〇一三所収を参照されたい。）

第二はモンテーニュの『エセー』である。近代哲学はデカルトをしてその開始者とし、『エセー』を片隅のマイナー哲学へと追いやった。せいぜいが哲学と文学の中間において省みなかった。この事情はプルタルコスが哲学史から消去された事情と同じである。モンテーニュこそプルタルコスの人生論を近代において再興しようとしたその人でもあった。

第三は幸福論といえばかならずヒルティとならんで取り上げられるのがアラン『幸福論』である。ただしアランとヒルティ二人のうちどちらを選ぶかといわれれば、これはもう明らかである。アランの幸福論は「皮肉」が勝ちすぎている。

第四はわが福沢諭吉の『学問のすゝめ』だ。本書は日本だけでなく世界中のどこにだしてもまったく遜色のない幸福論である。しかも一身だけでなく一国、あるいは世界の幸福までも視野におさめた文字通り大文字の幸福論である。

第五はカーネギーの『人を動かす』である。現在もっとも推奨したい人間関係の処世術が細部にわたって述べられる。総じて哲学愛好家には具体的な生き方（実例）を捨象した議論を好む人が多い。わたしはこの本を開くたびに自分の性格の欠点を戒められる。だがしばらくするとすっかり忘れてしまい、はたとこの本の存在に気づく。この繰り返しだ。この本、最善なのは、一読すぐに納得できることだ。

なお、福沢諭吉については、『日本人の哲学1　哲学者列伝』（二〇一二）で詳論した。ここでは、視点を少し変えて述べよう。

1　諭吉とヒルティ

福沢諭吉（一八三四〜一九〇一）は、わたしが最も愛する日本人の哲学者で、よく考えわかりやすく書く人だ。その諭吉が、ヒルティ（一八三三〜一九〇九）とほとんど同じ時代を、同じ課題に取り組んで生きた。

わたしは、「諭吉は日本のヒルティである。」などという表現を好まない。わたしも十分に自国中心的だから、「ヒルティこそスイスの福沢だ。」と、むしろいいたい。ヒルティは、ドイツ語で書いたが、スイス人で、母国では忘れられた著作家だ。

諭吉とならんで同僚が一緒に仕事をしたら、その仕事の速さ、的確さ、仕事を事業《ビジネス》にしようという根性に、あまりよい気持ちはもちえなかっただろう。ヒルティにもビジネス魂とでもいうべき性格がある。もちろん、著述でも、教育者としても、政治活動家、そして肝心要の思想家としても、福沢諭吉のほうが、ヒルティよりはるかに大きな仕事をしたように思える。

家族を大切にし、妻を第一にした諭吉の家族（中心）愛は、嘘っぽく見えるほど、ヒルティも足もとにもおよばないほど、見事なものだ。ただし愛妻家であり、家族主義者である諭吉が、「妻をとるか、弟子をとるか」とか、「仕事をとるか、家族をとるか」などと迫られたら、言下に、断固として、「弟子」を、「仕事」をとったにちがいない。なぜか？

諭吉の課題は、「一身独立、一国独立」だ。「一身独立」のためには、自由競争を原則に、学べば富・賢・貴、学ばなければ貧・鈍・賤する。これほど率直かつ雄弁に「一身独立」を語った人はいない。「貧」なのはハード・ワークしなかったからだ。「鈍」も「賤」も、みんなあなたのせいなのさ、なのだ。まさに身も蓋もない言い方が、どんぴしゃり、『学問のすゝめ』がミリオンセラーになった理由だ。とうていヒルティの『幸福術』のおよぶところではない。

それに諭吉の叙述が、一見して、簡明で読みやすい《リーダブル》。「つかみ」《セールスポイント》がしっかりしている。『聖書』の引用に頼っているように見えるヒルティの叙述には、日本人がすっと入るというわけにはいきかねる。でも、そこがヒルティのよさでもある。「神」の言葉を携えて、「永遠」をめざす人にとっては、特にそうだ。

2　諭吉とスマイルズ　『学問のすゝめ』は『自助論』だ

1.『学問のすゝめ』がなぜ爆発的な売れ行きを示したのか？「世に出る」＝成功の秘訣が門地

門閥ではなく、「自力」であると断じたからだ。同時に自力で自立することが、とりもなおさず国家の自立に益すると断じたからだ。

ところで「自助」論といえばスマイルズだ。その『自助論』（一八五九）は「成功伝」だ。仕事＝業績で成功を収めた人の「秘訣」が披瀝される。第一編は総論で「貴賤にかぎらず、勉強忍耐の人が世に功ある」を基準に選ばれる。第二編以下は、技術開発、陶工、勤勉と学問、発明・発見、芸術・芸能、貴尊、剛毅、事務、金銭、教育・労働・修練、モデル、品行＝君子というジャンルに分けて、それぞれの傑作例が示される。つまりは分野別の成功人物「言行録」なのだ。成功伝は、長短の別があっても、美談であり、ときに辟易するような自慢話の連続のものが多い。とくに実業畑で功成り名を遂げた人の場合は過半をはるかに超える、といっていい。

しかしスマイルズの『自助論』は成功伝という体裁を取っているとはいえ、「自助」論だ。「自助」（self help）とはなにか？　「私立活計」であり、「一身立って、一国立つ」である。まさに福沢諭吉『学問のすゝめ』が立脚した鍵概念と同じだ。

〈自らを助けるということは、よく自主自立して、他人の力によらないということだ。自らを助けるという精神は、およそ人たるものの才知がそこから生じるところの根元である。これを推していえば、自らを助ける人民多ければ、その国はかならず元気充実し、精神強盛になる。〉（『自助論』）

したがって、『自助論』は美談や過褒に満ちた成功者の言行録ではない。もちろん、美辞や賞賛はある。しかし成功の原因の根拠がきちんと示される。ただし、成功とは権力や財力や豪奢をえることに関係しない。つまり『自助論』の根本思想に立脚して、その日本版たる諭吉の『学問のすゝめ』はできあがったのだ。同時に、『自助論』には、自立した人間が、一国、ひいては万国の自立に貢献することとなった実例が細かく記されている。この本は人間論の具体の宝庫でもある。『自助論』は出版からさほど間をおくことなく、明治元年に留学から帰国した中村正直の手によって翻訳され、明治四年に出版された。『西国立志編』である。この訳書は諭吉の『学問のすゝめ』に決定的な影響を与えたのみならず、諭吉の著作とともに明治の青年たちに空前絶後の影響を与えた。当時の青年たちが掲げた「立志」＝「立身出世」を敷衍すれば、自助＝私立活計であり、「一身立って、一国立つ」なのだ。

2.諭吉は「学問」こそ、私立活計の、賢と富と貴になる根源であるといった。しかし、学問一般ではない。「実学」である。「実用に役立つ、日常生活に利用できる」学問のことだ。〈経済学とは、家庭の家計のあり方から、国家財政の問題までを説いた学問である。倫理学（修身学）とは、自分の行為・行動や、交際、生活法などにわたる、基本的モラルを説く学問である。〉（檜谷昭彦訳）

諭吉のいう「実学」とはどこまでも「ハウ・ツー・ライブ」だ。もちろん「人生論」の「人」には、「人間《じんかん》」＝人間共同体＝社会・国・地域・世界が含まれている。スマイルズが取り上げる人たちの言行も、すべて「人生実学」にかんするものばかりだ。たとえば文豪シェークスピアだ。

シェークスピア（の作品）は船乗りの知識を適切に用いている。船頭の経験があるにちがいない。伝道師のことを委曲を尽くして述べている。きっと牧師の書記だったにちがいない。馬の皮や肉を子細に鑑定している。馬商にちがいない。等々人間のすべてを知悉した万能者である、と考論するものもある。しかし、シェークスピアはもともとは役者なのだ。ただ、長きにわたる日常の演技観察によってえた学識をことごとく戯曲にあらわしたのだ、と。

スマイルズは、**シェークスピア**を天賦の才能を持った脚本家としてではなく、卑賤の生まれにちがいなく、ながいあいだ舞台に立ってえた役者の経験を生かして、そこから学んでえた学識を戯曲制作に存分に生かした人間として描く。**努力と経験を積むことによって傑出した文豪になった「自助」の人**としてだ。

本書におけるスマイルズの変わらない評価軸は、勤勉なくして容易にえることのできる「知見」は、どんなに集めても教養をもたらすには至らない。心を豊かにすることもない、だ。勤勉、教養、心の豊かさは幸福に生きる要諦《キーストーン》である。
3.諭吉は人間関係においてもっとも有害なものは「怨望」であるという。**おのが身の不幸・不平を満足させるために、他人を不幸に陥れようとするのが怨望である。だから怨望を抱く者どもは、世間の幸福を破壊するだけで、世の中のためになんの寄与もしない。**と弾劾する。怨望は悪徳以外の何ものでもない。
しかし、諭吉は、憧憬（羨望）、金欲、食欲等の欲望を否定するのではない。むしろ人間の自然なのだが、羨ましいが恨めしいに、金欲（金の必要）が貪吝に、物欲が奢侈に、つまりは度を超えた欲望が有害になる。したがって「私欲」を排撃しない。過度の「私欲」、「他欲」を無視する手前勝手の「私欲」を有害とみなすのだ。

これに対してスマイルズは、私欲の克服と倹約の励行こそ思慮深く生きる基だという。

〈思慮ある人は目前生活の計をはかるだけでなく、将来の窮乏を防ぐために、あらかじめ備えてお

くことが必要だ。これが自ら私欲に打ち克つ徳であり、衣食住のすべてにわたって倹約を守る人でなければできないことだ。〉

「私欲」の克服こそ「自助」の必須の条件だというスマイルズと、諭吉の意見は、一見して逆方向を向いている。だが、そうか？

そもそも私欲の克服とはどういうことか？　自助（selp help）にもとづく各種の成功である。シェークスピアなら文業で立って、名作を書くことだ。自分が欲したこと（自欲 self desire）＝自己目的をよく実現することだ。この「成功」を願う心は「私欲」ではないのか？　事実スマイルズはこういう。

〈金銭は人生で最重要とすべき目的ではない。だがけっして些末なものと蔑んではならない。身体の快楽や人間関係の幸いは大いに金銭に関係する。また寛大、忠厚、信義、清廉、倹約等、人間徳性の美といわれているもの、あらかじめ将来を配慮する洞察力などは、すべて金銭を適切に使用することの上に現れる。〉

金銭を好むことの度が過ぎると、これらが悪行、貪吝、欺瞞、暴虐、私欲となって現れる。私欲（selfish desire）は「私欲」（self desire）ではない。正確にいうと、人間の私欲は本来的に「過剰」（度が過ぎる）なのだ。したがってそれを禁じて封じ込めること＝禁欲は「自然」ではない。私欲はコントロール＝調整できるだけなのだ。

スマイルズに、過度な私欲を厳密に語る言語がない。しかし、欲望一般の禁止ではなく、過度な私欲をコントロールできた人だけが成功すると一貫して主張している。

＊福沢諭吉　1834・12・12〜1901・2・3　大坂生まれ、豊前中津育ち。55年大坂の緒方洪庵適塾に入門。塾長。江戸中屋敷に蘭学塾開設。英学に転じ、60年渡米。幕府外国方雇員（翻訳）、62年幕府使節に随行し渡欧。幕府外国奉行翻訳方（幕臣）。66年『西洋事情』、67年慶応義塾開設。（＊わたしの積年の望みは『福沢諭吉論』をミステリ仕立ての三部作で書くことだ。）

江戸以前　ベスト5

人生の哲学は、とりわけ江戸期に広がった。それを支えたのが、一つは、『論語』以下、漢学の伝統が大衆（教育＝寺子屋）レベルまで浸透していったことだ。二つは、**英雄**が活躍する稗史（人物伝、時代小説、講談）の流行だ。三つに武家の「家訓」や名将「言行録」である。門地門閥が幅をきかした時代でもある。四つに、江戸期は貴族や武士だけでなく、百姓町人（平民）が「自立」する時代であった。「世に出る」、成功する生き方が広く求められた。

ここでは、すでに『日本人の哲学1　哲学者列伝』で取り上げた書物のなかから、「人生の哲学」のモデルになり得る五人の儒者と、その主著を再び取り上げる。その議論はすべて『論語』をベースにしている。つまりは**日本人の論語**を、さらに圧縮すれば**人間本性にもとづく日本人の人生論**めざしている。ただし、かれらには、大なり小なり、共通した欠陥がある。私利私益と公利公益とを原理的につなぐことが出来ず、従属関係におかざるをえなかった。自由市場経済の浸透が十分でなかっただけではない。儒学全体の限界である。

ここでは視点を人生論にしぼる。（なお、とりあげる五人については、その人となりを含めて、『日本人の哲学1』でかなり詳しく論究した。参照されたい。）

第9節　『言志四録』――知識人の人生論

林羅山からはじまる幕府公認の朱子学（官学）者で、歴史に残る大きな業績を残した人は少ない。これは明治期以降の官学（帝国大学）哲学者の業績と相似している。そのなかでただ一人屹立している人がいる。『言志四録』を残した佐藤一斎だ。一斎こそ、江戸期の最後を飾る学者であり、江戸期最大の官儒である。ひとまずはこういえる。

だが、一斎の一斎たるゆえんは、朱子学にして朱子学の枠に納まりきらない、「日本人の論語」の掉尾を飾る『言志四録』を残したことだ。すなわち、四二歳から八二歳まで四〇年にわたって書き継がれた1『言志録』、2『言志後録』、3『言志晩録』、4『言志耋《てつ》録』の四書、全一一三三条のことである。

一斎がめざす「学問」（哲学）とはいかなるものか。『言志四録』がその解答だ。最凝縮していうと「本然の性を尽くせ」（1―八（『言志録』八条））で、まさに「人間本性論」なのだ。ここでは『四録』からそれぞれ一条を選び、若干コメントを付す。

1―三一　**実事と閑事**

〈いまどきの人は、たいてい口癖のように忙しいといっているが、その日常の行動を見ていると、実際必要な事をちゃんと処理し整えていることが、わずか十の内一、二であって、不必要なことを十の内八、九もしている。また、このつまらない不必要な事を実際に必要な事と思っている。これでは多忙であるというのももっともなことである。何かしようと志している人は、誤ってこのような心得違いをしてはいけない。〉（久須本文雄訳注）

＊まさにお説の通りだ。だが、**要事と雑事**にテーマをずらすと、少しというか、大いにいおうとする要のところが変わる。

本務に忙しい人は、「けっして忙しい！」とはいわない。いい仕事をする人は、雑事処理をおろそかにしない。手早く、上手だ。そのうえ、人付き合いも悪くなく、余暇も楽しむ。「忙しい！」という人にかぎって、ろくな仕事しかしない。**忙しく（be busy）なければ、仕事（business）ではない！**

2―四八　**歴史の書を読め**

〈人間一生の経歴は、幼少の時と老年になってからの時とを除くとおよそ四、五十年間に過ぎない。その見聞する事柄は、ほとんど歴史の一部にも及ばないほど僅かである。それだから歴代の歴史の書を読むのがよい。そうすれば、古《いにしえ》から現在までの上下数千年の事柄が、自分の胸中に羅列されるならば、なんと痛快なことではないか。古今の史書を注意して読むべき点は、最も人情や時勢の変遷にあるから、ここに眼をつけるがよい。〉（同）

＊歴史（書）を読むことは、一斎がいうまでもなく、学問の要諦だ。個人の体験は限られている。書こそ世界に開かれた扉だ。なぜに歴史書か？「現在」は過去の蓄積の上にある。国に国体・国情があり、個人に人格・人情がある。過去をないがしろにする時勢《トレンド》だけの在り方は、逆に、簡単に忘れ去られ、消し去られる。知を愛する人は、古今（東西）の書との対面、対話を楽しむ必要があ

る。

現代チャイナの「不幸」は、『論語』や『史記』はもとより、清の文化伝統を、積極的にも消極的にも、破壊あるいは忘却していることだ。国家も国情も、国民も人情も、簡単に変え捨てて、顧みることがない。ただしこれを隣国のこと、異国変異とかたづけてはならない。日本の国情と人情においても、同様のことがいたるところでひっきりなしに起こっている。

3―二五五／五六　**事を始めるは易／事の始めは慎重に**

〈すべて物事は、これを始めるときは容易であるが、その物事の終わりを完全にする事は困難といえる。一つの技芸においても同じである。

物事の終わりを全うすることはもちろん困難であるが、物事の始めも慎重でなければならない。物事のはじめが正しくなければ、終わりを全うすることは望めない。〉(同)

＊これも一通りは、この通りだ。何事につけ、始めが肝心だ。初志貫徹でゆけ、完璧をめざせ、である。

だが、『論語』も『言志四録』も、一語をもって、一条をもって、要路のすべてを言い尽くことができる、などという言説集ではない。

いい仕事をする人は、ある程度材料、準備がそろうと、ぱっと始める。はじめると、考慮していなかった材料が集まり、訂正を余儀なくされ、よりはっきりと先の方向が見えてくる。この繰り返しでそうとう程度進むと、万端整った感になり、一瀉千里だ。

対して、始めが肝心で、準備万端整ってから出発、というのでは、いつまでもはじまらない。世に「完璧主義」を諞う人がいる。ご勝手にどうぞ、である。だがこういう人にかぎって、ぐずぐずして、いつまでも準備中で、始めない。もちろん終わらない。

4—三四〇 **臨終の心得**（三）

〈自分の体は、父母が完全な形で生んでくれたのであるから、自分も完全な形でこれを返さなければならない。臨終の時にはいろいろと他のことを考えてはいけない。ただ、君父から受けた大恩を深く感謝して目を閉じる—往生する—だけである。これを終わりを全うするというのである。〉（同）

＊「言志」における一斎、最後のフレーズだ。心は、体が失せても、変わらない。この世に生を受け、長寿を全うできたことを、万感の意をもって謝している。寿命のほどは異なるが、この満足と感謝は、ヒュームの晩年（不治の病期）と変わらない。

以上すべて、一斎は「武士」（君子）に向かって書いた。民や子女子を除いてだ。つまりは「学問」を志す「武士」のために書いた。このことはけっして一斎の「限界」ではない。「限定」なのだ。

＊佐藤一斎　1772・10・20〜1859・9・24　美濃岩村藩江戸藩邸（家老）生まれ。儒学の同門に藩主三男衡《たいら》（養子に入って林述斎）がいた。諸学派を遍歴、93年林門、1841年述斎没後、昌平校の教授（官儒のトップ）。幕末の志士に大きな影響を与えた。

第10節　『石田梅岩先生語録』――平民の人生論

石田梅岩は、「心学」を発明し（たと高唱し）た。心学は学舎を超えた、社会・思想運動となり、明治期まで大きな影響を与えた。起因はある。一つは、平民の哲学（学問）を提唱したことだ。その眼目は、武士に士道があるように、商人に商道がある。別の道ではない。人間の心の本性を知るのが学問である。武士の心の本性、商人の心の本性を知ることによって、その道（生き方）が明らかになる。こう主張するのだ。二つは、弟子たちにすぐれた学者や組織者を生んだことだ。三つに、武士から四民へという流れが、時勢となったからだ。これだけを前置きにして、「題・答」（人生相談）に入る。（「題」も「答」も要約だ。＊コメントはわたし＝鷲田が付した。）

1　題　世に**親は苦労、子は楽、孫は乞食**という。子や孫が、倹約を知らず、宝を失うのは、学問（聖賢の教え）を嫌うからだ、ということは分かる。でもわたしは豊で、子を愛している。子どもにだけ倹約を強いる術を知らない。どうしたらいいのでしょう。

答一　自ら倹約を励行し、蓄財を一族で困窮している人のため（世のため人のため）に使いなさい。総じて親は愛に溺れて子を甘やかすものです。親が手本となってひたすら身を慎まなければなりません。

答二　幼時から偽りを戒め、紙一枚も粗末にしないよう教え込まなければなりません。大事なのは勇気を教えることです。本当の勇気は、相手に勝つことではなく、負けることに堪えることです。

それに、親が率先して学問をし、「道」を教えなければなりません。（七）

＊コメント　親が（どんなに優れていても）子を教育するのは至難だ。なぜか？　自分と子のためを思う（思いすぎる）からだ。有り体にいえば、教育は、親は子のためといい、子は親のためと思うからだ。だが子（の大多数）が自習自得（自学自習）するのはもっと難しい。教師や学校が（どれほど不十分でも）必要な理由だ。孔子やその塾だけでなく、梅岩と「心学」が、さらには寺子屋が大きな役割をもつ理由だ（ろう）。

これを現代版になおせば、子孫に「美田」を残さず、広い意味で子どもの「教育」に金を使え、ということか？

2　題　聖人は、楽しむも憂うも、天下をもってする、と経伝（聖人の書とその注釈本）にある。今年は隣国洪水台風で、田畑民家おびただしく失われ、死者も出た。人として、聖賢でなくとも憂うべきだ。ところがこのようなとき、**学者が月見遊興とはどうしたことか**。

答　昨今の学者は「文字学者」ばかりで、学問好きとも見えない。学を離れ、遊興に走るのも当然だ。だが**学問の本分は私欲を離れ心を公にすることを教えることにある**。楽しむも憂うも国天下のためだ。

わたしたち細民といえども、朋友を憂うも、親しみをもってしなければならない。折にふれ遊びの会があっても、気鬱を晴らすためであれば、聖人も許すだろう。隣国近辺洪水台風といえども、遠慮するほどではない。というのも、**天下に憂いなし、はありえない**。憂いだけで一生を終えていいわけがない。

あなたの題は、善心からのものだが、学なきゆえの過ちだ。**憂うも楽しむも、親しきをもってするのは、道にかなっているのだ。**（二一二）

＊梅岩のよさがよく出ている箇所だ。「清貧の思想」に一分ありとすれば、「清貧」を楽しむ心の「ゆとり」があることだろう。ただし「がんばらなくてもいい」式の、ゆるみっぱなしの「清貧」は、わたしとは違う。

３　題　**大人は赤子の心失わず**とはどういう状態になることなのか。

答　赤子は無知で、暑くも寒くもなく、飢えず腹も痛まず、便の汚れがあっても尻の案配よければすやすや眠るものだ。私心がないので、褒めても悦ばず、そしりても悲しまず、他人にも疎略にせず、正直なところは神さえ恥じるほどだ。これすなわち無知の聖人なり。成長してもその正直を基に虚霊〔鑑のごとき霊妙〕と時に宜しき義とに順うならば、学徳成就すると思える。無知の正直と宜義に順うところに工夫がなくてはならない。たとえば非常〔非情〕の草木が虚霊の心に情を発するようにだ。これ万物一大極に至るの要なり。（二八六　補遺）

＊梅岩の長所と短所が極めてはっきり出ているところだ。一、梅岩は、赤子の直きこと、草木（非情）にたとえている。しかし、赤子は非情ではない。無知は非知ではない。赤子といえども、無知状態の「情」をもち、「人生」を有し、その「知」は無から有への不連続の連続なのだ。二、正直と正義とは同じではない。正直のもとは「私」（同心円）の心性である。鏡に照らせば、掌を指すように明らか（になるはず）だ。正義は「公」の心だ。時宜をえた義だ。時宜に順わなければならない。時によって、場所によって変わる。

＊石田梅岩　１６８５・９・15〜１７４４・９・24　丹波生まれ。11歳で京の商家に奉公。学を志し、研鑽を積み、『都鄙問答』をはじめ、商人意識を肯定するモラルを説く。『石田梅岩全集』（２巻　１９７２）

第11節　『童子問』――日本人の生き方

「哲学」のモデルを提示したのは、言葉の本当の意味で「最初の哲学者」といわれる、孔子（「孔子に帰れ！」（伊藤仁斎））とプラトン（「プラトンにはすべてがある。」（田中美知太郎））である。二人の著作には、純哲（＝大学の哲学）と雑哲（＝雑知の哲学）とりわけ人間哲学《ヒューマニティ》が一体となっている。その衣鉢（学統）を継いだのが、わが国では、伊藤仁斎であり、田中美知太郎であった。どうして、中江兆民や丸山真男のように、日本に「哲学」はない、などと大口を叩くことが出来るだろうか？

　仁斎の「孔子に帰れ！」は、孔子の言説を「金科玉条とせよ！」ということではない。孔子の「著作」（『論語』を含む）とされているものを徹底的に文献批判《テキストクリティーク》し、いかに孔子でも、その言説が「人間の本性」に適わない場合は、その言説を非とし、孔子の著述そのものを、「孔子のものではない」と述べる。

　しかも仁斎は、論語をモデル（原型）に日本人の生き方を説くのではない。「日本人の論語」（谷沢永一）を論述するのだ。『論語古義』であり『童子問』である。その「童子」の問いに答える仁斎の語録を、上・中・下巻から一つずつ選んでみよう。

1　問〈先生の道を談ずるまことに善し。しかしはなはだ卑《ひく》きすぎないでしょうか？〉

答 **〈卑きときはおのずと実なり。高きときはかならず虚なり。ゆえに学問は卑近を厭ってはならない。卑近を忽《ゆるがせ》にするものは、道を識るものではない。**道は大地のようなものだ。天下で大地より卑いものはない。だが人が踏みしめるのは地だけなのだ。地を離れたら立つことはできない。……学者は必ず自分が進む道が卑近なのを恥じて、あえて高論奇行を尊んで、世に高ぶる。……いやしくも卑近の二字を語り説くのを恥じないならば、進歩も早く、学明らかになり、本筋から遠く離れることもない。〉（上 二四）

＊この言葉、自分なりに翻訳し、ものを考え、語り、書くとき、心の中心におくべきと考える。ただし、平俗＝卑近（common）と凡俗（vulgar）とは異なる。

ヒュームは処女作『人間本性論』が世に入れられないのは、「難解」（書き方《マナー》が悪かった）だったからだと考え、「平俗《コモン》」にすべく、書き直しに専念し、ついには英文の「模範《モデル》」とみなされるまでになった。

ただしここが面白いもので、「卑近」や「平凡」は、総じて、ありがたくない。山は富士というが、高きをもって尊しとする。「難解」でないと、哲学ではない。こういうエートスが人間にはある。

2 問 〈孔門の学は王道を基本とすると聞かされました。でも受用の工夫において、すこぶる切緊していないように思えます。どうしてでしょう？〉

答 〈切緊とか非切緊とかが問題なのではない。学の道に適っているか否かを看ればいいのだ。**工夫が切緊していないものは、もともと取るに足らない。だがおよそ切緊と自称するものは、かな**

らず、曲がったものを矯《た》めようとしてやり過ぎる。この二つを免れるものは、学問の中でも最も難しい。ただしその切緊ならざるものは、その病かえって浅し。〉（中　一二）

＊学問にかぎらず、よき仕事をしようと思うなら、切緊（緊迫＝切迫緊張）は、とりわけ心身の集中とその持続が必要不可欠だ。だが、何事によらず、過ぎたるは、である。ただし仁斎は、自分が道切り開く途上で、緊迫すぎて「鬱」に陥った経験を踏まえてか、切緊少ない、「悠々と急げ」のほうが、弊害が少ない、という。いずれにしろ、仁斎は、極論や異端を強くいさめた。

＊曲げた鉄棒をもとに戻すには何倍もの力を必要とする。レーニンは振り子の原理をもとに、一旦、右に触れた振り子を元に戻すには、左に大きく振らなければならない、と断じ、革命の行き過ぎを「自然」（当然）とした。

3　問　〈屈原とはどういう人ですか？〉

答　〈道を知らず。自作「漁父の辞」にいう。「世人皆濁れり我独り清めり。衆人皆酔えり我独り醒めたり」と。これ屈子が自らその禍を取るゆえんなり。……禹《う》の曰く。「愚夫愚婦も、一能予に勝れり。」孔子曰く、「この民は三代の道を直うして行うゆえんなり」と。どうして天下をもって皆濁り皆酔えりとすることができようか。中庸に曰く、「上にいて驕らず、下になって倍《そむ》かず。国道あれば、その言もって興るに足り、国道なければ、その黙もって容るるに足れり」と。これ学問の成るところ、道徳の熟するところにして、屈子が能く及ぶところにあらず。〉（下　一四）

＊屈原は、戦国時代の、政治家にして文人である。讒言にあい、放逐されて、のち自殺した。孔子は屈原より二世紀前を生きた。孔子も、故国魯を（悪口や讒言もあって）放逐同然に出て、各地

を放浪するが、屈原と対極的な道を生きた。

孔子も仁斎も、**世の中を不満と軽蔑で生きるほど貧しい生き方はない。どんな不遇なときにでも、自分の才能を大事にし養う術を求めなさい、凡人といえども、他よりすぐれた才が一つはあるのだ。**と例を挙げ、言葉を尽くして述べる。人間論、人生通の鉄案である。

＊伊藤仁斎　1627・7・20〜1705・3・12　京の堀川生まれ。19歳で朱子学に傾倒、55年家業を弟に譲り独居、62年自宅に戻り私塾古義堂を開く。門弟三千と聞こえる。仁斎の幸運に、子の東涯が学統を継ぎ、仁斎の仕事が後世に残ったことだ。　谷沢永一『決定版　日本人の論語』（2015）副題「伊藤仁斎『童子問』を読む」

第12節 『風姿花伝』――「ものまなび」の人生論

三〇代から四〇代にかけての八年間、ようやく「定職」をえたわたしは伊賀の僻地に住んだ。その伊賀というとまず芭蕉だ。それに伊賀忍者で、そして世阿弥の父、観阿弥の出生あるいは創座の地である（といわれる）。四〇年余前、拙宅から丘を一つ越えると美旗（小波田《みはた》）小古墳群があり、その畑のなかにぽつんと大きな創座の木柱が建てられてあった。

世阿弥『風姿花伝』は世阿弥全盛期の三八歳時に書かれた、能楽論である。ただし『論語』が「学問」論であり、「学習」論（ハウ・ツ・ラーニング）であるように、『風姿花伝』は「物学《ものまなぶ》」論である。ともに「学び」を基本とした人生論なのだ。

この『風姿花伝』を「忍法帳」に見立てて書かれたのが、時代小説の傑作『服部半蔵』（全5巻）で、作者は長谷川伸門下の異色、戸部新十郎だ。「秘すれば花」が主題で、信長、秀吉、家康が覇を競った日本のルネサンス、安土桃山期の舞台を影で回したのが半蔵だとする、一見、たんなる新奇さを売るフィクションに思えるが、そうではない。そういえば、観阿弥は忍者の宗家、服部氏の出である、という説もある。

「物学び」とは「もの真似」である。小西甚一は「劇的演技」と訳すが、「学び」のモデルは、五二歳で亡くなった父の観阿弥だ。ときに世阿弥は二二歳であった。

1　十七八より

〈この時期は、あまりにも重要なので、練習も多くはやれない。まず、変声期であるから、いちばんの花は消えている。また、体格もひょろ高くなるから、愛らしい様子はなくなり、以前の、声も美しく、派手に演じやすかったころに比べて、行き方が全然かわってしまうので、当人は意気消沈する。……。

このころの練習としては、ただもう、たとえ人から指をさして笑われても、そんなことには頓着せず、内では、自分の声が出る限度の調子で、宵・暁の練習をはげみ、心中には大願をおこし、ものになるかならぬかの瀬戸際は今なのだとめざめて、これぞわが生涯のしごとだと、どこまでも能にかじりつくよりほかに学習というものは無いのである。この時期に捨てたら、能はそれっきりになるだろう。〉（1　年来稽古　小西甚一訳）

＊ここで「一七、八」といわれるが、まさに「いまだなにものでもない」青春期、一二、三の「新人」特有の物珍しさが色あせた、宙ぶらりんのつらい時期だ。平均寿命、九〇歳をうかがおうかという、二一世紀の現在になおすと、一八から三五歳（ときに四五）までの時期に相当するといっていい。この時期をどう乗り切るのかで、その人の人生が決まる、と世阿弥はいう。

なお、世阿弥は、七、一二三、一七八、二四五、三四五、四四五、五〇有余と「年来」（人生期）区分している。対して、孔子『論語』（「為政第二」）は、十有五（志学）、三十（而立）、四十（不惑）、五十（知天命）、六十（耳順）、七十（従心所欲、不踰矩）だ。一見、学びの年齢区切りは異なっているように思える。孔子の言葉は区切りがよく、通俗しているのでよりよく耳に残る。だが、世阿弥のは、実際（観阿弥）や自身の経験に即した年代区分をしていて、極めてリアルで説得的だ。特に「七」から本格的に学ばせる弊害を語っているなどは、じつに現代的である。

2　よく似せんが本意

〈いったい劇的演技《ものまね》においては、どんな対象でも、ことごとく似せるというのが本筋である。しかし、対象によっては、その似せかたの程度を考えなくてはならない。……似せる対象の人品によって、加減するのがよろしい。〉

＊物学びは真似《まね》びからはじまる。模倣だ。ただし高位高官や風雅などは精細に真似るのはいいが、農夫の下品さ（風雅のなさ）などをあまり精細に真似るのはよくない。世阿弥はこのようにいう。これは能楽にかぎらないだろう。問題は、「下卑」にあるのではなく、下卑に「過ぎる」と生まれる。

もの学びは真似からはじまる。だが「子どもはすべて天才だ。」幼児期から、独創や個性の涵養（cultivate）こそ重要だ、といわれる。しかし、世阿弥は、もの学びは模倣に始まり、模倣に終わる、と極論するがごときなのだ。偏奇や珍妙を独創や個性とみなすのは、勝手だが、勝手にすぎる。そのほとんどすべて、無知や未経験のせいにすぎない。結果、学ぶことをおろそかにし、技能をもたない人間を輩出する。

じゃあ、発明、独創、個性はどういうものか。模倣である。ただし範例《モデル》の「工夫・転用・転換」、すなわち「革新《イノベイション》」である。

3　珍らしき感

〈花といっても、なにも特別なものが存在するのではない。多くの曲の研修をつくし、芸理を考究しきって、新鮮さという感の生まれるところを心得るのが、「花」である。……「ものまね」篇の鬼の段で「鬼能ばかりが上手だという役者は、その鬼能のおもしろさを実は理解していない」と述べたのもそれで、役者がたくさん曲をこなして後、鬼を目新しく演じたならば、その目新しい点が「花」となるはずだから、面白いであろう。〉(7 別紙口伝)

＊ここで世阿弥は、「花」と珍しさ(＝新鮮さ)とおもしろさは、同じ意味合いだ、と記す。だが処女作『風姿花伝』総体が「花」論で、さらに、処女作にかぎらずその著作の総体が「花」論なのだ、と『日本人の哲学1』で書き、『風姿花伝』の「花」論を略述した。反復する。

〈能はチャイナから伝来した散楽に源流をもつ猿楽から発展した歌舞音曲を主体とする総合芸能である。能楽を完成に導いた世阿弥の作能や演能は父の観阿弥から受け継いだもので、その能芸の美的概念が「花」である。小西甚一は『花伝』に示された前期の思想を解きほぐし、現代ふうに箇条書きする。

一、能は「花」(舞台における表現効果)によって存立する。

二、花を得るためには、「能を知る」心のはたらきと、その種となる「わざ」とが必要である。

三、能を知るとは、次のような各項を体得することである。

(イ)花は、目新しさを契機とする「おもしろみ」にほかならない。

(ロ)いつでも「おもしろみ」をとらえうるためには、よく「その場」に適応する工夫が必要だ。

四、「わざ」については、次のようなことが必要とされる。
(ハ) 曲目をたくさん用意しておくこと。
(ニ) 研修をつくすこと。
五、花はぜったい失ってはならない。そのためには
(ホ) 現在の芸位を正しく自覚しなくてはならない。
(へ) 特に老境に入ってからは「せぬ」工夫が必要である。
(ト) さらに、自分ひとりでなく、永遠の花を咲かせるため、子孫に自分の芸を伝えなくてはならない。〉

しかし、注目すべきは中期『花鏡』や後期著作の中心概念に「花」という述語が消えたことだ。ただし、なくなったのではない。この理由は、やはり父観阿弥をモデルにして書いた『風姿花伝』の時期を考慮すべきだ。世阿弥は、老境に入り演能を禁じられ、子を失い、配流されても、つねに「新人」の気持ちで能芸に臨んだ事績を考えねばならないだろう。詳しくは拙論の参照を願う。

＊世阿弥　1363〜1443・8・8　1374年将軍義満に見いだされる。84年父の死後、観世大夫を継ぐ。義持の時代、1824年『花鏡《かきょう》』を書くが、29年新将軍義教に疎まれ、34年佐渡に配流。36年『金《こん》島書《とうしょ》』　日本の思想8『世阿弥集』（小西甚一編〔訳〕　1970）

第13節　『徒然草』――はじめての人生論

兼好法師『徒然草』は日本三大随筆の一つとされる。しかし、『枕草子』は日記文学《ジャーナル》であり、『方丈記』は「怨嗟」を主情とする時流文《ジャーナル》である。日本人の論語の走りにして最高の到達ともいえる人間通の文学者、吉田兼好の随筆とは比すべくもない。それにこの作品は、写本だけで伝わり、忘れたも同然となり、江戸期に「再発見」され、嫁入り道具のひとつにされ、また井原西鶴等に大きな影響を与えた。まず最初に一つだけ再論しよう。

1　友としたくないタイプ

〈友としたくないタイプに七つある。一、身分の高貴な人、二、若い人、三、病気をしたことのない身体強健な人、四、酒好き、五、武勇にはやる武士、六、嘘つき、七、欲張り。

友としたいタイプに三つある。一、物をくれる友、二、医師、五、知恵ある友。〉（第一一七段）

この段は、孔子曰く、益ある友人に三タイプ、損する友人に三タイプある。正直な友人、篤実な友人、物知りの友人は益がある。責任を回避する人、反対をしない人、口先だけが達者な人は、友人にすると損をする。〉（『論語』「季氏」）をふまえている。

といっても踏襲しているのではない。共通するのは、わずかに各一タイプにすぎない。孔子のほうは「掌《たなごころ》を指すように」そのものずばりだが、兼好のほうは「よくよく考えると」なるほどそうか、とうなずかずにはいられない性格のものである。

たとえば、病気をしたことがない人は、一見すると、よき友人に数えたくなるように思える。だが（わたしも健康体なのでよくわかるが）「病気」の苦しさ、他人の心身の痛みを理解できない（しにくい）ものだ。兼好は、医師を友とするのがいい、生きるのに最低限必要なのは、衣食住と薬だ（第一二三段）と述べるのも、同じ意味である。

『徒然草』にはいわれてみれば、よくよく考えれば、その通りというような、どの地域の人にもどんな時代にも通用する知識や日常生活の知恵（処世術）とでもいうべき卓見がさりげなくちりばめられている。〉（拙著『日本人の哲学1』）

2　女というもの

〈**女の本性はみなねじまげているのである。**我執が強く、貪欲すさまじく、物の道理をわきまえず、ただ欲に迷って気が変わりやすく、口が巧みであるにもかかわらず、言ってよいことでも、問われるときには言おうとしない。そのくせ、思慮深い用心をしているのかと思えば、次にはとんでもないことまで、聞かれもしないのにしゃべり出す。深く人をたばかりうわべを飾る点では、男の知恵にも勝っているかと思うと、そのことが、すぐあとからばれることには思いもいたらない。素直でなく、しかも愚劣なものが、女というものである。〉（一〇七段）
＊これは、「男女平等」論者の女にだけでなく、よく知る女、気心の通じ合えると思える女、とりわけ家人に読まれると、八つ裂きにされかねない文言である。だがしかし「女子と小人とは養い

難し。」（論語　陽貨）と孔子もいっている。

わたしの恩師、谷沢永一先生は、江藤淳が自死したとき（一九九九年夏）、はじめて電話があって、消え入る声でいった。「うちのばあさん（奥様）が亡くなったら、同じことをするだろう。」

その先生が『知識ゼロからの徒然草入門』（二〇〇六）に、この段の前半を取り、後半を没にした。その前半に曰く。

〈すべてをのこは、女にわらはれぬようおほしたつべしとよ。……女のなき世なりせば、衣文も冠も、いかにもあれ、ひきつくろう人も侍らじ。〉

谷沢の「視点」は、〈世の中、男と女でできているわけで、男たるもの、女に嘲笑れるとか、女に見下げられるというのは、最悪な状況だといえます。〉だ。先生は重ねて、「お世辞は最高の文化である。特に女へのお世辞は。」（田辺聖子）を引く。

3　あてにせず

〈才があるからといって頼りにしてはいけない。孔子ですらも時勢に乗れなかったのである。……はじめから自分をも当てにしなければ、うまくいったときには嬉しいものだし、外れたときにも恨むこともなくすませることができる。……行く道をせばめてしまうと、押しまげられて砕けるのである。心遣いが狭量であるときには、ことごとに人に逆らい、争って敗れる。寛容にして柔軟なときには、一本の毛といえども損なうところはない。〉（二一一段）

＊なるほどこの通りだ。だが、一事が万事ではない。兼好は、（否、孔子といえども）、一つことに専心し、その才を、技を磨かなければ、成果が出ず、心が安まらない（一〇八段）と断じる。人

事はすべて表裏一体（矛盾）である。これが人間本性であり、兼好の人生論の核心だ。

＊吉田兼好　１２８３〜１３５３以降　１３０７年左兵衛佐、後二条天皇（六位蔵人）に仕える。13年出家、歌人として活躍。『徒然草・方丈記』（山崎正和訳　２００１）

第2章　自伝《マイ・オウン・ライフ》　ベスト5

総じて、人生、個体としての人間の生涯を開《カルティベイト》く最初の場《ステイジ》が、家族とりわけ親である。その家族を乗り越える第二の場が、学校とりわけ先生である。その学校を乗り越える第三の場が、読書とりわけ書物である。そして、生涯、すなわちすべての人生を切り開く動力は、仕事（work）である。

わたしの父は、上昇期の商家の長男として生まれ、家業ならびに祖父の絶頂期に結婚し、戦後、祖父は公職追放と農地解放で職と資産の過半を失い、父が継いだ家業は衰退期を迎えた。といっても、高度成長期に家業を盛り返すべく奮闘したものの、最期は後継者（わたし）を失い、六〇代で廃業やむなきに至った。しかし、商業中学を出てから五〇年、ひたすら家業に専念してきた父は、一見、足場を失ったただの老人であった。だが友人の弁によって代えると、職人と同じような、「いぶし銀の背中《シルバー・バック》」をしていた。家業（仕事）を全うしたたまものであった、と私念する。

以下紹介するのは、すべて、わたしにとって重要な自伝である。ただし、万人に通じる（理解可能な）私記であり、参照に値すると思える。

第1節　山本七平——著作が人生を開く

定年退職後、わたし（鷲田）は七五歳までに『日本人の哲学』全五巻（一〇部）を仕上げる予定を立てた。ようやく一、二、三、五巻を出すことができた。あと一巻というとき、二つ返事で引き受けたのが、直近の書、評伝『山本七平』（二〇一六）である。なにを主企図としたか？

1　処女作にはすべてがある。すぐれた処女作は、どんなに作者から離れているように見えても、「自画像」である。

敗戦後の五大哲学者を挙げてみよ。吉本隆明「マチウ書試論」（一九五四）、小室直樹『ソヴィエト帝国の崩壊』（一九八〇）、丸山真男「超国家主義の論理と心理」（一九四六）、司馬遼太郎『梟の城』（一九六〇）であり、イザヤ・ベンダサン『日本人とユダヤ人』（一九七〇）そして山本七平『ある異常体験者の偏見』一九七四）だ。これら処女作のすべては、「いまだ何ものでもない」ものが「何ものか」になろうとして、「何ごとか」（something）を書き上げた成果である。そして「自伝」だ。「立志伝」（a story of a self-made man）であり、「偉大なこと」（something great）をなし遂げる「端緒」だ。と同時に、処女作には、作家が成就するもののすべての要素が含まれている。とりわけ山本がそうだった。その全作品は、「自分」（self-made man）研究でもある。自分史を、暗黙裏のうちに、書く。これが山本の「立志」であった。

だが、ベンダサンと山本は、自分「史」からもっとも遠いもの、比較対象化された日本と日本人の「歴史」を書こうとする。「日本と日本人とはいかなるものか?」に、日本と日本人とは異なる対象と比較＝相対させ、解明しようとする。こうして、はじめて日本と日本人の「自画像」が書ける、とするのだ。多くの自画像（「自分史」）に欠落したマナー、民主主義（作法）と科学（作文）を、誰にでもわかるマナー（平俗文）で提示する。

ただしベンダサンと山本は、旗本退屈男（配役）と市川歌右衛門（俳優）ほどより、異なる。著者ベンダサンはユダヤ人であり、著者山本は日本人である。まずこのことを頭にたたき込んで欲しい。（もちろん、著者ベンダサンは、山本七平である、と前提してのことだ。）

山本七平は、科学と民主主義と平和の「敵対」のごとく語られることが、二一世紀の現在なおある。少なくない。保守反動という人がいる。多い。「天皇制」賛美者で、軍国主義の復活を願う人間だ、と指弾する人がいる。とんでもない。すべて、一読しないでする、読んでも「自分とは違う」と感じることから生じる、「幻像」（imago）だ。

わたし（鷲田）自身の山本「像」は、七〇年代、八〇年代、九〇年代と変わらなかった。一読もなかったわけではなかったが、「わたしとは違うな!」という幻像にとどまった。二一世紀になるまで、山本の著作を本格的に読まなかった、結果だ。

わたしは、わたしの総まとめの仕事で山本作品を読みはじめた。そして『日本人の哲学1』で、敗戦後の五大哲学者の一人として、とりあげ、記述した。だが肝心要なところを解読しなかった。「ベンダサン＝山本」としたのだ。この誤読を、拙著『山本七平』で訂正できた。幸いだった。

2　では山本の処女作は、どんな書か?　いかなる意味で、自叙伝か?

山本はたてつづけに、三部作とも四部作ともいわれる、『ある異常……』『一下級将校の見た帝国陸軍』『私のなかの日本軍』『洪思翊中将の処刑』を、連載し、刊行する。どの民族（国民）も、どんな人間も、自民族を自分を客観的に考察することは難しい。自国・自分中心になるからだ。だが、

ベンダサンは、日本人にユダヤ人（反日本人）を対置・対象化して、日本人を客観視し、バランスのとれた日本・日本人論を書く。山本七平は、戦前も戦後も、日本（日本人）に最も反・非日本（日本人）とみなされてきた軍隊（軍人）を対置・対象化して、日本と日本人を客観的に書こうとする。その結果、大略、こうなる。

1.日本軍の「構造」を通じて、日本社会の「構造」を逆照射する。答は、日本軍の構造は、ひいては日本軍人の構造は、日本国の構造、日本人の構造である。

2.日本軍は、日本社会の「異例」や「鬼胎」ではない。「通例」でありむしろ「本姿」だ。だから、「戦争体験を忘れるな！」というスローガンは、自国日本（日本人）の一般を、さらには「自分自身」の本姿を見つめようとしない、安逸、気休め、無責任にしかすぎない。

3.敗戦で日本軍は消滅した。だが日本軍に体現された日本社会の基本構造はそのまま残った。敗戦後の日本と日本人が、「異例」として忘れようとしているのは、日本と日本人の「本性」とつながるものだ。

山本の戦争体験は、「忘れるな！」等という域をはるかに超えていた。もちろん忘れることなどできようはずもない。正常な意識では、書くことが難しい「自伝」（自体験）なのだ。では、山本

は、自分の体験を特殊化し特権化しようとするのか。正反対だ。「特異」のなかに、どこまでも冷徹《クール》さをたもちつづけ、「一般」を発見しようとする。

4.だがここで山本は停止しない。日本の戦時や戦後の「普通」（常識）は、日本と日本人が歴史的に形成してきた「本性」（Identity）から逸脱していることを、全仕事（著作 works）で明らかにしてゆく。「日本人とは何か？」がその焦点だ。

3　では、山本を〈異常体験〉に引き込んだ、「敗戦」の原因とは何か？　三つだけあげれば、

1.「飢え」の力（対日貿易制限＝ＡＢＣＤ包囲網を含む）

2.日本は近代戦に不向きな体質の国（島国で、資源が少なく、短慮で、総力戦の経験がない等々）

3.「洗脳された日本原住民」。軍政と民主主義は絶対に相容れない。だが敗戦後、米占領軍支配（軍政）は、軍政を民主制だと日本人を洗脳し、その洗脳（工作）を日本と日本人も疑わずに受け入れてきた。

どれもこれも、「飢え」や「戦争」や「洗脳」経験が少ない日本と日本人の歴史から起因するものばかりだ。ベンダサンが、山本七平の露払いとして、ユダヤ人とは根本的に異なる、日本人の「本性」とみなしたものだ。

4　だが、どんなに時代を超絶しているように見えても、人も著作も時代の産物だ。イザヤ・ベンダサン（ユダヤ人）も山本七平（日本人）も、その著作も、七〇年代から九〇年代にいたる独特の時勢を背景に登場したのだ。

一九七〇年は、日本と日本人が戦後の「平和と民主主義」を国是としながらも、対露中社会主義

はもとより、対米軍事従属からも「自立」を図る、そのためには国勢伸張をめざす時代の転換点であった。この転換点を鋭く意識し、書き切ったファーストランナーが山本七平で、山本が圧倒的「勝利」をえた原因だ。その山本最後の書が、『昭和天皇の研究』であり、『日本人とは何か。』であった。一九八九年で、ともに書き下ろしだ。

その生涯にみずから画竜点睛、見事なピリオドを打ったように見える山本である。だが同時に、山本の眼中には、九〇年代以降、消費中心社会への転換とそれが抱え込む困難は見えていなかった。二一世紀の困難の中心である。わたしたちが、山本七平にたちどまっていることができない理由でもある。

＊山本七平　1921・12・18〜1991・12・10　東京駒沢生まれ。独特のクリスチャン。42年青山学院（商）卒、召集、44〜46年フィリピン戦役・捕虜、帰国。58年山本書店を設立。70年イザヤ・ベンダサン『日本人とユダヤ人』刊行。　拙著『山本七平』（2016）

第2節　谷沢永一――本が人生を開く

「読書」は、家族を、学校をブレイク・スルーする最大の要素だ。人間はコトバをもつことで人間になることができた。人間はコトバをつくり、つかう動物だ。人間の本性はコトバで出来上がっている。極論すれば、コトバの集合が文で、文の集合が「本」だ。人間は「本」なのだ。もちろん人間の歴史は「書かれたもの」、ヘロドトス『歴史』であり、司馬遷『史記』、『日本書紀』だ。

谷沢永一は、わが「愛読書」をネタにして、半生を記した二冊で一巻の「自叙伝」を書いた。読書歴をたどって自分史を書く、というのはよくあるケースだ。だが、谷沢の自伝は、その内容においてまさに破天荒である。

1　一冊目『雑書放蕩記』（一九九六）は、小学入学一年時から大学（母校）に定職（助手）をえるまでの二〇年間である。この時期が雑書の雑読記だというのだ。まさにその通りで、1「最初の一冊」（『プルータルク英雄伝』）に始まり、2「夜店と古本屋」で（薄田泣菫『茶話全集』、杉村楚人冠『湖畔吟』）、3「心踊りの筋道」（『伊藤痴遊全集』、『813』〔『怪盗ルパン全集』11〕）で、ここまでが小学四年だ。プルータルク英雄伝（プルタルコス英雄伝の翻案）にはさほど驚かないが、『茶話』や『湖畔吟』が小学三年なのだ。なんとこましゃくれ気取りと思うだろう。ところが、四年で、幕末明治期の英雄豪傑の裏と表を講談調でたたみ込んだ、巨編、伊藤痴遊全集（30巻）である。（わたしなどは、六〇を過ぎて、はじめて手にし、一読、目を見張った。谷沢少年の早熟さに愕然とした。全二〇章、「わたしは本になりたい。」という痛切な願いと心踊りが伝わってくる。
２　二冊目『本はわたしにすべてのことを教えてくれた』（二〇〇四）は、助手時代から文壇デビュー作『完本 紙つぶて』（一九七八）までの二三年間である。
なによりも「書題」がオリジナル《ふるってぃる》だ。「わたしは本である。」宣言なのだ。このとき、谷沢は、すでにベストセラー『人間通』（一九九六）を出していた。

エッ、世間の埃にまみれないで、書物の埃ばかりを払っている書斎人に、何の「人間通」なのか、とわたしに向かっていう人もいた。おまえも谷沢の「弟子」だろう、返す言葉もあるまい、という表情でだ。その『人間通』の冒頭が、「人間通」である。

〈現代および近未来の主要人物《キー・パースン》は特技の人である必要はない。極言するなら人間の器量としては凡人でもよいのだ。世に尽くす誠意と情熱があればそれで十分である。誠意と熱情ならあながち天賦の才はなくとも、心を傾け身を努める心働きによって誰でも達すること可能である。組織の要となり世の礎となりうるための必要条件はただひとつと言える。それは他人の心がわかることである。ただそれだけである。……

　人間は最終的にとことんのところなにを欲しているか。それは世に理解されることであり世に認められることである。理解され認められれば、その心ゆたかな自覚を梃子にして、誰もが勇躍して励む。それによって社会の活力が増進し誰もがその恵みにあずかる。……他人の気持ちを的確に理解できる人を人間通という。人間通を身近に見出せることは幸福の最たるものであろう。〉
３　谷沢の「自伝」の最終章は「山本七平の独創」だ。

山本七平は、わたしの仕事のリトマス試験紙でもある。その生涯（体験、思考、仕事の工程）がまさにわたしと正反対だ、という理由にもよる。反して、谷沢は、まったく未知の人だったが、偶然手にした本（『読書人の立場』一九七七）を初読して以来、共感度が過ぎるほどの先達（先生）を見いだした、と思えた。だが、「対決」なしには当時のわたしの境位（マルクス主義の思想と行動）を突破できないと感じた。一〇年かかって、『天皇論』（一九八九）と『吉本隆明論』（一九九〇）を書き、ようやくマルクス主義を理論的に突破しえた（と思えた）。もちろん、こんなことは、谷沢（先生）の関知するところではなく、わたしの独り相撲であった。先生にはじめてお会いしたのは、一九九〇年の年末、開高健一周忌のパーティであった。よきときに、よき先生に、よき理解者に出会えた。幸運の極みだった。

しかし谷沢先生や司馬遼太郎を読むにつけ、知るにつけ、「人間通」といわれる人は、どういう人なのか、という疑念はますます深まった。「人間味のある人《ヒューマニスト》」とはまるで正反対に思えたからだ。二人とも、いな、吉田兼好、秀吉、伊藤仁斎、三宅雪嶺、司馬、谷沢等すべては、その心底を推察するに、冷徹《クール》である。最後（最初から）は、なにごとであれ、自力で両断（判断）する、できる人だ。「人間通」は「あれもこれも」や「あれでもなくこれでもない」では、とうていおよびがつかない。ヨーロッパのモラリストと同じように、寸鉄人を刺す、暗い情念の持ち主だ。ただし、ラ・ロシュフコーに対するD・ヒュームは、同じモラリストでありながら、表面は、暗に対して明であり、狷介《ハード》に対して柔和《ジェントル》である。

わたしの見るところ、司馬と谷沢の違いは、読書範囲の違いにあるように思える。それが「人間本性」の幅の違いに及んでいる。おそらく、司馬は『わが生涯の秘密』というような、匿名の性書などを読まなかっただろうし、伊藤整のように、誰も書かなかった赤裸々な性小説を書こうなどと思わなかっただろう。谷沢は、晩年（七八歳）、「いつかは書いてみたいと念じていた主題《テーマ》を……漸《ようや》く記述し得た」という心からの喜びで、『性愛文学《セックス》』（二〇〇七）を書き終えている。最晩年だ。人間本性の「探索者」に恥じない仕事だ。好きでこそ「学問」、好きでこそ「人間」だ。でも、そのためにこそ、鋭くて折れない心奥まで衝き進むドリル（ハート）が必要になる。「人間通」の核心だ。その先生は、対面するとき、つねに、こぼれるような笑みを絶やさなかった。

＊谷沢永一　１９２９・６・27〜２０１１・３・８　大阪生まれ。天王寺中、関大卒（国文・博士課程）。55年助手、講師、助教授、69年教授。『完本 紙つぶて』（１９７８）『人間通』（１９９５）蔵書20万冊と自記する稀代の書痴だ。『谷沢永一二巻選集』上「精撰文学論」（２０１５）下「精撰人間通」（２０１６）

第3節　松本広治――「反骨」精神の中小企業経営者

松本広治（一九〇四〜八九）の名を、一九六〇年代から七〇年代にかけて、しばしば耳にすることがあった。関西の非共産党系左翼運動の先輩たちからだ。松本は、大学時代にマルクス主義運動に入り、共産党員となって、逮捕、「非転向」のまま刑期を終え、共産党壊滅のなか独特の「人民＝統一戦線」論を主張、産業報国会（労資協調・戦争協力の官製労働者組織）等のなかに無産者運動の活路（可能性）を見いだした。戦後は共産党（中央）に疎まれ、武田薬品等、資本（経営）の側に立ちつつ労働者の権利確立と待遇改善を極限まで追求し、ついには労使協調（共同）の会社（中小企業）を創業、成功に導いた。最後には、独特の資本主義と共産主義の「相互浸透」を主張、生涯にわたって平等と自立、平和と民主と豊かな生活を、つまりは共産主義社会の理想を追求した実践者だった。これが自伝『信念の経営』によってわたしが知った松本の人生略歴だ。

1　藤本進治（一九〇五〜八七）は、『認識論』（一九五七）等で知られる独立《インディペンデント》のマルクス主義思想家で、松本広治の親友であった（『人民の辞典』の共著者でもある）。同時に、若き谷沢永一の文字通りの「師匠」であった。その谷沢が、松本を**反骨の人**として、二度主著に登場させている。

松本広治は新設の大阪高校をトップで卒業、東京帝大（政治学）を出て、日本共産党に入党。〈三・一五および四・一六にはじまる徹底的な総検挙のため、無産階級政治活動の闘士がすべて投獄されていた昭和十年代、完全に非転向のまま、担当検事が歯ぎしりしてくやしがるのを尻目に、晴れて出獄した若き指導者が二人いた。その一人の春日庄次郎は、残党と新人に呼びかけて日本共産主義者団を結成、待ってましたとばかりの一斉検挙にあい、百七十八人が一網打尽、あっというまに壊滅した。その次第は『日本共産主義者団関係資料』全二巻（記念刊行会）に詳しい。▽もう一人の松本広治は、十一年二月十六日満期釈放後、戦争に向かって苦しくなる国民生活を少しずつでも着実に改善する道を歩もうとする。松本と春日は一歩もゆずらぬ激論をたたかわせ、ついに袂を分かつ。野間宏の出世作「暗い絵」は、昭和十年代の革命家が志向したこの〝二つの道〟の分裂のなかにさまよう青春群像を描いているのだ。▽国民の生活を守る運動にのりだした松本は、かつての同志からは理解されず、司法当局からは疑われ、みのりの少ない苦難の道を歩まなければならなかった。いまは富士レンジ社長・松本広治の新著『信念の経営』（東洋経済新報社）は、昨今流行の経営学の本ではない。わが信ずる道を行った知られざる良心的革命家の赤裸々な自伝であり、日本社会運動史および思想史、文学史、各方面の空白を埋める証言である。〉（『完本　紙つぶて』一九七八）

昭和二〇年一〇月、〈武田薬品に招ばれ、勤労部長を務める。二十二年、労働組合の発表した方針は、従来以上にイデオロギー的となった。その間、組合の肩を持って。組合の成長を図った松本は、また反骨の精神で武田を辞める。取締役への可能性を放棄したのである。それから暫くは正旗社という出版社を創って、『人民の辞典』（昭和二四年）などを刊行した。

五一年一一月一日、松本は富士レンジ工業の経営に着手した。彼の方針は、まず賃金体系に学歴差をつけないこと。労働時間の短縮。以下多くの新機軸を、反骨精神の上に組み立てるのであっ

た。〉（『紙つぶて　自作自注最終版』二〇〇五）

2　この「反骨の精神」とは何か？　福沢諭吉の「自立自尊」に通じる精神だ。どんなに「現実」が困難でも、その困難な現実のなかに解決を見いだそうとする実践《リアリズム》＝闘争精神である。たとえば、「人民戦線」論における「人民の中へ」は、戦時下では、人民がいる「軍隊の中へ」であり、「産報の中へ」である。これは共産主義精神と矛盾しない、そう、松本は確信した。じつに正しい。

だが松本の独自な共産主義社会をめざす闘争は、戦後、ソ連や中共あるいは日本共産党あるいは左翼思想との乖離によって、次々に、変化《へんせつ》してゆくように見える。結果、松本は自分を非転向者だと信じつつ、転向者の烙印を甘んじて受けなければならない。最終的には、「赤い経営者」ではなく、「労使協調の経営」者になり、資本主義と社会主義の「相互浸透」を主張するまでに至る。だがこのプロセスこそ「転向」ではないのか？　わたしには、転向以外のなにものでもない、と思える。ところが「反骨の人」は、この点で率直ではない。なぜか？

一九六〇年代、スターリン批判があり、毛沢東の「文化革命」という名の権力闘争がある。松本はこの社会主義の現実を直視できない。ところが資本主義と社会主義の相互浸透を、社会主義＝共産主義の新発展と見なすことが出来るだろうか。烏を鷺といいくるめるのとどう異なるのか？異ならない。

松本が亡くなった直後、一九九〇年、ソ連が自己崩壊する。チャイナは共産党独裁の市場経済＝資本主義社会へと転じる。これは「相互浸透」ではない。この点でも、松本は間違っている。資本主義の「勝利」なのだ。社会主義の可能性は、古くて新しい問題、資本主義が社会主義政策《ポリシィ》をセーフティ・ネットとして採用する必要（必然）がある、という点にある。
3　では松本の「反骨の精神」はなにに支えられているのか？　両親をはじめとする家族の支援であり、高校大学時代の親友、旧左翼運動の仲間を中核とする「親和力」である。「仁義に厚い」といったら古くさく聞こえるかも知れないが、「愛」＝仁と「誠」＝義（理）のことである。
特に驚くのは、貧しい中で、両親とその周囲の輿望を担って帝大へ進み、末は博士か大臣かと期待されたのに、厳禁の共産主義運動へ進むと両親を説得し、家族全員の支持と支援を約束されたことだ。その松本が、こと志と違い、戦前も戦後も、「転向者」の烙印を押され、経営者になった過程を、家族は少しも疑わず、嘆かず、協力し、心酔しきったのだ。まるで奇跡を見るようではないか。これこそ松本が「節」を曲げずにすんだ（と思えた）、「幸福な人生」の源泉である。自分は、どんなに裏切られ、攻撃され、忌避されても、家族（両親姉妹妻たち）に、友人に、仲間に、ときに「敵」にさえ信頼、信用されている、信認されている。これを裏切ることはできない。これこそ彼の「反骨」の根元にある心性（愛と誠）ではなかろうか。

＊松本広治《ヒロジ》　1904・10・3〜1989・4・14　愛媛田野村（現丹原町）生まれ。大高を経て、28年東大（政治）卒、29年逮捕、未決1年懲役7年、36年満期で出獄。『産業福利』等のジャーナリスト、44年三鷹航空工業勤労部長。46年武田薬品（労務担当）、47年正旗社、52年富士レジン（＝樹脂）創業。自伝『信念の経営』（1971）『反骨の昭和史』（1988　＊自伝に8・9章を加えた新版）

第4節　高橋亀吉――独学独立独歩のエコノミスト

経済学（経済の哲学）を、日本の歴史現実を唯一の材料にして、たんなる思想やケース・スタディではなく、「経済分析解明と政策立案と理論展開」の水準まで高めたのは、一人高橋亀吉の功績と断じていい、とわたしは考える。高橋によって、その時代（時局）が要求する現状分析と政策と理論の三位一体的統合がなされた、という意味でだ。その仕事を、高橋自身（『経済評論五十年』一九六三）、四期に分ける。

第一期（二七〜三一年）、金融恐慌の時期で、大蔵省が断行した旧平価による金解禁に反対の論陣を張り、さらには『日本資本主義発達史』（一九二八）で金字塔を打ち立てた。

第二期（三二〜三五年）、日本経済の躍進期で、日本の国際的地位の急上昇と日本人の考え方とのずれ、国際的な自由市場経済崩壊の進行を跡づける。

第三期（三五〜四五年）、戦時経済の時期で、日本国家社会主義の政治経済を展開し、物価統制の実施に力を注ぎ、大東亜共栄圏の経済政策を確立しようとした。

第四期（四六〜五九年）、経済復興期から高度経済成長期を迎える時期で、日本経済の復興と躍進の根本因を解明する。あわせて、それぞれ全三巻の大冊三部作『日本近代経済形成史』（江戸期〜明治二〇年　一九七八）、『日本近代経済発達史』（一九七三）、そして高橋が最も心血を注いで注視し論じた金融の分析と展開である『大正昭和　財界変動史』（一九五五〜六〇）を完成する。

『経済評論五十年　わたしの人生とその背景』は文字通り高橋の人生（生活と評論と著述）の自伝である。その人生は、立志と自立と活力に満ちている。

1　山口県徳山で船大工（棟梁）の長男として生まれたが、流通の近代化等で、家業が傾いた。商人になるため商業学校に進もうとしたが、家計が許さず、一六歳で大阪に丁稚奉公する。より条件のいいところをと、一七歳で北朝鮮城津の塩田商店に入社する。ここで商業そのものに興味を覚え、四年余り働きつつ、早稲田の中学部を通信教育で終え、学資を貯め、一九二二年（二二歳）、念願叶って早稲田大商科予科に入る。高橋は、この時代の典型的な〈寸暇を惜しんで独学〉、〈ムダ使いの一切をやめ学費を貯める〉、苦学生だった。

一三年に本科に進み、一七年に卒業、財閥の久原鉱業（現在の日本鉱業・日立製作所）でサラリーマン生活にはいる。このとき高橋には忘れえない一つのエピソードがあった。伊藤教授から、高橋に、大学に残り学者生活を続ける気はないか、という誘いがあったのだ。願ってもないことに思えたが、学科長の鶴の一言、「貧乏人には学者になれない」という反対で、頓挫した。だがもし高橋が学者の道を歩んでいたら、日本随一の経済評論家は生まれていなかっただろう。

サラリーマン生活には、「自主性」と「自由」が少ない、なによりも生きがいが感じられないとして、高橋は、一八年、新天地を求めて、恩師の伊藤教授が推薦した、東洋経済新報社の経済記者に転身する。入社一年、まず担当したのが「経済要報」欄であり、次いで、物価指数の発表と解説である。二つとも、記事や記録の切り抜き《クリップ》・切り貼り《パッチワーク》の類いにすぎず、経済理論の研究などとは無縁なルーティン仕事（routine）じゃないかと思えた。しかし、高橋は、一年して、「経済学の鼻祖アダム・スミスは、どうして経済学を学んだか」という疑問を抱き、「彼には、学ぶべき経済学書はなかったはずである。彼は、現実の経済事象と取り組んで、これを分析し、総合して、帰納的に彼の経済学を樹立したのである。」に想到したと書く。〔＊ただしこの判断は、のちの「点描」とみなしたほうがいい。スミスといえども、無から理論を創造したのではない。大学でF・ハチソン教授（道徳哲学）に直接学び、フランスのケネー（『経済表』一七五八）と交わり、D・ヒュームに私淑して、その道徳（社会）哲学（『道徳感情理論』）と経済学（『国富論』）を確立した、というべきだろう。既存の経済学書に学びつつ、それらを越えてゆく視点と理論構成（生きた経済学）を獲得した、というべきだろう。〕

2　高橋の自伝『……五十年』には、以下の〔　〕の重要部分が書かれていない。

高橋が経済記者として最初に直面したのは、第一次大戦後の社会不安の激浪であった。〔一方で、敗戦した帝政ロシア・ドイツ・オーストリアが崩壊し、他方で、敗戦のなかから新体制の社会主義ソ連が誕生する。このとき、入社一年で、高橋は欧米視察に出た。最大の経験は、ニューヨークでマルキストの片山潜を通じて、社会主義思想に出会ったことではないだろうか。高橋は、世界政治経済の分析道具を、マルクス主義からえて、本格始動する。ただし、高橋の特長は、「資本主義末期」（マルクス主義者の用語でいえば、「没落資本主義の第三期」）の研究を、マルクス主義の「公式」で裁断（＝分析）するのではなく、現実の政治経済の変化と対応させて分析し、独自な論稿を『東洋経済新報』や『中央公論』、さらには『マルクス主義』等に続々発表したことだ。その過程で、高橋は二三年、大衆的な無産政党の樹立をめざす「政治研究会」創立に参画、「無産政党綱領私案」

を書き、日本共産党との論争に巻き込まれ、実際運動から完全に足を洗った。この成果が『日本資本主義発達史』（一九二八）だ。日本の左翼は、本書を完全に抹殺し、野呂栄太郎『日本資本主義発達史』（一九三〇）を日本の「科学的歴史書」の先駆としてきた。〕

この時期の成果が処女作『経済学の実際知識』（一九二四　三四歳）と『金融の基礎知識』（一九二五）であり、論集『日本資本主義経済の研究』（一九二四）と『資本主義末期の研究』（一九二七）である。

二四年、石橋湛山に代わって『東洋経済新報』編集長になったが、二六年、評論家と編集者との「二足のワラジ」を脱ぎ、三六歳で東洋経済新報社を退社、以降、在野の経済評論家として立った。大学卒業後一〇年、高橋は経済学者（大学教授）にはならなかったが、自他共に認める、独立自主《インディペンデント》の経済学者＝評論家になった。

3　高橋が分析した「日本資本主義末期」論は、その活路を資本主義の「没落」すなわちマルクス主義社会主義ではなく、戦時国家社会主義へと転じていった。起因は、世界恐慌とそれに対応する英米をはじめとするブロック経済（非自由市場経済）への対抗であった。〔＊ただし、ソ連の社会主義と第二次大戦後生まれた社会主義は、共産党独裁・自由市場経済否定の戦時・ブロック政治経済体制である。したがって、第二次世界大戦を、アメリカとソ連を先頭とする民主・平和陣営と、ドイツと日本を先頭とする軍国・戦争陣営の対立とみなす認識は、戦勝国の観点であり、完全に誤っている。第二次大戦は、三つの国家社会主義、ソ連式の国家社会主義、ドイツ・日本式の国家社会主義、アメリカ・イギリスの国家資本主義（社会主義政策《ニューディール》）の戦いであったのだ。

高橋は、世界恐慌から真っ先に立ち直った日本経済の躍進、その変態的性格(軍事優先)を分析するとともに、ブロック経済の包囲網を突破し、軍部主導の政治経済体制に対抗する、大東亜共栄圏の政治経済樹立のプログラムを立てようとした。この一連の活動は、戦後、高橋を、公職追放に追いやった。

戦後の高橋の活躍は、あらためていうまでもない。つねに悲観論が渦巻くなかを、戦後日本の急速な経済復興が可能である理由を説き、高度成長路線を主張しつづけた。高橋は一貫して、解決不能の難題はないという見地から、日本の経済発展の大きな可能性=潜在力を明らかにし、豊かな日本社会の将来を予測する処方箋を説き続けた。ただし、高橋の経済理論は、歴史を含めた現実過程の詳細な分析の結果であるとともに、その初期にマルクス主義理論によって得た影響から脱却できず、大正末から昭和のはじめにかけては、流行の「末期日本資本主義」の没落論に加担する一方、近衛文麿が推進した国家社会主義に、その意図とは別に、戦時統制経済の理論的根拠を与えたことを忘れてはならない。

＊高橋亀吉　1891・1・27〜1977・2・10　山口徳山生まれ。小3で中退。丁稚、店員で学費を貯め、16年早大(商)卒。17年東洋経済新報社、26年退社。32年高橋経済研究所設立、48(〜51)年公職追放　『日本資本主義発達史』(1928)『金輸出再禁止論』(1930)『戦後日本経済の躍進の根本要因』(1975)『私の実践経済学』(1976)　鳥羽欽一郎『エコノミスト高橋亀吉 生涯現役』(1992)

第5節　長谷川伸――「市井の徒」から出発

長谷川伸は、大佛次郎（『鞍馬天狗』）とともに、大衆小説の華である時代小説の創始者の一人である。ともに横浜生まれで、そこにとりわけ思い入れが深い。といっても、学歴のまったくない長谷川と東京（帝）大法学部卒の大佛とでは、対極的な一生を送らざるをえなかった、といっていい。その二人のライフワークが、長谷川『日本捕虜志』、大佛『天皇の世紀』であった、ということは長く記憶に留めておくべきだろう。

1　長谷川の自伝（半生記）に『ある市井《しせい》の徒』（一九五一）がある。伸は、股旅物《アウトロー》『瞼の母』『一本刀土俵入』等の名作《シナリオ》を残したが、この「股旅物」という言葉は長谷川の創ったものだ。そして、長谷川の作家になるまでの半生は、まさに「市井の徒」、市中に住む無頼《アウトロー》であった。なぜに無頼か。二つだけ引こう。

(1)「あんな者は、そう〈大工の弟子に〉でもしてやらぬと将来が可哀そうだ」というのを耳にし、「あんな者」といわれたのが「疳にさわったが」、〈それでも何になるかと訊く人はいなかったが、訊かれても新コ〈伸〉は答えられない。**志望をもつということを自分で発見するには、あまりにも何も知らなかった、教えてくれる人もいなかった。**大人の中のこの独り小僧は、そういう意味では孤独でした。〉

(2)〈孤独者の新コは、一隅から始めずに諸方から取りかかり、順次を飛越する反逆を承知していてやりましたが、系統を立てることを遂に心付かず終《じま》いだ。だが、**それでも本を読んでいた利益はあった。**煙草も酒もやらず、女にはもとより目もくれずにいられたことです、もしその時分に酒と女とに行っていたら、新コの生涯はそこから、短い方へひたひたと奔って行ったことでしょう。〉

(1)と(2)は、父が新コ（長男は丁稚にやり、次男を手元に置いた）を普請場におき、仕事を覚えさせようとしていた二〇歳までの時期のことだ。「少年よ、大志を抱け！」とまではいわないが、だれにも人生に「希望」や「志望」というものをもつ時期だ。だが新コは、知らず、それを誰からも教えられなかった時期のことだ。ただし小学を中退していたとき、「孤独」のなか、夜学（漢学塾）ではじめた「本」を系統立てずに読むことだけはやめなかった。やめることは出来なかった。

2　長谷川伸は、四歳で母と別れ、家業（祖父が盛業にした土木請負業）が傾き、父と義母に半ば捨てられ、半ば拾われながら、一〇歳でドックの住み込み小僧として働き出し、二一から二四歳まで兵役を三年（満期）勤め上げた。無頼がいき交う土木請負師・土工・日雇い等の市井とは異なる、初めての規律ある「世間への第一歩」がはじまった。

「軍隊」はさながら新コにとっては、「学校」であった。読む本もあった。たたき上げの丁稚から番頭にまで進んだ、妻帯し一戸を構えた兄が送ってくれたのが、雑誌『ホトトギス』（一九〇五年『吾輩は猫である』〔＝俳文小説〕が連載されだした）と後に新コの作家世界に直結する『歌舞伎』である。新コは「下士〔官〕適任証」と「善行証」をもらって兵舎を出て、「昼」は地方新聞記者で、夜は「徒」のリーダー格として八年余すごすことになる。新コは、はじめて、世間＝市井のメンバーで暮らす「パスポート」を得たということだ。

弱小地方新聞は、文字通りの弱小だ。資金がない。給料は極安。ただ仕事だけはある。一面の社説と社会雑感は主筆、社会面（なんでもあり）が新コ、それにもう一人〔新人〕の三人が、全四面を作る。たった三人、中心記事は主筆が書くが、新コに切り抜き、切り貼り、埋め草、がどんどんまわってくる。連載小説は、不払いで休載があるというい加減さだった。この条件下で、新コは主筆から学ぶ。だがおのずと編集の技術すべてを修得し発揮しなければならないお鉢が回ってくる。どんな記事でも書く、空白をすぐ埋める、という記者《ライター》の腕を上げる。しかも給料が安い。三番手がもっと安い。それをまだましな他新聞にどんどん送り込む。おのずと新コの息のかかった記者が増えてゆく。

新コは「横浜の水」が合っていただけではない。もともと無頼を生きてきたのだ。この自伝を読むと、命のやりとりをする場面が何度も出てくる。その時の新コの心・血の静から動、動から爆発までの描写が、股旅物よりさらに詳細で、過敏だ。（＊ただし「瞼の母」の片岡千恵蔵や中村錦之助の大仰な身振りやセリフとは大違いである。）横浜（とくに居留地に接した）遊興・遊郭街の水があっている。さらに新聞記者が水にあった。調べて書く。早く書く。締め切りを厳守する。給料の多寡で働くのではない。必要ならば、ただでも書く。否、ただでこそ書こうとする。これが物書き魂だ。

3　だが、新コにもう一度転機がやってくる。昼と夜が異なる横浜の地方新聞に骨を埋めてもいいと思えたとき、ひょんなことがきっかけで、一九一一年、都新聞の伊原清々園（劇評家一八七〇〜一九四一）に手紙を書き、はじめて袴を着けて面接を受け、入社許可をえた。都新聞というと、新コが入ったときは、平山蘆行と中里介山、艶ダネ書きの伊藤御春がいた、全盛期で、入社早々は、他の記者がみな偉く見え、一〇日たって、追いつく見込みがないと分かるなら、辞めようと思ったところ、〈少数の人の外はどうも格別の差があるのでもないらしく、ヒケ目を感じているのは東京の地理に詳しくないのと、東京の習慣と社の気風が呑みこめない、ただそれだけで、〉ということになった。すぐに都新聞の三羽烏と謳われるようになる。ただしここでも新コが墨守したことがある。

〈新コは十六年ほどこの社にいましたが、終始一貫して俗にいう平記者です、社が重要としないのではなく、新コのほうが固く辞して部長といった椅子に坐らないのです。〉理由は、**新コは芸者屋の所謂兄さんになっていた**からです。（この顚末はこの自伝に詳しい。）

横浜時代、昼は記者、夜はアウトローで生きてきた新コである。東京では、夜にもアウトローの世界を「書く」仕事が回ってくる。二二年「天正殺人鬼」が菊池寛に認められ、二六年都新聞を退社、一本立ちして次々に股旅物を発表する。自伝『ある市井の徒』は、前と後に、四八年ぶりに出会った（といっても新コには母の記憶がなかった）実母との再会を付して発刊された。まさに『瞼の母』の再演さながらにだ。

4　（ここからは自伝の埒外だ。）世に「漱石山脈」といわれる。しかし「長谷川山脈」ほど多くの作家を励まし、作家へと育て上げていった「学校」（現在もつづく新鷹会）は、日本には存在しないだろう。主な人をあげるだけで、村上元三、山手樹一郎、山岡荘八、戸川幸夫、平岩弓枝、池波正太郎、西村京太郎、戸部三十郎、邱永漢である。みな筆がたつ。邱を除いて、おのずとわたしも愛読者になっていた。

長谷川は、作家志望だけでなく、貧しくて働けない・学べない寡婦、老人、学生、少年に救いの手をのべることをやめなかった。戦時中から終戦後にかけ、戦災にあわなかった長谷川の家にはつねに二〇人内外の人が同居し、食を分かちあっていた。結果、闇の物資に手を出すことを好まなかった長谷川夫妻に食の欠けることしばしばで、栄養失調が続いたのだ。

だが長谷川の創作意欲は敗戦にもかかわらずというか、敗戦後ますます盛んになった。二三年過労で体調を崩し生死の境をさまようこともあったが、彼には書きたいもの、書かなければ死ねないものがあった。『日本俘虜志』であり『日本仇討ち異相』である。ともに正史から漏れた人の記録で、戦時下でも寸暇を惜しんで資料を集め、肌身離さぬようにして戦火を逃れる工夫を重ねたライフワークであった。

数えで八〇を迎えた一九六三年一月、風邪がもとで肺炎を起こし、一月二一日入院、危篤と小康を繰り返し、ようやくのこと五月六日退院した。この間、長谷川は「死のう」と思う。自分一人のために多くの人たちが仕事を放り出して見舞いに来てくれる。そのロスははかりしれないほど大きい。「国家的な損失」になる。自分が死にさえすればこのロスを食いとめることができる。こう考えてのことだ。

しかし表立っての自殺はイヤダ。迷惑のかからないように食を断とうとする。敗戦前後の飢餓はやむをえざるものだ。これは自発的な断食、自殺に他ならない。しかし弟子たちの知れるところとなり、翻意せざるをえない。

六月五日、風邪で再入院、六月一一日午後零時三八分、夫人にみとられつつ永眠した。

長谷川は、二つのライフワークを（なんとか）形にして亡くなった。その意味では後顧の憂いなき死であった。伸は「文士」、文をもって戦う「もののふ」であった。その戦場で、最後まで離脱せずに死んだ。見事というほかない。

＊長谷川伸　１８８４・３・５～１９６３・６・11　横浜黄金町生まれ。１９０３年横浜ジャパンガゼット社（04～07年入隊）、09年毎日新聞、11～26年都新聞、28年『沓掛時次郎』、33年実母と再会　長谷川伸全集10（全16）、日本人の自伝15（長谷川伸ほか）

第3章　人生行路の三段階

文学部で、国文でもなく歴史でもない、ぼんやりと哲学科に進もうかな、という思いにとりつかれたころ、はじめて本格的に読んだ（!?）哲学者が、キルケゴールだった。ちょうどそのころ舛田啓三郎訳の全集がではじめた。しばらくして、キルケゴール研究家で翻訳家の飯島宗享先生（東洋大学教授）に出会えた。キルケゴールは、マルクスがヘーゲル左派から出発したとの対比で、ヘーゲル右派から出発したといわれるデンマークの哲学者で、実存主義思想の生みの親といわれていた。この哲人に『人生行路の諸段階』（一八四五）がある。人生（精神）の発展段階を、三段階（美的段階・倫理的段階・宗教的段階）に区切る論述である。下世話にいえば、「センス」だよから、「モラル」だよ、そして「救い」だよ、という人生三段階区分だ。最初、キルケゴールご本人は充分に異常だが、何かあたりまえだよな、という受け取りようだった。

わたしの人生区分は四節である。だが学生時代から一〇年くらいの間、まだこれだと思えるような仕事をしていなかった時期は、三節に思えた。前節＝大学入学まで、中節＝仕事期、後節＝停年後である。しかし、実際に自分が後節に入ったと思えたとき、判然としたのだ。前節＝〜四五歳、中節＝〜五五歳、後節＝〜七五歳（この時期がもっとも「充実」していて、前・中・後と三期区分できる）、晩節＝七六歳以降で、区分基準は「仕事」（内容）だ。わたしの場合は、書いたその時々の主著作である。いま現在、わたしは晩節に入る直前だ。

しかしここでは、仕事を人生区分の基準とするが、三節＝三段階説をとる。その典型例《モデル・ケース》を紹介する。

第1節　青春論――「何ものでもない」にどう耐えるか

「青春」については、伊藤整のケースを含め、何度も触れた。前振りなしに進もう。

(1) 渡部昇一――最良の師とは

世に「三ピン」といわれた人たちがいた。竹村健一、谷沢永一、渡部昇一の「一」が名につく三人のことだ。(竹村、渡部、堺屋太一を三ピンという人も多いが。) 二人の私学出身を前にして、竹村(京大出身)が、同じ「ピン」でも、関大や上智と並べられるなんて、とぼやいたとか、お得のおとぼけであったとか。ただし、谷沢は、受験勉強(というか学業を積むこと)なしに中学から予科に入ったのに対し、渡部は東大に入る準備も完璧にしていたが、たまたま学制の切り替えで、東大受験が半年遅くなったので、滑り止めということもあり、上智を受けて、入ったのだ。なぜ、東大を受けなかったのか、を含め、懇切丁寧(?)にこの大冊『渡部昇一 青春の読書』(二〇一五)で説明されてある。

すごい書斎をもっている、という人を三人だけ知っている。梅棹忠夫、谷沢永一、渡部昇一だ。梅棹さんの「一端」は垣間見たが、谷沢、渡部は聞いただけだ。渡部に関しては、この本そのものが示してくれる。羨ましいが、あまりに見事なので、恨めしくはない。

1 谷沢は、読書歴を語って、世に出るまでの前節の伝記(自伝)を書いた。渡部は、「青春の読書」を糧に、中・後節の伝記を書いた。この本は「青春の読書」だが、自分の仕事の源流とでもいうべき世界を存分に書いた、生涯にわたる自伝である。ただ惜しむらくは、ヒュームの「自伝」の意義を解明した渡部にして、貧しさについては存分に書かれているものの、「自立《インディペンデンス》」（著作の売れ行き等）のことにはほとんど触れていない。これが、イギリスと日本の「世間通」の違いなのだろうか？　ま、先生はまだ生きている。最後に「自伝」が残されていたりなんかして。

誰にとっても「人生の師」にめぐりあうのは、偶然（の必然）という他ない。渡部にとって、それは旧制鶴岡中学五年を終え、新制高校三年の時にであった、英語の佐藤順太先生であった。テキストはフランシス・ベーコンのエッセイ集である。後智恵でいえば、これ以上の幸運はありえないと思えるが、谷沢や（谷沢を師と仰ぐ）わたしなどには、佐藤先生が目の前にいても、これを一生涯にわたってついて行く師と仰ぐことはなかった、と断言できる。あくまでも「学校の先生」どまりだった（だろう）。ただし、渡部は佐藤先生の生き方（知的生活）を敬愛し、その愛読書を読み求めたのである。佐藤は、石坂洋次郎『青い山脈』に感激したような、田舎の高校生とはまったく異なる、文字通り舊（旧）い、漢籍を大切にする知的経歴に属する高等師範出身の知識人だった。先生が口に出した本は何でも読むというようになる。そのリストのほんの一端だ。

まず、高校生のとき、大西祝『西洋哲学史』であった。大学に入ってからも、否、入ってからこそ、順太先生の「指導」は重要なものとなった。休暇中は先生の家に入り浸り状態になる。そして伊藤吉之助『岩波哲学小辞典』（増訂版〔一九三七〕「小」とはいえ、本文一二四八頁、索引等一四六頁）であり、C. O. D.（オックスフォード簡約辞典）である。（ここから、自分の専門、英語学の福原麟太郎と市河三喜に私淑するようになる。）そして『論語』だ。その注釈をした菅野道明『論語解義』、穂積重遠『新譯論語』であり、ジェイムズ・レッグ英訳『論語』に続き、『史記』に、一世を風靡した厨川白村の全著作に、幸田露伴の著作と生き方につながってゆく。……。

2　1.渡部の専攻は英語・英文学である。わたしに渡部昇一の専門業績を論じる資格はない。だが、その処女作『英文法史』（一九六五）から、共著『物語英文学史』（一九八一）、『イギリス国学史』（一九〇〇）などにも目を通す幸運をえた。すべて明快であり、知的興味を満たしてくれるものだ。その背後に、日本の文学部門《ヒューマニティ》（哲・史・文科）に対する深くて広い趣向や知識があるからだ、と思える。自国を愛し知って、世界を愛し知ることができたように思える。愛知とは、「哲学」のことだ。

2.貧しさは不幸を決定しない（a blessing in disguise）。渡部は、貧しさを「糧」とした。学費が免除される官立以外、大学受験は不可能と思えた。だが、受験時（だけ）、偶然父親が「定職」をえて、最初の学費支払いが可能になる。私学に入った。あらためて官立受験も可能だったが、学費（前払い）は支払い済みだ。もったいない。そのうえ、半年の大学生活で上智が望みうる以上の学校（生徒数が少なくよい先生がいる）だと知った。官立（東京高師＝教育大学）受験をやめる。授業料免除を続けるため、全科目満点をめざす。講義に集中する。地元（篤志家）の奨学資金をえるが、書物代以外には使わない決心をし、実行する。（その結果、『青春の読書』が誰はばかることなく証するように、六〇年後、世界随一の書斎の持ち主になる。）学生寮に住み、映画も見ず喫茶店にも入らない、弊衣破帽を通す。そして大学院を終える（修論は『ベン・ジョンソンの英文法』）

と同時に助手になる。

3.英語学専攻だ。英文学は個人で、大学では「英文法」で修士論文を書く。誰しも留学がしたい。英語だ。誰しもイギリスかアメリカへ、と思うだろう。だが、英文法研究は、ドイツが本場だ。一九五〇年代、フルブライトやフンボルト交流基金は官費留学とともに、官立以外、難しかった。渡部は、大学の「配慮」で、英文法研究の本場、ドイツミュンスター大学に留学できる。なぜ、英文法は英国ではなくドイツなのか？　この詳しい事情は、博士論文の和訳、処女作『英文法史』に続く。

3　わたしなどは、学校（小・中・高・大学）とりわけ教師に、「学ぶものなし」という態度で過ごした。家は貧しくなかったが、学業も生活も、そして読書も、「自立」精神で過ごそうとした。元手は、奨学資金（と学費免除）とアルバイトだ。だが、「学ぶものなし」ではなく、学ぶものを、教師を発見してこなかった（だけである）。「自学自習」を基本としたが、それは、学校（講義）から、教師から学ぶことと矛盾しないことを知ろうとしなかったからだ。三五歳、はじめて私淑するに足る師（谷沢先生）を見いだしたと思えたが、不遜のいたり（精神の貧困）だとわかるのは、谷沢先生を通して渡部先生の本を愛読しだしたときだ。すでに四〇を過ぎていた。

渡部は、「青春」時代だけでなく、それ以降も、いつでもどこでも、「先生」を見いだし、そこから貴重なものを学び、流行や世評に流れない考えを抱き続け、書物を紹介し、学生を育て、日本と世界の「本物」にたどり着く努力をやめていない。

＊渡部昇一　１９３０・10・15～　山形鶴岡生まれ。１９４９年鶴岡一高卒、55年上智大（英文）大学院博士課程満期中退、助手、55年ミュンスター大学留学、58年博士号授与。オックスフォード大留学をへて、60年講師、助教授、教授。　専門のほかに、多くのベストセラーをもつ。ひとつだけ『あなたはこうして成功する　マーフィーの成功法則』（翻訳　大島淳一名義　１９６８）をあげておこう。

(2) 野口悠紀雄――勉強は楽しい

明治維新後、福沢諭吉『学問のすゝめ』やサミュエル・スマイルズ『西国立志編』（中村正直訳『自助論』）が爆発的に売れ、読まれた。読者層が厚くなかった時代である。学ぶことが各自の望む仕事をもたらし、その仕事が各自の人生を切り開き、各自を幸福に導く最良の道だ、という「四民」の人生論だったからだ。この二書は、東西新世紀（19c.）末最新の人生論だったのだ。札幌農学校（高等専門大学《スーパー・カレッジ》）の（超高額）お雇い外人《アメリカン》教師、クラーク博士の「ボーイズ・ビ・アンミシャス」も「立志せよ！」で、まったく同じ主意の呼びかけであった。（ちなみにクラーク博士は、母国の農科大学に復職せず、一年に満たない契約金を元手に「洋上大学」の企図や「鉱山」経営の賭け〔speculation＝投機〕に、つまりは「立志！」に出て、もののみごとに失敗した。）

１　では二一世紀を目前にした二〇世紀末の「学門＝仕事＝幸福」論のモデルケースにどんなものがあるか？　一九世紀末、学校で、とりわけ大学で学べることそれ自体がとてつもない幸運だった。（わたしは純農村に生まれ育った。村で唯一の中学校同級生およそ一五〇人のうち、大学進学が可能だったのは一割に満たなかった。二〇世紀の半ばを越えてさえ、大学で学べることは、まだまだ幸運だったのだ。)

二〇世紀末、一九世紀末の勉強術＝「読み書き算盤」術に代わって登場したのが、コンピュータ(パソコン)仕事術である。この高度情報社会で「新学問のすすめ」を書いたのが、野口悠紀雄だ。『「超」整理法』(一九九三)、『「超」勉強法』(一九九五)、『パソコン「超」仕事法』(一九九六)の三部作においてである。同時期、野口は専門領域で代表作『1940年体制』(一九九四)を出している。副題は「「さらば『戦時経済』」で、戦後日本の成長経済システムの出所を明らかにしながら、だがいまやその克服こそが急だ、規制緩和・撤廃が必要だ、と日本改革を説く経世の書でもある。また『「超」整理法』は、成熟した情報社会(パソコン社会の本格化と、ネット社会に達した日本で、知的情報の生産と処理(＝仕事)の技法を明らかにし、ベストセラーとなった。この四著は、野口個人の人生にとっても、五〇代の半ばではあったが、転換期であった(だろう)。

その『「超」整理法』である。何が「超」なのか？　日本で情報(産業)社会の到来を予告し、情報処理法を開拓したのが梅棹忠夫で、『知的生産の技術』がベスト・ロングセラーになった。その技法の代表が「カード式」分類(整理)法だ。だがこの時代(一九六〇〜七〇年代)、コンピュータは登場していたが、コンピュータを駆使する情報・知識処理ではなかった。

野口の**「超」整理法とは、「整理をしない」**である。あらゆる情報を、重要度、大小、必要度等々に関係なく、コンピュータへ時系列に集積してゆく、使わなくなった情報をどんどん消去してゆく、これだ。この情報処理が有効なのは、コンピュータの情報処理(容量)が大きく、検索・再処理・伝達等の能力が迅速かつ安価である必要がある。パーソナルコンピュータの普及(安価)

と高質化、情報伝達能力（インターネット）の拡大と普及（安価）と高速化等が必要条件である。一九九〇年代の半ばが、まさにそのターニングポイントだった。

つまり野口は、国家統御システム（その頂点が戦時中の国家社会主義〔一九四二年体制〕）を中心とした社会から、個人システムを中核とするグローバル・ネット社会への転換を先導する知的開拓者だったのだ。

2　野口の三部作は、すべて野口の仕事（working＝勉強）実践＝技術論である。ここに強みがある。『「超」勉強法』は、受験（勉強）力が仕事力へと連続可能な技術論だ。技術論の要は、特殊な才能がなくてもだれにでも実行できる技法である、と主張する。通常、受験勉強は、仕事（実務）には役立たない、といわれる。だが、受験勉強は実務に役立つ、と野口はいうのだ。わたしは、受験勉強（working）は仕事に役立つ。仕事（working）に集中し持続する能力（体力）を身につけるからだ。東大生と無銘柄大学生との違いは、集中と持続力（体力）の差だ、と主張する。野口は、さらに先に行く。

野口式勉強法は特殊なものではない。基本は三点だ。

1.「楽しいものからはじめる。」→「勉強が面白くなる。」

2.「全体から理解する。」→全体から部分へと進む。

3.「八割までやる。」→「八割出来たら、次に進む。」

鷲田式勉強法は、ちがった。

1.学校・受験勉強は、義務だ。楽しくない。→仕方なく打ちこむと、楽しくなる。

2.「一行」（急所＝結論）を見つける。→「一行」を、三行（→三行）で説明する。
3.見切りをつける。→要所、要点は、あとから補充・修正してゆく。
一見して、両者は正反対に見えるだろう。野口は東大（工）に入り、わたしは阪大（経）を二度落ちた。結果は歴然としている。

だが少し注釈がいる。1.は野口とわたしの「学校」に対するセンスの違いだ（ろう）。わたしも面白いことからはじめるが、「基礎」練習の「場」である学校（勉強）は、なじめなかった。2.は、実は、同じことをいっているのだ。〈全体＝1→1は3部構成〉3.は、両者とも、完璧を期さなければ始めない、終わらない、ではない。わたしは「一行」が見出せたら、始め、「締め切り」が来たら、やめる。ま、この点でも、野口の書いたものを読むかぎり、あまり変わっていないだろう。
3　野口『パソコン「超」仕事法』は、鷲田『パソコン活用思考術』（一九九六）と、同時期の著作だ。パソコンは、本（記憶装置）と同じように、人間だけがもつ「外部記憶装置」であるという観点から書かれた書だ。違いは、パソコン生活の長い野口と、短い鷲田という点にあり、パソコンはどんな仕事にも役立つ、という基本点は変わらない（と思える）。
パソコンは、仕事を、もちろん人生を楽しくさせる思考機械である。ただわたしの強調点は、高齢社会の現在、パソコンは老人にとってこそ利用可能大な人生の伴侶だとしていることにある。こんな有益で便利な幸福「機械」をネグレクトしていいわけがないのだ。

ただし、人間は、自分と一番近い「存在」と自己区別したがる存在である。否これは人間だけではないだろう。生物すべてに通じる性格だろう。「共棲」とは同類が境をもうけて、類を別にするように生きている状態のことだ。人間と猿、人間とコンピュータ（電算機）の違いを意識しながら、「共存」してゆく世界を、わたしたちは生きているのだ。その新世界で幸福に生きるとは何かが、人生論の、プラトンや孔子に、福沢諭吉やスマイルズに、さらには梅棹忠夫、渡部昇一になかった人生論の新課題だろう。

＊野口悠紀雄　1940・12・20～　東京生まれ。日比谷高を経て、63年東大（工）卒、64年大蔵省、72年イエール大博士号（経）、74年（官から官移籍で）埼玉大助教授、78年一橋大助教授、81年同教授、96年東大（先端研）教授。

（3）新井白石――三七歳、ようやく芽が吹く

菅原道真と新井白石は、一介の学者でありながら、ときの天皇あるいは将軍の側近として仕え、政治権力の実質を行使し、時代を動かした、他に類を見ない大才である。しかし、道真は父も自分も文章博士《もんじょう》（徳川期でいえば大学頭）であり、右大臣にまで登った。対して、白石は浪人から旗本に転じたとはいえ、寄合（無役）のまま、将軍職の過半を代行したのである。その生きたコースは似ているように見えるが、生き方は正反対であるといえる。とりわけ「青春期」と「晩年期」がそうだった。この二人については『日本人の哲学』（道真は3「政治の哲学」、白石は1「哲学者列伝」）ですでに触れている。ここでは、白石がいまだ白石ならざる時期、「青春期」をモデルケースとして取り上げてみよう。

1　白石には、自伝『折りたく柴の木』がある。一七一六年、失脚してのち、一気に書かれた「弁明」書とも受け取れる。白石や間部詮房《まなべあきふさ》（側用人　一六六六〜一七二〇）が、幕閣や御三家を無視して、独断専行を行なったなどというのは、まったく事実に反する、というものだ。同時に、いかにも白石らしいのは、その「一徹」な性格の由来を幼時、さらには父母、子供、姉弟妹、祖父にまでさかのぼって記述していることだ。

白石は、つねに「正」（truth, right, real）論をかざし、説き、一歩も引かない信念の人、論争の「鬼」と恐れられた。林大学頭のような論敵に対してだけではない。将軍職を継ぐ前の甲府綱豊に対しても、将軍になった家宣（綱豊）に対しても、申し立てのほど《マナー》を変えることはあったが、（錯誤も含めて）内実を変えることはなかった。

ただし、白石は、狭いトーチカに閉じこもって、一徹＝頑固を貫く旧守（conservative）の人ではない。伝統を大事にしたが、旧弊は、たとえ、「東照神君以来の祖法」といえども、変えるべきは変えずにはおかない、というマナーを貫いた。

白石といわず、哲学者の「青春期」は、一見して、空しい。『日本人の哲学1』で取り上げた大哲の「青春期」は、江戸期でいえば、鈴木正三、伊藤仁斎、新井白石、荻生徂徠、石田梅岩、富永仲基、山片蟠桃、佐藤一斎、すべて青春期に「光明」が見出せなかった学生に思える。特に、同じ元禄期を過ごした仁斎、白石、徂徠においてそうだ。こと哲学の世界においては、林門に代表される朱子学に対して、仁斎と徂徠は「孔子に帰れ！」（古学）を主張し、白石は朱子学を天下「有用の学」とすべきだ、と主張する「革新」派だった。

2　白石の青春期はいつまでか。一歳　江戸に生まれ。父（五七歳）は小名（上総久留里藩）土屋家に仕える（目付）。早熟非凡な学才を示す。しかし、
一七歳　中江藤樹『翁問答』を読み儒学を志す。
一九歳　父引退、家督を継ぐ。土屋家の代替わり。
二一歳　土屋家の内紛に連座、追放・禁固、俸禄召し上げ。
二二歳　河村瑞軒（豪商）らの養子縁組を断る。
二三歳　土屋家改易、禁固解かれる。
二六歳　大老堀田正俊に出仕。正俊家臣朝倉の娘を娶る。
二八歳　大老堀田、若年寄に刺殺。
三〇歳　堀田家、山形転封《ぽう》、随行。木下順庵（幕儒）の門に入る。
三五歳　堀田家を致仕。本所に開塾。
三六歳　順庵、加賀藩に推挙。同門（加賀出身）に譲る。
三七歳、順庵、甲府藩主徳川綱豊に推挙、侍講となる。扶持米四〇人扶持（一・八×四〇＝七二石）（＊一七〇四年綱豊〔家宣〕次期将軍〔西の丸〕。一七〇九年綱吉死去、家宣将軍。）
この略年譜から見えてくるものは何か？
一に、二度、主家の代替わりにより、白石の命運が変わる。前者は親子の対立、後者は幕府内の対立が根にあった。二に、同じ理由から、前者は内紛に巻き込まれ、連座し、禁固が解けないと自由に身の振り方が出来ない。（「二君に仕えない。」）

二に、一七歳で儒学を立志したからには、どんなに忙しくとも、貧しくとも、学問を続ける、を生きる原則におく。主家を辞したのも、加賀行きを辞退したのも、同じ理由による（と思われる）。もし、豊綱侯が（土屋侯のように）学問嫌いなら、おそらく白石は職を辞しただろう。

三に、つまりは、白石も、仁斎や徂徠のように、自分の力を発揮する最善の道を選ぼうとしたのだ。三七歳まで主著をもたず、その主著のほとんどは、主君の注文や進講のために準備したものによって成った。『藩翰譜』『西洋紀聞』『読史余論』『先哲像伝』『古史通』『古史通惑問』等だ。

3　白石の「青春」は、徳川豊綱（将軍家宣）の侍講になることで、終わった。これを結果から見れば、最高権力の御用学者・政治指南をめざし、実現した、といっていい。プラトンやマキアベリが、望んで、出来なかったことである。

たしかに、白石は、師順庵が学問の理想はなにか、と問われ、「天下有用の学」である、と答えた。もちろん、そのために、将軍の侍講になることだ、と考えたわけではないだろう。しかし、将軍の侍講となり、天下有用な学を実践する道を、白石が視野に納めてはいなかった、というと嘘になるだろう。

なぜか？　白石は、孔子と同じように、立志の人であった。その立志のなかには、政治指導も入っている。だがしかし、立志はその仕事の中味が問題なのだ。学問好きの主君をえて、その学問好きに灯をつけ、拡大し、世界に有用な学の中味を実現するプランを提出する、それが哲学の理想である。戦略家だ。同時に、白石は、戦術家をも演じてしまった。演じる能力をもっていたからだ。だが、最高権力の後ろ楯を失うと、蓋を閉じられる道でもあった。この点を、だれよりも体験し、よく知っていると思っていたのが、白石自身であったろう。でも最後にいいたい。白石は、戦略も、戦術も、後ろ楯を失って実現できなくなっても、世に恨み辛みをもつ人、我執人ではなかった。不遇の晩年は、彼に最善の道、著述（仕事）の時間を与えたからだ。

＊新井白石　１６５７・２・10〜１７２５・５・19　江戸生まれ。父は小名藩士。独学で、まず詩歌人として知られ、91年堀田家を去り、本所で開塾。93年甲府藩主徳川豊綱に招聘される（侍講）。１７０２年『藩翰譜』を進上。04年豊綱（家宣）次期将軍。09年家宣将軍、白石幕臣。16年失脚、だが１０００石安堵、『折りたく柴の木』。17年小石川（私邸）に移る。21年内藤新宿に移る。25年、死去、家督は嫡男が継ぐ。

第2節　壮年論──仕事で充実する

そもそも「壮年」とは何か？　最近は「熟年」という言い方がはやっている。すげなくいえば、「いまだなにものでもない」青春から、「もはやなにものでもない」老後の「中間」である。中間といっても、過渡期ではない。第一の仕事を見いだし、それに邁進し、（大きな）成果を出した時期で、各人によって長短はあるが、まさに人生の真実《しんみ》とよぶにふさわしい時期だ。

(1) 菊池寛──第一の仕事

第一章で、夏目漱石の「仕事の哲学」を論じた。だが疑問が湧くにちがいない。

漱石は、東京（文科）大学を出て、松山中、五高（熊本）の英語教師として渡り歩き、一九〇三年、二年間の英国留学から帰って教師稼業《ビジネス》に戻った。翌三八歳のとき、一高（旧制）講師で年棒七〇〇円、東大兼任講師で年棒八〇〇円、それに明大講師で月給三〇円、あわせると一八〇〇円を超える。中学、高校、帝大とジャンプし、順調にいけば、日本人最初の帝大教授のポストが約束されている。高給取りだ。だが家族と一族がいる。いつも素寒貧状態だ。そのうえ教師稼業がいやでいやで仕方なくなる。理由があった。三九歳で書きはじめた「吾輩は猫である」（『ホトトギス』連載）が予想に反して好評だったのだ。文士といえば、「三文文士」のことで、新聞記者とともに、お世辞にも誇れる商売ではない。「小説」を天下の帝大教師が書いたという、物珍しさも手伝って、単行本にもなる。四〇歳、「坊っちゃん」「草枕」を書き、「講義」に縛られず自由に書きたい、という思いが募り、ついに教師稼業を辞めたのだ。

だが何になったのか？　朝日新聞の「嘱託」（といっても特別契約で、年給二四〇〇円だった）で、条件は長編小説を年一本連載し、他紙には書かない、である。商売《ビジネス》を教師から文士＝記者《ライター》に鞍替えしたわけだ。当然だが、漱石の作品（『こころ』や『草枕』）の「主人公は、教師なのかな？」という程度で、「仕事」（job）をして暮らしているさまが出てこない。太宰治の作品同様、主人公は無為徒食《パラサイト》である（ように思える）。この漱石（と門人）に、その作品も人間も、ともどもに無視《ネグレクト》された感があったのが、菊池寛だ。（以下は、D・ヒュームの「自伝」に匹敵する菊池「半自叙伝」によっている。）

1　菊池寛は、高松中学を首席で卒業、東京高等師範に入ったが除籍（出席数不足）、苦労して一高に入り直したがここも卒業直前に退学（友人の罪をかぶる）、京大に入ったが高校卒業資格がないため「選科」に入り、「本科」に転じて、一九一六年（二九歳）卒業、ようやく「時事新報」（初任給二五円＋手当四円、退社時はあわせて四三円）の記者になった。まさに「苦学」と文学「志向」が招いた紆余曲折である。

だが菊池寛の頭角は、手ひどく作品を拒絶された夏目漱石の死（一九一六年一二月一〇日）を契機にしていたから、皮肉である。一七年、「父帰る」「暴君の心理」と、旺盛な創作活動を開始するのだ。「暴君の心理」が最初に貰った稿料（一枚五〇銭×二〇枚＝一〇円）であった。これを翌一八年「忠直卿行状記」に改題改作して『中央公論』（一枚一円）に発表する。初めての「文壇《メジャー》」デビューだ。

寛は、創作にこと寄せて、記者仕事をないがしろにすることはなかった。そして、貧乏生活が身にしみていたので、記者の「定収」による生活を旨とした。一九一九年、初の短編戯曲集『心の王国』(「跋」芥川龍之介)を出し、二年半で時事新報社を退いたが、芥川の斡旋で、毎日新聞の客員(月給九〇円)になることになったからだ。

2 『心の王国』は、大正末にまだ「給仕」時代(一六歳)の松本清張が買って読んで感動したと書き、この処女集に、菊池の代表作の過半が入っていると記している(『形影 菊池寛と佐々木茂索』一九八二)。清張の書名には、作品と実生活=人生とが「形影」相伴う作品をよしとする、清張の大衆小説(=私小説)を重んじる文学識がよくでている。佐々木茂索は菊地の作品(作風)をまったく認めなかったが、文藝春秋の編集その他の実務を一身でまとめ上げた編集者(および作家)であった。

菊池は貧しい家に生まれた。中学も、高校も、大学も、他家の援助なしには進学不可能だった。(というか、寛の「学力」に金を出す人たちがいたのだ。)そのうえ、回り道が多かった。大学を出て、やっとのことで職をえたのが二九歳である。その時になっても、実家に送金するためには、「財力」がある夫人と結婚する必要があった。さもしいというなかれ。

ヘーゲルはリアリストであり、モダニスト(新しがり屋)だが、哲学においても、実人生においても、「理念」というものを手放さなかった稀な哲学者だ。そのヘーゲルがいみじくもいっている。「結婚」は、独立した自由な人格の男女が、主観的感情(愛情)の一致で結ばれるだけでは不十分で、独立の生計（子どもの養育を含む）を保っていくための資産（収入）が必要だ。ヘーゲルは、世に認められるに十分な仕事（作品・地位・収入）をえただけでなく、これに見合う相手をえて、はじめて結婚している。ところが、結婚相手の家は、ニュールンベルク市長であったが、思ったほど資力に乏しく、ヘーゲルはあちこちと資金調達に歩かなければならず、「結婚」には金がかかる、とぼやいているのだ。

3　菊池寛は、妻は持参金次第だ、などという。なんという守銭奴だ、と思うだろう。

結婚できるだけの職（job）をえた。だが貧しい実家に送金するだけの余裕はない。どうするか？「金のある妻か、でなければ職業婦人と結婚したい」と実家に伝える。郷里では、県下随一の高松中学を「主席」で出た。「末は文学博士か」という伝説はまだ生きている。すぐに候補者が一〇人ほどあがる。〈その中で、私は一番条件のよい現在の妻を選んだ。一定の金額を月々送金してくれる上、将来まとまってある金額をくれるという約束だった。〉〈私は、妻の写真を見ただけで現在の妻と結婚した。だから、私はどんな悪妻であっても文句がいえないのである。〉

だがここからが寛の寛たるゆえんだ。納得し、泣かせる。

〈しかも、私の妻はそういう持参金などよりも、性格的にもっと高貴なものを持っている女だった。私の結婚は、わたしの生涯において成功したものの一つだった。〉（「半自叙伝」一九二九）まさに、松本清張が引いているとおり、「父帰る」の上演を見て、〈幕が下りてパッと電灯がついた。となりにいた芥川を見ると芥川もハンケチでしきりにまぶたをふいている。久米の顔にも涙が止めどもなく流れている。……作家の菊池寛までが泣いているのだ。……とめどなくあふれる彼の涙は、彼の頬をすじになって流れている。だがそれをふこうともしない。……それまで一ども見たことのない悲痛な表情をはっきり私は見た。……あの賢一郎こそ菊池寛かも知れない〉（江口渙『わが文学半生記』　＊賢一郎＝父を追い返す長男）。

寛は、「半自叙伝」を戦後（四七年）に書き足し、漱石より鷗外を作家として重んじる、と書く。だが、鷗外には漱石のように「坊っちゃん」はない。それは弟子の鏡花に師紅葉における「金色夜叉」がないのと同じで、後世に伝わらない（のでは）、という。至言だ。寛は、「父帰る」や「真珠夫人」（一九二〇）によって作家菊池が後世に残る、と書いているのだ。

すなわち、寛は、雑誌『文藝春秋』を創刊・編集し、文芸家協会等を設立し、友人の芥川や直木の名を冠した「賞」を創設し、作家の生活のために資したのは、第二、第三の仕事であって、第一の仕事は、自身の作品（works）である、と信じることが出来た。どんな中でも、喜々然として書き続けた。「父帰る」や「真珠夫人」は、現在でも（これからも）、読まれ、上演されて共感を誘うこと、「坊っちゃん」や「金色夜叉」の比ではない、と思われる。菊池寛は、作品あっての編集者であり、起業・社会事業家である。

＊菊池寛　１８８８・12・26～１９４８・３・６　08年高松中卒、東京高等師範中退、明治・早稲田に籍をおき、10年一高、13年退学、京大入学、14年第三次『新思想』参加、16年京大卒、時事新報社、17年「父帰る」『菊池寛　短編三十二と半自叙伝』（１９７７）

(2) 五代友厚——仕事が残ればいい

近代資本主義を作った人といえば、ただちに、小栗忠順(一八二七~六八)、渋澤栄一(一八四〇~一九三一)、五代友厚(一八三五~一八八五)、岩崎彌太郎(一八三四~八五)を思い起こす。これに福沢諭吉(一八三五~一九〇一)を付け加えれば、わたしが思う、日本資本主義を創った原像ができあがる。五人とも、仕事が好きで、好きでたまらなかった。面白いことに、小栗は幕臣(旗本)、渋澤が武蔵(豪農)であり、五代が薩摩(上士)、岩崎が土佐(郷士)、福沢が豊前中津(下士)というように、出自が異なっているのに、「殖産興業」によって「富国強兵」をめざした、つまりは「一身独立し、一国独立す」をめざしたのである。

五代は、「東の渋澤、西の五代」といわれるほど、大きな仕事をした人間として、大阪では知られている。だが、渋澤は、私利を追求せず、財閥を作らなかった、と自らいうように、身ぎれいな人で通っている。対して、五代は、「山師」で、北海道開拓使払い下げ(一八八一)で暗躍した、という悪名を残している。事実なのか? 渋澤が「財閥」を作らなかった、下半身以外は身ぎれいであった、という自己証言がかなり事実からそれている以上に、五代が「山師」であり「政商」まみれであった、というのは事実に反している(とわたしには確信できる)。

1 五代才助(維新後に友厚)の一生を決定づけたのは、一八五七年、長崎に出て、海軍伝習所(一期生)で学んだことだ。二三歳である。藩主(斉彬)が亡くなったために一時帰国と薩英戦争をはさむ半年(捕虜・逃亡)を除けば、大政奉還までの一〇年間、長崎が五代の持ち場で、薩摩ではのちに外務卿になった寺島宗則（松木弘安）とともに、外交・交易のエキスパートであった。この人、ことのほか仕事ができる。できすぎて、同僚から憎まれること甚だしかったといわれる。これは同年生まれで、交流のあった坂本龍馬と真逆で、龍馬の「仕事」は、良きにつけ悪しきにつけ、ほほえましいほどに大雑把《ざっくり》であり、敵さえも龍馬を許す素になったといっていい。

五代は薩英戦争（一八六三）の時、最大の危機に襲われた。長崎から急遽帰国し、御船奉行添役に選ばれたのに、開戦前、奉行の松木とともに敵艦に急襲され、捕虜になる。薩摩はよく戦い、実質引き分けで、英艦隊は横浜に引き返した。捕虜の二人は、敵艦から脱出、武蔵国の僻村に潜んだ。幕府ならびに薩摩の追補を逃れるためだ。幕府から逃れるというなら話は分かる。だが、五代は商才巧みで、グラバーを始め英国（人）と深い交易（遊）関係にある。「拿捕」はもとより、「脱出」もできすぎだ。機密漏洩《スパイ》の疑いがある、というものだ。くわえて、尊攘の薩摩にあって、五代は開国派で目から鼻に抜けるような才人であった。無骨を本領とした薩人の体質に合わない。

だがこの危機は、チャンスに変わる。薩摩は、英艦隊と「互角」に戦った。勝たないまでも負けないという自覚が生まれた。（これは外国連合艦隊と戦って、「完敗」したように見える長州人の感情に通じるものではなかったろうか。）幕末、「戦争」の実経験は、薩長だけであった。外国艦隊には、「艦隊」がなければ勝てないが、「幕府」には負けない、という自信がつく。では幕府に勝つために必要なものは何か。「強兵・器」である。兵養成と兵器購入が必要。まさに五代の商才が必須になったのだ。五代も、今こそ薩摩は自分を必要にしている、と確信できた。だからこそ、僻村潜伏六カ月を打ち切り、暗殺必死のなか、独断で長崎に潜入し、スパイ嫌疑を晴らし、（おそらく家老小松帯刀に)、交易で富国強兵をはかり、攘夷論を批判し、海外に留学生を派遣すべし等を含む、上申書を提出したのだ。五代が、留学生を率いて渡英する命令を受けた。六五年初めである。

2　五代は商才巧みだったが、商人《ビジネスマン》ではない。「士魂商才」で、「公《パブリック》」を優先する渋澤と似ている。慶応義塾や日本郵船は、公的「役割」を果したが、福沢の「もの」(占有)であり、岩崎の「もの」(私有)であった。また五代は「山師」と思われた。事実、天和(吉野)、蓬谷(近江)、半田(岩代)等の鉱山経営をし、鉱山管理会社弘成館や大阪製銅を設立・経営している。半田銀山は、石見や生野と並んで日本三大銀山に数えられ、一時、五代は鉱山王の名をほしいままにしている。だが、鉱山経営は金がかかる。売り買いの時期をあやまつと、大損を強いられる。

五代の最大功績は、六九年、官に見切りをつけ、大阪に戻り、何度も官に戻るよう促されたが、大阪復興のために壮年期を捧げた。五代の功績としてよくいわれるのは、大阪商工(商法)会議所(一八七八)の開設だ。だがさらに大きいのは、維新で地盤沈下した大阪の復興策であったというべきだ。維新期の東西二大都市、東京と大阪に共通していたのは、近代的な港をもたないことだ。横浜と神戸に外国貿易の拠点を奪われたままで、それは今に変わらない。(ただし、空路が交易事業の質を変えつつある。)そのうえ、商都大阪の中核であった交易と金融センターの地位を次々に東京に奪われていった。

大阪に流通・金融センターの地位を取り戻すべく、五代が進めたのは、堂島米商会所、大阪株取引所、大阪商法会議所、大阪商業講習所(大阪商科大、現在の大阪市大)、神戸桟橋会社の設立・開業であったが、外国貿易・大阪港の開設こそ大阪復興の鍵を握っていた。だが、資金難にあえいだ。五代のバックにあった薩閥力が、西南戦争と大久保の死で、大きく落ちていた。

星亨（市会議長）の東京港構想は星刺殺によって頓挫したが、五代の死後、大阪港構想は、大阪をロンドンやニューヨークではなく、東洋のマンチェスター（工業都市）にするという構想に変わっていった。その先駆けとなったのが、渋澤等が設立した大阪紡績である。大げさにいえば、五代の死後、商都大阪復興の灯が消えていった。煙（公害）の都大阪が出現したのだ。
3　五代も渋澤も、維新後、官を辞めて民に移った。この点でも、官に入らなかった岩崎や福沢と異なる。しかし官との「癒着」は、事情によりけりで、四者とも五十歩百歩だ。だが四者の中で、五代友厚を「巨悪」とみなすイメージが強い。特にわたしの住む北海道では、決定的だ。北海道史の有力な専門家はこう概括する（日本百科全書）。
〈開拓使官有物払下げ事件
1881年（明治14）開拓使の所有する船舶、工場、農園、倉庫、鉱山などを開拓使官吏や政商らに払い下げようとして世論の厳しい批判を受けた事件。82年の開拓使廃止を予想し、その事業の継続を意図した開拓長官黒田清隆（薩摩藩出身）は、開拓使の諸事業を開拓使上級官僚の結社や鹿児島出身の政商五代友厚らの関西貿易商会に払い下げようとして太政官の許可を得たが、開拓使官吏への払下げ条件が38万7000余円、無利息30年賦という極端に恩恵的なものだったから、薩摩閥が結託して公の財産を私するものだという激しい非難がおこった。民権派は活気づき、政府内の意見対立も強まった。窮地に陥った政府は払下げを取り消し、国会開設の詔勅を発するとともに、国会早期開設を唱えた筆頭参議大隈重信以下の官吏を罷免して態勢の立て直しを図った。この政府

の変動を明治14年の政変という。〉（永井秀夫）

前半、「薩閥」トップの黒田と「政商」五代が結託し、払い下げを画策し、払い下げを政府決定にしたが、民権派を先頭とする世論に負けて、政府決定を取り消した。

後半、政府（多数派）は、国会早期開設派の大隈を切り捨て、「政変《クーデタ》」を敢行した。

表面的には間違いがない。しかし書かれていないことが重要だ。「政変」については、別項を立てているので、言及しない。五代にかぎっていう。それも一つ、その裏と表だけを記す。

1.払い下げは、開拓投資額一四〇〇万円を三九万円で売却するなんて、べらぼうな、と感じる。それも長官と政商が癒着してだ。許せない。こうなる。だが、払い下げ額は「時価」である。低いのか？　高いのか？　ただでも引き取って貰えか？　これは難しい。

2.払い下げは、北海道（民）が、その活力の中心を、「官」から「民」に移行する、官依存体質を打破するチャンスだった。それを逸して、今になお続いている。

五代に政府との癒着はあった。その意味で、政商であった。だが五代は官金私消したのではない。民活、とりわけ商都大阪復権に力を注いだのだ。官有物払い下げ問題で、巨悪の名を与えられたが、五代は、弁解せず、いわれるにまかせた。仕事が残ればいい。これである。渋澤、岩崎、福沢と異なるところだ。

＊五代友厚　１８３５・12・26〜85・9・25　薩摩生まれ。町奉行の次男。政府役人を辞めるまで、才助。57年長崎海軍伝習館、62年二度上海に、63年薩英戦争（捕虜・脱出）、潜伏、65年英国留学生を引率、渡欧

1年。68年大阪府判事、69年官を辞し大阪に。78年大阪商法会議所開設（会頭）。81年関西貿易社、官有物払い下げ事件。　宮本又次『五代友厚伝』（1981）

（3）山本夏彦——広告は、ビジネスだ

『日本人の哲学5』の10「雑知の哲学」で、山本夏彦を取り上げた。ここで再度とりあげるのは、是非にもいいたいことが残っていたからだ。夏彦流に、簡潔でゆく。

1　山本夏彦は、おそろしく早熟だった（ように思える）。一九三〇年、一六歳でパリに渡っている。旅行ではない。連れて行ったのは父（詩人）の友人、武林夢想庵（一八八〇～一九六二）で、現地の学校を出て、三三年に帰国する。

東京外語に入り（修了）、ひとまずは物書きになろうとするが、書けない、書いても金にならない。一冊、仏語の童話『年を歴た鰐の話』（一九四一）を刊行する。印税はもらえたが、腹の足し程度（二刷まで二一五円、戦後もあわせると四刷）にはなっただろう。ただしこの人無駄使いが上手い。仕事（job）をと、何度か出版社に入るが、すぐ首になった。この人、正業をもてず、ではなく、もちたくない、のだ。まさに「ダメの人」（ダメ、ダメ、を連発するダメ派）の見本である。以上、夏彦の日記（戦前）からの抽出で、子息の山本伊吾が『夏彦の影法師』（二〇〇三）にまとめた貴重な情報だ。

夏彦の父、文人山本露葉（一八七九～一九二八）は、無為徒食《パラサイト》で一生を送った「金利生活者」だった。なぜそんなことが出来たのか？　祖父山本義上《よしかみ》が明治三大金貸しの一人で、それを食いつぶし

たからだ。夏彦は、父の体質を受け継いだという固定観念に悩まされ続けていたようだが、ま、可能ならばパラサイトで生きたい、というのは文人気質だろう。

戦前の山本夏彦は、「いまだなにものでもない」。「壮年」に達していない。こう断言できる。

2　一九五〇年、夏彦は「工作社」を設立。建築家具関係専門の出版社だ。始めたきっかけは、「職業別電話帳を見て競争率の低い商売に目をつけたのさ。イカサマの才だね」と書いているが、四〇歳、満を持してのものであった（ように思われる）。社を設立当初、〈終始一貫、商売商売。父親にこんな才覚があったとは、と改めて感心したほどだが、どうやら、この才、わたしが知らなかっただけで、（父の）祖父からの〝血〟だったようなのである。〉と息子が書いている。

編集方針は、大当たりを狙わない、ゆっくりと上り坂を行く、というか、下り坂を迎えない堅実方針である。五三年株式会社（社長）、五四年雑誌『木工界』を創刊。六一年に『室内』に誌名変更。そして、この雑誌に社長自ら書いたコラムを集め、自社出版したのが、『日常茶飯事』（一九六二）で、夏彦の名を天下に轟かすきっかけとなった、本格デビュー作だ。四八歳、まだ遅くない。

しかし夏彦の「正業」は出版であり、その経営だったが、さまざまなメディアで書くコラムが評判になり、単行本、文庫本になり、若き日に「妄想」した作家稼業が、もうひとつの本業となった。この二つの仕事、〇二年に亡くなるまで、四〇年余、変わらなかった。夏彦は「生涯現役」をめざさなかったが、「壮年」で終わった。至福の限りだろう。

3　山本夏彦は、『暮しの手帖』とその編集長花森安治を、ライバルとみていた。

夏彦は、死の間際、『暮しの手帖』三〇〇号記念（二〇〇二／一二）にコラム（談話）を寄せている。これがすごい。

〈不遇の人、花森安治

誰もが花森のことを人にほめる。口をきわめてほめちぎる。そんなにほめるならさっさと花森をまねすればよさそうなものだが、誰ひとりまねしない。

花森のすごいところは、ないものに目をつけたことだ。『暮しの手帖』はそこにないものから成っていた。……

世の中の雑誌にはみなあって、『暮しの手帖』にないものとは何か。まず、広告がない。スキャンダルがない。小説がない。性生活の告白のたぐいがない。……

『暮しの手帖』は何が売り物だったかというと、「〇〇を壊してみる」というテーマだった。……実生活で売れているものを実名をあげて壊して見せた。人々の生活向上に合わせて、電気釜、アイロン、掃除機、洗濯機など、家庭電化製品の類いを同じ方法で扱った。実名を挙げるために、花森は広告をいっさい取らなかった。それで読者の信用を得た〉だが〈『暮しの手帖』はもう終わったと思った。一読者から「お説よく分かった。それでは皿洗い機のために用意したこの一〇万円で何を買いましょうか」と問われた時である。第二世紀（百号以降）にはもう壊す物がなくなったのだ。

それでも花森に関心を持ち続けたのは、世界中に例のない雑誌だったからだった。〉

『室内』は生きている。『暮しの手帖』は「もう死んでいる！」と述べたのだ。

『暮しの手帖』には競争相手がいない。『室内』には類似の競争誌がある。同じように「〇〇を壊してみる」をやる。広告も取る。だがテストは、広告主の意向に関係ない。夏彦にとって、「広告」料はビジネスである。「原稿料」もビジネスだ。『室内』の稿料が一般紙を含め、他誌より（多少）高かった理由だ。

ビジネスである。相手がいる。読者であり、広告主だ。「広告は載せない、広告主の意向に左右されるから」と「広告は載せる、だが広告主の意向には左右されない」とでは、ビジネスのとらえ方が違う。社会と人間のとらえ方が違う。花森のマナーは、極まれば、ビジネスの否定、広告の否定につながる。せいぜいが「清貧」で、「浪費」を拒否する共産社会につながる。楽しくない。嬉しくない。

＊山本夏彦　１９１５・６・15〜２００２・10・23　東京根岸生まれ。30（〜33）年武林夢想庵とパリに渡る。41年童話『年を歴た鰐の話』（翻訳）刊行、50年工作社創立。55年『木工界』（61年『室内』）を創刊し、コラムを連載。著書、62年『日常茶飯事』以下、多数。『私の岩波物語』（１９９５　＊『室内』回顧史）『『室内』40年』（１９９７）　山本伊吾『夏彦の影法師』（２００３　＊日記と手帳）

第3節　老後論――死ぬまでが人生、死んでからこそが「人生」

「老後」とは、「定年後」とか、「後期高齢」とかをさすのではない。完全な「仕事後《リタイア》」、つまりは「晩節」のことだ。長寿時代になった。この時期が、いちばん「楽《イージ》」に生きることが出来るが、「楽しくはない」(unhappy)、と思えるだろう。うんざりするほど退屈かつ寂しい(loneliness)からだ。

(1) 悠々自適――「無為を楽しむ」

「無為徒食」ほど情けないことはない。しかし晩節を無為で過ごすこと以上に、「晩節を全うする」生き方はない、といいたい。そんなバカな、だろうか?「晩節を汚した」と思える人の過半は、中節も後節もおおよそ汚している。順風満帆できた人が、引退し、悠々自適に生きる秘策がある。世事全般と縁を切ることだ。

何だ、簡単じゃないか、と思うだろうか? だが人間は、何歳になろうが、欲はなくならない。忙しい(ビジネスがある)とき「無為」は簡単だ。楽しい。無為=なにもする必要がないときに、「無為」でいることは、考えられている以上に難しい。だが無為を楽しむのは、工夫さえ誤らなければ、可能だ。三つだけ提案したい。

1　自伝を書く

「無為の人生」とは、何もしないということではない。意義あることをしないことだ。老後を無為に生きるとは、自分の人生の記憶、とりわけ成功の記憶を生きることだ。老後、人は、記憶を自分だけで楽しむことで満足できない。肖像画を描かせる。伝記を出す。歌碑を建てる。銅像を残す、記念館を建てる等々、自分の人生（の記憶）を飾ることだ。まさに虚飾だ。

自伝を書くことは、過去の記憶で生きる、自分にだけしかできない、いいやり方に思えるだろう。だが世にある自伝は、どんなに慎ましいものでも、「自慢」が含まれる。自慢話がなくとも、本当に自分に都合の悪いこと、世間に誤解を招くことや許されないことなどは、省かれる。赤裸々に語っている箇所は、さらに赤裸々に語れない箇所を隠すための方策ではないか、と疑わざるをえないものが多い。自伝は「虚飾」を免れがたいのだ。

人間は自分に都合の悪いものは、すっぽり記憶から抜け落とすという特技を持つ。成功の記憶で生きる、自分を自分で飾るのは、他人に見せびらかすことでなければ、それはそれでいいのだ。ただし、自分を飾るのは、他人の目には、気持ちのいいものではない。老後をさらに汚しかねない虚飾に陥る場合もある。

それでも「自伝」を書くことを勧めたい理由がある。自分の長い人生を記録に留めるためには、「記憶」に頼るだけでなく、事実経緯を調査し、整理し、メモし、記録しなければならないからだ。途方もない時間がかかる。時間つぶしになる。なに、完成しなくてもいい。それに、だれが読まなくても、自分が読むことができるじゃないか。

2　小人閑居して読書をする

老後、体力も費用も必要のない、誰にでも勧めたい法がある。ただ一つ、読書だ。格好の暇つぶしにもなる。脳のトレーニングにも好適だ。

体を使わないと体力が落ち、動作が鈍る。だが頭を使わないと、知力が落ち、知能が鈍り、惚けるのだ。頭も体の一部である。ウォーキングやパークゴルフに励むのと同じように、読書に励む必要がある。

エッ、読書するには、本がいる。本を買うためには金が要る。こう反論するだろう。本は図書館で借りたらいい。しかし本は買うべし。大して高くない。古本なら本当に安い。先年、谷崎潤一郎全集（全三〇巻）を古書通販で九〇〇〇円で買った。九〇〇〇円は安くない。しかし谷崎丸ごとなのだ。これだけで一年間楽しむことができる。

読書なんかして、目が痛くなる、頭がだるくなるだけだ、と反論するかも知れない。読書は眠り薬になる。目は疲れる。だが頭がだるくなるのは、使わずに来て、鈍っているからだ。読んで、頭を使って、血流がよくなれば、おのずと「だるさ」はとれる。

読書のいちばんいいところは、だれをも邪魔せず、省エネ省力でいくことができるからだ。どんな本でもいい。有益かどうかも関係ない。時間塞ぎで、暇つぶしで十分。

「小人閑居して不善をなす」（大学）という。「小人」とは、徳のない人で、「君子」や「大人」に対する言葉だ。君子や大人とは読書（知識）人のことで、読書が徳ある人になる必要条件だったわけだ。ただし、この格言は、たとえ小人でも、読書をすれば、善くないことをすることから免れる、と語るのだ。老後、閑居して、不善に陥らないために、読書はなかなかのものなのだ。しかも、読書は、暇つぶしだとしても、高じると楽しい。精神に高揚もある。暇つぶしに読書の効用だ。

3　老後を無理なく生きる

人間、老衰と耄碌がつきものだ。この老衰と耄碌をどうスルーできるか、それが大問題だ。三つだけヒントを示そう。

一　新人として、老後に臨む。

老後、壮年までの生き方は通じない。捨てねば、生きられない。とくに介護老人だ。病院や老人ホームで、看護師に一様に名前を呼ばれ、一様な介護サービスを受けることで、誇りが打ち砕かれると感じる人たちだ。「中村さーん、パンツを捲りますよ。」といわれると、ほとんどの老人はこれまでの生き方が否定されたと感じる。

だが同時に、老後をきちんと生きるには、壮年までに培った人生マナーを保持する必要がある。自分は、看護師サービスにとっては、ワン・ノブ・ゼムだが、それは仕方ない。それでも自分は自分だ、他に代替できない存在だ、という誇りだ。

老後は壮年の延長ではない。新人として老後に入門する心づもりが必要なのだ。

二　老後にこだわり、老後にこだわらず

自分に老後などない、つねに現役だ、という心性は貴重だ。だが病気が、老衰と耄碌が、かならず襲ってくる。嫌でも、障害者になることを避けられない。これが「老後にこだわる」理由だ。

同時に、老後である。扶養と介護の対象になる。自分の意志では身一つも左右に振り向けることは出来ない。受動的な人生がはじまる。こう悲壮な決意にこだわる必要はない。

面白いもので、というかすべて生あるものに共通するように、習慣は偉大な先生だ。受動的な生活のなかに、程度の差がある。まったく受動一方の人生などないのだ。この受動と能動の二つの習性に馴染むことで、老後はにわかに独特の色合いを帯びた人生に変じてくる。

三　不可能だが、できれば心身に労なく

だが老後だ。心身に労少なく生きることを心がけるべきなのだ。特に、人生の末期、苦痛を伴う治療を受けることには、慎重を期したい。ましてや健康体になろう、なりうる、という希望は、老後の入り口で捨て去ることが肝要だ。

人間の寿命を治療で過剰に延ばそうというのは、「不遜」といわなければならない。間違った生き方なのだ。権力と金に飽かさず、不老長寿の秘薬を求めた歴史上数多く見られる愚行、蛮行と基本的には同じだ。

自分だけが特別な生き方を享受してもいいという考えは、グロテスク以外の何ものでもない。これは古くて新しい問題でもある。

できれば、壮年期に、晩節の生き方のイメージトレーニング程度のことはしておいていいだろう。だが残念ながらというべきか、当然というべきか、人間は未来に対して賢くなれない。老後を賢く生きる方法は、もっとなされてもいい、と付け加えておきたい。

(2) 死力を尽くす

人生には、仰ぎ見たいほどの、**貴重＝稀な生き方**がある。D・ヒュームがそうだった。まだ生きているが、これまでのところの渡部昇一がそうだ。真似したいが、できない。そういう人生があってもいい。ここに、三ケースを紹介しよう。

1　多田富雄――最後まで死と共存した学者

二〇一〇年四月二一日、免疫学の多田富雄は、前立腺ガンによるガン性胸膜炎のため亡くなった。七六歳であった。二〇〇一年五月、旅先の金沢で脳梗塞に襲われ、右半身麻痺、声を奪われ、嚥下障害に陥った。超人的なリハビリ努力で九年生きた。だが刀折れ矢尽きた「意味」での死では決してなかった。むしろ死に向かって確実に近づいていることを予感しながら、可能なかぎりの方法や手段を講じつつ、自分の全存在を他者（世界）に向けて表現し、充実していたが、死ぬよりよほど苦しい生の連続を生き抜いた。

多田は、まず、かろうじて動く左手を使ってはじめて使うパソコンのキーボードを叩いて意思表示の手段を確保した。本書（『日本人の哲学4』6「自然の哲学」）ですでに紹介したように、免疫学の研究で大きな業績を上げ、著述家としても『免疫の意味論』（一九九三）をはじめ、生命論に新しい画期をなす哲学者顔負けの作品を残している。（これにはここで触れない。）倒れたのち、その著述活動に火がつく。

単著は『寡黙なる巨人』（二〇〇七）『わたしのリハビリ闘争』（二〇〇七）『ダウンタウンに時は流れて』（二〇〇九）『落葉隻語　ことばのかたみ』（二〇一〇）『残夢整理　昭和の青春』（二〇一〇）、共著や詩集もある。それに、このひと、能に特別の趣味をもつ能作家でもあった。病後に、「長崎の聖母」（長崎の浦上天主堂で初演、長崎の原爆投下直後の惨状とその後の再生が主題）をはじめとする六作がある。

そして二〇〇六年四月、医療制度改革の一環として導入された保険診療で受けられるリハビリに日数制限をもうける法の撤廃運動に、難病をおして参加した。死の一〇月前、〇九年六月二七日、「多田同門会」に出席し、次のようなメッセージを「述べた」。

〈私はといえば、ご覧のとおり生きながらえておりますが、この身体で生きることは苦しみの連続です。……起きていても、寝ていても地獄のような苦しみで死にたいと思っても、そうはたやすく死ねないものです。因果なものです。〉

〈最近、前立腺がんのPSAの値が直線的に上がってきています。ホルモン療法は、もう効かないようです。主治医の話では、もういい薬はないとのことでした。主治医は、少し強い抗がん剤を使いますか、というのですが、もうこの前の副作用でこりごりです。そう言おうとすると、うちの奥さんが、すかさず、「もういいんです。あと二年生きていれば。あとは、さようならバイバイです。」と代弁してくれました。だから、「ありがとう。おくさん」というわけで、……あと二年は生かされて、後は、うまくバイバイさせてくれる事を期待しています。〉

〈私は今、修道僧のように禁欲的に、毎日6時間はパソコンに向かって原稿を書いています。残された時間が少ないので、ライフワークのつもりで、昔の思い出話を、書いています。……時には、思い出に浸って涙を流しながらキーボードに向かっていることもあります。これを書き上げなければ、死ねないとがんばっています。それを通して、思い出すことの切実さ、大切さをかみ締めています。〉

〈皆さんこれでさようならとします。皆さんのご活躍を祈ります。僕のアドバイスが必要な時、一緒に飲みたいと思う人は、本郷の自宅にいらっしゃい。まだ、しばらくはお相手ができますし、お酒も飲めます。では、バイバーイ。〉

二年生きるといったが、それはかなわなかった。しかし多田は最後まで生きて生き抜いた。感情のあふれるままに社会正義を振りかざし、激語を吐くこともあったが、総じてユーモアにあふれていた。

多田は自分に「人体実験」を施すような口調で、免疫の「超システム」論を「寛容」に結びつけて述べる。秀抜である。

「長い闇の向こうに、何か希望が見える。そこには寛容の世界が広がっている。」

ウイルスが体内に侵入すると、免疫がウイルスをやっつけようとしてくれる。しかし、肝炎にかかってしまった場合、免疫は肝臓にあるウイルスをやっつけようとするが、なかなか上手くいかない。それでさらに、肝臓をも破壊してしまう威力で攻撃をする。そこで免疫は「これじゃ、ご主人様まで破壊してしまう。」ならば「この悪さをするウイルスと共存しよう」と考えるのだ。

これが多田のいう「寛容」である。最後まで自分に「できること」、「やるべきこと」をもって死と共存する生を、最後まで生きる。多田が教えてくれたベストな死に方でもある。

＊多田富雄　１９３４・３・31〜２０１０・４・21　茨城結城市生れ。結城二高を経て、千葉大学医学部卒。同大医学部第二病理学教室勤務ののち教授、77年東大学医学部教授、95退官。野口英世記念医学賞、朝日

賞、文化功労者を受賞。

2　長谷川一夫――幕切れまで美しくありたい

一九二七年、映画「稚児の剣法」でデビューした林長二郎は、終生二枚目を通すべく運命づけられた俳優であった（と本人は思っていた）。

最初の危機は、三七年、松竹から東宝への移籍をめぐるトラブルから、松竹が「雇った」暴力団員に、俳優の命ともいうべき頬を深く斬られたときである。本名の長谷川一夫で再起を果たしたときが、本当の意味で、終生を「美しく」生き抜かなければならないという決意をもった、「天下の二枚目」長谷川一夫が誕生したときだといっていい。

戦後は「銭形平次」（五一年から一〇年間で一七本）をはじめ主役を張って、六三年「江戸無情」で映画を引退する。だが彼の二枚目俳優の名を長からしめたのは、五五年からはじまった長谷川一夫主演・演出とでもいうべき「東宝歌舞伎」の成功であった。しかし「成功」は退け時を危うくさせる。老と病が忍び込み、気がついた時は老醜と病魔にしがみつかれているからだ。「天下の二枚目」はこの退け時を誤る。

七〇年代の初めから心臓に爆弾を抱えるようになった長谷川は、引退を考えなかったわけではない。しかし東宝歌舞伎は長谷川の「後援会」でもっていた。東宝としてもおいそれとやめられない。その長谷川が、八三年秋、心臓病に加えて糖尿病、痔の悪化で入院し、翌八四年の正月公演を休まざるをえなかった。

〈自分の役者としての最後の花道を、いつにするか、一夫は、なかなか決まらなかったようだ。しかし、五十九（１９８４）年の二月十七日、妻繁が死亡してからは、自分を支えていた精神力が、すっかり失われ、ガタガタときてしまった。世間で騒がれているように、一夫の財産は、繁夫人と二分の一に分けられていた。その配分を、一夫は、子どもたちに平等にと思っていた。ところが、繁夫人の方は、娘、長谷川稀世だけに相続出来るようにしっかりと処理されていた。……

一夫は、こうした繁の不平等な遺言を見て、長い間支えてきた精神力の力が、がっくりくずれ去ったといわれている。

それが引き金となって、心身共に弱まってしまったと証言する人もいるくらいで、多くの関係者は、一夫のショックは、大変なものだったと語る。

「愛妻を追って死んだ――伴侶を失ったショックは想像以上でしたから。さらにその愛妻が残した遺書を見て生きる力を失ってしまったのでは……」

と近親者の一人は言う。

その繁夫人の納骨式が、三月二十三日に行われたが、一夫は立っているのがやっとであった。

それから二日後、慈恵医大に入院。三十日には容態が急変し、昏睡状態になり、意識を取り戻さないまま、息を引き取った。

七十六歳で、死因は、頭蓋内脳瘍であった。〉（山村美紗《みさ》『小説 長谷川一夫』（読売新聞社 上下一九八五年 ＊作家山村の母は長谷川一夫とイトコ、つまり山村の祖父と一夫の母は二人っきりの姉弟であった。）

それでも、老醜と病と「裏切り」によって最後に打ち砕かれたとはいえ、七五歳まで大舞台を一人の力でもたせる「天下の二枚目」として生き続けた長谷川一夫の「美」に対する執念力は、余人をもって替え難しというべきだろう。

＊長谷川一夫　1908・2・27〜84・4・6　京都宇治市六地蔵生まれ。

3　野上彌生子——最後の「一刺し」

「生涯現役」、八〇歳を超えてなお「現役」を誇る人は沢山いる。しかしどれほど明晰を誇り、あるいは潑剌さを誇示しようとも、高齢になればなるほど、その「死」からさかのぼっての数年は、誰にしろ頭脳も体力も、そして気力も、目に見えて落ちる。病と惚けと無気力は同時並行的にやってくるとみてまちがいない。それが生きとし生けるものの宿命である。しかし例外はある。

野上彌生子は一九七二年、八七歳から稿を起こした長編小説『森』を毎日二枚のノルマで書き継いできて、あともう少しで満百歳を迎えようとしていた。「創作」である。ルーティン仕事とは異なる。

『森』はまだ「完」を迎えていないが、すでに「使命」を終えていた。

この本は、「森」である「日本女学院」（明治女学院）を舞台にし、その校長「岡野直己」（巌本善治）を淫乱の「悪魔」として断罪する、じつに恐ろしい本である。野上は数え百歳になっても頭脳明晰であったが、もっと恐ろしいのは、野上が若き日入学した明治女学院でのおぞましい体験・

見聞（記憶）を、人生の最後に書き留めておこうする、その執念（深さ）にある。野上は老いて枯れることも、惚けることもなく、ますます執念深く、その執念のほどを書き終わらなければ死にきれない、「天」（神）になりかわって「悪魔」（厳本）を討つ、という体なのだ。まことにすさまじいといいわなければならない。

もう一つ特筆すべきは、野上が哲学者の田辺元（一八八五〜一九六二）と密やかな交情（恋愛）関係を持ち続けていたことだろう。老いらくの恋や色惚けというのんきなものとは異質で、じつに若々しい。『田辺元・野上彌生子往復書簡』（二〇〇二）が残された。

しかし『森』の最終回もまぢかになった三月二九日午前九時九時、トイレに立って寝室に戻ったところで突然ころんで、一時意識が混濁した。そして翌三〇日未明、意識を失い、長男夫婦に見守られて亡くなった。明晰のまま筆を執って天寿を全うした例外中の例外である。

＊野上彌生子　1885・5・6〜1985・3・30　大分臼杵生まれ。夫は漱石門下の野上豊一郎。

（3）「延命」治療を拒否

「老後」とは、遅かれ早かれ、「死」と向き合わなければならない時期のことだ。「死」をどのように迎えるかで最も難しいのは、延命装置や高度治療なしには生きられないが、もはや自力で呼吸も拍動も出来ない末期患者の場合である。典型ケースが二つある。

一、本人が延命治療を止めることを願っていること確実なのに、延命機器につながれ、自力で意

思を明示できない場合
二、患者本人が意思を明示できても、家族親族等に意志の一致がない場合
この典型を逃れた稀な、そして一見、異常なケースがある。死を熟考するケースと思える。三つだけ紹介しよう。

1　高見順――引導を渡す

死に瀕した。やりたいことがある。やりきって死にたい。何とかやりおおせた。思い残すことはない。しかしすでに延命装置につながれている。声を発することが出来ない。意識はもうろう、手足も冷たくなりはじめた。だがまだ生命力は尽きていない。作家高見順の死の直前だ。

一九六三年六月、五六歳の高見順は、胃の左側に鈍痛をおぼえた。九月、「食道癌の初期の徴候」と思えた。一〇月一日、そばを食べて、喉につっかえ吐き出す。三日千葉医大付属病院の検診で、食道ガンを宣せられた。だが四月から近代文学館の理事長を務めていた。六三年一〇月九日から六五年三月にかけて四回の手術を受けながら、日本近代文学館設立基金五億円を集めるために奔走する。六五年七月一三日、最後の日記を書き、八月一六日文学館の起工式を病床で迎え、翌一七日未明、意識不明に陥った。

午後二時半頃、一高時代の同級で中川宗淵（三島龍澤寺）が病室にやってきた。しばらく高見の顔を見つめていた中川師は、つと「こんなものは取りましょう」といって人工呼吸器のパイプを外した。あっけにとられた医師に会釈して、読経を二時間続ける。

〈朗々とした、身にしみわたるお声だった。最後に「喝！」と大きな声で叫ばれたとき、高見は私のほうをみて、息をひきとったのです。閉じられた双のまぶたからは、はらはらと涙があふれ両方の瘦せた頰に流れ落ちました。五時三十二分のことでした。〉（高見秋子夫人）

高見は福井県知事の非嫡出子として生まれた。知事が視察で三国にやってきたとき夜とぎをした女が母である。翌年母に連れられ上京、高見家からでる手当（一〇円）と母の内職で育ち、東京府立一中、一高、東大英文科に進み、左翼文芸運動に加わる。三三年治安維持法違反容疑で検挙され、「転向」を表明して半年後に保釈。三五年「故旧忘れ得べき」で文壇デビューをはたす。代表作は戦前の『如何なる星の下に』（一九三九）、戦後の『いやなかんじ』（一九六三）だ。

敗戦直後から、胃潰瘍、肺結核、ノイローゼと、繊細な体と神経をもつ小説家、評論家、詩人の高見順は何度も病に襲われた。最後に死病にとりつかれた。**し残した仕事**があったが、めどを立てた。だが、もはや自分の人生を**どう始末をつける**のかを明示することができない状態に追い込まれた。友人が成り代わって引導を渡したのだ。

高見の死を、わたしは、夫人とともに「よき死」「幸運な死」とみなしたい。自分にも、妻にも、ましてや医者にも始末のつけにくい「死の瞬間」をえることが出来た（と思える）からである。

＊高見順　1907・1・30〜65・8・17　福井三国町生まれ。東京育ち。27年一高をへて、30年東大（英文）卒、在学中からプロレタリア文学運動に奔走。35年「故旧忘れ得べき」で文壇デビュー。

2 長谷川町子——治療は受けない

3の緒方拳とは違った意味で、晩年、病因を取り除く治療を受けずに死んだ人に、漫画サザエさんの作者、長谷川町子がいる。

佐賀県多久に生まれる。父は機械製作所を経営しているエンジニアで、物心ともに恵まれた家庭に育った。福岡県立女学校二年のとき父が他界し、悲嘆に明け暮れた一年ののち、母は、姉と町子の二人の画才を伸ばすために上京。町子は山脇高女のとき田河水泡（「のらくろ」）の押しかけ弟子になり、日本初のプロ女性漫画家としてデビュー。

「サザエさん」は戦後の四六年、疎開先の福岡の「夕刊フクニチ」に掲載され、「夕刊朝日新聞」の人気四コマ漫画として連載されたのは四九年一二月の創刊号からで、五一年四月に朝刊に変わり、七四年一二月三一日まで朝日の屋台骨を支え続け（る重要因子となっ）たといっていいだろう。「サザエさん」の「ライバル」として「意地悪ばあさん」が「サンデー毎日」に登場したのが六六年一月二日号（〜七一年七月一八日号）で、温順な「サザエさん」の読者のほかに、ブラックユーモアを好むインテリにまで読者層を広げた（『長谷川町子思い出記念館』一九九八）。

「サザエさん」は何回か休載されているが、最も長いものは六〇年の四月から六一年の一〇月までで、スランプが原因だが、肝臓を悪くしたことにもよる。ストレスのため胃潰瘍になったときは、胃の四分の三を切除。だがどうも（妹の証言によると）胃癌だったらしい（長谷川洋子『サザエさんの東京物語』二〇〇八）。

そんな町子が七〇歳になってから姉と約束したことがあった。**一、どんな病気にかかっても入院**

しない、手術を受けないこと。二、葬儀、告別式はしないこと。三、死を、納骨が済むまで公表しないこと。これは明白な死の「準備」でなくて何だろうか。

この約束は履行された。町子は、一九九二年五月二七日、冠動脈硬化症による心不全で亡くなったが、公表されたのは一月後である。その死に方も、姉との約束履行という点でいえば「自然」、だが尋常の死と比べるなら「異様」といえばこれほど異様なことはないだろう。

〈前年、自宅の高窓を閉めようとして机から転がり落ち、全身を打撲。それ以来、通院しながら治療を受けていたが、徐々に食欲もなくなっていった。死去の前夜は食事もとらず、いつもより早く床に入ったため、心配した姉が翌朝、部屋を覗いてみたところ、布団のなかで息をひきとっていたという。〉（ムック『知識人99人の死に方』一九九四）

町子は、内村鑑三や矢内原忠雄（東大学長）の流れをくむ無教会派で、大内兵衛（マルクス主義者）を「矢内原先生の先生」であるという理由だけで尊敬していたくらい、「頑固」が好きで敬虔なクリスチャンであった。生涯結婚をせず、姉との二人暮らしで、生涯を終えた。その死は「事故」だったともいえるが、わたしとしては、女性には珍しい**覚悟の死**だったと考えたい。

＊長谷川町子　１９２０・１・30〜92・５・27　佐賀多久市生まれ。32年福岡高女入学、翌年上京、山脇高女に。51年、本格デビュー（朝日新聞「サザエさん」）。

3　緒方拳――延命よりも俳優業を優先

高校卒後、五八年憧れの辰巳柳太郎の新国劇に入団。辰巳と島田正吾の二枚看板を引き継ぐものと期待された。その新国劇を退団したのが六八年で、すでに六五年のNHK大河ドラマ「太閤記」の主役に抜擢され、翌六六年の「源義経」でも弁慶役を演じ、人気役者の仲間入りを果たしたとはいえ、周囲をビックリさせた。

映画では現代劇役で評価を受けた。七八年「鬼畜」（野村芳太郎監督）、八三年「魚影の群れ」（相米慎二監督）等は忘れられないが、八九年正月公開された「将軍家光の乱心　激突」（降旗康男監督）で演じた剣客振りは、自然体で、さすがは新国劇出だと思わせるに十分だった。この年の七月に亡くなった師辰巳への最上の餞《はなむけ》となったにちがいない。

そんな緒方が二〇〇八年一〇月五日一一時五三分、肺ガンによる肝臓破裂出血のため七一歳で亡くなった。この年に放映されたTVドラマ「帽子」や「風のガーデン」での「衰弱」振りを見ていた視聴者も、緒方の遅くない死を思っていたので、「やはり」とともに「早すぎる死だ」とだれもが感じたにちがいない。

七日、二人の息子（俳優）、幹太と直人が記者会見して明らかにしたのは、意外な事実だった。

〈幹太　8年前から肝臓を患っていた。3月から倉本さんの「風のガーデン」のロケに入ってまして、9月にクランクアップし、10月4日に…

（涙ぐんで、声がうわずる）

幹太　肝がんによる肝臓破裂の出血で、10月5日夜に亡くなった……

――どのような治療を受けていたのか
幹太　ずっと仕事をしてきたので、入院するほどではなかった
（2人でお互いに顔を見合わせる）
幹太　治療というのは分からないね。検査はしていたが、治療をしなくても直るんだと。懸命に闘っていた
――やせてきていましたよね
直人　気が気じゃなかった。素晴らしい仕事をしていたので、急死ということでいろんな方に迷惑をかけ、おわびしたいが、僕らも急で……。ファンの皆さんにこんな報告をしなくてはならなくて……。俳優仲間の皆さまは突然のことだったのでびっくりしたと思うが、本人の希望で家族で密葬をすませた。後日、忍ぶ会をやる予定です〉
（＊記事元　http://www.iza.ne.jp/news/newsarticle/entertainment/celebrity/184959）
緒方拳は、すくなくとも**五十代末から、理由を明らかにすることはなかったが、肝炎にも、肝硬変にも、肺ガンにさえ、延命のための手術を受けなかった。病気と闘い・共生し、ひたすら仕事を続けた。延命よりも俳優の仕事を優先した。**手術を受けてほしいという家族の必死の懇請があっただろう。それを拒否した。仕事のためだ。家族という狭い枠にかぎっていえば、二人の息子（俳優）のためにといってもいい。俳優として「永遠」に生きるためである、と極言していいようなスタイルで亡くなった。

＊緒形拳　１９３７・７・20〜２００８・10・５　東京牛込生まれ。57年竹早高卒、58年辰巳柳太郎にあこがれ、新国劇入団。68年退団。

（なお「老後」のさまざまな「生と死」のケースを扱った拙著『晩節を汚さない生き方』〔２０１０〕『理想の逝き方』〔２０１２〕『死ぬ力』〔２０１６〕を参照されたい。）

あとがき

およそ一〇年前、本書（全5巻全10部）を、七五歳まで書き上げ、出版する、と企図した。無謀な試みに思えた。だがちょうど『人生の哲学』（海竜社　二〇〇七）を書き終えた直後で、目算（Contents）を立ててみた。かなりスムースに立ったのだ。『昭和思想史60年』（三一書房一九八六）のときとおなじようにだ。でも、1・2巻にはかなり手間がかかった。コンパクト（簡単明瞭）に書きすぎては台無しになる、と思えた。何しろ、日本の代表的哲学者と文芸作品の紹介と論評である。何とか切り抜けることが出来たのではないだろうか？　あとも一瀉千里というわけには行かなかったが、毎年一冊というノルマを果たすことが出来た。

なぜ、今、グローバルの時代に、「日本人の哲学」なのか、という疑問を抱かれるかも知れない。本書でつねに心がけなければならなかった論点だ。アテネオリンピック直前、ギリシアに行って、まず感じたのは、古代アテネ哲学と現代ギリシア人とはほとんどつながりがない、ということだった。日本人でも同じではないか、と思われるかも知れない。だがレジェンドに対する態度が、かの国と日本では、およそ異質なのだ。日本には歴史との連接がある。あらためて日本人の「哲学」の遺産を、日本人が明確にしなくて、だれがするのだ、と自分につきつける毎日であった。本書全5巻がその解答である。

この間、疲労困憊することはあった。だが、充実していた。もちろん、書こうとしたが、書けなかったことがある。少なくない。たとえば「統計」（小島勝治）については、準備もしたが、仕上げることが出来なかった。残念だ。それでも二〇代で哲学を志し、講壇（大学）哲学を抜けで、「愛知」の世界にさまようこと四〇年余、ようやくわたしなりの「哲学」観とその内実を提出することが出来た（ように思える）。多くの人のおかげだ。

学知の先輩諸氏の名はすでに各巻で挙げたので、ここでは二人の名を挙げるにとどめよう。一人は妻の規子だ。家事育児を完全免除してくれ、好きなことを好きなようにするに任せてくれた。長いことありがとう。いま一人は、一〇年間私設助手を務めてくれた井上美香だ。井上さんの助力なしに、ここまでたどり着くことは難かった。

最後に、出版に終始力を尽くしてくださった言視舎の杉山尚次社長とそのスタッフのみなさんに深甚の謝意を表したい。ありがとう。

幕は閉じられた。

二〇一七年一月末日　雪深い馬追山最後の冬に

鷲田小彌太

人名索引

あ行

か行

さ行

た行

な行

は行

ま行

や行

ら行

わ行

［著者紹介］
鷲田小彌太（わしだ・こやた）
1942年、白石村字厚別（現札幌市）生まれ。1966年大阪大学文学部（哲学）卒、73年同大学院博士課程（単位修得）中退。75年三重短大専任講師、同教授、83年札幌大学教授、2012年同大退職。
主要著書　75年『ヘーゲル「法哲学」研究序論』（新泉社）、82年『書評の同時代史』86年『昭和思想史60年』90年『吉本隆明論』（以上三一書房）、91年『大学教授になる方法』（青弓社）、96年『現代思想』（潮出版社）、2007年『人生の哲学』（海竜社）、2011年（～17年全5巻全10部）『日本人の哲学』15年『山本七平』ほか、ベストセラー等多数。

本文DTP制作………勝澤節子
編集協力………田中はるか

日本人の哲学4
自然の哲学／技術の哲学／人生の哲学

発行日❖2017年2月28日　初版第1刷

著者
鷲田小彌太
発行者
杉山尚次
発行所
株式会社言視舎
東京都千代田区富士見2-2-2 〒102-0071
電話 03-3234-5997　FAX 03-3234-5957
http://www.s-pn.jp/
装丁
山田英春
印刷・製本
モリモト印刷㈱

Ⓒ Koyata Washida, 2017, Printed in Japan
ISBN978-4-86565-075-4 C0310

言視舎刊行の関連書

978-4-905369-49-3

日本人の哲学１
哲学者列伝

やせ細った「哲学像」からの脱却。時代を逆順に進む構成。１　吉本隆明▼小室直樹▼丸山真男ほか　２　柳田国男▼徳富蘇峰▼三宅雪嶺ほか　３　佐藤一斎▼石田梅岩ほか　４　荻生徂徠▼伊藤仁斎ほか▼５　世阿弥▼北畠親房▼親鸞ほか　６　空海▼日本書紀ほか

鷲田小彌太著

四六判上製　定価3800円＋税

978-4-905369-74-5

日本人の哲学２
文芸の哲学

１戦後▼村上春樹▼司馬遼太郎▼松本清張▼山崎正和▼亀井秀雄▼谷沢永一▼大西巨人　２戦前▼谷崎潤一郎▼泉鏡花▼小林秀雄▼高山樗牛▼折口信夫▼山本周五郎▼菊池寛　３江戸▼滝沢馬琴▼近松門左衛門▼松尾芭蕉▼本居宣長▼十返舎一九　４室町・鎌倉　５平安・奈良・大和ほか

鷲田小彌太著

四六判上製　定価3800円＋税

978-4-905369-94-3

日本人の哲学３
政治の哲学／経済の哲学／歴史の哲学

３部　政治の哲学　１戦後期　２戦前期　３後期武家政権期　４前期武家政権期　ほか　４部　経済の哲学　１消費資本主義期　２産業資本主義期　３商業資本主義期　ほか　５部　歴史の哲学　１歴史「学」―日本「正史」　２歴史「読本」　３歴史「小説」ほか

鷲田小彌太著

四六判上製　定価4300円＋税

978-4-86565-034-1

日本人の哲学５
大学の哲学／雑知の哲学

哲学とは「雑知愛」のことである……知はつねに「雑知」であるほかない。哲学のすみか《ホームグラウンド》は、さらにいえば生命源は「雑知」であるのだ（９部）。あわせて世界水準かつ「不易流行」「純哲」＝大学の哲学をとりあげる（10部）。

鷲田小彌太著

四六判上製　定価3800円＋税

上 978-4-86565-061-7　下 978-4-86565-043-3

谷沢永一　二巻選集
上　精選文学論　下　精選人間論

精緻な書誌学者として知られる文学研究家、辛辣な書評で鳴る文芸評論家、「人間通」というコトバを広めた張本人で人生論の達人・多岐にわたる谷沢永一の仕事の精髄。上巻に文学論を、下巻に人間論を凝縮した決定版。

上　浦西和彦／下　鷲田小彌太編

A５判上製　定価　上 4500円＋税　下 4800円＋税

「日本人の哲学」全５巻（10部）完結